Matthias Horx

Die acht Sphären der Zukunft

Matthias Horx

Die acht Sphären der Zukunft

Ein Wegweiser in die Kultur
des 21. Jahrhunderts

Mit 45 Abbildungen

Amalthea Taschenbuch

Besuchen Sie uns im Internet unter:
http:/www.herbig.net

Umschlaggestaltung: Wolfgang Heinzel
Herstellung und Satz: VerlagsService Dr. Helmut Neuberger
& Karl Schaumann GmbH, Heimstetten
Gesetzt aus der 10,3/12,9 Punkt Stempel-Garamond
Druck und Binden: fgb Freiburger Graphische Betriebe
Printed in Germany
ISBN 3-902313-05-6

Inhalt

Teil 2
Die acht Sphären der Zukunft

SozioSphere

BodySphere

MindSphere

KnowledgeSphere

TechnoSphere

ConsumerSphere

EconoSphere

Vorwort: Kann man die Zukunft voraussagen?

Kann man die Zukunft voraussagen? Kaum eine Frage erzeugt eine derartige Irritation. Zwei primäre Reaktionen sind hier zu vermelden. Die eine knarzt ein kurzes »So ein Unsinn!« und wiegt sich in der Sicherheit des Altbekannten. Was ich nicht beweisen kann, ist Schall und Rauch. »Zukunftsforschung« kann schon deshalb nicht existieren, weil man das, was noch nicht gewesen ist, nicht erforschen kann! Unterton: Zukunftsforscher sind Scharlatane!

Die andere Stimme erinnert daran, daß wir als Menschen einen entscheidenden Unterschied zum Tier mit uns tragen: Wir erinnern uns an unseren Tod. Wir fragen nach Zukunft. Wenn wir eine Familie gründen, ein Unternehmen aufbauen, eine Lebensversicherung abschließen – immer machen wir eine Prognose. Wir alle sind »Zukunftsforscher«. Ob in eigener, existentieller Sache oder als tätige Bewohner des Planeten Busineß.

Natürlich ist es leicht, mit dem Hinweis auf Nostradamus, den Club of Rome oder den Untergang der Sowjetunion jeden Gedanken an eine vernünftige Vorausschau ins Morgen niederzumachen. Aber Vorsicht! Es haben auch erstaunlich helle Zeitgenossen auf den Hochsitzen der Zukunftsschau Platz genommen. Und es gibt kaum etwas, was *nicht* prognostiziert wurde. Jules Verne etwa war ein spekulativer Romanautor. Und doch stammen aus Vernes Geist mindestens 20 Volltreffer der Zukunftsvision – seine Erfindungen wurden im späten 20. Jahrhundert Wirklichkeit. Auch Stanislaw Lem hat so ziemlich alles präzise vorausgesehen, was uns heute umtreibt – von der *virtual reality* bis zur Debatte um künstliche Intelligenz. John

Naisbitt hat in seinem Buch »Megatrends 2000« im Jahre 1980 die wichtigsten Phänomene der Jahrtausendwende auf den Punkt gebracht: Informationstechnologie, den Siegeszug des PC, die Start-up-Welle. Selbst der düstere Karl Marx, der sich nicht als »Forscher«, sondern als »Macher« empfand, beschrieb die weltumspannende Ökonomie der Globalisierung und die gewaltigen Kräfte, die sie entfachen sollte.
Und wie steht es mit den völlig unerwarteten Ereignissen der Weltgeschichte? Auch hier ist die Prognostik weit weniger unerfolgreich, als ihre Gegner dies darstellen möchten. Nehmen wir das Beispiel Terror – und die Zerstörung des World Trade Centers in New York am 11. September 2001. In meinem Zukunftsinstitut finden sich nicht wenige Texte, die aus der Zeit vor diesem schrecklichen Event stammen und die genau davon handeln. Nehmen wir als kleines Beispiel hier eine Übersetzung aus der amerikanischen Zukunftszeitschrift »The Futurist«, C. Dorsch und G. E. Schweitzer, Juni 1999.

Der kommende Superterrorismus

Die Natur des Terrorismus wandelt sich: Während »billige« Bombenattentate und Geiselnahmen für Jahrzehnte auf der Tagesordnung standen, werden nun hochtechnologische Angriffe auf ganze Länder, Attacken auf große Bevölkerungsgruppen und die Infrastruktur ganzer Staaten wahrscheinlicher. Die USA werden langsam, aber sicher auch auf ihrem eigenen Territorium ein Ziel. Senator Bill Frith, ein Mediziner aus Tennessee, sagte bereits vor kurzem voraus, daß eine chemische oder biologische Attacke auf den Kongreß in den nächsten fünf Jahren nicht unwahrscheinlich ist. Senator John Glenn äußerte die Hoffnung, daß es keines katastrophischen Anschlages bedarf, um die Konsequenzen aufzuzeigen.

Die kommende lange Schlacht

- Zu Beginn des 21. Jahrhunderts kann der Superterrorismus die Zivilisation, so wie wir sie kennen, ernsthaft beschädigen oder ausrotten.
- Während der kalte Krieg 50 Jahre dauerte, sollten wir uns auf eine viel längere Schlacht gegen den Superterrorismus vorbereiten.
- Man kann unmöglich alle Ursachen für den Terrorismus – etwa Armut in der dritten Welt – vollständig beseitigen. Die Auseinandersetzung mit diesen Problemen kann jedoch das Ausmaß der Bedrohung reduzieren.
- Keine einzelne Regierung kann die kommenden Herausforderungen alleine meistern – eine neue Ära internationaler Zusammenarbeit steht bevor.
- Die Grundrechte sind ein wichtiges Rückgrat unserer Gesellschaft, müssen aber der neuen Gefahrenlage angepaßt werden.

Erstaunlich hellsichtig, oder? Noch einmal: Der Text erschien im *Juli 1999*. Die Frage ist aber, welchem Propheten gerade zugehört werden will. In Deutschland und den angrenzenden Kulturgebieten haben vor allem apokalyptische Theologien, die mit dem »Ende von« beginnen, alle Zeit Hochkonjunktur. Im öffentlichen Diskurs über die Zukunft geht es offenbar um ganz andere Dinge als Wahrheit: Es geht um Sensation, flotte Begriffe. Und vor allem geht es um Reduktion von Komplexität. Wer den »Krieg der Kulturen« voraussagt, hat immer recht, denn auch in Zukunft wird es auf diesem Planeten heftige Auseinandersetzungen um die Frage der Zivilisation und der Menschenrechte geben. Wer prognostiziert, daß wir im Jahre 2075 von dreibeinigen Androiden ersetzt werden, ist fein heraus, denn bis dahin haben die meisten seiner Leser Alzheimer. Wer populäre Wortgebilde wie »die Globalisierungsfalle« erfindet, ist fein heraus, denn er setzt am limbischen System der Menschen an – dort, wo Zukunftsängste und Klischees eine

feuchte Rutschbahn für Ideologie und Ressentiments bilden. Anders ausgedrückt: *Prognostik hat einen eigenständigen Markt, dessen Gesetze von Angebot und Nachfrage geprägt werden.*
Was aber haben die erfolgreichen »Seher« gemein? Ein tieferes Verständnis des Menschlichen, der Geschichte, der evolutionären Substanz, aus der unsere Welt besteht. Was können wir von ihnen lernen? Und die viel wichtigere Frage: Geht es eigentlich um die »Voraussage«? Oder sollten wir nicht vielmehr einen neuen, einen »systemischen« Ansatz von Zukunftsschau entwickeln? Einen, der von einer Welt ausgeht, die *offenes Werden* ist.
Auf fünf Grundüberlegungen stellen wir die »neue Schule der Zukunftsforschung«:

- Als Grundlage *jedes* prognostischen Systems benötigt man ein massives Fundament von Zahlen, Daten und Fakten über Wandlungsprozesse in den wichtigsten Bereichen von Ökonomie, Gesellschaft, Wissenschaft und Technologie. Hier bieten das Internet und die neuen Informationstechnologien ungeheure neue Möglichkeiten der Recherche und Verifizierung.
- Man benötigt – zweitens – einen interdisziplinären Ansatz. Dieses »cross referencing« unterscheidet moderne Prognostik von den linearen »Visionen« vergangener Tage. Die Zukunftsschau der 1960er Jahre etwa war verliebt in rein technische Utopien: fröhliche Kolonien auf dem Mond, das Atomauto für Papi, Weltraumnahrung für alle. Die Zukunftsforschung der 1970er Jahre war von der Umweltkrise geprägt. Man zeichnete einige dramatische Kurven ins Schreckliche weiter: Rohstoffverbrauch, Bevölkerungszahl, Auto-Dichte – fertig war der Untergang. Daß Technik und Umwelt aber menschlichen Einflüssen unterliegen, mit Ökonomie, Erfindungsreichtum, sozialen Phänomenen zu tun haben, ignorierte man.
- Drittens: *Man hüte sich vor Ideologien und »Weltbildprojektionen«!* Viele Prognosen sind entweder Wunsch- oder

Angstgebilde, die im Grunde mehr über ihre Urheber Auskunft geben als über die Zukunft. So wird jemand, der eine verklärte, romantische Vorstellung von »Natur« oder »Kultur« oder »Bildung« hat, überall nur Zerstörung, Niedergang und Kulturzerfall sehen. Wer in »Hauptwidersprüchen« denkt – Kapital gegen Arbeit, rechts gegen links –, wird bei den meisten spannenden Wandlungsphänomenen unserer Zeit nur Bahnhof verstehen!

- Als viertes benötigen wir *Systeme und Modelle, mit denen wir zivilisatorische Gesetze in ihrer vollen Komplexität verstehen können.* Dazu soll dieses Buch Material liefern.
- Fünftens: Praxisbezug! Während es bei der traditionellen Zukunftsforschung eher um den »großen Wurf« ging, hat sich die neue Disziplin der *Trendforschung*, die in den späten 1980er Jahren im Kosmos des Marketing ihre Bewährungsproben suchte, der Gegenwartswirklichkeit zugewandt. Das war ein durchaus fruchtbarer Umweg. Trends sind keine Zukunft! Trends sind letzten Endes Gegenwartsprozesse. Heute gilt es, beides zu verschmelzen: die »ethnologische« Gegenwartsbetrachtung der Trendforschung mit dem »weiten Blick« der Zukunftsprognostik.

Wenn wir diese Parameter berücksichtigen, lösen sich manche Probleme wie von selbst. *Wir können herausfinden, was wir prognostizieren können und was nicht.*

Moderne Prognostik ist immer eine Wenn-dann-Annahme. Sie bildet Möglichkeiten, Szenarien und Wahrscheinlichkeiten. Sie will damit die Zukunftskompetenz, die »Futurefitneß«, des Betrachters erhöhen. Moderne Trend- und Zukunftsforschung soll unser Bewußtsein auf eine höhere Stufe bringen. Eine Stufe, in der wir angstfrei folgende Fragen beantworten können:

- Philosophisch: Was bewegt sich in unserer Welt – mit welchem Ziel und wohin?
- Evolutionär: Welche Prozesse müssen wir verstehen, um uns

als Menschen und soziale Wesen den Entwicklungen anpassen zu können?

- Praktisch: Was müssen wir schon heute an unserem Denken/unserem Unternehmen/unserem Produkt verändern, damit es auch morgen noch an die Veränderungsströme anzupassen ist?

Es gibt keine »fixierte«, keine endgültige Zukunft. Aber je bewußter uns die Zukünfte sind, die möglich und wahrscheinlich wären, desto lebenswerter und abwechslungsreicher werden wir Zukunft gestalten können. In der Annäherung an dieses Zukunftsparadox bejahen wir geistiges Wachstum – und den Akt der Verantwortung.

Mein Dank gebührt allen Kollegen, von denen ich lernen konnte: meinem Freund und Senior John Naisbitt, Alvin Toffler, Faith Popcorn und Gerd Gerken, Stanislaw Lem und Michael Czikzentmihailyi, Charles Handy und Tom Peters, Kevin Kelly und Ly Edelkoort. Und vielen anderen, die sich an das Rätsel der Zukunft wagten. Sowie meiner Frau und Inspirationsquelle Oona. Und Tristan und Julian, meinen Kindern, die mir immer wieder zeigen, was gelebte Zukunft ist. Und den vielen anderen mehr, mit denen ich mich in unserer vernetzten Welt in einem fruchtbaren mentalen Austausch befinde.

Matthias Horx — Wien, im Winter 2001/02

Teil 1
Tools für die Zukunft
Instrumente für die Prognostik

Die Welt der Kurven: Ein einfaches Modell der dynamischen Weltbetrachtung

Am Anfang war eine Linie

Am Anfang war die Kurve. Im angelsächsischen Sprachraum auch *Signoid* genannt, handelt es sich um das Grundsymbol jedweden Prozesses. Das Auf und Ab von Börsenkursen, das Wachstum von Spezies in ihrer ökologischen Nische, die Schwankungen unseres Blutzuckerspiegels – die meisten Prozesse, die unsere Welt in Bewegung halten, lassen sich in Form einer schlichten Kurve darstellen. Kurven zeugen davon, daß Wachstum existiert. Kurven können pulsieren, versiegen, ansteigen, zittern – wie die reale Welt. Und Kurven werden, wenn man eine Zeit-Achse hinzufügt, irgendwann zu *Wellen*. Sie symbolisieren damit, was wir *Veränderung* nennen.
Das Urmodell jeder Kurve (Abb. 1) besteht zunächst aus einer simplen Auf- und Abbewegung, wobei die Grundlinie unverändert bleibt:

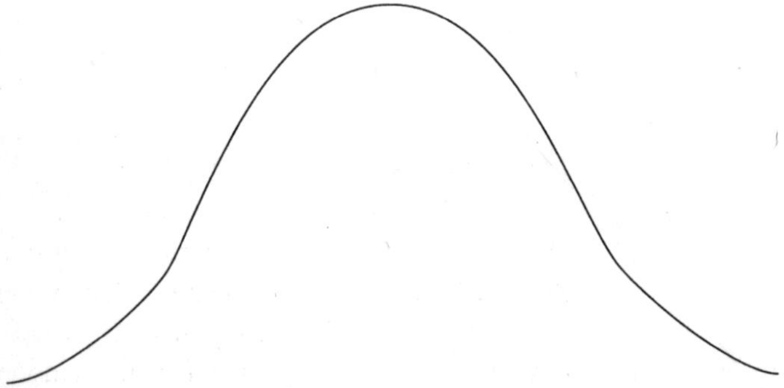

Abb. 1: Die einfache Sinuskurve

In der modernen Trend- und Zukunftsforschung müssen wir selbstverständlich die großen statistischen »Grundkurven« kennen: die Entwicklung der Bevölkerung, der Familiengröße, der Haushaltseinkommen, die ökonomischen Grunddaten. Manche dieser Kurven kehren auf die Nullinie zurück, aber die meisten Entwicklungen, mit denen wir es zu tun haben, sind »Plateauentwicklungen«. Die Kurve richtet sich gewissermaßen auf (Abb. 2) und erzeugt eine zweite Nullinie. Der Zustand des Gesamtsystems ist also »nach der Kurve« ein anderer als »vor der Kurve«. Etwas bleibt, und etwas verändert sich dauerhaft. Dies ist der Übergang von einer einfachen Wellenbewegung zu einer Veränderung, einer *Evolution*.

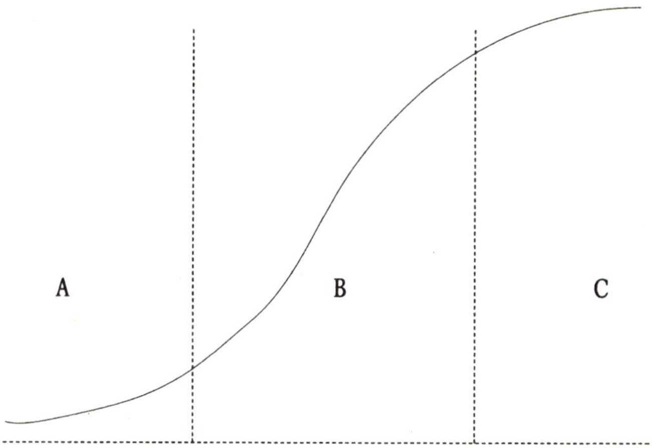

Abb. 2: Die »aufgerichtete Kurve« mit A-B-C-Sektor

Fügen wir nun noch eine Phasenaufteilung hinzu: Erstens den Beginn der Kurve, wenn sie gewissermaßen »Schwung nimmt«. Dann den Hauptteil des Aufstiegs, in dem sie ihre volle Dynamik entfaltet. Und schließlich ihren abflachenden Teil, der in eine entweder kurze oder lange Zenit-Phase ausläuft, bevor der »Abstieg« beginnt.

In dieser Aufteilung beginnt die Metaphorik der Kurve erst richtig zu wirken. Wir können ihre Dynamik als ein Muster erkennen – und Rückschlüsse auf zukünftige ähnliche Wellen ziehen. Wir können etwas über die evolutionären Gesetze lernen, wenn wir die Einflußkräfte analysieren, die auf diese Dynamik wirken. Ihr Beginn, die Stelle, an der die Kurve noch »jung« ist, sagt etwas über ihre »Startbedingungen« aus. Wie steil verläuft der Übergang von der flachen Periode zum eigentlichen Anstieg? Im mittleren Teil drückt sich die Nachhaltigkeit des jeweiligen Trends aus. Je länger und steiler der Anstieg, desto langsamer neigt sie sich im allgemeinen in ihrem oberen Ende. Wenn sie einen »spitzen« Zenit erreicht, neigt sie dazu stark abzufallen. Einige Beispiele können diese scheinbar abstrakte Logik verdeutlichen:

- Man kann Kurven »künstlich verlängern« – aber damit verfälscht man auch ihre Dynamik. Wenn ein Produkt auf den Markt kommen soll, kann es hilfreich sein, es zu Beginn der Einführung mit erheblichem Werbeeinsatz zu boosten – ihm also einen möglichst steilen Aufstieg zu geben. Dies hat allerdings nur Sinn, wenn man die »Kurve der dauerhaften Nachfrage« relativ steil einschätzt. Andernfalls wird ein künstlicher Bedarf bei den Konsumenten geschaffen. Die Kurve würde nur kurzfristig steil aufsteigen, danach aber um so steiler abstürzen. Hier deutet sich bereits der Zusammenhang zwischen »stützenden« Trends auf der einen Seite und ihren Umsetzungen in Handlungen und Produkten an. Wenn wir mit einer gewissen »Kurvengeschichte« vertraut sind, können wir relativ verläßliche Aussagen über den weiteren Verlauf eines weiteren Prozesses machen. Wenn zum Beispiel die Teilnehmer am Internet, die Käufer eines Autos, die Börsendaten eines neuen Marktes am Beginn einer Entwicklung starke, langandauernde aufsteigende Phasen vorweisen, können wir davon ausgehen, daß es relativ unwahrscheinlich ist, daß der Kurve auf halber Strecke »die Luft ausgeht«. Da komplexe Faktoren, die ihren Ursprung in makroökonomischen Bereichen haben, die Entwicklung anschieben und steuern, muß es sich um einen nachhaltigen Verlauf handeln.

Evolutionäres Denken und Zukunftsforschung

Signoidkurven und ihre Logik sind in mehreren Teilbereichen wissenschaftlichen Denkens verankert. Im einzelnen sind dies:

- **Die Evolutionstherorie:** Biologische Organismen stehen zu ihrer Umwelt in einem dynamischen Systemverhältnis. Sie versuchen – gemäß den alten Gesetzen der Evolution –, sich zu vermehren, ihr Terrain zu vergrößern. Auch Börsenkurse, Produkte, ja sogar Emotionen verhalten sich über weite Strecken wie biologische Systeme. Man muß sich zwar hüten, Gesetze der Biologie im Verhältnis eins zu eins auf die Wirtschaftswelt zu übertragen, aber als Metapher und Modell zeigen sich hier oft verblüffende Gemeinsamkeiten.
- **Ökonomische Logik:** Kurven sind die tragenden Grundstrukturen jedes ökonomischen Prozesses. Kein Wirtschaftsdenker, kein theoretischer Ökonom kann ohne sie auskommen. Die banale Kategorie einer Absatzkurve ist im Grunde genommen das Rückgrat jedes ökonomischen Prozesses, die komplexitätsreduzierte Einfachheit und Wahrheit jedes Trends.
- **Chaos- und Komplexitätstheorie:** Die neuen strukturalistischen »Wissenschaften« geben uns mehr und mehr Einblick in komplexere Verhaltensweisen in Natur und in Mathematik. Seit den faszinierenden Bildern des »Apfelmännchens«, die in den 80er Jahren in unserer geistigen und medialen Umwelt auftauchten, ahnen wir, daß die scheinbar kalten Bereiche des Mathematischen mit der Welt der natürlichen Prozesse viele Gemeinsamkeiten haben. Heute scheint eine neue »Universalwissenschaft« im Entstehen, die uns von der Quantenphysik über die Astronomie bis hin zu den profanen Abläufen des eigenen Lebens neue Erklärungsmuster an die

Hand gibt. Dabei müssen wir – und das kann man nicht genug betonen – allzu rasche Vereinfachungen vermeiden. Natürlich verhält sich kein implodierender Stern wie, sagen wir, das Abflachen der Absatzkurve von Hamburgern nach einer Rindfleischkurve. Für ein neues und überraschendes Verständnis unserer Welt und der ihr innewohnenden Gesetze sind die neuen Symbiosen zwischen Naturwissenschaften und systemischen Wissenschaften jedoch von hoher Bedeutung.

- **Kulturhistorische Übersetzungen:** Die Metapher der Kurve (die schließlich auch zur »Welle« wird) läßt sich schließlich in bezug auf die großen Wellensysteme interpretieren, die unsere Welt im Laufe der Historie, der technologischen und ökonomischen Evolution, verändern und umformen (siehe nächstes Kapitel).

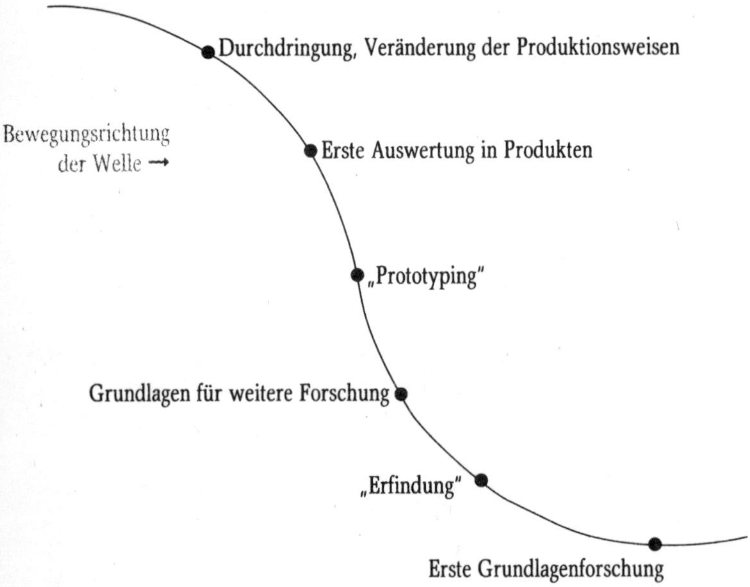

Abb. 3: Technologische Welle

Als Beispiel sollen hier 2 Kurven dienen, die auf unterschiedliche Weise die großen Wellen in den Bereichen Technologie, Konsum und Gesellschaft symbolisieren. Auf der zeitlichen Achse markieren jeweils spezifische »Signifikanten« einen bestimmten Prozeß, den man mit den Methoden des Scannings, des Monitorings oder der Kontextanalyse erkennen kann:
Im geschäftlichen und im privaten Leben, aber auch in der Unendlichkeit der Evolution ist nichts so wichtig wie der sogenannte I-Punkt: der Innovations-Punkt. Hier beginnt jene Phase einer Trendentwicklung, in der sich die Kurve langsam wieder zu neigen beginnt. Der I-Punkt befindet sich gewissermaßen im »Herbst« einer Trend-Entwicklung – wenn die Hitze im August am größten ist, man aber untrüglich bereits die ersten Zeichen des Endes eines langen Sommers spüren kann:

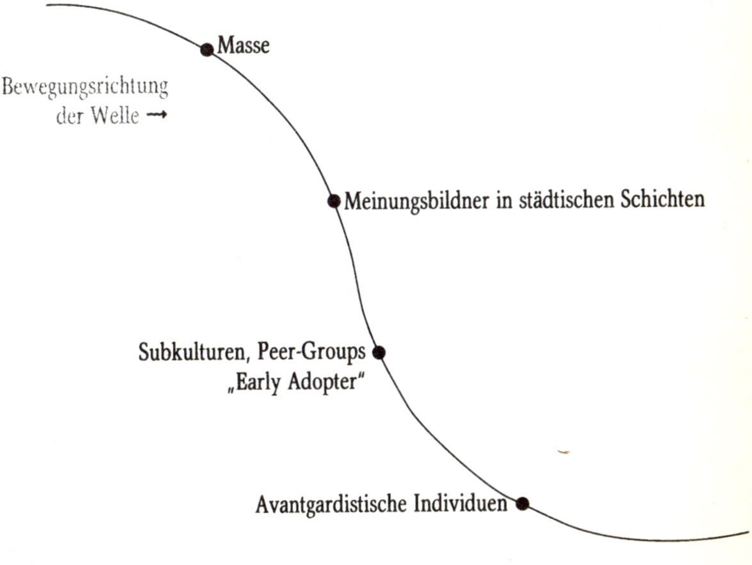

Abb. 4: Ein Gesellschafts-Trend: Von der Avantgarde zum Mainstream

Der I-Punkt: Wenn sich die Kurve neigt ...

Für die Evolution von Unternehmen, Märkten, Individuen stellt der I-Punkt den Scheideweg *per se* dar. Grundsätzlich gibt es 2 Möglichkeiten: Entweder man beginnt an diesem Punkt mit einer neuen Kurve – man entwickelt ein neues Produkt/eine neue Strategie/sammelt Kräfte für eine neue Lebensphase. Oder man sieht der Zenit-Phase der Kurve tatenlos zu. Entweder die Kurve, die sich bald wieder neigen wird, bleibt eine Singularität. Oder sie wird, in Verbindung mit einem neuen aufstrebenden Prozeß, zum Teil einer Evolution. Am I-Punkt entsteht Innovationsdruck, und zwar nicht einfach nur aus Lust und Laune heraus, sondern aus evolutionärer Notwendigkeit. Die Vorbereitung auf das Abflachen einer Entwicklung ist ein mentaler und ökonomischer Prozeß, der das erfordert, was wir gemeinhin Intelligenz nennen. Intelligenz hat etwas mit der Ahnung des Kommenden zu tun. Daß wir ahnen, daß »die Dinge nicht immer so weitergehen wie bisher«, gehört zu den genuin menschlichen Eigenschaften, die uns zu intelligenten Wesen machen. Wenn wir diesen I-Punkt verpassen, seine Bedeutung nicht verstehen, uns in falscher Sicherheit wiegen, werden wir automatisch in die Abflachungskurve hineingeraten. Für einen Wandel und Wechsel ist es dann zu spät. Ein Abstieg, ein Absatzeinbruch, eine Regression, eine Niederlage folgt dann mit an Sicherheit grenzender Wahrscheinlichkeit.
Im persönlichen Leben kennen wir alle diesen Effekt, mit dem der I-Punkt leise an die Tür klopft – zumindest in rückblickender Erfahrung. Eine Ehe stirbt nicht von heute auf morgen, sie »flacht ab«, und zwar in einem längeren Prozeß. Zum Zeitpunkt der Scheidung können wir rückblickend sehr genau sehen, wann dieser Prozeß begann, wann die Dinge noch anders hätten laufen oder neu definiert werden können. Was in der Welt der Liebe gilt, gilt auch im Universum der Produkte. Wenn in der triumphalen oberen Absatzkurve eines Produktes

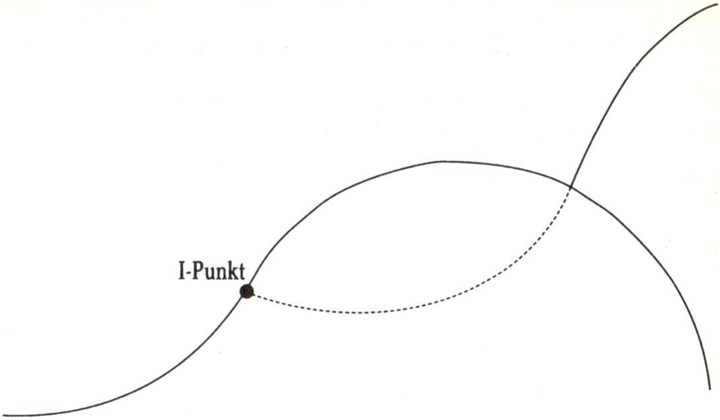

Abb. 5: Kurve mit I-Punkt

nicht bereits die nächste Produktgeneration zumindest als virtuelle Skizze vorliegt, wenn während des Zeitpunktes, an dem das Auto, das Waschmittel, die Dienstleistung weggeht wie warme Semmeln, nicht bereits die nächste Innovation reift, wird das Unternehmen, die Marke in Turbulenzen geraten. In der Verbindung vieler Signoid-Kurven zu einer aufsteigenden »Generallinie« spiegelt sich gleichsam der gesamte Prozeß der Evolution und auch unserer Zivilisation – und des Geistes selbst. Wir können uns etwa ein Menschenleben als eine Reihung von 7 bis 9 Entwicklungskurven vorstellen: Kindheit, Jugend, Ausbildung, Suche nach Position, Familiengründung, Sinnsuche, Reifung, Ruhefindung. All diese Phasen des menschlichen Lebens haben »ihre Zeit« und ihren ganz spezifischen »I-Punkt«. Wer seine Pubertät 20 Jahre lang betreibt, verliert nicht nur die Dynamik und Spannung in seinem Leben, er wird sich früher oder später in eine psychologische Abwärtsspirale hineinbegeben. Wer sich nicht schon in seiner Junggesellenzeit mental auf Partnerschaft und Familie vorbereitet, wird die nächste Kurve unter Umständen nicht schaffen. Wachstum kann nur erfolgen, wenn die einzelnen Phasen des Wachstums »integriert« sind, das heißt, wenn sie eine gewisse

Form von Abschluß und Vollendung erfahren. In der menschlichen Biographie ähnelt der I-Punkt dem »Initiationspunkt«. In archaischen Gesellschaften wird der Übergang vom Jugend- zum Erwachsenendasein mit Ritualen markiert und gefeiert. In der christlichen Kultur entsprechen Taufe, Konfirmation und Heilung diesen »Transitstellen«. Dies ist kein anthropologischer Zufall, sondern entspricht exakt der Logik kurvenlinearer Evolutionsprozesse. Man »markiert« gewissermaßen den Innovationspunkt, um auf ihn aufmerksam zu machen und bevorstehende Wandlungen zu antizipieren.

Turbulenzen in Übergangszeiten: Die Signaturen des Chaos

Zur Logik der Kurven gehört auch die Darstellung der Turbulenzen, in denen sich die Logik eines Prozesses auflöst. Im Übergang zwischen den Evolutionen entsteht vermehrte Unruhe. Auch diesen Effekt kann man sowohl bei Entwicklungen von Börsenkursen als auch bei Produktlinien, in gesellschaftlichen Entwicklungen oder in der eigenen Biographie studieren. Produkte kommen in rascher Folge auf den Markt, Flops und Hits reichen sich die Klinke in die Hand, die Absatzkurven zittern. Demonstrationen erschüttern das Land, Regierungen stürzen oder werden in rascher Folge abgewählt. Wir können nachts nicht schlafen, sind deprimiert oder verliebt in kurzen Abständen: Typische Anzeichen für eine Zeit des Übergangs.

In kurvilinearer Logik stellen sich diese Prozesse so dar: Wenn eine Evolution vorbei ist, die andere aber noch keine tragende Kraft entwickelt hat, sich der Prozeß also im Bereich der »Ellipse« zweier aufeinander folgender Evolutionskurven befindet, werden die »Gravitationskräfte« des Prozesses kurzfristig paradox gepolt. Diesen Effekt des »Zitterns und Zagens« können wir bis hin in den sogenannten »Zeitgeist« verfolgen. Unruhe und Angst herrschen in der öffentlichen Meinung und

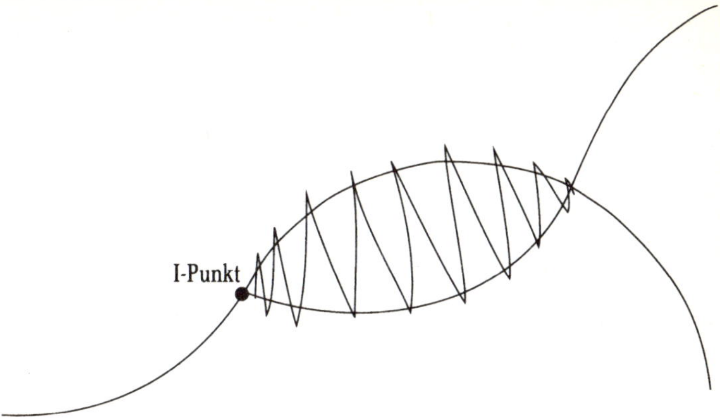

Abb. 6: Chaos in Übergangszeiten

werden von den Medien verstärkt, Formen von Hysterie greifen um sich – solche Zeit-Stimmungen häufen sich rund um »magische Zahlen«, so zum Beispiel um unser Jahr 2000, oder im Übergang von der einen zur anderen Epoche: von der agrarischen zur industriellen, von der wohlgeordneten Nachkriegswelt zur Individualkultur der 70er Jahre, von der bipolaren Welt des Kalten Krieges zur offenen der Globalisierung. Mit der Welt der Kurven steht uns nicht nur eine schematische und »statistische« Darstellungsmöglichkeit von Prozessen zur Verfügung. Die Kurve ist vor allem ein wichtiges mentales Bild, das wir zur Bewußtmachung verwenden können. Dabei geht es nicht darum, Exaktheit und eine 100-Prozent-Genauigkeit zu erreichen. Je komplexer, je »mentaler« ein Prozeß, desto schwieriger wird es sein, ihn mit den Mitteln der kurvilinearen Logik darzustellen. Aber aus der Logik der relativ einfachen Kurvenmodelle können wir epochale Wellen-Systeme entwickeln, in denen wir das Fortschreiten unserer Welt als Ganzes abbilden können.

Die Epochen-Modelle: Zeitalter und ihre Gesetze verstehen lernen

Von der agrarischen Kultur zur Wissensökonomie: Die Entwicklung der Zivilisation

Am Anfang waren wir Jäger und Sammler. Für einen Zeitraum von ungefähr 100 000 Jahre zogen Menschen als Nomaden durch die afrikanischen Savannen und die Steppen Mittelasiens. Über die soziale Ordnung der Frühzeit der Menschheit wissen wir wenig. Neueste Forschungen belegen aber, daß die Urzeit nicht nur ausschließlich von Kälte und letalen Krankheiten, wilden Tieren und permanentem Überlebenskampf geprägt war, sondern auch von Phasen des Gleichgewichtes, ja der Prosperität: Stämme und Clans der Urzeit entwickelten ihre eigenen Strukturen und Stabilitäten. Nomadische Frauen brachten zum Beispiel selten mehr als 2 Kinder zur Welt – die Geburtenrate der Steinzeit entsprach ungefähr der Schwedens in den späten 90er Jahren.
Wir wissen, daß auch die Männer- und Frauenrollen keineswegs nach dem Klischee »Mann jagt Mammut, Frau hütet Feuer« geordnet waren. Vorratshaltung und primitive Formen von Handwerk prägten bereits die Ursippe, und Männer und Frauen übten schon vor 40 000 Jahren Rollen-Mixturen.
Die »Produktion« der nomadischen Ära beschränkte sich auf Vorratshaltung für 1 bis 2 Jahreszeiten. Das bedeutete: Das ökologische Gleichgewicht, in dem die Menschen sich mit ihrer Umgebung befanden, war strikt fundamentalistisch: Ungleichgewicht führte zum Tode und regelte somit das Problem. Die Ökonomie der nomadischen Kultur war von »unmittelbarem Konsum« geprägt. Wenn die Früchte oder Tiere der Umgebung aufgebraucht waren, zogen der Stamm, die Sippe, der

Einzelgänger weiter in andere Regionen. Das bedeutete Zwang zu ständiger Bewegung, aber auch einen manchmal geradezu idyllischen Reichtum: Da wenige Menschen in sehr fruchtbaren Regionen mit den Tieren um Nahrung konkurrierten, gab es durchaus auch paradiesische Zustände. Noch heute kennen manche Südseeinsel-Bewohner das Wort für Hunger nicht.

Die agrarische Kultur: Der Durchbruch zur Seßhaftigkeit

Vor 8000 bis 9000 Jahren begann im Euphrat- und Tigrisdelta und den angrenzenden Gebieten (etwa in der Region der sagenhaften Stadt Uruk) das agrarische Zeitalter. Die ersten Menschen ließen sich nieder und riskierten mit der Qualität ihres Saatgutes und der genetischen Vielfalt ihrer Haustiere eine Lebensweise, die die Ernährungsressourcen ständig erneuerte. Vorratswirtschaft und Saatfolge wurden erfunden. Der Evolutionsbiologe JARED DIAMOND beschreibt in seinem fulminanten Werk »Arm und reich. Die Schicksale menschlicher Gemeinschaften« dieses gewaltige Abenteuer der Seßhaftigkeit. Es fand deshalb in der »Wiege der Menschheit«, im fruchtbaren »arabischen Halbmond« statt, weil diese Gegend damals besonders fruchtbar war – und weil sie über eine einmalige Mischung an genetischer Vielfalt verfügte, die nirgendwo anders auf dem Planeten existierte. Haustiere entwickelten sich im Euphrat- und Tigrisdelta aus mehreren Urformen – Rind, Schwein und der Hund legten die Grundlage für eine mit Fleisch ergänzte, kalorienreiche und deshalb »überlebensfähige« Ernährung. Die Vielfalt der verschiedenen Getreidesamen und Gemüsevorläufer ermöglichte es den Menschen, den riskanten Wechsel von einer Lebensweise, die die Überfülle regionaler und zeitlicher Ressourcen nutzte, zu den beschränkten Ressourcen eines begrenzten Ortes zu vollziehen.

Im weiteren Verlauf bildeten sich stadtähnliche Strukturen – und damit komplexere soziale Gebilde, als es die tribalen Systeme der Nomaden jemals hervorbrachten. Die Arbeitsteilung der agrarischen Kultur entstand schließlich dadurch, daß der Reichtum der agrarischen Produktion in manchen Regionen dazu ausreichte, Soldaten und Priester zu »bezahlen«, indem man sie ernährte. Diese Möglichkeit, den agrarischen Überschuß in Verteidigung oder Eroberung umzumünzen, entschied über das Überleben in der langen, dunklen Epoche der Kriege in der archaischen Zeit des Menschen bis zum Mittelalter.

Die fruchtbarsten Regionen Europas waren zumeist auch diejenigen, in denen Erfindungen und Kriegskunst voranschritten. Dieses Wechselspiel führte schließlich zu den feudalen Hochkulturen des 17. und 18. Jahrhunderts, in denen eine breite Masse von etwa 80 Prozent Bauern einer kleinen Schicht städtischer Handwerker und einer winzigen Feudalklasse gegenüberstand.

Die agrarische Gesellschaft hat eine große Bandbreite unterschiedlicher Kulturmodelle hervorgebracht – von den Großfamilien-Strukturen des Balkans bis zu den Dorfgemeinschaften der Indios Mittelamerikas, von den komplexen ruralen Kulturen Chinas bis zu den höfischen Kulturen der Spätrenaissance. Immer aber prägten das Land, die Arbeit auf dem Feld, die Subsistenz das Leben der Mehrheit der Bevölkerung. Agrarische Kulturen, selbst wenn sie einen starken Klerus oder Adel, Städte und Handelswege hervorbrachten, blieben »bäuerliche« Kulturen. Die Beziehung zwischen Mann und Frau war genealogisch geprägt – Wertesysteme kreisten um die »Ehre«, das »Blut«, den »Stand«. Reichtum bedeutete fast immer: Auspressung, Abnahme von Gütern im Sinne des berühmten »Zehnten«. Die Lebenshorizonte der Menschen blieben, mit den wenigen Ausnahmen der Fahrensleute, der Juden und der Außenseiter, die es als Minnesänger und Abenteurer immer schon gab, an den Acker gebunden, an Mühsal, Schweiß und Plage, an das Überleben. Zwischen dem Menschen und den Naturkräften, zwischen Mensch und Mitmensch, Leben und Tod standen meistens nur eine Steinmauer, ein, zwei Schweine, ein Dolch, ein Speer ...

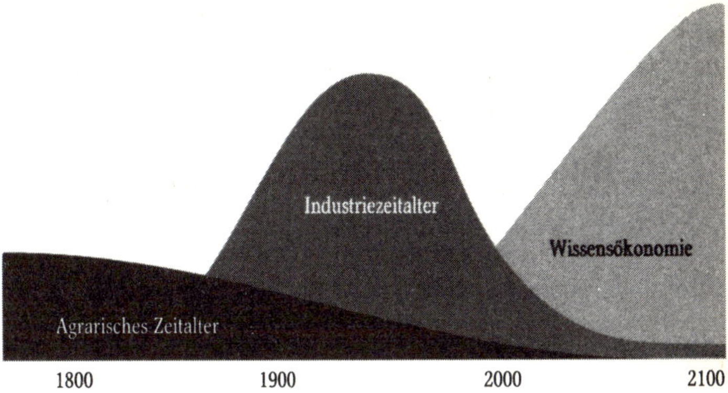

Abb. 7: Die 3 Produktions-Epochen in der Übersicht

Das agrarische Zeitalter prägt bis heute unsere Lebensformen – aber sein Einfluß schwächt sich deutlich ab. Es überlebte in einigen Regionen der Welt, etwa in China und Indien, wo immer noch fast die Hälfte der Bevölkerung von und in den Reisfeldern lebt. Es überlebte in den feudalen Strukturen, die sich bis heute in manchen fernöstlichen Regionen oder in Afrika gehalten haben. Es überlebte auch in unseren Mentalitäten: den »bäuerlichen« Instinkten der Territorialverteidigung (des Nationalismus), in unseren Ernährungsgewohnheiten (Speicherung von Fett für den Winter), in unseren genealogisch geprägten Familienvorstellungen, in unseren nostalgischen Moden. Wir kommen nun einmal »vom Land«. Und gerade in Mitteleuropa führt ein immerwährender Treck von Sehnsüchten, Nostalgien, Rustikalitäten, Alternativbewegungen, Naturverklärungen zurück in eine Zeit, als die Menschen »unentfremdet« von der Scholle lebten, eins mit der Natur, im Rhythmus der Jahreszeiten, von der eigenen Hände Arbeit ...

Die industrielle Revolution: Das Zeitalter der Maschine beginnt

Die nächste Menschheitsphase begann vor knapp 200 Jahren mit der Dämmerung des *industriellen Zeitalters.* Vom agrarischen unterschied es sich von Anfang an gewaltig, und deshalb haftete von Beginn an der Begriff »Revolution« am Siegeszug der Maschine und der Fabrik. Kein geringerer als KARL MARX sang das große utopische Loblied der industriellen Maschinerie, die das Gesicht der Erde und unsere kulturellen Grundformen radikal verändern sollte. Sein Gesang wurde später aufgenommen von einer Vielfalt von utopischen Bewegungen, von den italienischen Futuristen über den Nationalsozialismus bis zu den Lobpreisern der Sowjetunion, die das hohe Lied des technischen Fortschritts sangen. *Maschinen! Bewegung! Kraft! Licht! Energie!*

Das industrielle Zeitalter hatte viele Gesichter, von denen die wenigsten von Harmonie und Fortschritt handelten. Der Film METROPOLIS von FRITZ LANG aus den 20er Jahren zeigt den Menschen als Anhängsel der Maschine, als Maschinenmensch, illuminiert eine Welt der Mechanik, der monotonen Rhythmik, der sinnlosen Geschwindigkeit. Industrialisierung, das ist auch mit Begriffen wie Moloch, Schmutz, Ausbeutung verbunden. Die Klage über das »rasende Roß des Fortschrittes« (GOETHE) ist älter als der Industrialismus selbst, und nicht nur die deutschen Romantiker beschwerten sich über seinen Galopp, der in der »Entfremdung« des Menschen (MARX) enden mußte.

Nicht nur die Herstellung von Gütern, sondern auch die kulturellen Vorstellungen von Zeit, Raum, Sexualität, Familienleben wurden in diesem Wettlauf mechanischer Technologien, der bis in unsere Zeit andauert, radikal verändert – innerhalb sehr viel kürzerer Zeit als in den Äonen davor änderten sich so gut wie alle Gewohnheiten der Menschen. Die feudale Ordnung, die zu einer Gesellschaft gehörte, in der 80 Prozent der Menschen in Subsistenz auf dem Land oder in der Verarbeitung landwirtschaftlicher Produkte arbeiteten, zerbrach in den Modernisierungsschüben zu Beginn des 20. Jahrhunderts. Menschen wurden in großer Zahl mobil, reisten mit Sack und Pack um den halben Planeten, emigrierten, versuchten ihr Glück in den sagenumwobenen Goldgruben der Lohnarbeit. Zum erstenmal war ein Leben jenseits der Naturkräfte möglich; ein Leben, das nicht nur den Adligen gehörte, ein Leben mit Kanalisation, elektrischer Bewegung, Aufstieg! Der Industrialismus krempelte den Planeten zum erstenmal nicht nur in Regionen, sondern auf globaler Basis um. Er schuf ein weltweites Handels-, Technik- und Kultursystem, in dem nicht mehr einzelne Kulturen gegen- und nebeneinander agierten, sondern – Stichwort Globalisierung – der Keim einer einheitlichen Kultur gelegt wurde, der vor allem auf einen Namen hörte: Produktion.

Nach ALVIN TOFFLER, dem amerikanischen Zukunftsforscher, der die gewaltigen Wandlungsprozesse der Epochen in seinem Buch »Third Wave« emphatisch beschrieben hat, basiert die industrielle Kultur auf 4 großen Meta-Prinzipien:

- **Standardisierung:** Der Industrialismus zwängt Produkte und Produktionen in allgegenwärtige und universelle Rastersysteme. Sein zentraler Mythos, der generelle Wohlstand, ist nur durch die Produktion großer Mengen gleichförmiger Produkte bei stets steigender Produktivität denkbar. Denken wir nur an die ISO-Norm, an die ungeheuren Mengen von gleichförmigen Produkten, die die Konsumgesellschaft unserer Tage hervorgebracht hat. Denken wir an den *Fordismus* und den *Taylorismus*, die den einzelnen in das Räderwerk der industriellen Maschine einpaßten, an das Fließband und seine Logik der Wiederholung. Für alle diese Prozesse mußten Standards geschaffen werden, die möglichst weltweit Gültigkeit erlangen mußten. Deshalb produziert die industrielle Gesellschaft auch eine *Normierungs-Zivilisation*.
- **Spezialisierung:** Die Produktion des Industriezeitalters verlangt möglichst spezifische arbeitsteilige Prozesse und Pro-

duktionsformen. Ihre größte Nachfrage gilt dem Spezialisten, der nur eines vermag, aber dieses eine besonders gut. Der einzelne muß sich mit seinen Qualifikationen möglichst nahtlos in hochgradig arbeitsteilige Prozesse einfügen. Zu diesem Paradigma gehört auch die klassische Spezialisierung in der Alltagskultur der Geschlechter: Daß Frauen ausschließlich den Haushalt verrichten, für die Regeneration der Männer und die Erziehung der Kinder zuständig sind (damit diese in die Fabrik arbeiten gehen können), ist eine typische Erfindung des Industriezeitalters. Die Kleinfamilie ist, wenn man so will, eine nahtlose Fortsetzung der Logik der Fabrik in die häusliche Sphäre.

- **Synchronisierung:** Die Menschen des Mittelalters lebten in einem Zeitkontinuum, das an natürliche Prozesse angepaßt war. Die Natur veränderte sich stets, »Unschärfe« beherrschte das tägliche Leben. Tätigkeiten dauerten von Sonnenaufgang bis -untergang, waren geprägt von den Bedürfnissen der Tiere und Pflanzen, klimatischen Veränderungen oder Naturereignissen, Zufällen und Schicksalsschlägen. Der Siegeszug der Fabrik – und schließlich des Büros – veränderte diese Parameter. Fabriken brauchten Öffnungszeiten und Laufzeiten, den Rhythmus der Stechuhr und des Maschinen-Taktes. Die weltweite Etablierung eines verbindlichen Zeitsystems ging nicht umsonst von den Eisenbahnen aus. In den Bahnhöfen kündigte sich die Moderne durch die großen Uhren an, die den Fahrplan, eine verbindliche Zeitgebung signalisierten. So war es möglich, Abfahrt und Ankunft auch über größere Distanzen zu koordinieren, Maschinen im Rhythmus laufen zu lassen – Synchronizität zu garantieren.
- **Zentralisierung:** Die Zentralisierung von Ressourcen, Menschen und Energien ist ein weiteres typisches Merkmal für industriell geprägte Zivilisationsformen. Das Zauberwort der industriellen Ära lautet *groß*! Die großen Metropolen Europas entstanden in der Landflucht Ende des letzten Jahrhunderts – eine Stadt wie Wien wuchs in 20 Jahren, von 1887

bis 1907, von 800 000 auf fast 2 000 000 Einwohner. Die zentrale Energieerzeugung in »Kraftwerken« (1300 Megawatt im AKW!), die Errichtung riesiger Fabriken für Tausende von Arbeitern (man denke nur an die Industriekathedralen, die die Sowjetunion aus dem Tundraboden stampfen ließ: Magnitogorsk! Kharkow! Stalingrad!) sind ein weiteres klassisches Merkmal industrieller Produktion und Lebensweise. Dazu gehören eine hierarchische Organisationsform der Gesellschaft, eine stark arbeitsteilige Gliederung von Siedlungsgebieten. Die Betonung des Staates als zentrale Instanz, die Bürokratisierung des täglichen Lebens, die Entwicklung riesiger Absicherungssysteme (die den Menschen neben Sicherheit stets auch neue Abhängigkeiten bescherten) – all dies ist mit dem Zentralisierungs-Paradigma verknüpft. »So groß wie möglich und so gleich wie nötig« – das vor allem machte das kulturelle Grundprinzip der industriellen Ära aus.

Die »innere Kultur« des Industrialismus: »Industrial Values«

Kann man »industriell denken«? Wir alle werden dies weit von uns weisen – schließlich sind wir keine Maschinen! Doch unsere Weltanschauungen, unsere biographischen Lebensplanungen, unser inneres Verständnis von Ökonomie, Partnerschaft, Liebe; die Art wie wir essen, unsere Kinder bekommen und Häuser planen oder Werte und Moral artikulieren – all dies ist zutiefst von der industriellen Grammatik geprägt.
Es beginnt im Reich der Arbeit: Die Vorstellung eines »Arbeitsplatzes«, der dem einzelnen von einer größeren Institution »gegeben« wird – diese Vorstellung ist so tief in unser kulturelles Normensystem eingegraben, daß wir kaum auf die Idee kommen, daß eine Gesellschaft ohne »Arbeitsplätze« überhaupt möglich wäre. Kein Politiker käme heute ohne die Floskel von der »Schaffung neuer Arbeitsplätze« aus. Dabei ist diese Idee gerade einmal 150 Jahre alt, und die Vorstellung

eines »Arbeitsplatzes für ALLE« entspringt einer kleinen historischen Ausnahme-Episode in den 60er und 70er Jahren, als der weltweite industrielle Boom der Nachkriegszeit die Nachfrage nach Produktionsarbeitern weltweit vervielfachte.
Mit Fleiß und Ausdauer wird man es zu etwas bringen, was Hänschen nicht lernt, lernt Hans nimmermehr – das galt in der Welt der industriellen Produktion mit ihren berechenbaren Hierarchien und langsamen Innovationszyklen in der Tat. Wer durchhielt, stieg auf. Man war mit dem Überschreiten der goldenen Schwelle zur Erwerbsarbeit »ausgebildet«. Aber wird Hans in der neuen Wissensökonomie mit diesen braven Tugenden ebenso vorankommen? Die Idee, ein »Haus fürs Leben« für 1 Million Mark am Stadtrandgebiet zu bauen – und es durch die Garantie eines lebenslang garantierten Angestelltenvertrages »beim DAIMLER« oder »bei der STADTSPARKASSE« zu finanzieren –, das war ungeheuer einleuchtend, solange DAIMLER und STADTSPARKASSE eherne Institutionen in der Wirrnis der Zeit blieben. Die Idee, daß Frauen Männern bei der Karriere unterstützend zur Seite stehen, galt in der Ära von HANNELORE KOHL noch als kulturelles Mantra – wie sonst sollte man als Mann Familie haben und »vorankommen«? Die Fiktion, daß die Ausbildung mit etwa 20 Jahren in einen »Beruf« mündet, in dem man sein Wissen dann bis zur Pensionierung »anwendet«. Die fixe Idee, daß Quantität und Wert der Rohstoffe über den Wert eines Produktes entscheiden (»S-Klasse-Thinking«). Die Vorstellung, daß man morgens um 8 ins Büro geht und jeden Sommer in die Ferien bzw. in den Stau zieht. Die Idee, ständig »zu spät« oder »zu früh« zu sein. All diese inneren Einstellungen, Normierungen stammen aus dem Arsenal der industriellen Kultur.
Aber wenn dies alles so tief in uns abgelagert ist – wie kann und soll es heute zu Ende gehen? Muß es gleich ein leibhaftiger »Epochenwechsel« sein? Oder verfeinern wir lediglich unsere industrielle Produktionsweise? Sind nicht die Wandlungs- und Umbruchsprozesse, in denen wir uns heute befinden, mit Be-

griffen wie »Postmoderne«, »Spätindustrialismus« oder »Trend zur Dienstleistungsgesellschaft« hinreichend beschrieben? Sind sie nicht letztendlich *Ableitungen* des industriellen Produktionsprozesses?

Wenn wir die »4 Prinzipien« aus heutiger Sicht betrachten, wird schnell deutlich, daß es sich nicht nur um eine milde Reform des Industriesystems handelt, sondern um seine Transzendierung. Die Standardisierung von Produkten zum Beispiel: Gleiche, »industrielle« Produkte fallen mit regelmäßiger Sicherheit in den Orkus des Preisverfalls. Die Individualisierung des Konsums schreitet mit Siebenmeilenstiefeln voran. Nur noch mit individualisierten Produkten wird man überhaupt Mehrwerterzeugen können. Bald wird jeder sein eigenes, selbstdesigntes Objekt verlangen und erhalten – »Prosuming«, »Customizing« –; das, was LEVI'S heute mit der maßgeschneiderten Jeans anbietet, ist nur der Anfang.

Oder die Spezialisierung als berufliches Lebensprinzip: Sie ist in unserer modernen Wirtschaftswelt ein äußerst zweischneidiges Schwert. Natürlich werden immer noch und auch verstärkt Spezialisten nachgefragt – für FORTRAN-Programmierung, reziproke Quantenphysik, Bandscheibenoperationen. Aber für wie lange? In welcher Sicherheit kann sich der Spezialist wähnen? Wie schnell zerfällt das Wissen, auf dem der Spezialist seine berufliche Sicherheit gründet? Muß nicht der Bandscheibenoperateur irgend etwas von Quantenphysik verstehen? Ich übertreibe, gewiß. Aber Spezialisierung muß heute um ein entscheidendes Moment Universalismus verstärkt und ergänzt werden, um als berufliche Strategie Erfolg zu haben. Wer das unruhige Umfeld seines Jobs nicht kennt oder einzuschätzen weiß, fällt durch den Rost. Auch die »Hausfrauisierung« der Frau und die »Erwerbstotalität« des Mannes neigen sich sichtbar ihrem Ende zu – die Trümmer auf den Schlachtfeldern der Ehen und Lieben zeugen davon. Auch die zeitliche Synchronisierung unserer Lebenswelt gerät ins Rutschen – für viele schneller, als sie sich noch vor Jahren denken konnten.

Die Zeiten, in denen Vater 5mal pro Woche um 7.30 Uhr mit dem steifen Hut das Garagentor aufmachte – garantiert, bei Regen, Schnee und Sonnenschein – gehört einer nostalgischen Vergangenheit an. Die Ladenöffnungszeiten, nach denen sich jede vernünftige Hausfrau zu richten hatte, zerfallen wie die neuen LEGO-Raumschiffe für 7jährige bei purer Berührung. In den neuen 24-Stunden-Metropolen der Welt arbeiten immer mehr Menschen asynchron, nachts, sporadisch, in Schüben. Firmen organisieren ihre Designprozesse entlang von Breitengraden, von Tokio über London nach New York. Täuschen wir uns oder gehört die Rush-hour in wenigen Jahren der Vergangenheit an? Phasenarbeit, Projektarbeit, neue Mischformen zwischen Privatsphäre und Arbeit, Telework, Flexwork, Concept Work zerren am chronologischen Korsett der Fabrik-Ära. Und während in Deutschland feierlich die 35-Stunden-Woche ausgerufen wird, wissen immer weniger Leute, wie oft und wie lange sie eigentlich arbeiten.

Und die Zentralisierung? Die schiere Größe? Scheinbar wird alles immer größer. Fusion, Mergers, Mega-Merging, Mega-Cities: Die Welt wird bald von einem stählernen Mega-Konglomerat beherrscht. Wirklich? Natürlich, es gibt sie nach wie vor, die Saurier-Unternehmen, die Bürokratien à la Europa, die großen Konglomerate. Aber unterhalb der Schwelle des Merging werden die Giganten in lauter kleine, autonome Ameisenreiche auseinandergenommen. Morphische Vielfalt wie im Insektenreich; kleine, mobile, hochproduktive Fabriken und Teams. Die ABB etwa, dieses klotzigste aller Großindustrieunternehmen, ging diesen Weg schon in den späten 80er Jahren – die Firma verdient ihr Geld heute nicht per Zufall vor allem mit kleinen Wärmekraft-Koppelungsanlagen neben Großkraftwerken. Abstoßungsreaktionen, Umbauten ganzer Imperien über Nacht – die neuen Helden der Wirtschaftslandschaft sind Metzger und Kreateure in einem, sie verschieben Schwerpunkte, bilden »Cluster«, erobern von heute auf morgen ganz neue Märkte wie »Life Science« oder »Net Logistics«; sie ähneln eher postindustriellen Frankensteins als mächtigen »Konzernführern«. Und die Hierarchien der Macht? Wie es neulich ein befreundeter deutscher Manager so schön auf den Punkt brachte: *Du kannst dir Hierarchien doch gar nicht mehr leisten. Wenn du ständig 100 oder 1000 oder 100 000 Leuten sagen mußt, was sie machen sollen, bist du im globalen Wettbewerb morgen pleite!*

Die Wissensökonomie: Die Verflüssigung der Produktion

Im Abschied von der industriellen Kultur bäumt sich diese noch einmal zu einem letzten großen Triumph auf. Die letzten großen Flächenstaaten der Erde, China etwa, werden in rauschhafter Geschwindigkeit ins industrielle Zeitalter katapultiert. Die Globalisierung macht Waren, Geldflüsse, Dienstleistungen universell und allerorts verfügbar. Globalisierung, dieses Minnewort des späten 20. Jahrhunderts (*Die Bourgeoisie katapultiert auch die barbarischsten Nationen in die Zivilisation*, so KARL MARX im Kommunistischen Manifest), hat die »Entfesselung der Produktivkräfte« erst richtig in Gang gebracht. Die Sweat-Shops des Frühkapitalismus, die industriellen Wüsten der Eisenstädte des frühen Jahrhunderts – sie kehren heute in Shanghai, Kuala Lumpur, Taiwan zurück. Doch wenn man genauer hinsieht, ähnelt nichts mehr daran dem Ruhrgebiet der Zwanziger oder dem »rust Belt« der amerikanischen Autoindustrie. Die neue industrielle Welt besteht nicht aus Beton und Hochöfen, sondern aus Blechbaracken, endlosen diffusen Siedlungskonglomeraten mit Werkstätten, in denen die Computermonitore leuchten. Fand die Industrialisierung mit dem eisernen Stampfen der großen Maschinen und den Massen der Arbeiter statt, die zum Pfeifen der Sirene durch die Fabrikhöfe strömten, ähnelt diese neue Welle der Industrialisierung einem rasenden Wuchern. Nichts mehr wird auf die Ewigkeit gebaut, und wenn die Firma ihren Standort verändert, wird das Gerüst einfach wieder abgebaut, die Daten um die Erde gesandt – und an der gleichen Stelle entsteht ein Freizeitpark.

Trotzdem: Noch einmal, hartnäckig gefragt: Sind das nicht alles Varianten des Industrialismus? *Ohne industrielle Produktion ist eine Volkswirtschaft nicht lebensfähig*, heißt es immer wieder. Ja doch. Aber was bedeutet »Produktion«? Ist eine hochautomatisierte Fabrik, in der wenige »High Skill Worker« eine riesige Menge hochdifferenzierter Güter produzieren, ein »Industrieunternehmen«? Ja, weil vorne leibhaftige Telefone, Jeans, Computer herauskommen. Oder eher eine Wissensfabrik? Schwer zu sagen, es hängt vom Standpunkt des Betrachters ab. Summieren wir weitere Indizien:

- In den meisten Industrieländern der westlichen Welt fiel der prozentuale Anteil der Arbeiter an der Arbeitnehmerschaft in den letzten Jahren unter 25 Prozent. Nach dem Krieg lag er bei rund 50 Prozent.
- Der Wissensanteil am gesamten Arbeitsaufkommen liegt heute in den westlichen Volkswirtschaften bei weit über 60 Prozent. Abb. 8 zeigt die Verschiebung vom »Knochenarbeiter«, also jenes Anteils der Arbeit, der mit körperlichen Mittel bewerkstelligt wird, im Vergleich zu »Knowledge Work«.
- In den OECD-Ländern studieren in wenigen Jahren bereits mehr als 50 Prozent der gesamten Jugendkohorte – eine Bildungsrevolution ungeheuren Ausmaßes, die auch nicht von der angeblich sinkenden Qualität von Bildung beeinflußt wird.
- Die Wirtschaftskrise, die im Jahre 1998 den Fernen Osten erschütterte, zeigt alle Anzeichen einer mißlungenen und verspäteten ökonomischen Anpassung: Statt auf Wissensökonomie setzten die »Tiger-Staaten« auf die alte Massenproduktion, auf die Mobilisierung von Ressourcen statt auf Produktivitätszuwächse, auf *Transpiration statt Inspiration* (PAUL KRUGMAN vom MIT).

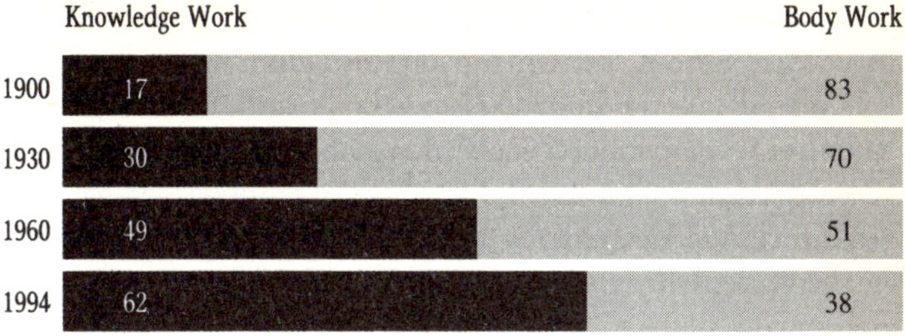

Abb. 8: Die Verschiebung von körperlicher Arbeit zu »Knowledge Work« am Beispiel der USA (Quelle: The McKinsey Quarterly)

Ein ADIDAS-Turnschuh hat einen reinen Produktionswert von 15 Prozent seines Verkaufspreises. Bei Schuhen im frühindustriellen Zeitalter war dieser Wert umgekehrt: Nur etwa 10 Prozent des Wertes waren dem Verkauf, dem »Marketing« gewidmet. Ein ADIDAS-Schuh hingegen erzielt 85 Prozent seines »Mehrwertes« durch Design, kulturelle Kenntnis von Jugendkulturen, geschickte Vertriebswege, durch additive Leistungen, die man mit dem Begriff Image zusammenfassen kann. Ähnliches gilt heute für einen großen Teil unserer alltäglichen Waren: Produktions- und Materialwerte schwinden gegen Null. Bei einer High-Tech-Druckmaschine der Marke HEIDELBERG spielen Eisen und Gummi allenfalls noch eine Promille-Rolle. Der riesige Investitionsbetrag geht in Forschung und Entwicklung – und damit letztendlich in Menschen.
Wie sollen wir diese neue Zeit, diese neue Produktionsform benennen? Die Vokabel *Informationszeitalter* hat sich weitgehend durchgesetzt. Doch hier verbirgt sich ein Mißverständnis. Nicht Information per se verändert unsere Welt – sie ist ja nur eine Art quantifiziertes weißes Rauschen, null und eins sind ohne Sinn und Verstand, Information war in der Tat *immer* schon eine wichtige Grundkonstante aller Produktion. Entscheidend ist der neue, der demokratische und ökonomische Zugang zum *anwendbaren* Wissen. Waren es im industriellen Zeitalter die Rohstoffe Stahl, Eisen, Baumwolle, Öl, Gas

und schließlich Uran, die Knappheit und damit »Preis« erzeugten, sind es heute Köpfe. Das heißt auch: Klassische Rohstoffe verlieren an Wert. Ob es das Öl oder seltene Minerale oder landwirtschaftliche Produkte sind – für die Wertschöpfung ist heute nicht mehr der Zugang zu Rohstoffen entscheidend, sondern die Verfeinerung des Produktionsprozesses und, wichtiger noch, der Unterschied zu Konkurrenzprodukten.

Der Mensch verdrängt die Maschinen! – So titelte neulich die SÜDDEUTSCHE ZEITUNG. Großes Erstaunen. Wie bitte? War es nicht andersherum? Aber dann auch: Ja! Aha! In der industriellen Welt wurde der Mensch zum Anhängsel der Maschine. Damit mußte die »Ware Mensch« für den Produktionsprozeß selbst ein immer marginalerer Faktor werden – die MARX'sche Verelendungstheorie. Doch die großen Nachfrage-Sektoren der kommenden Wirtschaft, die Wissensakkumulation und die Humandienstleistung, brauchen den Menschen sui generis. Und sie benötigen einen *anderen* Menschen als den des mechanisch-industriellen Zeitalters. Nicht den »funktionalen«, sondern den schöpferischen. Er darf sich nicht »aufgeben«, sondern muß sich im Prozeß der Wissensakkumulation »ganz einbringen«. Er soll sogar – jeder Personalchef singt heute dieses hohe Lied – Gefühle, Emphase, Engagement mitbringen. Man kann dies für die höchste Form der Ausbeutung im Kapitalismus halten. Oder für einen kulturellen Quantensprung.

Ordnen wir zunächst: Sortieren wir die Menschheitsgeschichte den großen »Zivilisationsbrüchen« entlang:

	Agrarisches Zeitalter	Industrielles Zeitalter -	Wissens-Zeitalter
Grundlagen der Produktion	Grund und Boden	Fabriken, Rohstoffe, Kapital; Menschen als »assoziierte Werte«	Ideen, Individualität und Kreativität
Primäre Rohstoffe	Feldfrüchte, später Erze,	Metalle, fossile Energieträger, Kapital	Information, Bildung

	Agrarisches Zeitalter	Industrielles Zeitalter -	Wissens-Zeitalter
Wichtigste Güter	Lebensmittel, handwerkliche Gegenstände	Massenproduzierte Artefakte	Wissen und technologische Neuerungen
Primäre Gesellschaftsstruktur	dezentralisiert auf dem Lande	Zentralisiert, national	Dezentralisiert und Globalisiert (»glokalisiert«)
Primäre Arbeitsorte	Felder, Haushalte	Fabriken, Büros, Haushalt (Frauen)	Mischungen von Unterwegs, zu Hause, Büro
Klassenstruktur	Strikte horizontale Teilung: Aristokratie versus Leibeigene oder Kleinbauern	Klassengesellschaft, Massengesellschaft	Individualisierte Multi-Options-Gesellschaft
Primäre Familienorganisation	Großfamilie	Kleinfamilie	Erweiterte Patchwork-Familie
Primäre Management-Form	Autoritäre (Gewalt-)Hierarchie	Bürokratisch moderierte Hierarchie	Moderierte Netzwerke
Politische Organisationsform	Feudalismus	Parteien-Demokratie oder Staats-Sozialismus	Teilhabe-Demokratie
Demographische Grundstruktur	Kleinstädte und Dörfer	Großstädte	Mobile, »ortlose« Lebensstile
Demographische Dynamik	Stabile Bevölkerung durch hohe Todesraten	Schneller Bevölkerungszuwachs	Schrumpfung der Bevölkerung durch Individualisierungseffekte
Alters-Demographie	Junge Bevölkerung, hohe Sterblichkeit	Mittleres Alter (Erwerbstätige) dominiert	Alternde Bevölkerung
Energiequellen	Natürliche Quellen, auch menschliche Arbeitskraft (Sklaven)	Nichterneuerbare Energien, fossile Ressourcen	High-Tech Naturenergien
Primäre Glaubensformen	Naturglaube, mächtige Kirchen	Säkularisierung	Neue Spiritualität
Primäre Form des Warenaustausches	Leih- und Tauschhandel	Klassischer Geldhandel	Geldökonomie plus neue Formen des Tauschhandels (bartering)
Dominanter Produktions-Arbeitertypus	Bauer	Arbeiter	Selbständiger Wissens-Arbeiter
Erziehungssystem	elitär; nur für die Aristokratie	Massenhafte öffentliche Bildung	Neue Individual-Bildung

	Agrarisches Zeitalter	Industrielles Zeitalter -	Wissens-Zeitalter
Dominante Werte/ Lebensziele	Ehre Treue Gottesfurcht	Fleiß Ordnung materieller Wohlstand	Toleranz Kommunikation psychosoziale Gesundheit
Bewußtseins-prägungen	Zugehörigkeit zu Clan, Religion, Tradition; animistische und »magische« Welt-Haltungen	Rationalismus und Funktionalismus	Open Mind

Abb. 9: Die Menschheitsgeschichte entlang der großen »Zivilisationsbrüche«

Natürlich kann eine solche Einteilung in Grundepochen nicht alle Details beantworten. Zwangsläufig stellen sich Unschärfen und Ungleichzeitigkeiten ein: Handwerkliche Produktionsweisen können im Informationszeitalter unter neuen Vorzeichen eine Renaissance erleben, in der Biowelle erleben alte agrarische Techniken eine Wiederkehr. Auch im 21. Jahrhundert werden Menschen in Standard-Kleinfamilien leben. Es geht hier nicht um eine neue, totalitäre Weltbeschreibung, sondern um die Grundprinzipien, die grundlegende Produktionsweisen in der Kultur verankern. Um die morphischen Gesetze, die Technologien im »gesellschaftlichen Körper« erzwingen und erzeugen. So hat jede Epoche ihre eigenen Stimmigkeit, ihre »Aura«. Das heißt nicht, daß es nicht Abweichungen geben kann: Industrielle Kulturen können, siehe Balkan, in agrarische zurückfallen (ohne deren Regulationsmechanismen bewahrt zu haben. High-Tech-Kulturen können, siehe Amerika, Züge des Wilden Westens tragen. Und selbst spätindustrielle Gesellschaften zeigen bisweilen deutlich feudale Züge und Gewohnheiten, siehe Österreich oder Japan. Doch obwohl Rückschritt, Reminiszenzen, Rückkoppelung möglich, ja wahrscheinlich sind, schreitet die Evolution unaufhörlich voran. Der Prozeß der Zivilisation, ihr grundlegendes blindes »Treiben« kennt in Wahrheit nur eine einzige Richtung: von niedriger zu höherer Komplexität. Von einer Kultur des Überlebens zu einer Welt des überschäumenden materiellen Reichtums, zu schmerzender Freiheit. Von einer Welt der Abhängigkeit zu neuen Ausdifferenzierungen. Von einem humanen Kosmos der ewigen Gewißheiten zu neuer mentaler Herausforderung.

Die Kondratieff-Wellen: Innovationszyklen der Moderne

Der russische Physiker und Geisteswissenschaftler KONDRATIEFF, er wurde in den 20er Jahren von STALIN eliminiert, hinterließ uns ein phänomenales Kurvenmodell, dessen Nützlichkeit sich immer wieder erweist. KONDRATIEFF untersuchte die Produktivitätsschübe, die seit Beginn der industriellen Revolution in regelmäßigen Abständen durch technische Innovationen ausgelöst werden und dann als ökonomische »Wohlstandswellen« und Steigerungen der Produktivität rund um die Welt gehen. Dabei erzeugt jede Welle eine neue »Knappheit«, die in der nächsten gelöst wird, und alle Wellen zusammen erzeugen eine gigantische Rhythmik des Wohlstandes. Der Einfachheit halber haben wir in Abb. 10 sein System nur als »lineares« Kurvenmodell dargestellt – selbstverständlich müßte auch hier das Prinzip der »aufsteigenden Evolution« zur Geltung kommen.

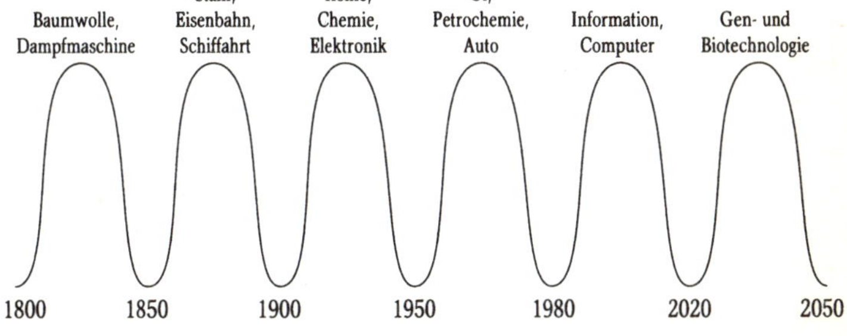

Abb. 10: Die Kondratieff-Wellen: Zyklen der Innovation

- **Die erste Kondratieff-Welle:** *Dampfmaschine und Baumwolle.* Mit dem Durchbruch des Rohstoffs Baumwolle zum ersten Weltmarkt und dem technologischen Schub, den die Dampfmaschine auslöste, begann um 1800 die industrielle Revolution. Die Dampfmaschine war mehr als ein reines Krafterzeugungsgerät, das dabei half, Muskelkraft zu sparen. Sie veränderte innerhalb kürzester Zeit die Produktionsprozesse vom individuell-handwerklichen hin zum manufakturellen Prinzip. Die Verfügbarkeit von großen Mengen mechanischer Kraft an einem Punkt ermöglichte zum erstenmal die Rationalisierung von Herstellungsprozessen. Kleidung war im 18. Jahrhundert einer der zentralsten Problembereiche der menschlichen Kultur: Die ständig zunehmende Bevölkerung in Europa konnte ihren Bedarf an Kleidungsstücken nicht mehr mit Tierhäuten oder mittels einfacher handwerklicher Herstellung decken. Die gewaltige Nachfragewelle nach Baumwolle erzeugte auch den ersten – allerdings noch zaghaften – »Globalisierungsschub« (schließlich handelte es sich um ein Produkt, das in den kühlen europäischen Breiten schlecht wuchs).
- **Die zweite Kondratieff-Welle:** *Stahl und Eisenbahn.* Der nächste Schub wurde durch die Stahlherstellung und die damit verbundene Möglichkeit der Eisenbahnverbindungen quer über Kontinente erzeugt. Auch die Schiffahrt begann im großen Maßstab erst durch die veränderten Produktionsbedingungen für Metalle zu florieren. Die Konstruktion großer Häuser und Fabriken und die Erzeugung sehr stabiler Materialien wurden möglich. Das »Stahlzeitalter« – oft genug besungen in den Weltausstellungen vor der letzten Jahrhundertwende, gekrönt mit den gewaltigen Glas-Stahlpalästen und -türmen der Weltausstellungen in London und Paris, fortgesetzt in der fast mystischen Vision der Stadt New York – beeinflußt unser Bild der Zivilisation und ihrer Möglichkeiten noch heute. Zum erstenmal ermöglichte der neue Rohstoff hohe Grade an Mobilität von Gütern und Produk-

ten auch über große Distanzen hinweg. Der Aufstieg der Vereinigten Staaten zur Wirtschaftsmacht wurde durch die Eisenbahn in einem dünn besiedelten Land wie dem nordamerikanischen Kontinent erst möglich.

- **Die dritte Kondratieff-Welle:** *Strom und Chemie*. Anfang unseres Jahrhunderts gingen Kohle und Chemie eine neue Produktionssymbiose ein und mündeten in die Elektrotechnik. Gasnetze und Laternensysteme der Großstädte wurden um die Jahrhundertwende – kaum errichtet – schon wieder zugunsten des neuen Energieträgers Elektrizität eingerissen. Aus heutiger Sicht ist es kaum noch vorstellbar, welch kulturelle Euphorie die Elektrifizierung der Welt ausgelöst haben muß. Die Menschheit hatte bis dahin nachts weitgehend im Dunkeln gelebt. Die Funzeln und kleinen Lichter der Gas- und Petroleumleuchten reichten kaum aus, um mehr als die Fläche eines Küchentisches zu beleuchten, und waren zudem umweltverschmutzend und gefährlich. Die Elektrotechnik eröffnete die Vision des »modernen Zeitalters« schlechthin. Zivilisation als »Erleuchtung« und »Vision« beherrschte die utopischen Bilder dieser Zeit und erzeugte die ersten großen Gemälde der »beschleunigten Gesellschaft«.
- **Die vierte Kondratieff-Welle:** *Erdöl und Auto*. Der Technologie-Boom der Nachkriegszeit, auch »Wirtschaftswunder« genannt, prägte unser aller Kindheit. Der Boom des billigen Öls ermöglichte einen gewaltigen Produktivitätsschub und den Sprung in die Massenkonsum-Gesellschaft mit rapide steigenden Wohlstandsquoten. Damit veränderte sich auch die Lebensqualität. Reisen, Transport, Ferne Länder wurden vom Privileg zur Massenerfahrung. Persönliche Mobilität aber ist eine Metapher, die über den Transport von Dingen und Menschen weit hinausreicht: Sie bedeutet Veränderbarkeit und damit Demokratisierung plus Individualität. Davon zeugt der Kultcharakter, den das Auto bis heute hat. Es ist nicht einfach nur pubertärer Wahn oder Macho-Gehabe, was das Auto zu einer Art Ikone unserer Zeit mit immer neuen

Comebacks gemacht hat, es ermöglichte – symbolisch und real – den Aufbruch aus alten Zwängen, Bindungen und Verwurzelungen. Für den einzelnen wurden das Dorf, die Region, die Provinz als Lebensschicksal erst durch das Auto aufgehoben.

- **Der fünfte Kondratieff:** *Information und Computer.* In dieser Welle steht zunächst die »Datenverarbeitung«, dann die Kommunikation im Zentrum des weltweiten ökonomischen Booms. Der fünfte Kondratieff ist – nach allem, was wir wissen – heute bereits kurz vor seinem Zenit angelangt. Wiewohl uns das Thema Computer/Kommunikation/Information/Wissen in den nächsten Jahren eher mehr denn weniger beschäftigen wird, ist die Kurve, mit der der Einsatz von Informationstechnologien die Produktivität steigert, bereits jenseits des I-Punktes angelangt. Computertechnologie wird gleichwohl auch für die kommenden Schlüsseltechnologien die zentrale Voraussetzung bleiben. Denn ohne Computer – und ihre Weiterentwicklung – kann es keine Gentechnik und auch keine Nanotechnik geben. Der Computer ist eine »Schlüsseltechnologie«, die nicht nur das Tor zu einem einzelnen Kondratieff bildet, sondern gleich eine ganze Serie von weiteren Durchbrüchen ermöglicht, die im 21. Jahrhundert auf uns warten: Wissensbasierte statt mechanische Techniken bestimmen die Zukunft.

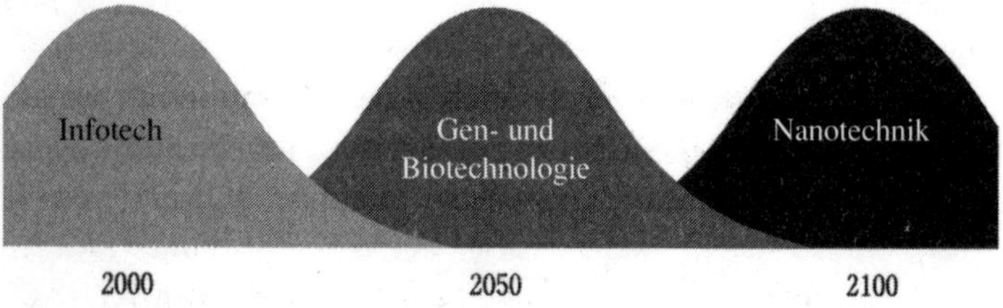

Abb. 11: Die Schlüsseltechnologien des 21. Jahrhunderts

Biotech Age: Die Produktionskräfte des Lebens

Lassen wir uns nicht von den euphorischen Berichten oder Gruselstories in den Medien beeindrucken: Gentechnologie wird zwar die kommende Welle beeindrucken, bis es aber soweit ist, haben wir noch einige Jahrzehnte zu warten. In Wirklichkeit liegen Erfolge in den zentralen Anwendungsbereichen der Biotechnologie noch in weiter Ferne: der Sieg über tödliche Krankheiten wie Krebs oder Erbkrankheiten und die Entwicklung ganz neuer Generationen von Medikamenten, die »Er-Zeugung« von Pflanzen und Tieren, die tatsächlich Produktvorteile für Verbraucher und Landwirte bringen, ohne Gleichgewichte zu stören. Jüngste Untersuchungen zeigen, daß gentechnisch veränderte Pflanzen kaum ökonomische Vorteile bringen und die »Natur« schnell Resistenzen bildet. Hierin steckt eine ernüchternde, aber auch beruhigende Wahrheit: Der technologische Fortschritt ist keinesfalls so schnell und radikal, wie er auf Grund der allgemeinen kollektiven Wahrnehmung immer beschrieben wird. Nach wie vor benötigt die Entwicklung von Anwendungs-Technologien Zeit – Zeit zur Durchdringung der technischen Grundlagen, zum Verstehen der Mechanismen. Heute gelingt es uns zwar, Gen-Codes zu analysieren und zu »knacken«. Das heißt aber noch lange nicht, daß wir auch in der Lage sind, mit ihnen zu arbeiten.

Doch was bedeutet die Biotechnologie für die Produktionsprozesse? Welches sind ihre eigentlichen Produktivitäts-Ressourcen?

- Viele Produkte werden »gezüchtet« statt auf mechanischem Wege produziert. Das gilt nicht nur für Medizin, sondern auch für viele komplexere Rohstoffe; so wird zum Beispiel »Biokunststoff« in riesigen Reaktoren erzeugt.
- Im Agrarsektor beginnt die Ära der »Laboratoriums-Landwirtschaft«. Die Massentierhaltung wird abgeschafft: Rindersteaks und Hühnerschenkel gedeihen nun in vollautoma-

tischen Fabriken. Der endgültige Triumph für die Tierschützer wird gleichzeitig einen interessanten Retro-Trend züchten: Überall wird es geheime Restaurants geben, in denen man geschlachtete Tiere essen kann – zu horrenden Preisen, manchmal mit Ekelgefühlen, aber welch ein verbotener Genuß!

- Die neuen Reproduktions-Technologien verändern das Verhältnis der Menschen zu ihren Nachkommen. Die »genetische Reproduktion«, die bewußte Planung von Nachkommenschaft, wird Elternschaft weiter individualisieren und neue familiäre Vielfalt erzeugen (siehe Kapitel »SozioSphere/Familie: Von der Kleinfamilie zum »Neuen Netzwerk-Clan«, Seite 100ff.).
- Natürlich wird es weitere medizinische Fortschritte geben – aber auch echte medizinische Durchbrüche? Werden wir den Krebs besiegen und die Bedrohung durch Mikroorganismen generell »in den Griff bekommen«? Wahrscheinlich nicht, denn die cancerogenen Mechanismen finden auf einer noch tieferen, molekulareren Ebene statt. Krebs ist fundamental mit der evolutionären Matrix verbunden; er gehört gewissermaßen zum Leben selbst (Krebszellen sind »unsterbliche Indifferenzen«). Um ihn stoppen und heilen zu können, müssen wir wahrscheinlich nicht nur einzelne Abschnitte des Gen-Codes benutzen, sondern Moleküle manipulieren können. Das werden wir – aber frühestens gegen Ende des kommenden Jahrhunderts.

Nanotech Age: Produzieren mit Atomen

Jenseits der Gentechnik zeichnet sich heute bereits eine weitere technologische Utopie am Horizont ab: Das *Nanotech Age* wird das Zeitalter sein, in dem wir auf der molekularen Ebene verändern, kontrollieren und »schöpfen« können. Zitat Joseph Scheppach in »2000x« vom April 1999: *Die Grundidee: Ob Fisch oder Mensch, Gold oder Lehm, Wasser oder Wein –*

letztlich besteht alles aus Atomen, und materielle Unterschiede sind nur eine Frage ihrer Anordnung und Zahl. Die Vision: Mikroskopisch kleine Molekular-Roboter (Assembler) ordnen Atome so, wie man es »einprogrammiert«, und erschaffen – Atom für Atom – alles, was man ihnen diktiert. Die anorganischen Nano-Maschinen – aus atomkleinen Zahnrädern und kristallinen Schrauben – funktionieren nach dem Kopier-Prinzip der organischen DNA. Sie vervielfältigen sich selbst und entnehmen aus der Umgebung Energie und Rohstoffe, um selbständig höher organisierte Funktionseinheiten zu schaffen. Solch ein Schwarm selbstreplizierender Molekular-Maschinen könnte z. B. in einem »Gebrauchsnebel« agieren. Wenn man diesen »Utility Fog« auf eine Wand aufträgt, würden die Nano-Maschinen ihr jeden Tag eine andere Farbe geben. Die Nano-Assembler könnten auch eine neue Wand errichten – oder gar ein Haus. Denn aus der Sicht der Nanotechnologie trennen nur etwa 10 Fabrikationseinheiten einfache Moleküle von einem komplexen Gebäude. Konsequent weitergedacht gipfelt die Nano-Idee in der Vorstellung einer synthetisierten Technologiesaat: Ein paar Gramm davon in die Natur gestreut, »wächst« ein Industrieprodukt wie ein Auto pflanzenähnlich aus dem Boden, dem es wie dem Sonnenlicht Material und Energie entnimmt.

Es liegt auf der Hand, daß hier nicht nur technische, sondern massiv kulturelle Grenzbereiche und Fundamente unserer Welt berührt werden. Wenn die Biotechnologie uns dazu befähigt, *instrumentell* mit dem Gen-Code umzugehen, wird uns die Nano-Technologie noch ein Stück tiefer in die Rolle des Schöpfers fallen lassen.

- Im Nanotech Age wird Produktion »morphisch«. Zum erstenmal wird geformte Materie wirklich billig werden – und damit entfällt die Konkurrenz zwischen virtueller und realer Wirklichkeit. »Realvirtualität« wird machbar – zu günstigen Preisen. *Ich morphe mir eine Südseeinsel im Garten.*
- Die »codierten Krankheiten«, die in unseren genetischen

Konditionen enthalten sind, werden im Verlauf des Nanotech Age weitgehend besiegt. Die Lebensspanne wird von heute maximal 120 Jahre langsam ausgedehnt. Was dies für unsere Kultur, unseren Wohlstand, das soziokulturelle Gleichgewicht bedeutet, ist schwer absehbar. Wer entscheidet darüber, wie weit die Lebensuhr gestellt wird (womöglich ist Lebensverlängerungs-Behandlung teuer)? *Wollen* die Menschen eigentlich länger leben? Wird es eine Rebellion geben: die »Short-Life-Bewegung« – ein Jahr Intensität, danach ewiger Kälteschlaf mit 40?

Und noch weiter in der Zukunft? Dies ist kein utopisches Buch. Aber am Ende des kommenden Jahrhunderts werden sich Fragen, die heute noch im Nebel liegen, zumindest schärfer stellen: Werden wir eine »extropianische« Technologie entwickeln? Extropianische Technikvisionen beschäftigen sich mit »Apti-Entropie«, also mit der Aufhebung des entropischen Gesetzes, nach dem alle Materie mit hoher Ordnung zerfällt. Sie beschäftigst sich damit auch mit Transhumanismus: der Überwindung des Daseins durch Symbiosen von Mensch und Maschine, der Vernetzung individueller »Entitäten« zu größeren Seinseinheiten. In einigen 100 oder 1000 Jahren wird mit an Sicherheit grenzender Wahrscheinlichkeit dann das *siderale* Zeitalter anbrechen, wie es von STANISLAW LEM in seinem Roman »Fiasko« beschrieben worden ist. Dann werden wir eine Technologie erobern, die in der Lage ist, Quantenenergie zu manipulieren und anzuwenden. Quantencomputer werden dann Operationen ermöglichen, die im Universum nicht ohne weiteres natürlich ablaufen können. Transport im Weltraum erfolgt dann mittels Verschiebungen der Raum-Zeit-Konstanten, und Kriege werden mit der Erzeugung von Singularitäten – schwarzen Löchern – entschieden.

Spätestens hier überschreite ich den Rubikon zur Sciencefiction. Ich bitte um Verzeihung – und um Rück-Begleitung ins 21. Jahrhundert. Sprich: in die Gegenwart und ihren unwiderstehlichen Drang, Zukunft zu werden.

Das 8-Sphären-Modell: Eine kleine integrierte »Weltmaschine

Kurvilineare Modelle können Dynamiken abbilden und Veränderungsbewegungen beschreiben. Epochenmodelle können uns etwas über die Produktionen und Produktivkräfte erzählen. Aber wie können wir das Ganze zu einem »Zivilisationsmodell« zusammenfügen, das sich für prognostische Zwecke eignet? In dem wir die Erkenntnisse der Wellenmodelle rubrizieren und klassifizieren können? In das wir ständigen intelligenten Input (Meta-Recherchen, Scanning, Monitoring etc.) hineingeben können, um einen Output (eine Prognose) zu erhalten?
Zunächst benötigen wir ein sinnvolles Achsensystem, das fundamentale Spannungsverhältnisse der menschlichen Existenz und gleichzeitig die evolutionären Grundkonstanten enthält. Das menschliche Leben – Leben überhaupt – existiert in Widersprüchen. Es wächst und gedeiht in Spannungsverhältnissen. Licht und Dunkel, heiß und kalt, Sicherheit und Freiheit – das sind gleichzeitig die Grundkonstanten der Evolution. Bilden wir also ein einfaches, 4gliediges Achssystem für eine »HumanSphäre«:

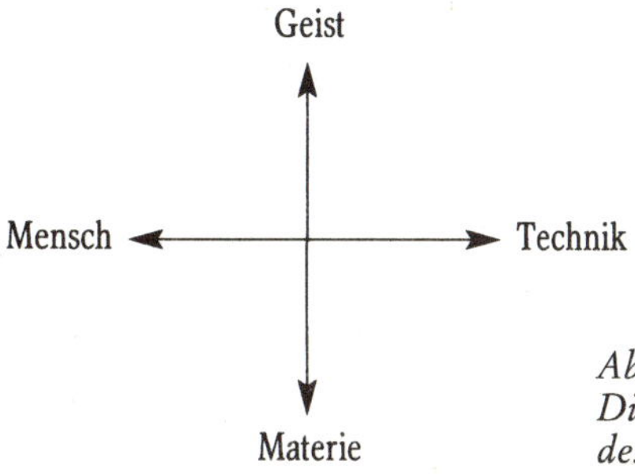

Abb. 12: Die Spannungsachsen des Sphärenmodells

Auf die waagrechte Achse setzen wir den Grundwiderspruch zwischen dem »Sozialen« und dem »Artifiziellen«, oder knapp: Kultur versus Technik. Das Soziale als Absicherung und Lebenshintergrund des Menschen garantiert seine Kontinuität, seine Sicherheiten, seine »Fundamente«. Das Technische symbolisiert die Sehnsucht nach und Lust auf Grenzüberschreitung, die Sehnsucht nach Kontrolle und Überschreitung der menschlichen Grenzen mithilfe von technischen Artefakten. Dieses Spannungsverhältnis ist prinzipiell unauflösbar, es definiert gleichzeitig den Vektor des Fortschritts. Kulturen, die diesen Widerspruch nicht mehr spüren, stagnieren. Sie können auf diese Weise 100 000 Jahre alt werden. Aber sie werden sich nicht dynamisch verändern.

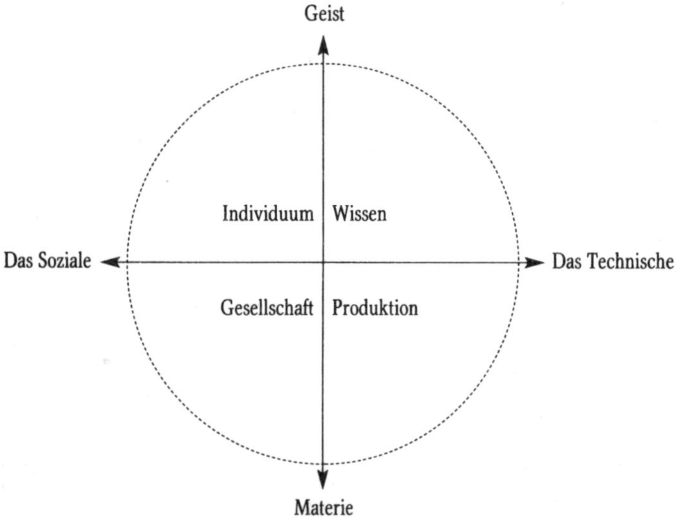

Abb. 13: Die Grundachsen des Sphärensystems und die »Sektoren«

Die westlich geprägten Kulturen haben dieses Spannungsverhältnis gewissermaßen »hochgezüchtet« – und es zu einem alltäglichen existentiellen Problem für jedes Individuum gemacht. Technologien ohne Risiko sind fast unmöglich (selbst der Hammer birgt gewisse Gefahren). Aber jede neue Technologie erfordert Angleichungen im sozialen System, »Sozialtechniken«, Lernprozesse, die die unsichere Technik wieder entschärfen und absichern. Im persönlichen Leben sind wir hin- und hergerissen zwischen unserem Bedürfnis nach Beständigkeit und unseren Sehnsüchten nach Aufbruch und Neuerfindung des Lebens. Die moderne Gesellschaft verschärft diese Zerrissenheit durch eine enorme Zunahme der Möglichkeiten. Ob ich mich scheiden lasse oder meine Beziehung beibehalte, ob ich einen neuen Beruf ergreife oder meine erlernte Tätigkeit weiterführe, ob ich meine Freundschaften pflege oder mich im Cyberspace *mit jedem zu jeder Zeit allgegenwärtig verbinde* – all dies hat mit dem Spannungsverhältnis Sicherheit versus Risiko, Geborgenheit gegen Kontrollust, und damit auch mit dem Konflikt zwischen dem Sozialen und der Technik im weitesten Sinn des Wortes zu tun.

Auf einer senkrechten Ebene bilden wir den Menschen in seiner *Bipolarität* zwischen Materie und Geist ab. Das Materielle ist Grundlage unserer Existenz, das Fundament unseres Daseins. Unser Hirn besteht aus Billionen von profanen Atomen, die in hochkomplexer Vernetzung das Bewußtsein bilden – aber das Bewußtsein hat auch seinen eigenen, störrischen Raum. Ohne das Geistige, das Abstrakte, das Symbolische läßt sich menschliche Existenz nicht komplettieren.

In den 4 Quadranten dieses simplen Modells tauchen nun die 4 wesentlichen Instanzen der menschlichen Sphäre auf – das, was unsere Kultur ausmacht und in Bewegung hält:

Das Ich
Das Wissen
Die Produktion
Die Gesellschaft

Diese 4 Kategorien befinden sich in einem komplexen Zusammenspiel: Das Ich benötigt eine bestimmte »Wissenskultur«, um sich in der wandelnden Produktion adaptieren zu können.

Der Quadrant der Produktion wiederum benötigt eine Grundlage des Sozialen, um wachsen und gedeihen zu können: Interdependenz ist das eigentliche Thema dieses Modells.
Von hier aus komplettieren und verfeinern wir unser System in die 8 wichtigsten Sphären – jene menschlichen Bereiche, deren Veränderung die Zukunft generieren (siehe Abb. 14).
Natürlich kann auch dieses System keine 100prozentige Genauigkeit für sich reklamieren – wir müssen Gewichtungen treffen. So könnte man etwa im unteren Quadranten auch eine »WorkSphere« definieren, die den Bereich des Konsums, der Ökonomie, aber auch der Politik umfaßt. Auch eine »MediaSphere« wäre in der Schnittstelle zwischen Wissen und Technologie möglich. Aber all diese Feinheiten lenken nur ab vom Wesentlichen: einer stimmigen *dynamischen* Kategorisierung der menschlichen Evolution.

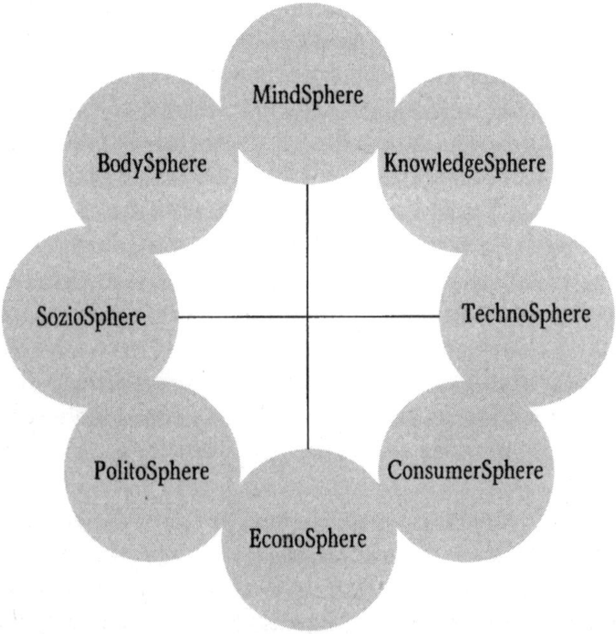

Abb. 14: Die 8 Sphären in der Übersicht

Die 8 Sphären en detail

- **SozioSphere:** markiert den sozialen Bereich des Menschen, seine gesellschaftlichen Verankerungen, seine Orientierungen in Geschlecht, Generation, Gemeinde, Familie. Hier lokalisieren wir die zentralen Trends in der Entwicklung von Partnerschaft und Ehe, in der Reproduktion, im Verhältnis der Generationen untereinander, in der Entwicklung der Haushalte, im Verhältnis zwischen Mann und Frau.
- **BodySphere:** markiert den Bereich des »ureigensten Ichs«: den Bereich unseres Körpers. Hier verorten wir Trends, die mit dem Verhältnis des Menschen zu seiner körperlichen Existenz zu tun haben: Sexualität, Gesundheit und Medizin und die damit zusammenhängenden Bilder und kulturellen Konstruktionen wie Schönheitsideale oder Krankheitsbilder. Nicht zuletzt die Forschung an den Grenzen der künstlichen Intelligenz hat uns gezeigt, wie wichtig die Physis für die Gesamtheit des Menschen und des Denkens ist. Diese Sphäre bildet die Matrix für gewaltige Märkte: Die Ausstattung des Menschen mit Kleidung, seine »Fütterung«, seine Verschönerung durch Kosmetika – all dies hat mit Körperbildern und ihren jeweiligen Änderungen in den Epochen zu tun.
- **MindSphere:** In der *Sphäre des Geistes* plazieren wir die mentalen Prozesse. Es ist der Bereich des Wertewandels, des Bewußtseins, des Spirituellen; hier werden Fragen der Religion, der Transzendenz, des Glaubens neu gestellt und beantwortet. Vielen mag es schwerfallen, in diesem Bereich mit der Sprache der Trends zu operieren. Doch die MindSphere birgt wichtige Einflußvektoren auf die menschliche Kulturgeschichte – Glauben und Transzendenz, Werte und »weiche« mentale Faktoren bestimmen über Wohl und Wehe von Individuen, Kulturen und Ökonomien. Deshalb ist es für die neue Trend- und Zukunftsforschung besonders spannend, in dieser Sphäre Muster des Wandels zu erkennen und zu beschreiben.

- **KnowledgeSphere:** beschreibt den Bereich des Lernens. Menschliche Existenz und Zivilisation sind ohne die anhaltende Organisierung von Lernprozessen nicht möglich. Wir alle lernen als Individuen ständig dazu, selbst wenn wir scheinbar »ausgebildet« sind. In der WissensSphäre konzentrieren sich die kognitiven Strukturen und Fähigkeiten der Gesellschaft. Hier ordnen wir Trends im Bildungswesen, im Wissensmanagement, im gesamten Bereich der Intelligenzforschung.
- **TechnoSphere:** Die *Sphäre des Technischen* läßt sich am einfachsten als eigenständige Sphäre definieren. Sie scheint eine Art Eigenleben zu führen: als ständiger Stachel im Fleisch der Zivilisation, als unaufhörliche Herausforderung an die anderen Sphären, sich neu zu definieren und anpassend zu verändern. Sei es das Rad, die Buchdruckerkunst, die Kanone, die Atombombe oder der Computer – keines dieser Produkte der technischen Sphäre, das nicht die gesamte Zivilisation umgekrempelt hätte. Besonders im 20. Jahrhundert scheint die TechnoSphere endgültig die »Erste Geige« im Konzert der menschlichen Evolution zu spielen.
- **ConsumerSphere:** Konsum ist ein zentraler Bestandteil unserer Kultur. Diesen Satz liest man hierzulande immer wieder mit einem Seufzer des Bedauerns: Konsum gilt als oberflächliche Angelegenheit; die Bewohner des deutschsprachigen Raumes definieren sich lieber als Propagandisten und Bewohner der MindSphere. Mit »Konsum« meinen wir jedoch nicht nur die »Konsumption von Gütern und Gegenständen«, sondern den gesamten Prozeß des Austausches zwischen dem Menschen und den Objekten seiner Umwelt. Die *ConsumerSphere* berührt die Welt des Stils, der Ästhetik, Fragen des Geschmacks, der Haltung, der Schichtenzugehörigkeit. Die Art und Weise, wie wir uns pflegen, mobil sind oder unsere Wohnung einrichten ist Teil des gewaltigen Austauschprozesses zwischen Menschen und Dingen – und in der modernen Individualgesellschaft von zentraler Bedeu-

tung. Auch die Frage, wie Waren und Marken zu Ikonen, zu »Glaubensgebäuden« werden, die in unserem Alltag eine größere Rolle spielen als die Kirche oder die Parteien, ist in diesem Zusammenhang von großer Bedeutung.

- **EconoSphere:** Die Basis unseres Weltmodells bildet – wie könnte es anders sein – die Ökonomie. Die gewaltigsten Veränderungen des 20. Jahrhunderts entstanden neben technischen durch ökonomische Wandlungsprozesse. Eine Gesellschaft ohne vitale Ökonomie neigt zur Agonie – nicht nur die Erfahrung Rußlands oder anderer in vielerlei Hinsicht unterentwickelter Länder zeigt uns dies. Aber nach welchen Regeln verläuft das ökonomische Spiel? Welche Kräfte beeinflussen unsere heutige und die kommende Ökonomie? Wie verändern sich Arbeit, Management, Unternehmertum in der kommenden Ära?
- **PolitoSphere:** In den letzten Jahren haben viele Kommentare die Politik schon ins Grab verabschiedet; in der globalisierten Welt scheint ihre Rolle immer zweifelhafter. Doch das Politische bildet auch am Ende des 20. Jahrhunderts das Fundament der menschlichen Sphäre. »Politik« handelt von weitaus mehr als von Parteien, Prozenten, Wahlen und Parlamenten. Sie beschreibt die Organisationssysteme – und ihre Veränderung – aller menschlichen Gesellschaften: die Art und Weise, wie Menschen ihre Bedürfnisse untereinander verhandeln, Regeln schaffen, Institutionen errichten, Recht verändern und durchsetzen, Rechte garantieren. Deshalb subsumieren wir in dieser Sphäre nicht nur die klassischen politischen Bereiche und Ideen, sondern auch die »nontraditionalen« Teile des Politischen: Nachbarschaft, Vereinswesen, Rechtswesen.

Konvergenz der Sphären: Wie Zukunft entsteht

Das wirklich Interessante dieses Sphärenmodells besteht nicht in der Aufteilung des »menschlichen Kuchens« in Einzelsegmente. Es ermöglicht uns – zwingt uns dazu –, in Zusammen-

hängen zu denken und die Linearität des alten Zukunftsdenkens zu überwinden.
Moderne Sozialforschung (die sich zu Beginn des 20. Jahrhunderts ebenfalls als »visionäre Wissenschaft« verstand) hatte bis jetzt immer nur das Soziale im Blick, das es mit den ehernen Gesetzen von Schicht und Klasse zu beschreiben und gegen die störenden Einflüsse »des Ökonomischen« oder »des Technischen« zu schützen versuchte. Techniker und Technologen wußten über Veränderungen in Kernspintomographen oder 12dimensionale String-Theorien bescheid – aber wie ihre Gedanken und Technologien mit dem Rest der Gesellschaft zusammenhingen – und deren Entwicklung beeinflussen konnten –, davon hatten sie keine Ahnung. Lehrer und Pädagogen bezogen sich auf Schule und Akademie und blieben in ihrem didaktischen Hohlweg stecken, spirituelle Talente trieben ihre mentalen Übungen in der *MindSphere*, ohne sich um die profanen Niederungen der Wirtschaft oder gar der Politik zu kümmern. Und die Zukunftsforscher der 60er Jahre orientierten sich an Atombomben, weltweiter Kriegführung und der Vision von denkenden Robotern – von der wirklichen Entwicklung der Welt hatten sie keine Ahnung!
Wer nachhaltiger, intelligenter über Zukunft nachdenken will – und seine *Future Fitness* erhöhen möchte –, muß diese Barrieren überwinden. Spannend wird es ja gerade dann, wenn sich die verschiedenen Sphären aneinander reiben, wenn sie in Konflikt miteinander geraten, wenn sie sich gegenseitig »zum Leuchten« bringen. Wandlungsprozesse können sporadisch von verschiedenen Sphären aus initiiert werden – manchmal können kleine Auslöser gewaltige Wellen im gesamten Sphärensystem schlagen. Die Erfindung der Antibaby-Pille etwa erzeugte »Soziobeben« (im Verhältnis zwischen Mann und Frau), die heute noch nachhallen. Natürlich sind die »harten« Sphären der Technik und der Ökonomie meist im Zentrum solcher seismischer Prozesse, aber auch die Sphäre des Geistes kann gewaltige zivilisatorische Quantensprünge initi-

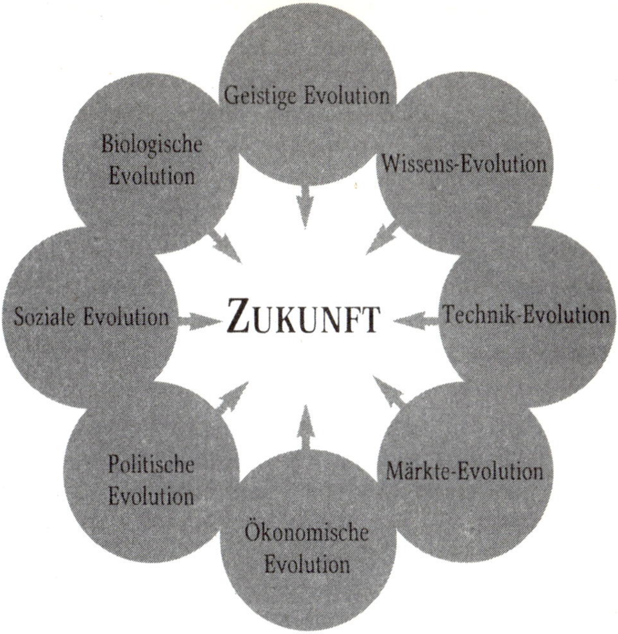

Abb. 15: Die gemeinsame Evolution der Sphären erzeugt Zukunft

ieren. Zeiten wie die Renaissance verdanken ihren Glanz und ihre Dynamik vor allem *Neuem Denken* – es war vor allem das Menschenbild, das sich damals, nach der Dunkelheit des Mittelalters, im wahrsten Sinne des Wortes zu erleuchten begann. In einer solchen Situation können gesellschaftliche Euphorien epidemisch auf andere Sphären übergreifen und, um beim Beispiel zu bleiben, Genies wie LEONARDO DA VINCI hervorbringen oder fördern.

Von Zeit zu Zeit verdichtet sich das Spannungsgefüge zwischen den Sphären – dann entstehen »Megatrends« oder Epochensprünge. In den 60er Jahren erlebte die westliche Welt große technologische Durchbrüche: Die Massenmotorisierung, die Einführung des Fernsehens, rasche Fortschritte in der Medizin, den Beginn der Weltraumfahrt. Dennoch waren es nicht so sehr die technischen Bereiche, sondern die sozialen, die nach der *großen Veränderung* riefen. Die Jugend der Welt rebellierte und forderte ein neues Wertesystem, »Wertebeben« liefen nicht nur durch die westliche Welt. Heute scheint der Fokus der Veränderung eindeutig zwischen *EconoSphere* und *TechnoSphere* zu liegen: Globalisierung, Deregulierung von Arbeit, Digitalisierung. Aber, so ahnen wir, die wirklichen Wandlungen der kommenden Zeit werden in der MindSphere und der KnowledgeSphere stattfinden, in einem neuen Verständnis von Lernen und Wissen, in einer zweiten, fundamentalen Bildungsrevolution.

Unser Sphärenmodell ist also nichts anders als eine »Evolutionsmaschine«, die uns zum Denken in Zusammenhängen geleitet. Erst in der Gesamtschau werden die evolutionären Ströme zur *sichtbaren Zukunft*. Welche Technik benötigt welche »Soziotechnik«? Welche Werte der *MindSphere* passen zur Entwicklung des Ökonomischen *(Wie müssen wir denken, um morgen noch arbeiten zu können?)*? Welche Art des Einkaufens (ConsumerSphere) gehört zu bestimmten technologischen oder ökonomischen Veränderungen?

Hier ist er also, unser kleiner prognostischer Baukasten. In ihm finden wir »Tools« der unterschiedlichsten Art. Komplexe Wellenmodelle, rationale Fakten, weiche »Gelenke« zwischen den Antriebskräften der Evolution, die »leeren Klötze« der Statistiken – am Anfang scheint alles noch etwas durcheinandergeraten, bunt und allzu chaotisch. Versuchen wir, ob wir daraus ein Gebäude der Zukunft bauen können, das hält, was es verspricht.

Teil 2

Die acht Sphären der Zukunft

Zum Ende des 20. Jahrhunderts scheinen sich die Bindungen unserer sozialen Existenz langsam, aber sicher zu lösen. Die Ein-Ordnung des Menschen, seine Verankerung in Institutionen wie die Ehe, seine Zugehörigkeit zu Generation, Alter, Geschlecht lockern sich. Die großen sozialen Bewegungen der vergangenen Epoche, etwa die Frauenbewegung, scheinen ihren Kampf, »siegreich verloren« zu haben.

Individualisierung atomisiert die Lebensstile zum »everything goes«. Bringt das 21. Jahrhundert ein Comeback alter Lebensformen, einen »Rollback« in alte Rollenmuster und Normen? Oder einen neuen Hyper-Individualismus, in dem jeder seine eigenen Wege geht? Siegt der »Cyber-Narzißt«, der sich, im virtuellen Netz unverwundbar und allgegenwärtig geworden, nicht mehr um Bindung und Begrenzung kümmern muß? Oder erleben wir eine Renaissance von Familie und Gemeinschaft?

Individualisierung: Vom Zeitalter der Egomanie zum »Kooperativen Ich«

Proper selfishness is an optimistic philosophy because it believes that we are ultimately decent people. There is good and evil in us all and it's only sensible for society to attempt to control the evil. But much of life is a self fulfilling prophecy. If you think the worst of people and show it, they will often prove you right. (…) What I term a proper selfishness builds on this fact that we are inevitably intertwined with others, even if sometimes we wish that we weren't.

CHARLES HANDY, »THE HUNGRY SPIRIT«

Jeder Organismus, sogar die Amöbe, trachtet in jeder Sekunde der Existenz, seine Lage zu verbessern.

KARL POPPER

Wenn wir eines fernen Tages die letzten Jahrzehnte des 20. Jahrhunderts Revue passieren lassen, dann wird dieses Zeitalter als die *Ära der großen Ich-Entdeckung* in die Geschichte eingehen. Das Ich war die große Chimäre, der Fetisch, der Entdeckungs-Kontinent, die »last frontier« unserer sozialen Sphäre. Nicht nur die ungeheure Flut der egomanischen Ratgeber-Literatur – besonders für Frauen – zeugt von diesem dramatischen Prozeß. *Verwirkliche Dich selbst! Entdecke Dein wahres Ich. Laß Dich nicht länger von Deinem Partner/Chef/Freund behelligen/belästigen/unterdrücken/kleinmachen! Steh zu Dir. Setze Grenzen! Nimm keine Rücksicht mehr, sei ein Schwein ohne schlechtes Gewissen (die anderen sind es auch!).* Wer könnte solchen Parolen und ihrem süßen emanzipatorischen Klang ernsthaft widersprechen? Doch auch die alltäglichen Dramen im Alltagsleben des ausgehenden Jahrhunderts, in denen Liebe sich in harsche Abgrenzung, Gemeinsamkeit in zersplitterte Existenzen verwandelt, zeugten vom süßen Gift der Individuation. Die Parole lautete: *Im Zweifel für mich selbst!* Um ein wenig mehr »zu sich selbst zu kommen« riskierten Menschen ihr gesamtes Lebenssystem. Auseinandersetzungen wurden vom Zaum gebrochen, Kinder frustriert, Partner verlassen, Kompromisse und Verträge gekündigt. Und immer ging es um das eine: das Eigene – um das, was wir noch entdecken und erleben möchten, den geheimen, ja fast mystischen Horizont der Selbstentdeckung, das mystische Reich Egotopia.

Die Idee der Individualiät war kulturhistorisch zwar nichts Neues, neu waren aber die Möglichkeiten, Autonomie tatsächlich zu verwirklichen. In der ständigen Zellteilung der sozialen Welt in immer kleinere Einheiten, im rapiden Anstieg der Single-Haushalte und Alleinerziehenden enthüllte der Individualisierungsprozeß auch seine dunkle, seine zerstörende Seite. Wie FRANCIS FUKUYAMA (»Das Ende der Geschichte«) es neulich in seinem Essay »Der große Zerfall« (»The great Disruption: Human nature and the Reconstruction of Social Order«) formulierte: *Die Menschen des ausgehenden 20. Jahrhunderts bemerkten bald, daß ihnen die unbeschränkten individuellen Freiheiten, in denen das Brechen von Regeln gewissermaßen die einzige Regel wurde, ernsthafte Probleme verursachten. Moralische Werte und soziale Regeln sind nicht einfach Objekte, die der persönlichen Wahl unterliegen, sondern die Voraussetzung für jede erfolgreiche Gesellschaft. Wie physisches Kapital (Land, Gebäude, Maschinen) und humanes Kapital (unsere Fähigkeiten und Qualifikationen) produziert soziales Kapital Wohlstand und hat deshalb einen ökonomischen Wert.*

Wie also steht es um dieses »soziale Kapital«? Und was ist eigentlich »Individualisierung«? Individualisierung bedeutet – um es auf eine Dreiklang-Formel zu bringen – erstens Innenorientierung, zweitens Auswahl und drittens Selbstreflexivität (zitiert nach ULRICH BECK).

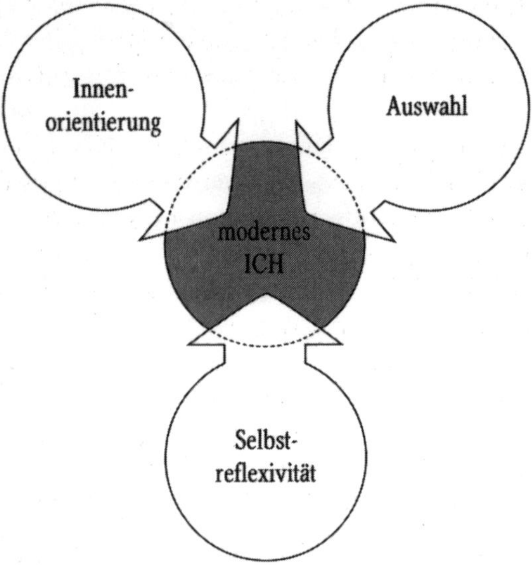

Abb. 16: Der Dreiklang von Selbstreflexivität, Auswahl und Innenorientierung

- **Innenorientierung:** Für unsere Eltern und Großeltern war die Erfüllung äußerer Normen ein Lebensinhalt. Die soziale Umwelt definierte, was zu tun und zu lassen war, und in der Erfüllung der Ansprüche – geäußert von Eltern, Lehrern, Vorgesetzten, Priestern, Obrigkeiten überhaupt – lag die Erwartung psychischen Wohlergehens. Balanciert fühlte sich das Ich, wenn es ein osmotisches Gleichgewicht zwischen den äußeren Rollenanforderungen und den eigenen Fähigkeiten herstellen konnte. Für den »Ichgewordenen« jedoch dreht sich die Suchrichtung vollkommen um: Sein Scan-System richtet sich nicht mehr auf die Erfüllung von Normen und Etiketten (wie das noch für unsere Eltern und Großeltern so oft das wichtigste im Leben war!, sondern auf die Frage, wie es ihm »mit sich selbst geht«. Selbst-Beschreibung geht vor Fremd-Beschreibung – das ist gewissermaßen die Substanz, das Mantra aller Emanzipation.

- **Auswahl:** Individualität setzt ein großes Maß an Wahlmöglichkeiten voraus – und dies ist auch der Grund, weshalb Individualisierung nur im Zusammenhang mit Massenwohlstand als Megatrend auftreten kann (sonst bleibt die Ich-Suche das Privileg einer kleinen Boheme-Minderheit. Frauen können ihre Männer nur verlassen, wenn sie über ein eigenes Einkommen oder die Option auf staatliche Transferzahlungen verfügen – oder über ein juristisch garantiertes Teileinkommen des Mannes. Menschen können ihren Beruf, ihre Tätigkeiten, ihre Hobbys, ihre Leidenschaften, ihre Sexualität nur in Frage stellen und neue Wege suchen, wenn die Gesellschaft dieses in verschiedensten Rollenmodellen ermöglicht. Es ist letztendlich der materielle Verfügungsraum, der über die individuelle Freiheit verhandelt.
- **Selbstreflexivität:** Gelungene Individualisierung benötigt neue Formen der Soziotechnik: Die Fähigkeit, reflektierend auf uns selbst »zurückzugreifen«, die Technik, unser Verhalten zu kontrollieren und zu verändern. Individualität ist nicht mit dem Akt des Neinsagens und der Trennung beendet. Sie fängt vielmehr damit erst an. Der Wegfall der äußeren Normen bedeutet ja, daß der einzelne *eigene* Maßstäbe entwickeln muß, an denen er sich orientieren kann. Er benötigt ein autonomes Normen- und Wertesystem, das seinen Daseinszustand überhaupt meßbar macht: *Habe ich diese Aufgabe, die ich mir gestellt habe, erfüllt? Möchte ich lernen, auf andere zuzugehen? Wo sind meine Defizite in der Kommunikation? Wie kann ich lernen, damit umzugehen, daß ich nicht so schön bin, wie ich gerne wäre?*

An dieser inneren Front beginnen die entscheidenden Mißverständnisse – und die Enttäuschungen, die Individuation hervorrufen kann. Weder Selbst-Reflexivität noch Selbst-Operabilität – die Fähigkeit, Erkenntnisse in eigenbestimmtes Handeln umzusetzen – sind in unserer Kultur als Lernprozesse verankert. In den letzten beiden Jahrzehnten des 20. Jahrhunderts haben die Individualisierungsschübe – die übrigens nicht nur in der westlichen Welt, sondern auch in anderen schnellindustrialisierten Ländern wie Japan oder Taiwan auftraten – vor allem den Akt der »Entbindung« propagiert. Lebenshunger, ja Lebensgier, Kontrollphantasien, materieller Fetischismus *(Ich fahr' lieber 'nen BMW, als mich mit Frauen rumzuärgern, die eh immer nur an mein Geld wollen!)* mußten unweigerlich diese Phase begleiten. Neurosen und Traumata aus der Kindheit wurden unreflektiert und unbekümmert in den Emanzipationsschlachten als Waffen benutzt *(Du redest wie mein Vater!)*. Die Euphorie der rebellischen Emanzipation erzeugte ein Gefühl von Unverwundbarkeit, und Freiheit wurde vor allem die »negative Arbeit am anderen«: Männer waren schuld, daß man sich nicht genug »fand«. »Das System« hinderte an der Selbstverwirklichung. Mit anderen Worten: Von den 3 Fundamenten der Individuation hat unsere Kultur in den letzten Jahrzehnten vor allem an Nummer 1 und Nummer 2 gearbeitet.

Hier liegt die dünne Demarkationslinie, die wirklichen Individualismus vom unreifen Egoismus trennt. Zur Behauptung, ein ICH zu sein, gehören neben dem Aufbruchswillen große Anstrengung, Schmerzen, Irrtümer, Umwege, Suchoperationen, Selbstzweifel, Ambivalenzen. Zu reifer Individualität gehört eine gewaltige, kulturhistorische Integrationsleistung.

Wertesysteme in der evolutionären Veränderung

Für die meisten Menschen sind Werte etwas Ewiges. Beklagt wird ihr »Niedergang«, ihr »Zerfall«, als handle es sich um von Rost bedrohte Gegenstände. Über Werte diskutiert man mit erhobenem Zeigefinger und im Impetus des Vorwurfs. Dies gilt für den bärbeißigen Ton der Konservativen ebenso wie für den moralinen Duktus unserer Urlinken.

Gibt es eine andere Möglichkeit, über persönliche, ja intime

Werte und ihre Evolution in die Zukunft nachzudenken? Nehmen wir an, es handle sich nicht um transzendente, ewige Kategorien, sondern um so etwas wie mentale Steuerungsmittel, die in einer Gesellschaft *Common sense* erzeugen und garantieren. Werte würden sich logischerweise an die jeweiligen historischen gesellschaftlichen Situationen anpassen. Sie wären mit den Wandlungen der Sozio-, der Techno- und der EcoSphere verknüpft, und sie hätten in den jeweiligen Epochen eine spezifische Gestalt.

Im agrarischen Zeitalter, das den größten Teil der Menschheitsgeschichte ausmachte, waren Werte und Moralsysteme von unauflöslichen existentiellen Bindungen bestimmt: Bindungen an die Genealogie, die sich in familiären Wertbegriffen wie »Ehre« oder »Blut« definierten, Bindungen an die feudalen Mächte, die sich in den militärisch geprägten Wertbegriffen wie »ewige Treue« manifestierten.

In der religiös geprägten Welt des Mittelalters waren Wertvorstellungen fast ausschließlich religiös gebunden; die Verankerung der Kategorien Gut und Böse fand ausschließlich in der Transzendenz statt, mit all ihren Konsequenzen von Unmündigkeit und Feindbildproduktionen.

Die bürgerliche Kultur mit ihren oftmals rigiden, an Verhaltens-Details orientierten Moralvorstellungen ersetzte die heroisch oder transzendent gefärbte Wertewelt durch ein fein ziseliertes Regelwerk. Dessen Aufgabe war es vor allem, durch genau geregelte Arbeitsteilungen in der Familie, aber auch im Berufsleben, ökonomische Effizienz – und damit materiellen Aufstieg – möglich zu machen. In den Sauberkeits-Fanatismen von Urtante Friedel spiegelte sich nicht nur deren neurotischer Charakter, sondern auch die Tatsache, daß eine Garnitur Leinen-Bettbezüge damals für ein Leben reichen mußte. In den streng hierarchisch geordneten Rede- und Tischordnungen der patriarchalen Welt spiegelte sich bereits die Logik der industriellen Welt, in der Männer pünktlich und ausgeschlafen im Kontor zu erscheinen hatten. Disziplin, Pünktlichkeit, Fleiß –

in solchen »Idealen« spiegelten sich die Gesetze des Produktionsprozesses. Maschinen und Fabriken, Transport und Verkehr der frühindustriellen Welt benötigten neue Ressourcen von Genauigkeit und Maß.

Die Studentenrevolte der 60er Jahre kämpfte wacker gegen diese »bürgerliche Moral«, ohne zu verstehen, daß in vielen dieser Moralsysteme große funktionale Ressourcen lagerten, die in ihrer Zeit durchaus ihren Sinn hatten. Gerade die Sexualmoral beinhaltete ja auch eine Schutzfunktion für die Frauen. Die »Unterdrückung des Eros in der »bürgerlichen Ehe« war ja auch eine historische Errungenschaft, in der die Verantwortung für Kinder neu und verbindlich geregelt wurde: Vaterschaftliche Verantwortung gab es in der feudalen Welt nur begrenzt, Sexualität war Privileg oder einfach abgekoppelt von der Welt der Reproduktion. Das moralische Zepter, das die ehelichen Pflichten über die Rechte der Selbstverwirklichung des einzelnen stellte, war in einer Kultur der knappen

Ressourcen eine logische Voraussetzung für die Gleichgewichte der SozioSphere. Gleichzeitig entwickelte sich in der industriellen Ära ein »Wertesystem der Klassen«. In ihm wuchsen Begriffe wie Solidarität, Gleichheit, Gegenseitigkeit und erzeugten eine neue Moral des Gesellschaftlichen. Die Idee der allgemeinen Bildung legte den Anfang für einen materialistischen, aufgeklärten Moralbegriff. Die Aufklärung dachte zum erstenmal die Gesellschaft als Ganzes, als Organismus, in dem es bestimmte Regeln geben sollte, die für alle gültig zu sein hatten. Auch das war im Kern »bürgerliche Moral«.

Der »soft-individualistische« Wertekanon

Welche »verbindlichen Werte« sind für eine Gesellschaft verpflichtend, in der Individualität als Kernwert die Klassen- und Schichtenorientierung aufgelöst hat? Gibt es so etwas wie eine »Individualmoral« – oder ist dies ein Widerspruch in sich?

Werden wir in einer *drifting society* (RICHARD SENNET) der vielen mobilen Ichlinge nur noch »driftende Werte« erleben, in denen jeder konfus irgend etwas behaupten und jeder für sich sein moralisches Fähnchen in den Wind hängt? GABRIELE SIMON brachte in der ZEIT unsere derzeitige Wertekonfusion auf den Punkt: Tatsächlich leben wir mit einer Vielzahl von Werten, aber die Verfallsdauer ist kurz. *Wir sind heute großzügig und morgen berechnend, gestern frönten wir noch einem gesunden Egoismus, heute steht die häßliche Selbstsucht überall am Pranger. Wir leiden mit den Hungernden, wir üben uns ob unseres verwerflichen Lebensstils in bitterer Selbstkritik. Doch im nächsten Moment wollen wir uns wieder wie Götter fühlen. Wir freuen uns über jede beherzte Stadtteilinitiative, träumen von Solidarität, aber lieben auch die Gesetze des Dschungels und das Recht, in Ruhe gelassen zu werden.*
Werte und Moral sind aus den Lebenssehnsüchten der Menschen ebensowenig wegzudenken wie Familie oder Arbeit. In seinem Buch »The Future of Moral Values« schreibt der Autor A. C. *Grayling*: *Wir können für die Zukunft etwas aus der Geschichte der Moral lernen. In ihr befindet sich eine konstante Auseinandersetzung zwischen liberalen und konservativen Werten. Zumindest für die Geschichte der westlichen, der europäisch-judaisch-christlichen Gesellschaft gilt: Die einzige sichere Voraussage für die Zukunft der Moral ist, daß dieser Kampf anhalten wird. Die meisten Menschen gehören als Individuen niemals wirklich einer Partei vollkommen an.*
Der amerikanische Wertewandel-Forscher DANIEL YANKELOVICH hat in einer grundlegenden Studie über den Wertewandel in den USA diese Entwicklung zu einem subtileren Ich-Ideal brillant beschrieben und dokumentiert. In einem Essay in »Values in Public Policy« (veröffentlicht in PSYCHOLOGIE HEUTE, März 1994) schrieb er im Jahre 1994: *Mit der fortschreitenden Entwicklung des Wohlstands-Effektes in seiner zweiten Phase begannen die Amerikaner aber auch, allmählich eine Synthese zwischen größerer und persönlicher Wahlfreiheit und dem*

immer noch vorhandenen Bedürfnis nach dauerhaften Bindungen zu suchen. (…) Für ein Mehr an Selbstverwirklichung, so weiß man jetzt, muß häufig ein zu hoher Preis bezahlt werden. Kinder leiden, Familien zerbrechen, Beziehungen zwischen Mann und Frau verkomplizieren sich ins Unerträgliche. (…) Und doch kehren die Amerikaner jetzt nicht zu traditionellen Ehen und einem althergebrachten Familienleben zurück, zu überkommenen Definitionen von Status und Erfolg, zu sozialer Anpassung und einem Gemeinschaftsgefühl, dessen Enge sie zu ersticken droht. Vielmehr erfinden sie einfallsreiche Kompromisse zwischen Optionen und Ligaturen!

Werteentwicklung findet immer im Spannungsfeld zwischen »Optionen und Ligaturen« statt – zwischen Freiheiten und Bindungen. Der vollendete Egoist, könnte man sarkastisch formulieren, weiß, daß er die anderen zu seiner Selbstverwirklichung benötigt – er wird sie selbstlos lieben, um selbst selbstlos geliebt zu werden. Deshalb entstehen in der Dialektik von Freiheits-Individualisierung und Bindungs-Sehnsucht neue Werte-Synthesen. Für YANKELOVICH drücken sich diese Wandlungsprozesse in folgenden »sekundären« Werte-Shifts aus, deren Wachstum man in den postindustriellen Nationen auch mit statistischen Materialien belegen kann (Auszüge aus seinem Essay »Reciprocity« – Gegenseitigkeit):

- **Arbeitsethik:** *Eine Wandlung von der protestantischen Ethik zur Arbeit als Quelle von persönlicher Befriedigung; deshalb auch eine wachsende Abneigung gegen unbefriedigende Arbeitsbedingungen.*
- **Geschlechterbeziehungen:** *Eine Wandlung von Rollenerwartungen hin zu geteilten Verantwortungen.*
- **Gesundheit:** *Eine stärkere Betonung der Fähigkeit, die eigene Gesundheit zu stärken und intakt zu halten.*
- **Opferbereitschaft:** *Weniger die Betonung des Opfer-Bringens als moralische Verpflichtung, als eine »Kontextmoral«, in der individuelle Wahlmöglichkeiten vorhanden sind …*

Das ist der Kern dessen, was wir (siehe »Trendbuch 2«, 1996) einmal leicht ironisch, aber durchaus ernsthaft »Die neue Ära des Soft-Individualismus« getauft haben. Soft-Individualismus bedeutet: Werte, die ein »Win-win«-Verhältnis zwischen »Bindungsqualität« und gesteigerter Individualität herstellen. Die Begriffe »Freundschaft« und »Ehrlichkeit« werden bei Jugendlichen zu neuen Zentralwerten – beide Kategorien beinhalten sowohl *Bindung* als auch *Freiheit*. Die starke Betonung der »Gesundheit«, die Adelung dieses Begriffes zum »Wert« zeugt einerseits von der zunehmenden Innenorientierung – wir beschäftigen uns mehr narzißtisch mit uns selbst, unserem Innenleben und Wohlergehen. Der »Wert Gesundheit« ist aber durchaus auch ein sozialer: Er richtet sich nicht zuletzt an die Umwelt, als Utopie einer »gesunden Welt« ohne ökologische Katastrophen, als Vorstellung eines physisch-psychischen Balanceaktes, der auch die sozialen Beziehungen betrifft.

Der Kern Soft-individualistischer Werte besteht in der Idee der »Verhandlungsmoral«. Nicht mehr das eherne Gesetz der Bindung und der Norm steht in ihrem Mittelpunkt, sondern ein fluktuierendes Wertesystem, das Konsens als Suche, nicht als Bedingung begreift. Die »Kooperateure« – ob es sich um Liebende oder Geschäftsleute handelt – erzeugen also ein jeweilig passendes Werte-System, das ihren gegenseitigen Bedürfnissen entspricht.

»Wirtschaftswunder-Werte« (»Affinitätswerte«)	Hedonistische Werte (»Egoistische Werte«)	Soft-Individualistische Werte (Komplexe Bindungs-Werte)
Pflicht	Lust	Kreativität
Treue	Freiheit	Freundschaft
Disziplin	Chaos	Flow
Glaube	Genuß	Spiritualität
Wir	Ego	Gestaltetes, »autotelisches« Ich
Gehorsam	Rebellion	Verhandelter Kontrakt
Verzicht	Reiz (»Fun«)	Kultivierter Genuß

Abb. 17: Die Phasen der Werte

In dieser Reihung wird noch einmal das Komplexitäts-Prinzip der Werte-Entwicklung deutlich. Während in den Wirtschaftswunder-Werten die *Außensteuerung* das zentrale Prinzip bleibt – die moralischen Normen werden von »dem, was sich gehört«, definiert – dreht sich in der hedonistischen Werte-Phase der Spieß zunächst um. Das »gierige Ego« und seine Kontrollphantasien setzen sich durch. Konsequenter Hedonismus heißt jedoch irgendwann: man stolpert von Lust zu Lust, von Erlebnis zu Erlebnis – das Resultat ist jene flaue »Erlebnisgesellschaft«, wie wir sie in unzähligen Single-sucht-Abenteuer-Filmen, in Millionen von Hoppla-hier-bin-Ich-Erlebnissen der vergangenen Jahrzehnte besichtigen konnten.
In der nächsten Phase entwickeln sich dann »Re-Kombinationen«. Soziale Qualität, kommunikative Vermittlung wird zum integrierten Teil des Lustgewinns. Spaß macht nicht mehr das, was reizt und »geil« ist, Spaß ist das, was inneren Reichtum akkumuliert.
In der ConsumerSphere findet sich hier der Sprung von der Erlebnis- zur Erfahrungskultur, in der MindSphere der Sprung vom »Psychotrip« zur mentalen Balance. Freundschaften, Herausforderungen, an denen man wachsen kann, auch Arbeits-Verpflichtungen, kreative Herausforderungen begrenzen das Ich, aber bereichern es am Ende unendlich mehr als jeder entgrenzte Akt der reinen Lustgewinnung.
In übertragenem Sinne repräsentiert diese Reihung den Wachstumsprozeß von Gesellschaften wie Individuen – vom kindlichen Prinzip bis zur Reifung. Kinder haben zunächst großen Hunger nach stabiler Außen-Orientierung – sie benötigen, aller antiautoritären Propaganda zum Trotz, Eltern, die ihnen »sagen, wo es lang geht«. Irgendwann zwischen Kindergarten und Pubertät entdecken wir alle dann die Techniken des egoistischen Lustgewinns. Auf dieser Schiene fahren wir eine Weile, um Grenzen und Möglichkeiten zu erproben. Dazu gehören Grenzerfahrungen: Über-die-Stränge-Schlagen, Drogengenuß, Immer-später-ins-Bett-gehen. Manche Individuen

verhalten sich ihr ganzes Leben nach diesem »Lust-und-Nimm-Prinzip« – und enden meistens nach der vierten Ehe nicht als Bundeskanzler, sondern im depressiven Nirvana. Irgendwann – ab einem gewissen Alter oder einem gewissen Niveau – müssen wir zwangsläufig einen Schritt weiterkommen. Und die Dinge auf einer höheren Ebene integrieren.
Nur wenn dieser Prozeß zu einer höheren Werte-Komplexität ein kollektiver Prozeß wird, kann unsere Gesellschaft ihren Wohlstand mehren und stabilisieren. Ansonsten wird unsere soziale Welt in individualistische Tribes zerfallen, in lauter atomisierte Ego-Subkulturen, die das soziale Kapital, dem sie ihre Lebensqualität verdanken, aufzehren.

Das »autotelische« Ich-Ideal: Individualismus im 21. Jahrhundert

Das Ich-Ideal des alten, ruppigen »Befreiungs-Individualismus« war durch Abgrenzungslogik geprägt: *Ich will nicht so werden wie mein Vater/mein Ehemann/die Spießbürger da draußen sind.* Reife Individualisierung bedeutet: Wir benötigen keine Feindbilder mehr. Feindbilder lenken ab, verzerren den eigenen Selbstfindungsprozeß. Sie speisen auf Dauer narzißtische, delegierende Weltbilder und Eitelkeiten. Wir wollen herausfinden, wer wir selbst sein können. Und um dies herauszufinden, benötigen wir die Ergänzungen der anderen, der Aufgaben, der mentalen Wachstumsprozesse, die auch durch Krisen und Begrenzungen entstehen. Nicht das »autonome«, also das von allen Bindungen und Beschreibungen »entlöste« Ich gerät so zur Zielvorstellung, sondern ein bindungsfähiges, selbstverantwortetes Ich. Das neue Ideal entspricht dem, was Charles Handy *proper selfishness* genannt hat: ein auf *verarbeiteter* Geschichte gegründeter »Egoismus«, der vor allem die Kooperation als zentralen Identitätsakt sucht. Michael Czikszentmihalji definiert den Begriff des »autotelischen« (statt »autonomen«) Ichs wie folgt: *»Autotelisch« ist ein Begriff* *der sich aus 2 griechischen Worten zusammensetzt: auto (selbst), und telos (das Ziel). Üben wir etwa eine autotelische Tätigkeit aus, so tun wir etwas um seiner selbst willen, weil es das Hauptziel ist, etwas zu erleben. Spielte ich etwa Schach, um Geld zu verdienen oder um in der Welt des Schachs aufzusteigen, wäre dasselbe Spiel* exotelisch, *von einem äußeren Ziel motiviert. (...) Ist man autotelisch, benötigt man nur wenig Besitztümer und wenig Unterhaltung, Macht oder Ruhm, da vieles von dem, was man tut, bereits lohnend ist.*

An diesem Beispiel wird deutlich, wie viel die Entwicklung eines trans-egoistischen Ich-Ideals mit den Veränderungen in der Sphäre der Arbeit zu tun hat. Die alte Trennung zwischen »Arbeit« und »Freizeit«, die die industrielle Ära begleitete, aber auch die Phase des hedonistischen Wertewandels, neigt sich dem Ende zu. Das Ich der Zukunft wird weder »Arbeit« (als Lohnarbeit als einzigen Lebenssinn verstehen, noch versuchen, sie als lästige Begleiterscheinung des Lebens (wie der Hedonist) zugunsten der »Freizeit« zu reduzieren und »soviel wie möglich Spaß zu haben«. Der Trans-Egoist (oder »Soft-Individualist«) betrachtet *alle* Tätigkeiten als Elemente seelischen und geistigen Wachstums. Jenseits der Welt der Lohnarbeit wandeln sich die Konstruktionen des Ich – und wir finden zurück zum schöpferischen Menschen.

Vom 3phasigen zum 5phasigen Lebensmodell

Ein typischer Lebenslauf in der agrarischen Welt war geprägt von 2 Lebensphasen mit verschwommenen Grenzen: Kinder begannen zumeist schon vor der 10-Jahres-Grenze auf den Feldern oder im handwerklichen Anwesen mitzuarbeiten. Ihr »Berufsleben« verlief quer durch die Familienphase in gleichförmiger Intensität. Das »Alter« als eigenständige Lebensphase, aber auch die »Kindheit« als Kategorie des Lebens, entdeckte unsere Kultur erst in der Biedermeier-Zeit. In der industriellen Gesellschaft entwickelte sich dann jenes 3-Phasen-Modell, das auch noch heute unseren Biographien Konturen verleiht.

Abb. 18: Das industrielle 3-Phasen-Biographie-Modell

Kindheit und Jugend wuchsen im Verlauf der allgemeinen Schulbildung zu einer Phase zusammen und existierten von nun an getrennt vom Erwachsenenleben. Das Erwachsenenleben war geprägt durch die klassische Erwerbsarbeit bei den Männern, die Mutter- und Hausfrauenrolle im weiblichen Teil der Bevölkerung. Schließlich entwickelte sich mit den Fortschritten der Medizin und verbesserten materiellen Bedingungen die Phase des Ruhestandes, die aber – noch bis in die 70er Jahre hinein – in den industriellen Ländern im Durchschnitt kaum länger als 5 Jahre dauerte. Die industrielle Maschinerie spuckte die Menschen am Ende als Versehrte aus. Erst in den letzten 2 Jahrzehnten, bei rapider Abnahme der körperlichen Arbeit, schnellte die mittlere Lebenserwartung auf die heutigen Werte hoch: Frauen in der westlichen Welt werden heute im Durchschnitt 80, Männer 76 Jahre alt!

In der postindustriellen Kultur der letzten 25 Jahre hat sich nun eine 5-Phasen-Logik gebildet, die das große Abenteuer der eigenen Biographie noch einmal völlig neu definiert.

Zwischen Jugend und Erwachsenenalter schiebt sich unaufhaltsam ein »post-adoleszenter« Lebensabschnitt, eine Phase der Selbstfindung und Orientierung, in der das Fundament individualisierter Lebensentwürfe entsteht. In dieser Phase zwischen Schulzeit und Erwerbsarbeit, die in manchen städtischen Konglomeraten Europas vom etwa 18. bis zum 30. Lebensjahr reicht, hat sich eine vielfältige Kultur des Lebens-Experimentes ausgebildet. Im Reich der Liebe und der Beziehungen übt und erlernt man hier das Modell der »seriellen Monogamie«: Treue zum Partner – aber immer nur solange die Beziehung dauert. Solange sie einen nachweisbaren Erfahrungs- und Lustgewinn verspricht. Ausprobieren: Wer könnte noch besseres kommen? Unzufriedenheit: Wer bin ich, wohin will ich? Ständige Optimierung: Ein Ausprobieren sexueller, ästhetischer und Konsum-Vorlieben.

Es ist die Zeit der Mode- und Trendorientierungen, der intensiven Reisen, der großen Leidenschaften und des Weltschmerzes. Wohngemeinschaft, Alleinwohnen, zu zweit mit Freunden, Paare ohne Gewähr – der komplette Werkzeugkasten der Single-Vorabendserien kommt zum Einsatz. Prekäre, aber flexible Puzzle-Ökonomien: mal pleite, mal ein schneller, lukrativer Job, mal Geld von den Eltern, mal ALDI pur. Der Ernst des Lebens hat noch nicht begonnen, berufliche Pfade werden in verschiedenen Richtungen ausgetreten: Leben ohne Gewähr, aber mit Tempo.

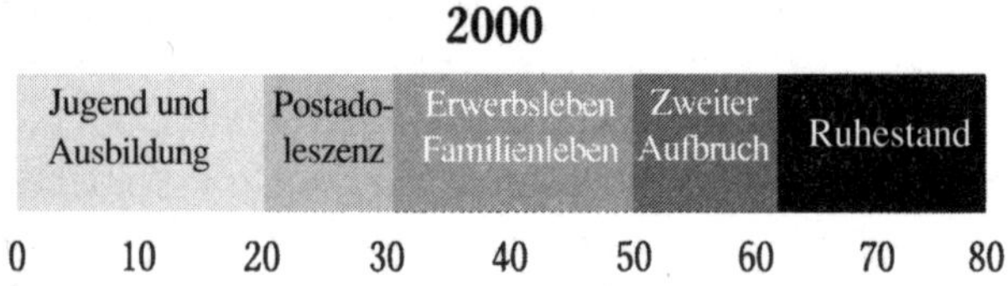

Abb. 19: Das 5-Phasen-Lebensmodell

Diese Individuationsphase dauert nicht überall gleich lang. Sie ist von den materiellen Ressourcen abhängig, vom Bildungssystem (in Deutschland verlassen Studierende im Durchschnitt mit 28 Jahren die Alma mater, in Großbritannien mit knapp 24 Jahren. Immer noch gründen fast 80 Prozent der Menschen nach diesem Aufbruch ins Ich eine Familie mit Kindern (im Unterschied zu 50 Prozent zu Beginn dieses Jahrhunderts, aber nahezu 95 Prozent in den 60er Jahren. Doch wer 10, 12 Jahre seines Lebens Eigenheit gelebt hat, ist ein für allemal für die alten Bindungskonzepte verloren. In der Verfeinerung und Hochrüstung, die individuellen Vorlieben und Fähigkeiten im »Trainingslager der Individualität« erfahrend, steigen auch die Ansprüche an Partner, Lebensqualität und Sinnerfüllung. Wenn man so will: Im Reigen der seriellen Monogamien, die wir im Laufe unseres Lebens eingehen, ist der »Familienpartner« nur die längste Beziehung.

In den mittleren Lebensjahren, der Erwerbs- und Familienphase zwischen 28 und 45 Jahren, haben sich die biographischen Strukturen nur wenig verändert; neue Rollenkonflikte zwischen Mann und Frau und verstärkter beruflicher Streß erhöhen allerdings den Druck auf die »mittleren Jahre«. Spannend wird das Ganze dann wieder in einer neuen Phase, die heute um die 50 herum beginnt und bis zum Beginn des eigentlichen Alters dauert: dem »zweiten Aufbruch«. Zu einem Zeitpunkt, an dem die Kinder aus dem Hause sind – und früher die klassische Midlifecrisis begann – proben immer mehr Menschen eine zweite Selbstfindung. Diese Phase speist sich aus 2 biographischen Mustern: Die ältere Generation, deren Jugend im Wirtschaftswunderwohlstand begann und noch entlang tradierter Rollenbilder verlief, holt ihre Rebellion nach. Besonders Frauen, die brav als Hausfrauen ihren Ehemännern gedient haben, entdecken plötzlich den eigenen Körper und die Wachstumsmöglichkeiten der Seele, reichen die Scheidung ein und ordnen ihre Berufswünsche neu. Aber auch Männer steigen urplötzlich aus dem Trott der Karriere aus und versuchen sich als Bootsbauer, Winzer oder Restaurateure, betrügen ihre Angetrauten mit 30jährigen. Für diejenigen, die bereits mit dem »großen hedonistischen Aufbruch« aufgewachsen sind, stellt sich in diesem Alter die Frage der seriellen Monogamie neu: Sie suchen nach dem Nach-Familien-Partner. Eine »zweite Pubertät« verändert unsere geordnete soziale Welt, in der man sich mit 50 brav auf den Ruhestand vorbereitete und die letzten Raten fürs Häuschen zusammenbrachte. Und immer mehr Menschen verbringen die *after-nesting-time* allein

oder nicht mehr mit dem Partner, mit dem sie ihre Kinder aufgezogen haben.
Was danach kommt, richtet sich ebenfalls nicht mehr nach den würdigen Vorstellungen des Alters: Wer es sich leisten kann (und immer mehr können das), reist, konsumiert und holt viele der im Erwerbs- und Familienleben versäumten Erfahrungen nach. Die »Hedonisierung des Alters« verwischt die Generationsbilder und führt zu jenen typischen *Fun-Rentnern*, deren Polonaisen wir auf Mallorca bewundern können. Viele der Enkel werden sich noch darauf vorbereiten müssen, daß ihr Erbe nicht auf der eigenen Bank landet, sondern auf den Malediven!
Um diese 5 neuen Lebensphasen und die Übergänge zwischen ihnen meistern zu können, benötigt das soziale Laboratorium der Neuzeit ganz neue und vielfältige Instrumente. Spontaner Mut gehört dazu, die Einsicht in Differenz, etwa das Verständnis, daß Familienleben nicht denselben Rhythmen folgt wie die LoveParade. Aber auch strategische Planung bis hin zu einer gewissen Gerissenheit und Kaltblütigkeit. Das eigene schlingernde Biographie-Boot durch die Stromschnellen der diversen Elternschaften, die man im Laufe des Lebens erringen kann, zu steuern, ähnelt heute schon bisweilen der Sanierungsaufgabe eines DDR-Chemiekombinats. Jemanden ordentlich verlassen und in Würde verlassen werden – das ist nicht mehr die Ausnahme, sondern die Regel und gehört demzufolge ins zentrale Arsenal der neuen Lebenskunst. Selbst im Alter werden wir uns nur schwer in vom Partner mit Heroismus getragenes Siechtum oder vor den Fernseher zurückziehen können. Die moderne Individualwelt verlangt von uns neue soziale Muskeln, von denen wir vorläufig nur einen Riesenmuskelkater verspüren – wie beim erstenmal Skifahren. Es gehört wenig prophetische Kraft dazu, vorauszusehen, daß am Rande dieses verschlungenen Labyrinths in Zukunft eine Menge Scheitern steht: verlorene Verlassene, unfreiwillige Junggesellen, verbitterte Jungfern, kinderlose Resignation – die Individualkultur fordert neue Opfer, aber auch neuen Lebensmut.

Die Renaissance des Gemeinwohls

In (fast) jedem Zerfall stecken auch neue Hoffnung und die Anfänge zu einer Rekonstruktion. Viele zarte Anzeichen deuten darauf hin, daß sich die Plateauphase der hedonistischen Individuation ihrem Ende zuneigt:

- Die Scheidungsrate ist in einigen OECD-Ländern bereits wieder rückläufig.
- Die typischen Zerfallserscheinungen des »Sozialen Kapitals«, wie zum Beispiel die rasch steigende Zahl alleinerziehender Frauen oder die Anzahl der Teenager-Schwangerschaften sind in den meisten europäischen Ländern rückläufig.
- Die Kriminalitätsraten in der EU und den USA sind seit Mitte der 90er Jahre rückläufig – besonders Raub und Mord. Alles nur Ergebnis von verbesserten Polizeistrategien?

Hinter diesen guten Meldungen stecken nicht zuletzt neue politische Ansätze, die uns der »Dritte Weg« zur Verfügung stellt. Aber eben auch ein gewandelter Geist: Die vielen Ich-Gewordenen sind wieder auf der Suche. Nach Lebensweisen, in denen sich das Ich mit dem Wir verbündet. Nach Prinzipien der »Reciprocity«, der Neuen Gegenseitigkeit. Nach kommunalen Lebensformen, die den narzißtischen Kollektivismus der alten Wohngemeinschaften vermeiden, uns aber trotzdem nicht zwangsläufig in einer 2-Zimmer-Designerwohnung enden lassen, mit weißen Möbeln, einem ständig leuchtenden Internet-Anschluß und einer Stereoanlage, so groß wie der Himmel.

Frauen und Männer: Die große Verunsicherung

Frauen wollen sich nicht mehr gegen, sondern mit den Männern verwirklichen. Die sind von dem Wunsch gar nicht begeistert.

PSYCHOLOGIE HEUTE, JULI 1995

Anfang der 90er Jahre schrieben JOHN NAISBITT und PATRICIA ABURDENE ihren Weltbestseller »Megatrends: Frauen«, in dem sie einen weltweiten Machtzuwachs der Frauen prognostizierten. In Europa winkte man damals mitleidig ab: Die soziale und berufliche Realität der Frauen schien dermaßen hoffnungslos den Emanzipationsidealen hinterherzuhinken, daß wirkliche Gleichberechtigung ins 5. Jahrtausend verschoben schien. Im Jahre 1999 schrieb der SPIEGEL in einer Coverstory unter dem Titel »Die heimliche Revolution«: *Für junge Frauen »gibt es heute keine allgemein gültige biographische Leitlinie mehr«, resümieren die Sozialwissenschaftler, die in einer Studie weibliche Lebensstile untersucht haben. (...) Sprich: Auf eine Zukunft als Familienglucke wird kaum ein Mädchen vorbereitet. Fast unbemerkt hat sich eine Revolution in den Mädchenzimmern vollzogen: Motiviert, selbstbewußt, pragmatisch und mit großer Klappe stellen sich die 15–25jährigen der Zukunft.*

Zunächst die Fakten:

- Nur noch in einem Drittel aller europäischen Haushalte geht der Mann zur Arbeit, während die Frau am heimischen Herd bleibt (Europaweite Studie von INFRATEST BURKE).
- 10,2 Millionen Ehefrauen – ein Fünftel aller berufstätigen deutschen Ehefrauen – verdienen mehr als ihre Ehemänner.

In Deutschland bringt in mehr als der Hälfte der Doppelverdienerhaushalte die Frau etwa ebensoviel Geld in den Haushalt wie der Mann. Weibliche Angestellte verdienen durchschnittlich inzwischen 70 Prozent der männlichen Angestellten (im Vergleich zu 55 Prozent im Jahre 1960) (STATISTISCHES BUNDESAMT).

- Der Anteil erwerbstätiger Frauen in Deutschland, die über 5000 Mark netto verdienen, stieg von 1992 bis 1994 von 8 auf 9,5 Prozent, 1996 waren es bereits 10 Prozent, 1998 15 Prozent.
- Die Erwerbstätigenquoten der Frauen steigen im Vergleich zu jenen der Männer überall in den Industrienationen deutlich: In den USA von 33 Prozent 1977 auf 44 Prozent 1997. In Deutschland von 31 auf 36 Prozent, in Japan von 35 auf 41 Prozent, in Italien von 22 auf 25 Prozent (OECD).
- Auch bei der Besetzung von Führungspositionen geht es langsam, aber sicher voran. In Deutschland stieg der Frauenanteil im Management von 1995 bis 1997 von 6,8 auf 11,4 Prozent (Studie »Männer und Frauen in Führungspositionen der Wirtschaft der Bundesrepublik Deutschland«, GESELLSCHAFT FÜR PERSONALFÜHRUNG DGFP). In den USA übernahm unlängst eine Frau die Führung des Weltkonzerns HEWLETT-PACKARD.
- Frauen konsumieren über 50 Prozent des amerikanischen Bruttosozialprodukts. 43 Prozent aller US-Bürger mit einem Vermögen über 500 000 Dollar sind Frauen.
- 1973 gab es in den USA 400 000 weibliche Unternehmenseignerinnen. 1998 waren es 8 Millionen. In der Gründungswelle, die derzeit in Europa beginnt, sind die Frauen mit etwa zwei Drittel zu ein Drittel Männer führend – besonders bei den Ein-Frau-Betrieben.

Managementguru TOM PETERS formuliert: *Die amerikanischen Frauen bilden faktisch die größte »Volkswirtschaft« auf unserem Planeten – mehr als die gesamte Wirtschaft Japans.* Der Bestsellerautor hebt in seinem Buch »Der Innovationskreis« die stetig steigende Marktmacht der Frauen hervor und tadelt alle Unternehmen, die dies noch nicht erkannt haben:

- Welches Auto angeschafft wird, wird zu 65 Prozent von Frauen entschieden, Frauen kaufen sogar 51 Prozent aller Autoreifen – aber nur 7 Prozent der Autoverkäufer sind Frauen.
- Heute schon dominieren weibliche Kaufentscheidungen in den Bereichen Gesundheitswesen, Finanzdienstleistungen, Autos, Wohnungen und Inneneinrichtung, Sport, Freizeit und Dienstleistungen. Die WESTIN Hotelkette hat sich auf weibliche Geschäftsreisende konzentriert, große Spiegel, Haartrockner, Bügeleisen eingeführt und das Speisenangebot des Zimmerservice verändert. Ergebnis: Statt 1 Prozent Frauen 1970 buchen heute fast 50 Prozent bei der Hotelkette.

PETERS beruft sich auch auf zahlreiche Untersuchungen, nach denen Frauen die besseren Manager sind. Sie schneiden vor allem in den Kategorien »Planung«, »Maßstäbe setzen« und »Entschlossenheit« besser ab als die Kollegen. Auch im deutschsprachigen Raum wird diese Einschätzung bestätigt. Während als Hemmnisse von Frauenkarrieren traditionell bei vielen Personalberatern fehlender Mut und mangelndes Selbstbewußtsein vermutet werden, sehen sich unkonventionelle Headhunter längst intensiv unter dem weiblichen Nachwuchs um. Die Motivation zu einer Topkarriere ist bei den jungen Frauen groß. Jede zweite Frau wünscht sich für ihre Berufsbiographie einen Führungsposten.

- In Europa können inzwischen Frankreich, Großbritannien, Spanien und Belgien mit eindrucksvollen Zahlen aufwarten. Dort sind jeweils über 30 Prozent der mittleren Leitungspositionen in Wirtschaft und Behörden von Frauen besetzt.
- In Deutschland liegt der vergleichbare Anteil nach einer 1999 veröffentlichten Befragung unter 70 000 Unternehmen bei etwa 10 Prozent.

Man kann nun natürlich auch Gegenargumente ins Feld führen: Die immer noch geringere Bezahlung der Frauen in der

Berufswelt, die immer noch geringe Abwaschrate der Männer in den Haushalten. Aber hier soll es nicht um das große Klagelied der Emanzipation gehen, sondern um die Frage: Wohin gehen die starken Frauen des 21. Jahrhunderts?

Die erotische Aufrüstung: »Girlie-ismus« als Lebenskonzept

Am Anfang stand die Mädchenclique. Ihre sozialisierende Kraft beginnt heute knapp jenseits des Kindergartenalters, führt über die Schule geradewegs in die Pubertät: Girlie-Cliquen bestimmen heute nicht nur die Schulhöfe, Vorabend-Serien und den Universitätscampus. Girlie-Cliquen geben der weiblichen Sozialisation einen klaren roten Faden. Ein Backup-System in Lebenskrisen und bei Männerproblemen. Sie sind das Basislager der neuen Frauenmacht.

In unserer »Männergesellschaft« (die Frage, ob dieser Begriff heute noch zutrifft, möchte ich einstweilen unbeantwortet lassen) entwickeln besonders die jungen Frauen ein bisweilen gnadenloses Selbstbewußtsein dem männlichen Geschlecht gegenüber. Dieses Selbstbewußtsein spielt und arbeitet immer direkter mit erotischen und sexuellen Instrumenten. Nicht nur der Stern spricht von einer »neuen Schamlosigkeit« der Frauen. Sexuell offensive Posen, offensiver Exhibitionismus sind heute auch Frauensache. Der PLAYBOY vermeldet eine verstärkte Bereitschaft von prominenten und halbprominenten Frauen, sich vor der Kamera auszuziehen – um der eigenen Karriere willen und zur Befriedigung der narzißtischen Selbstdarstellungswünsche. 50jährige prominente Damen sprechen offen von ihren Orgasmusphantasien – und outen sich als »dosiert polygam«. 30jährige diskutieren seitenlang in den Kampfblättern des Girlietums, von ALLEGRA über PETRA bis COSMOPOLITAN, über ihr legitimes Bedürfnis nach einer bestimmten Penisgröße. Pornoqueens werden auf Opernbälle eingeladen – und genießen diese Rolle sichtlich. Alles, was den

Männern des patriarchalen Zeitalters Spaß machte – Seitensprung und Machotum, exhibitionistische Gesten und sexuelle Objektbildung – entdecken die Frauen nun für sich.
Nicht zuletzt spielen Äußerlichkeiten in diesem Trend eine Rolle: Kleidung als erotische Waffe eingesetzt, der Trend zu fetischistischen Accessoires, scharfen Stiefeln, engen Hosen, Leder und Lack der Techno-Szene *(Schau mich, aber rühr mich nicht an!)*. Girlie-ismus ist keine reflektierte Position, keine Emanzipations-Ideologie, und gerade deshalb ist sie so überaus wirksam. Koketterie, schnippisches Lächeln, ironisches Grinsen: Das Girlie – egal ob 14 oder 40 – spielt mit der Naivität wie die Balldamen der 20er Jahre, aber auf einem ganz anderen gesellschaftlichen Terrain. Die Unschuldsbehauptung knüpft an die uralten weiblichen Potenzen an und ist doch *(Ich tat es ja nur, weil es mir Spaß gemacht hat.)* ein Kind der sexuellen Revolution.
Kein Wunder, daß angesichts dieser erotischen Offensive der Frauen die jungen Männer zunehmend Schwierigkeiten mit ihrem sexuellen Selbstbewußtsein bekommen. Auch das politische Feld ist davon nicht unberührt. In den jüngsten Schülerrevolten in Frankreich hielten die »Nanas«, die jungen, selbstbewußten Frauen, die Megaphone in der Hand, während die »Mecs« eher schwiegen. Das SZ-MAGAZIN schreibt: *Eines Tages wird man die Bilder ansehen und sagen: So waren sie, die Mädchen in den 90er Jahren – am Handgelenk eine Uhr, fast so schlau wie ein kleiner Computer, am Finger einen Ring aus dem Kaugummi-Automaten, an den Füßen Schuhe wie Waffen. Skeptisch und sexy zugleich. Überflüssig, die Botschaft auf den T-Shirts zu entschlüsseln. Es genügt, ihren Blick zu lesen: Junge, komm her, aber wage es nicht, mich zu langweilen.*
Ist es Notwehr? Weil Frauen auf dem beruflichen Terrain so schlecht vorankommen, rüsten sie im erotischen Kampfgebiet dementsprechend auf? Sie üben Rache für von den Männern vereitelte Chancen? Einfache Erklärungen klangen immer schon gut. Aber etwas Wahres ist dran. Ist es nur eine kleine

Randerscheinung der Kulturgeschichte, daß in den neuen deutschen Komödien Männer als verklemmte, oft weinerliche, im Grunde nicht ganz zurechnungsfähige Wesen dargestellt werden? Die toughen Kommissarinnen und Karrieristinnen hingegen, die ihr Leben schmeißen wie einen Pferdesattel, die toughen, entschlossenen Ladys in Boots, die unsere mediale Welt bevölkern – alles Lüge, oder zeigt uns hier die Kultur ein neues Spiel, das zwar nicht auf Gleichheit der Geschlechter, sehr wohl aber auf Patt mit verschiedenen Waffensystemen basiert?

Die gebildeten Frauen: Mehr als die Hälfte des Himmels

Wenn Bildung die Grundwährung des 21. Jahrhunderts darstellt, dann stellen die Frauen im 21. Jahrhundert die Aufsichtsräte der Zentralbank. In fast allen OECD-Ländern hat sich in den letzten 30 Jahren eine geradezu atemberaubende weibliche Bildungsrevolution entwickelt. Bei Abitur-Noten in Deutschland rangieren die Frauen deutlich vor den jungen Männern. Der Anteil der Abiturientinnen stieg von 1950, als er 32 Prozent betrug, auf zuletzt 54 Prozent aller Abitur-Klassen! In derselben Zeit stieg der Anteil der weiblichen Studierenden von 19 auf 44 Prozent. Auch und besonders in den osteuropäischen und südeuropäischen Ländern, lange schon überflügeln in Skandinavien die Frauen bei den Bildungsabschlüssen die Männer.

Im Übergang zum Beruf haben – zumindest in einer erklecklichen Anzahl von Unternehmen und Branchen – Frauen heute die besseren Chancen und die besseren Qualifikationen. Viele Personalabteilungen haben längst klammheimlich Quoten für Männer eingeführt, weil die Frauen regelmäßig ihre männlichen Mitbewerber ausstechen. Bei allem, was mit Kommunikation, Kreation zu tun hat, agieren Frauen motivierter und sozialer als ihre männlichen Gegenstücke. Und hier liegt der wahrhaft wachsende Bedarf!

Paradoxerweise hängt dieser Qualifikationsvorsprung gerade mit einem Fakt zusammen, der sich nicht geändert hat: der Ambivalenz der Frauen zwischen Erwerbsleben und Familie. Junge Frauen, die heute ins Berufsleben drängen, wissen, daß sie ihre Karriere bis spätestens 35 gemacht haben müssen. Ansonsten werden sie durch die Babypause erbarmungslos abgehängt. Das motiviert sie zu Höchstleistungen, während die Männer die Karriere eher gemütlich angehen lassen und erstmal mit Hobbys, Freunden und alten Junggesellengewohnheiten beginnen. Sie haben ja Zeit. Irgendwann, so das unbewußte Kalkül, wird die Partnerin sich dem Haushalt und den Kindern zuwenden, da ist es immer noch Zeit für die Turbo-Karriere!

Vom Ernährer zum Verunsicherten Mann

Männer sind Schweine, singt die Kult-Gruppe DIE ÄRZTE. Und die Männer singen fröhlich mit. Ein bißchen Schweinsein ist wieder erlaubt, ja sogar von den Frauen gefordert, die nichts so sehr hassen wie weinerliche Softies. Aber nutzt das den Männern? Die Männer haben sich verändert. Irgendwie hat man das Gefühl, als ob sie klein beigeben. Sie scheinen nicht mehr zu wissen, wo es langgeht. Sie trauen sich nichts mehr zu, schrumpfen zusammen und bringen nichts zustande – ganz wie Frauen früher. Daran ändert nichts, daß auf der kulturellen Oberfläche längst wieder ein maskuliner Retrotrend um sich greift: Dreitagebart, »Latin Lover«, ganze Kerle konkurrieren mit den Schmuseboys um die Gunst der Kinobesucher und Konsumenten. Aber generell ist die Sache klar: Das 21. Jahrhundert scheint die Männer als das »überflüssige Geschlecht« zu sehen: Der ECONOMIST schrieb schon im September 1996: *Abgesehen davon, daß sie gewalttätiger sind und anfälliger für Krankheiten, daß es wahrscheinlicher ist, daß sie an schlechter Ernährung, Drogen oder Selbstmord sterben – daß ihr Verhalten also in jeder Hinsicht sozial unerwünscht ist –, sind Männer wahrscheinlich auch dümmer als Frauen. In allen*

Schulen der westlichen Welt schneiden Jungen schlechter als Mädchen ab, vom Handwerken bis zur Mathematik

Die 80er Jahre waren gekennzeichnet von der feministischen Kritik am männlichen Rollenverhalten. Die neue Kritik, die ihre Verbreitung über das Bildungswesen, Frauen- und Elternmagazine, Fernsehen, Therapien und Ratgeberliteratur findet, konzentriert sich auf tieferliegende Defizite des männlichen Geschlechts. Sogenannte maskuline Eigenschaften wie Aggressivität, Stärke, Verbergen von Emotionen, Wissen und Rationalität werden als generell problematisch betrachtet. Dagegen werden weibliche Rollenmuster als vorbildlich gepriesen – Fürsorge, Zärtlichkeit, Rücksicht und Vorsorge, Bereitschaft zur Verbalisierung von Emotionen. Und so sehr die Herren der Schöpfung auch noch die Chefetagen zu beherrschen scheinen: Die Zukunft der Erwerbswelt liegt ihnen nicht zu Füßen. Die 4 Berufe mit den schnellsten »*Untergangsraten*« im Übergang zur Wissensökonomie: *Bauarbeiter, Lastwagenfahrer, Bergwerksarbeiter, Metallbearbeitung*. Klassische Männerberufe also. Die 4 mit den schnellsten Wachstumsraten: *Residentialcare* (Heimbetreuung), *ProgrammiererInnen, Gesundheitsdienstleistungen* und *Unternehmensdienstleistungen*.

Der andere Zugang der Frauen zur Erwerbsarbeit, ihr jahrzehntelanges »Abdrängen« in die Pflege- und Sozialberufe, in schlechtbezahlte Dienstleistungsjobs à la Verkäuferin, enthüllt im Übergang zur Wissensökonomie seine Vorteile. Männer wurden in den Zeiten der industriellen Hochkonjunktur auf die klassische Erwerbsbiographie geradezu »programmiert«: Einkommen und Status sind für sie Synonyme, soziale und berufliche Rollen wurden von der industriellen Logik zusammengeschraubt. Frauen hingegen mußten immer *kreativ improvisieren* – sie waren Jongleure zwischen Familie und Beruf, Partnerschaft und Lohnarbeit. Die Lebens- und Berufswelt der Zukunft entspricht genau diesem Bild: Durchdringung von privaten und beruflichen Sphären, Vermischung von gutbezahlten mit eher »idealistischen« Jobs, *mixed economies*.

Dem Thema »Niedergang der Männer« werden wir in den nächsten Jahren auf vielfältige Weise begegnen. Gestreßte Männer, menopausische und depressive Männer, aus den alten Massenberufen herausrationalisierte Männer, die sich jenseits der alten Erwerbsarbeit hilflos fühlen und schlecht leben, viel rauchen, viel trinken und viel sterben. Aber auch »Superdads«, die sich für die Familie verbiegen und eine Dreifachbelastung Kinder, Karriere, Haushalt) auf sich nehmen, »expatriierte« Männer, von den neuen Powerfrauen an die Wand gespielt, ohne Zugangsrechte zu den Kindern. Die Kulturgeschichte wird die Schwächen des Mannes, seine konstruktiven Defizite (hormonell, psychisch, konstitutionell) gnädig annehmen; der Mann erlebt gewissermaßen ein Comeback als Opfer. Die Frage ist am Ende aber, ob die Frauen ihren Sieg auch genießen können. Schwache Männer – das heißt unter anderem auch: steigende Lebens-Ambivalenz, steigender Streß für *beide* Geschlechter. Und viel weniger Spaß.

Die Zukunft der Frauen: Optionen der Vielfalt

In Pamela McCorducks und Nancy Ramseys Werk »Die Zukunft der Frauen« wird ein Szenario entwickelt, das die Zukunft der Frauen auf 4 grundsätzliche Optionen reduziert:

- **Das Goldene Zeitalter der Gleichheit:** Einige Kulturen auf diesem Planeten werden es tatsächlich erreichen, das Emanzipationsparadies. In einer Gesellschaft wie Schweden ist heute schon die Erwerbsarbeit brüderlich/schwesterlich 50 zu 50 zwischen Männern und Frauen geteilt. In Norwegens Hauptstadt Oslo sind Männer mit Kinderwägen eine Selbstverständlichkeit – alles eine Frage der gesellschaftlichen Organisation und entsprechender staatlicher Anreize. Auch in den USA wird, durch den erfolgreichen Kampf der Frauen an der Selbständigen-Front, im Jahre 2020 weitgehend Parität zwischen Männern und Frauen hergestellt sein. Es gehört also nicht allzuviel Phantasie dazu, sich im Jahre 2005 eine deutsche Bundeskanzlerin und im Jahre 2010 eine schwarze US-Präsidentin vorzustellen.

Abb. 20: Die Zukunft der Frauen in den Szenarios nach: McCorduck, Pamela/Ramsey, Nancy: »Die Zukunft der Frauen«

- **Backlash:** *Der Weg zurück.* Einige Kulturen auf diesem Planeten werden dem Taliban-Muster folgen und die Frauen in die tradierten Rollen zurückverweisen. Auch strukturkonservative Länder wie Österreich oder Bayern versuchen immer wieder, sich gegen den Strom der Zeit – die Berufstätigkeit der Frauen – zu stemmen. Es werden aber vor allem rückständige, agrarische Kulturen sein, in denen die Frauen sich dies gefallen lassen (müssen; in der Wissensökonomie führen Backlash-Strategien automatisch zu wirtschaftlichen Depressionen. Die weltweiten Zuwächse an Frauenbildung, das Sinken der Kinderzahl auch in den Ländern der Dritten Welt machen dieses Szenario eher unwahrscheinlich. Am Ende werden auch die konservativen Parteien in aller Welt

Frauen an die Spitzen ihrer Kandidatenlisten setzen müssen – nichts zerstört chauvinistische Restbestände so gründlich wie konservative Politikerinnen!

- **Der weibliche Separatismus:** *Separate – and doing fine:* Vieles spricht auch für einen neuen Geschlechterseparatismus: Frustrierte, einsame Männer in den Städten schließen sich zu neuen Junggesellen-Lebensstilen zusammen: *No Women, no sports.* Immer weniger sehen Männer ein, ihr Erwerbsvermögen in brüchige Ehe- oder Partnerschaftskonstruktionen zu investieren. Frauen gehen derweil ihre eigenen Wege. Sie ziehen Kinder allein auf, entwickeln ihre eigenen »autonomen Harems«, Frauenkreise, Frauenzirkel, Frauenseilschaften, Frauennetzwerke, Frauenunternehmen. Homosexuelle Lebensmuster vervielfältigen sich. Die neuen Netzwerk-Technologien eignen sich hervorragend für »autonomistische« Ökonomien, und Frauen entwickeln eine Gegenökonomie, die immer weniger vom männlichen Erwerbseinkommen abhängig ist.
- **Zwei Schritte vorwärts, zwei zurück:** Das wahrscheinlichste Szenario: Frauen wursteln sich weiterhin durch. Die Ambivalenz zwischen Beruf und Familie ist nicht aufzulösen. Wirtschaftliche Krisen in Europa verknappen die Optionen der Emanzipation. Weil sie – bedingt durch ihre biologische Konstitution und die Gegenoffensive der Männer – die ökonomische Machtfrage am Ende nicht für sich entscheiden können, fährt die Emanzipation Achterbahn. Warum könnte es nicht auch »Seitwärts-Schritte« geben, die dieser Möglichkeit eine neue Dimension verleihen? Der *Opting-Out-Trend* zum Beispiel verbindet klassische Emanzipationstechnik mit genuin weiblichen Strategien. *Opting Out*, in den USA bereits eine regelrechte Bewegung, heißt, daß emanzipierte und berufstätige Power-Frauen, die »es beruflich geschafft haben«, sich aus freien Stücken entscheiden, aus dem Beruf zu gehen, um sich um Haus und Kinder zu kümmern. Im Zusammenhang mit der Debatte um die Defi-

zite von Vater- und Mutterschaft, um die mangelnde Zeit, die wir mit unseren Kindern zubringen, wird sich diese Lebensoption immer häufiger als realistische und interessante Alternative darstellen. Die »Neue Hausfrau« entsteht. Sie überwindet gleichzeitig die alten Schützengräben der Emanzipation wie die Dichotomien der Erwerbsarbeit.

Die »Neue Hausfrau«: Mehr als eine Provokation?

Die herkömmlichen Bilder von Frauenemanzipation haben die Einkommensfrage stets zum Zentrum aller Überlegungen gemacht. Zu Recht: Wer das Geld hat, hat die Macht, über seine Biographie frei zu verfügen. Aber in der Werte-Welt der kommenden Dekaden wird diese Vorstellung verblassen. In den fraktalen Ökonomien der Zukunft zählt eine ganz andere »Währung«: Eigen-Zeit, verfügbare Zeit, Selbstverwirklichungs-Zeit. Dazu ist Geld notwendig, aber nicht mehr hinreichend. Wenn sich Einkommen zunehmend von Erwerbsarbeit entkoppeln, wenn Hobbys und Berufe neue Schnittstellen in der Einzelselbständigen-Welt enthalten, werden die Karten zwischen Männern und Frauen neu gemischt. Neue Optionen entstehen. Für Frauen wird dann wieder möglich, was in den Geschlechterkriegen der vergangenen Dekaden ein *Backlash* gewesen wäre.
Aus allen Studien wissen wir, daß Frauen berufstätig sein wollen. Aber sie wollen es im Sinne von selbstbestimmter Zeit. Aus allen Studien wissen wir auch, daß Frauen nach wie vor mit Männern kooperieren wollen. Was läge also näher als ein *New Deal* zwischen Männern und Frauen? Frauen ziehen sich als *Emanzipierte* aus der Tretmühle der Karriere zurück und überlassen den Streß freiwillig den streßsüchtigen Männern. Als *Haushalts-Manager* steuern sie – eine Zeit lang – die komplexen Abläufe einer modernen Familie, vom Interior Design über die Kindererziehung bis zum Urlaubsdesign. Einige

Haushaltstätigkeiten werden delegiert oder »dazugekauft«, Nebenjobs und »pekuniäre Hobbys« sind selbstverständlich möglich.

Die These von der »Neuen Hausfrau« hat in mehreren meiner Vorträge vor großem Publikum zu wahren Haßorgien aus der feministischen Fraktion geführt. Sie ist unlängst in einer Studie von TRENDBÜRO noch einmal quantifiziert worden: Mehr als 50 Prozent der jungen, gebildeten Frauen tendieren zu diesem Lebensmodell. In gewissem Sinne gab es diesen Kontrakt immer schon: Männer haben klugen Frauen »unhermetische« Familien- und Haushaltsphasen ermöglicht, in denen die häusliche Sphäre eben nicht nur aus Routine bestand. Starke, emanzipierte Frauen haben einkommensstarke Männer gesucht, die ihnen Zeit- und Selbstverwirklichungsökonomien jenseits der Erwerbsarbeit ermöglichten. Warum also das Geschrei? Weil der Ansatz der »Neuen Hausfrau« postemanzipatorisches Denken voraussetzt. Er akzeptiert nicht nur eine Differenz zwischen Mann und Frau, er geht auch noch taktisch mit ihr um.

Wenn vor dem Hintergrund hoher Bildung und »Flexwork« plus den Möglichkeiten der neuen Dienstleistungskultur Haushalt nicht mehr Hausarbeit ist, sondern Design, Architektur, Zeit-Gestaltung, Kommunikation, »Hobbywork«, »Onlinework«, Management eben, dann erlebt die alte Utopie der bürgerlichen Ehe eine Renaissance. Ein neuer Burgfrieden zwischen den Geschlechtern wird möglich. Nach dem gewaltigen Boom der Erwerbsarbeit könnte der Haushalt einer der begehrtesten Orte der Selbstverwirklichung werden – übrigens auch für Männer.

Und was kommt danach? Zitieren wir noch einmal den ECONOMIST aus dem Jahre 1996: *In einer Hinsicht sind Männer allerdings nützlich: Um genetische Produkte für Mütter zur Verfügung zu stellen. Denn die Hälfte des Gencodes für Babys zu stellen diversifiziert das genetische Spektrum der Menschheit und erhöht die Resistenz der menschlichen Rasse gegenüber*

Mikroorganismen. Aber die nächste Frauen-Generation braucht keine Männer mehr, um Spermavorräte herumzutragen. Ihnen könnte eine schöne, saubere, regelmäßig ergänzte Samenbank nützlicher sein …

Mit anderen Worten: Der uralte Kampf zwischen Männern und Frauen geht in eine neue Runde. In der kommenden Epoche werden nicht mehr Haushalt, Kinder und Erwerbseinkommen das Kampfterrain definieren – sondern der Gencode.

Familie: Von der Kleinfamilie zum »Neuen Netzwerk-Clan«

The family is a good institution, because it's uncongenial. It is wholesome precisely, because it contains so many divergences and varieties. It is, as the sentimentalists say, like a little kingdom, and like most other little kingdoms, it's generally in a state of something resembling anarchy.

G. K. CHESTERTON, »THE INSTITUTION OF THE FAMILY«, 1905

Wie wird die Familie der Zukunft aussehen? Sie wird einen langen Viergenerations-Stamm haben und eine unvoraussagbare Akkumulation lebenslanger Freunde, Ex-Verwandte, die von den ersten Ehen übrigblieben, neue Halbverwandtschaften von Wiederverheiratungen und diversen Patenschaften. Sie wird ständig unruhig sein und in kritische Zustände verfallen, aber auch vereint in der Abneigung gegeneinander und respektvoll gegenüber der Autonomie ihrer Mitglieder.

CHRISTINA HARDYMENT, »THE FUTURE OF THE FAMILY«

Im Frühsommer 1999 beauftragte die Redaktion der ZEIT die Namens-Agentur NOMEN INTERNATIONAL mit einem ungewöhnlichen Projekt. Es ging um die Frage, ob alte Begrifflichkeiten aus der Biedermeier-Zeit wie »Schwiegermutter« oder »Stiefbruder« bei denen man automatisch böse Gestalten aus GRIMMS MÄRCHEN assoziiert) noch der sozialen Wirklichkeit der Familie gerecht werden. Hintergrund war die Feststellung, daß »Normfamilien« keineswegs mehr die Norm darstellen und Scheidung eine gesellschaftliche Kultur geworden ist. Für diese Wirklichkeiten galt es, neue phonetische Tatsachen zu finden. Die Ergebnisse in alphabetischer Reihenfolge:

- **Covater und Comutter** benennen in Zukunft Eltern, die derzeit nicht zum Haushalt gehören, aber eine wichtige Funktion für Kinder ausüben.
- **Cosohn** ist das, was man früher den »Sohn aus erster Ehe« nannte – nur ohne den Beigeschmack des Zurücklassens.
- **Cosy** ist in Zukunft der Kosename für Halbbrüder beziehungsweise Halbschwestern in anderen Haushalten, die man auf diese Weise emotional näher an sich rückt.
- **Quasipapas** sind wenig vorhandene, aber genealogisch dennoch wichtige Vaterfiguren. Dabei kann es sich entweder um Väter handeln, die ihre Beziehung zu den Kindern nicht genug wahrnehmen, oder auch um Onkel bzw. Paten, die in diese Lücke einspringen. Quasipapas können zum Status des Covaters und sogar des Vollpapis aufrücken.
- **Vorfrau und Vormann** sind die früheren Liebespartner eines Mannes oder einer Frau.

Von hier aus können wir das ganze Tableau moderner Familienverhältnisse aufrollen. Warum nicht Beiväter und Beimütter, Cybertanten und Helfonkel? Wie nennt man in einigen Jahren den Sohn einer Frau, die ihre Eizelle von einer Leihmutter mit dem Samen eines befreundeten, aber nicht geliebten Mannes austragen ließ? Beisohn? Mitsproß? Leihkind? Offspring?

Die Neue Familie ist die alte Familie – nur ein bißchen anders

Der Drohgesang vom Untergang der Familie ist so alt wie das bürgerliche Zeitalter. Kein Wunder, ist diese Institution doch stets die fragilste und gleichzeitig elementarste der menschlichen Kulturgeschichte gewesen. Sie unterlag Bedrohungen durch technologischen Wandel und ökonomische Zwänge, sie wurde durch politische Regulierungen unterdrückt und gefördert. Manche Zeitalter und Kulturen hielten sie für eine rechtliche Institution, andere für ein ökonomisches Instrument zur

Reproduktion, wieder andere für mystische Keimzellen von irgend etwas Höherem.

In der industriellen Welt wurden »Ehe« und »Familie« kulturell meistens gleichgesetzt, obwohl beides völlig unterschiedliche Dinge sind. Moderne Theorien definieren Familienbeziehungen primär auf Grund emotionaler Qualitäten, als »erfüllende Liebesbeziehungen«. Die Familie ist alles und doch ein bißchen mehr und weniger zugleich. Sie ist auf jeden Fall auch in der modernen Welt ein Sinngeber par excellence. Sie liegt im Schnittpunkt der Sicherheitsbedürfnisse einer dynamischeren und mobileren Welt. *Es ist ein wichtiges Paradox unserer Zeit, daß – je mehr wir autonome Individuen werden – die familiären Wurzeln höhere Bedeutung bekommen*, schreibt die englische Historikerin CHRISTINA HARDYMENT in ihrem Buch »The Future of the Familiy«. Machen wir uns zunächst ein realistisches Bild der Trends im Bereich Familie:

- Der starke und steile Anstieg der Scheidungsraten fand im wesentlichen in den späten 60ern bis in die Mitte der 70er Jahre statt. Seitdem steigen sie nur langsam weiter an, stagnieren in vielen westlichen Ländern über viele Jahre hin, gehen in einigen sogar leicht zurück (z. B. Schweden). Grundsätzlich gilt: Je mehr Frauen in der Erwerbsarbeit tätig sind und je mehr die Gesellschaft dieses durch Infrastrukturmaßnahmen (häusliche Dienstleistungen, Kinderkrippen) honoriert, desto höher die Geburtenrate, aber auch die Rate der Alleinerziehenden (in Schweden betrug die Quote der unehelichen Geburten Mitte der 90er 50 Prozent, in Deutschland 15 Prozent).
- Während Anfang des 20. Jahrhunderts Heirat noch ein ökonomisches Privileg war – in Europa heiratete nicht einmal jeder zweite –, stieg die Anzahl der verheirateten Paare bis in die 50er Jahre stark an. In den »Goldenen Jahren« nach dem Krieg waren an die 85 Prozent der Volljährigen verheiratet oder verwitwet. Die Anzahl der Verheirateten pro Gesamtbevölkerung sank aber wieder in den letzten 30 Jahren. Zu

Beginn des 21. Jahrhunderts können wir davon ausgehen, daß im Durchschnitt ein Drittel der Männer und ein Viertel der Frauen ledig bleiben werden. *Gleichzeitig steigt die Anzahl derjenigen die sich »sehr stark« oder »stark« Familie wünschen, in den Meinungsumfragen wieder deutlich an.*

- Einer der dramatischsten Veränderungstrends in der westlichen Welt ist die »Verspätung« der Familiengründung. Sowohl das Heiratsalter als auch das Alter zum Zeitpunkt der ersten Schwangerschaft verschieben sich in den westlichen Kulturen deutlich nach oben. In den USA, wo starke Minoritäten traditionell sehr jung heiraten, liegt es heute mit 24,5 Jahren bei Frauen und 26,7 bei Männern 3 Jahre höher als in den 60er Jahren. In Deutschland hat sich seit 1980 das mittlere Heiratsalter von 23 Jahren (Frauen) und 26 Jahren (Männer) auf 28 (Frauen) und 30,5 (Männer) verschoben. In den Großstädten wird heute im Schnitt mit einem Alter von 33 Jahren geheiratet – einem Alter also, in dem individuelle Ausprägungen und »Marotten« schon stark verankert sind. Und fast ein Viertel aller Frauen bleibt heute kinderlos.

Was bedeutet dieser Trend für die Qualität der Mann-Frau-Beziehungen? Man kann davon ausgehen, daß heute bei jeder partnerschaftlichen Zusage, sei es vor dem Standesamt oder beim Akt des Zusammenziehens, ein komplexes Verhandlungsduell stattgefunden hat, in dem die Partner ihre Bedingungen stellten, abänderten, zurückzogen, neu formulierten. Aussehen, Einkommenserwartung, psychologische Faktoren werden ins Spiel gebracht und abgetestet – schließlich hat man schon einige Partner hinter sich, und warum sollte man sich nicht noch eine Weile umsehen? Daran ändert auch der Trend zur romantischen »Schnellheirat« nichts, den man besonders bei in Panik geratenen Spätsingles erleben kann *(Ich habe ihn auf Teneriffa kennengelernt, noch 3 Tagen haben wir uns vermählt.).* Viele »verpassen« einfach die Familiengründung, weil sie niemanden finden, der auf ihrer inneren Checkliste genug Punkte erringen kann: Die Offensive der Frauen, ihre höhere

Bildung und ihre steigenden Erwerbseinkommen führen zu härteren Verhandlungspositionen – Frauen akzeptieren z.B. immer seltener passive Väter. Umgekehrt suchen Männer oft nach Frauen, die alle modernen Kombinationen in sich vereinen: erotisch attraktiv, aber häuslich; selbständig, aber fürsorglich; geil, aber supervernünftig.
Das Ergebnis dieses Partnerschafts-Basars in der Spätphase serieller Monogamien ist bisweilen eher deprimierend. Mehr Liebeserfahrung, so denkt man, müßte schließlich zu besseren Partnerschaften führen. Aber oft schleicht sich das Schicksal über die Hintertür wieder ein: Frauen bekommen mit 35 in der Torschlußpanik ein Kind von einem arbeitslosen Bildhauer, der prompt nach Thailand entschwindet. Männer, die endlich »die eine« gefunden haben, sehen sich über Nacht einer knallharten Schwangerschaftserpressung ausgesetzt, als hätte es Verhütungsmittel nie gegeben. Die große Liebesunordnung ist ausgebrochen. Die Eskalation der Ansprüche an den Partner, der Wegfall von Kriterien wie Schicht und Klasse speisen eine romantische Eskalationsspirale, die für viele ins partnerschaftliche Nirvana führt. Romantische Liebe als Gegengewicht zu unserer aufgeklärten, rationalen Welt ist von vielen Sozialforschern bereits als »neue sekuläre Religion« definiert worden. Der Partner wird auf verklärende Weise zum »Erlöser«. Männer und Frauen spielen abwechselnd Engel und Lover, Hure und Heilige füreinander. Was früher das Privileg einer dekadenten Oberschicht war, ist heute massenhafte urbane Kultur.

Modernes Familienglück: Die neue Qualität genealogischer Beziehungen

Und dennoch: Familienleben ist heute im Durchschnitt glücklicher, vor allem partnerschaftlicher als früher. *Scheidung ist nicht eine westliche Krankheit, sondern ein ökonomischer Luxus, der sich epidemisch über die Welt ausbreitet. Die Reichen haben sich immer schon geschieden, wenn sie es wollten.*

(...) Der Schlüssel zu erfolgreicher Paarkultur ist eine hohe Scheidungsrate mit einer ebenso hohen Wiederverheiratungs-rate. – So CHRISTINA HARDYMENT in »The Future of the Family« (S. 23).

- Dem Scheidungselend der Kinder, das so oft in Funk und Fernsehen breitgetreten wurde, steht eine andere Tatsache gegenüber: Heute begleiten Kinder ihre Eltern viel länger im Lebenslauf als zu Beginn des Jahrhunderts. Ende des 19. Jahrhunderts waren 15 Prozent der Bevölkerung Europas Waisen. Die hohen Kinderzahlen, die hohe Sterblichkeit, die nicht entwickelte Medizin machten Elternschaft zu einer unsicheren sozialen Rolle.
- Väter verbringen heute mit ihren Erstgeborenen das 3fache an Zeit als noch in den Nachkriegsjahren. Die schlichte Zahl der im Kreißsaal bei der Geburt ihres Kindes anwesenden Männer stieg in Zentraleuropa von knapp 5 Prozent in den 60er Jahren auf heute über 75 Prozent! Auch das Verhältnis zwischen den ganz Alten und den ganz Jungen hat sich wider Erwarten intensiviert: Großeltern erleben ihre Enkel heute über einen ungleich längeren Zeitraum.
- In der kollektiven Erinnerung erscheint die Familie als das letzte Bollwerk gegen Krisen. Aber dahinter verbargen sich oft auch ökonomische Zwangsverhältnisse. *Kinder sind heute nicht mehr Nachfolger, sondern Lebenspartner der Eltern. Lebenspartner aber sind in der Sozialisation anders zu behandeln als Nachfolger, die immer auch Konkurrenten sind*, schreibt HANS BERTRAM in seiner Studie »Familien leben« (Verlag Bertelsmann Stiftung). *Das Verhältnis zwischen den Generationen war noch nie so entspannt und so partnerschaftlich wie in unseren Tagen. Mütter lernen von ihren Töchtern die neuesten Entwicklungen in Mode und Musik, und die Söhne hocken bis in ihre 20er Jahre hinein im elterlichen Nest, weil sie anders als früher beides haben: Geborgenheit und Freiheit, Bequemlichkeit und Abwechslung, Rückzug und Aufbruch in die Abenteuer des Lebens.* – So

WARNFRIED DEITLING in seinem Buch »Wirtschaftskummerland?«. Dezidiert bringt auch KARL-OTTO HONDRICH die neue Morphologie der Familie auf den Punkt: *Noch die neuesten Formen bestätigen die alte Idee, noch im Scheitern bewährt sich das Ideal. In der Trennung trennen wir uns von einer Person und von einer individuellen Bindung, nicht von der Liebesbindung als Institution. Die Liebesbindung als Institution hat heute so viel kollektives Gewicht, daß man meinen könnte, daß sie die Institution der kirchlichen oder staatlichen Ehe gar nicht braucht. (...) Die Ehe als Idee ist auf der ganzen Linie im Vormarsch.*

Future Family: Einige Regelsysteme der Zukunft

Die evolutionäre Liebe

Auch, wenn in jeder Trivialserie mit allen Methoden (Erpressung, Kinderanhängen, jahrelanges Werben, schnelle Autos etc.) nach dem einen und einzigen erlösenden Prinzen oder der Prinzessin gesucht wird: Die Lebensrealität unserer Partnerkultur ist längst eine andere. Standardmodell ist die serielle Monogamie, in der wir mit unseren Partnern immer »ein Stück des Weges« gehen, solange:

- der Sex klappt;
- sie uns innerlich und äußerlich bereichern;
- sie ähnlich »ticken« wie wir.

Die Funktionalisierung, die hinter dieser Idee steckt, tut auf den ersten Blick weh. Aber sie ist nichts Neues. Die moderne Partnerschaftsforschung weist darauf hin, daß Partner sich wegen gleicher Interessen, gleicher Schönheitsgrade und Intelligenzdimensionen suchen – und daß eine hohe Übereinstimmung dieser Dimensionen eine glückliche Partnerschaft wahrscheinlicher macht. Es ist besser, dieses realistisch einzugestehen und die vorhandenen Freiräume realistisch zu nutzen, als dauerhaft an Idealen zu scheitern. Die Idee der evolutionären Liebe, in der der eine dem anderen beim langen Weg der Selbstverwirklichung hilft, könnte eine realistische Grundlage einer Partnerschaft in der Individualkultur liefern. In ihr überwinden beide Partner ihre narzißtischen Sphären, allerdings nicht aus »altruistischen Motiven«. Sie tun es nicht zuletzt um ihrer selbst willen. Dies könnte eine gute Grundlage für eine weitere Bereicherung des Lebens und einen weiteren Kontrollverlust sein: durch Kinder.

Die aristokratische Ehe

Moderne Individualisten wollen auch in der Familie alles füreinander sein: Liebhaber(in), Ernährer(in), Coach, Designerin) der eigenen Umstände und der Wohnung, bukolische Genießer auf Reisen, beim Essen und im Bett, und dazu noch grandios gute Väter und Mütter. Aber wie soll das gehen, wenn der Alltag nervt und die Kinder quengeln? Haben unsere Eltern – diese Bedenkenträger – recht, wenn sie mit hochgezogenen Augenbrauen meinen, daß hier die »Ansprüche wohl etwas überzogen« seien?

Eine kulturelle Reaktion auf die Überladung der Familie wird die *Wiederentdeckung der Distanz* sein. Hier bieten sich Muster der höfischen Liebe geradezu an, die sehr wohl zwischen Haushalt, Stand, Emphase und Leidenschaft zu trennen wußten. Unausgesprochen wuchern diese Modelle längst durch unsere Liebeskultur: Menschen wohnen zusammen und ziehen gemeinsam Kinder auf, obwohl sie keine sexuelle Beziehung miteinander haben. Trennung von Gütern wird vereinbart, um die Emotionen frei von Ökonomie zu halten. Der Anstieg von »Wochenendbeziehungen«, in denen die Partner an verschiedenen Orten leben, selbst wenn sie Kinder haben, weist auf diesen Trend hin – neueste Zählungen gehen von fast 5 Prozent aller deutschen Partnerschaften aus, die über mehrere 100 Kilometer organisiert werden! Hier entwickelt sich eine Liebeskunst, die in der Distanz ein Instrument des Spannungserhaltes sieht. Später wird man darauf achten, autonome weibliche und männliche Sphären zu bilden und auszuhalten.

Voraussetzung hier ist allerdings die Aufgabe regressiver Tendenzen: Wer im Partner den Bububären und Hansischmatzi sieht, muß an der Subtilität einer neuen multidimensionalen Liebeskultur scheitern, in der wir psychologische Mobilitäten zwischen den Rollen der Liebhabenden und der Eltern organisieren.

Die Netzwerk-Familie

Ein Zitat aus JETZT, der Jugendbeilage der SÜDDEUTSCHEN ZEITUNG: *Was soll ich dazu sagen? Ich habe 2 Mütter und 2 Väter, eine Menge Brüder und eine Schwester, und keine von diesen ist »richtig« oder »unrichtig«. Sie sind alle halb- und stief- und so weiter, aber ich liebe sie oder auch nicht. Jeder den du zur Familie zählst, ist richtige Familie. Auch Freunde können Familie sein.*

In den Vereinigten Staaten sind heute bereits mehr als 50 Prozent der Menschen in Zweit- und Drittfamilien zu Hause. Die typische amerikanische Familienfeier, bei der *Ex-wives* und *Ex-husbands* mit ihren Kindern und Enkeln und angeheirateten Kindern an einem Ort zusammentreffen, um dann – man ist inzwischen bei etwa 100 Personen angelangt – über die verschiedenen genealogischen und alimentären Ebenen hinaus Kontakt zu pflegen, legt Zeugnis ab von der unglaublichen Anpassungsfähigkeit der Institution Familie. Formen der alten Großfamilie mischen sich mit modernen Arbeits-Beziehungen, genealogische Bindungen werden plötzlich elastisch. Die Ergänzung des familiären Umfelds durch Freundeskreise entlastet sie, die Idee der »Wohngemeinschaft« ist keinesfalls am Ende und wird in vielen Schattierungen neuer Nachbarschaft längst gelebt. Networking als familiäres Konzept: Vermeidung von allzuviel Intimität bei gleichzeitigem kontinuierlichen Kontakt, gestützt durch die neuen Kommunikationsmittel – das bedeutet E-Mail-Familien, Distanzfamilien, morphische Familien. *Was eine Familie ist, entscheidet sich künftig danach, wer mit wem beim Frühstück sitzt und nicht mehr nach Trau-*

schein, gemeinsamem Namen oder Stammbuch. – So brachte es der SPIEGEL trocken auf den Punkt.

Die Familie als Unternehmen
In der Zukunft werden wir eine neue »Familienvernunft« erleben, die die ökonomischen Prinzipien der Wissensökonomie auf die Institution Familie anwendet: Teamwork, Projektorientierung, Win-win-Situationen. Wer mich aufzieht, wer mich durch die Pubertät begleitet, entscheide ich als Kind selbst. Wahl- und Genfamilie bieten ein sinnvolles Spannungsfeld. Familie ist nicht mehr wie in der agrarischen Kultur Überlebensgemeinschaft eines Haushaltes, sie ähnelt auch immer weniger der disziplinierten »Aufstiegsmannschaft« der industriellen Ära. In der Wissensökonomie können kombinierte Ressourcen eingesetzt werden, um Familienmitgliedern zum Beispiel Flexibilität am Arbeitsmarkt zu ermöglichen. Zusatzausbildungen, Bildungsreisen, Warteschleifen. Erbschaften können dosiert oder an die Erreichung von Zielen gebunden werden. *Working couples* beschreiten gemeinsame Erwerbspfade, Kinder werden von Eltern in Jobs oder Projekte geschoben, Eltern lernen von Kindern das Computern. Diese scheinbare Utopie ist in den urbanen Zentren längst Realität. Sie löst Machtverhältnisse auf und integriert die eherne Institution Familie in den allgemeinen Trend der SozioSphere: Demokratisierung.

»Kinderheirat« oder Die Re-Moralisierung der Elternfrage

In den angelsächsischen Ländern beginnt heute ein Trend, der die nächsten 10 Jahre der Familiendebatte bestimmen wird: Ehe und Familie, vor allem die Beziehung zwischen Eltern und Kindern wird als große gesellschaftliche Debatte neu moralisch und ethisch aufgeladen. Dies hat zum großen Teil Kostengründe – Scheidungskulturen erzeugen soziale Defizite und gewaltige Kosten im Sozialwesen. Es stellt aber vor allem die Frage nach neuen rechtlichen Konstruktionen, die der »Portfolio-Familie« gerecht werden.

- Kinder werden nicht mehr nur als Opfer von Trennungskrisen gesehen, die man bedauern muß; vielmehr versucht man ihre Stellung durch eine Vielzahl von rechtlichen und psychologischen Interventionen zu stärken. In fast allen OECD-Ländern entkoppeln neue rechtliche Regelungen das Elternverhältnis von der »Institution Ehe«. Geschwister werden bei Scheidungen nicht mehr getrennt, auch die Väter bekommen stärkere Rechte, Die Eltern-Kind-Beziehung wird unabhängig vom Beziehungsstatus der Eltern ein Grundrecht.
- Familientherapie, Mediation und »Ehequalifizierung« werden zu regelrechten Dienstleistungssektoren. In manchen US-Bundesstaaten wird bereits mit »Eheführerscheinen« oder »Ehe-light«-Modellen experimentiert, in Utah müssen scheidungswillige Ehepaare eine »Scheidungsschulung« besuchen. In Florida gibt es auf den High Schools regelmäßigen »Ehe- und Partnerschaftsunterricht«. Viele private Organisationen und 50 000 Ehe- und Heirats-Therapeuten bieten in den USA ihre Dienste an, das sind doppelt so viele wie in den 70er Jahren. Ziel dieser neuen »Soziotech«-Welle ist höhere Konfliktfähigkeit, ein realistisches Bild der Partnerschaft, die Überwindung romantischer oder naiver Idealismen. Zuhören, sprechen, Rücksicht nehmen – diese Techniken werden zum neuen kulturellen Ideal.
- Das »Contracting«, also die Neugestaltung der Beziehung der Familienmitglieder, erfährt neue Aufmerksamkeit. Der britische Think Tank Demos hat in einem Programm für das Familienministerium sogenannte »Kinderheiraten« erprobt, bei denen Eltern ihren Kindern in einer feierlichen Zeremonie »lebenslange Elternschaft« geloben. Damit wird das emotionale Gewicht von der »Partnerliebe« (die in der Individualkultur jederzeit kündbar ist) auf die lebenslange

Eltern-Kind-Bindung verlagert – eine höchst realistische kulturelle Korrektur.

»Portfolio«-Parenting: Die neuen Mixturen zwischen Beruf und Elternschaft

Und die Rolle der Männer? Ist sie nicht entscheidend für die Frage, wie sich die Frontlage im Geschlechterkrieg, und damit auch die Situation der Familie, entspannen kann? Nach wie vor gibt es wenig Anzeichen dafür, daß sich die Rollen umkehren. Zwar hat sich der Prozentsatz der Hausmänner in den meisten europäischen Ländern in den letzten Jahren verdoppelt, aber trotzdem bleibt Hausmännertum nach wie vor das, was der englische GUARDIAN neulich einmal zynisch *als eine Art legalisierte und politisch korrekte Form der Kastration* bezeichnete.
Die Deregulierung der Arbeitswelt, der Trend »life-to-work« (die Arbeitssphäre übernimmt immer mehr soziale Funktionen, Kollegen werden die neue Familie, die eigentliche »Arbeit« findet zu Hause statt) steigern die Komplexität des familiären Raumes. Zur familiären Zukunft gehört das, was POLLY GHAZI, Autorin von »Downshifting your life« einmal als *»Portfolio«-Parenting* bezeichnet hat. Portfolio-Eltern setzen ihre Zeitbudgets aus kombinierten Formen von Jobs, Erziehungsarbeit und Hausarbeit zusammen. Sie jonglieren mit Babysittern, beruflichen Zwängen und Leidenschaften, wollen aber nicht mehr auf die Nähe der Familie verzichten. Völlig verschwinden wird dabei nur die Vollerwerbstätigkeit des einen oder anderen Elternteils. Besonders in den größeren Städten werden diese Portfolio-Familien vom Aufbrechen der zunehmenden Nachfrage nach Teilzeitjobs und den neuen Möglichkeiten von Telework gestützt.
Aus all dem läßt sich für die nächsten Jahrzehnte eine überwiegend optimistische Prognose herauslesen: Während die Organisationsformen des Industrialismus die Kleinfamilie gleichzeitig hervorgebracht und »ausgelaugt« haben, werden

wissensökonomische Gesellschaften die Familienfrage wieder in das Zentrum sozialer und ökonomischer Regelsysteme stellen. Die Scheidungsrate wird langfristig stagnieren oder sinken, »Verantwortliche Elternschaft« wird zum gesellschaftlichen Megatrend. Familien werden zunehmend Funktionsvernetzungen vornehmen: Onkel und Tanten, Paten und Freundschaften, Primär- und Sekundärfamilien verteilen die Gewichte der Erziehung auf mehr Schultern. Gleichzeitig ist der Trend zur »Familienintegration« in den modernen Unternehmen nicht mehr aufzuhalten: Kein Unternehmen kann sich im kommenden *War of Talents* erlauben, die alten Rollen- und Karrieremuster weiter zu propagieren. »Offensiven für integrierte Elternschaft« werden in jeder Firma blühen. Dazu wird eine gigantische Welle der häuslichen Dienstleistungen die »Hausfrauen-/Hausmännerfalle« weitgehend zum Verschwinden bringen: In der globalen Welt der Zukunft wird Hausarbeit weitgehend delegiert und professionalisiert – und bald auch in einem weiteren Technologieschub (Stichwort »intelligentes Haus«) technisch vereinfacht.

Ausblick 2020: Die Familie im Biotech Age

Spannend wird es für die Institution Familie noch einmal, wenn, in etwa 10 Jahren das *Biotech Age* endgültig beginnt. Was geschieht, wenn wir die Reproduktion aus dem intimen Verhältnis zwischen Mann und Frau herauslösen? Hier zunächst einige Möglichkeiten der Millenniums-Zeit:

- Kind nach einer In-vitro-Fertilisation (1 Versuch) 10 000 €
- Zeugung mit Hilfe einer Samenspende 1000 €
- Kind durch In-vitro-Fertilisation mit zusätzlicher Leih-Eizelle 15 000 €
- Kind mit Hilfe eines eingefrorenen Embryos/Ei 6000 €
- 7monatiges chinesisches Mädchen via Agentur 16 000 €

In wenigen Jahren wird neben diesen Optionen ein völlig neuer Set von Reproduktionsmöglichkeiten bereitstehen:

- Frauen können das Alter, in dem sie ihr erstes Kind bekommen, frei bestimmen – und dadurch der »menopausischen Falle« entgehen. Durch das Einfrieren von Eizellen in der Phase der höchsten und sichersten Fruchtbarkeit – um die 20 – sichern sie sich ihre Reproduktionsfähigkeit bis ins Alter. Die hohe Lebenserwartung macht auch alte Eltern zu langfristigen Begleitern ihrer Kinder.
- Frauen wie Männer können das Genmaterial, mit dem sie sich fortpflanzen wollen, auf dem Markt einkaufen. Tennis-Asse und Nobelpreisträger, Models und Schachspieler könnten sich vermehren wie weiland Fürsten und Könige, indem sie ihr Genmaterial meistbietend verkaufen. Regulationen können, wie heute schon bei Samenbanken üblich, die Fortpflanzung auf 10 Nachkommen pro Person beschränken.
- Fruchtbarkeit und Fortpflanzung sind völlig unabhängig von der Familienform oder der sexuellen Vorliebe. Homosexuelle beiden Geschlechts etwa können Kinder bekommen, indem sie aus ihrem Genmaterial bipolare Zellen bilden lassen und dann verschmelzen – Männerpaare können Leihmütter beschäftigen, Frauenpaare sogar Geschwister gleichzeitig austragen (allerdings nur Mädchen, weil sie nur über X-Chromosomen verfügen).
- Unfruchtbarkeit wird weitgehend unbekannt sein. Für weibliche Unfruchtbarkeit steht die Möglichkeit der Leihmutter zur Verfügung, für männliche die diversen Formen der IVF (In-vitro-Fertilisation) und der neuen Gentechnik-Methoden, in denen entkernte Eizellen gezielt mit Genmaterial »befrachtet« werden können, bis hin zum Cloning in seinen unterschiedlichen neuen Formen.
- Auch Individuen, ja selbst Tote können sich allein fortpflanzen – via Leihmutterschaft. Elternschaft wird damit endgültig individualisiert. Der alleinerziehende Mann um die 50, die Frau, die sich mit 60 als Lebenswunsch ein Kind reproduzieren läßt – all dies wird es geben. Allerdings werden damit

auch klare finanzielle und elterliche Fürsorglichkeiten verbunden sein.

In seinem atemberaubend visionären Buch »Sex in the Future« beschreibt der Anthropologe ROBIN BAKER das familiäre Szenario vor dem Hintergrund dieser genetischen Realität. Viele jener scheinbar utopischen Möglichkeiten sind heute schon Realität oder als Trends deutlich spürbar – in Italien entband neulich eine 63jährige Frau, weit über 50 000 In-vitro-Kinder tummeln sich bereits auf dem Planeten (übrigens in weitgehend intakten Familien). In den OECD-Ländern steigt seit vielen Jahren schon das Heiratsalter rapide an, die Anzahl der Spätgebärenden nimmt schnell zu. Filmstars in den USA verhalten sich bereits heute im Sinne dieses privaten *genetical engineering*: Immer mehr gutgebildete junge Frauen lassen ihre Eizellen einfrieren.

So entsteht eine neue Welle der Beziehungsvielfalt: Warum nicht mit jemandem eine Familie gründen, den man von Herzen liebt, aber mit dem man nicht ständig schlafen will? Oder ein Kind mit einem anderen als seinem »Love Mate« machen – mit dem Einverständnis des Partners und um die Familie um »fremdes« Genmaterial zu bereichern. Oder sein Genmaterial jemand anderem gegen Geld zur Verfügung stellen …

Eine Horrorvision? Das Ende der Familie? In der genetischen Zukunft ist Vaterschaft im einfachen Heimtest festzustellen, Schwangerschaft »als Unfall« wird verschwinden. Wieviel Psychodruck allein dies beseitigen könnte! Die Weltgesundheitsorganisation WHO schätzt die Prozentzahl der definitiv ungewollt ausgetragenen Schwangerschaften weltweit auf 25 Prozent, die der ungeplanten auf 50 Prozent. Zitat Baker: *Es gibt keine versteckten Gefahren im Reproduktions-Restaurant. Die menschliche Spezies wird sich auf ihrem üblichen erratischen Kurs weiterentwickeln. Mit einer Familienplanung, die mehr Wissenschaft als Zufall ist, werden die Babys wahrscheinlich* mehr *geliebt werden als heute. Mit der richtigen kulturellen Grundeinstellung und den richtigen staatlichen Reak-*

tionen könnte das »Reproduktions-Restaurant« einen der positivsten Aspekte des Lebens im 21. Jahrhundert darstellen.
Natürlich würde das Reproduktions-Restaurant eine Kulturrevolution auslösen. Die Position der Frauen würde massiv gestärkt. Aber auch die Männer könnten profitieren. Der Zwang, Partnerschaft, lebenslange Sexualität und Elternschaft ständig in einer sozialen Einheit zu halten, dieser große Idealismus der Gegenwart würde verschwinden. Das könnte die Entität Familie entlasten, nicht zerstören.

Generationen: Vom Jugendkult zur »Oldie Power«

Unser gemeinsamer Nenner als Gleichaltrige ist Individualismus. Das heißt Fitneß, Müsliriegel, Vollwertessen und Kombucha. Und die Ansicht, daß die meisten Politiker nur Idioten sind.

Rixa Kroehl, 16, in einem
Jugend-Interview des Spiegel, 1999

Im individualistischen Zeitalter über »Generationen« zu sprechen, scheint auf den ersten Blick anachronistischer Unsinn. Stile, Moden und Lebensgefühle purzeln konfus durcheinander – der Cyberpunk hat ebenso seinen Platz im Olymp der anerkannten Subkulturen erobert wie der rechtsradikale Skin in Radebeul, Prolo-Kulturen breiten sich ebenso aus wie neue Anpassungsstrategien. Dennoch werden Medien und Sozialforscher nicht müde, ständig neue Generationen auszurufen: Der »Verlorenen Generation« nach dem Krieg folgte die »68er Generation«, die »Alternativgeneration«, die »Generation X«. Heute ist von der »Generation Y« die Rede *(Optimistisch und konsumfreudig gehen sie ihren Weg.)*, Alliterationen wie »Net-Generation«, Fun-Generation« oder »@-Generation« machen die *Runde (Sie sind mit allen Wassern der Medien gewaschen. Souverän surfen sie im Internet, spielen Videospiele und kennen alle Fernsehserien auswendig.)*. Die »Narzißtische Generation«, die »Mikrowellen-Generation« *(Abwesende Eltern, das Essen immer selbst in der Mikrowelle aufgewärmt.)* oder gar die »Millennium-Generation« – verstecken sich hinter solchen Schlagworten irgendwelche Abbilder der Wirklichkeit? Verfolgt man die vielen Jugendstudien, kann man kaum eine dieser »Generationen« wirklich belegen. Immer sind es allerhöchstens Avantgarden, die einen bestimmten, abgegrenzten »Zeitgeist« in Form von Musik, Kleidung, Literatur oder anderen Formen der Selbstbeschreibung auf den Punkt bringen. Selbst in der wilden 68er Zeit war allenfalls ein Viertel der Jugend vom rebellischen Lebensgefühl des *Großen Aufbruchs* beeinflußt. Andererseits zeigt gerade das Beispiel 68er, wie eine solche Minderheit die Sehnsüchte und vitalen Gefühle einer Epoche wie in einem Brennspiegel konzentrieren und ganze Modernisierungsschübe auslösen kann. Am Ende hat sich gleichsam über Nacht das gesamte gesellschaftliche Umfeld gewandelt – von der Kleidung über die Sexualmoral bis zu den Werten.

Man kann es auch andersherum ausdrücken: Wandlungsprozesse, die im Inneren der Gesellschaft darauf lauern, auszubrechen, nutzen jugendliche Peer-Groups von Zeit zu Zeit als »Trägermaterial«. Die Rebellen von '68, die Freaks, Hippies und Spontis waren in diesem Sinne nur Vollzugsbeamte eines überreifen Modernisierungszwangs, der die alte Obrigkeits-Gesellschaft in die moderne, postindustrielle Kultur verwandelte.

Jugend: Von den »Propheten« zu den »Neuen Lebenskünstlern«

Von allen Generationstheorien, die in den letzten Jahrzehnten durch die Fachliteratur geisterten, hat sich das Modell der amerikanischen Evolutionsforscher WILLIAM STRAUSS und NEIL HOWE als das zukunftsträchtigste erwiesen. In ihren beiden Büchern »Generations« und »The Forth Turning« trauen sich die beiden Sozialwissenschaftler, Generationsmentalitäten bis ins Jahr 2050 vorauszusagen. Im Kern des HOWE/STRAUSS-Modells steht eine sehr einfache Überlegung. Das Grundgefühl der Jugend wird zuallererst von den wirtschaftlichen Gesamterwartungen einer Gesellschaft gelenkt. Je nachdem, wie sich Bruttosozialprodukt, Arbeitsstruktur, Modernisierungsschübe entwickeln, verhalten sich auch Familien gegenüber ihren Kindern. Die reagieren darauf mit »Mentalitätsprägungen«, die von Individuum zu Individuum variieren können, im Kern auf einer realistischen *kollektiven Erwartung* beruhen. HOWE/STRAUSS definieren Grundtypologien, die in den verschiedenen Stadien eines etwa 50 Jahre dauernden, also den Kondratieff-Rhythmen folgenden, wirtschaftlichen Zyklus auftreten:

- **Propheten:** In einer Boom- und Aufbruchszeit, in der der Wirtschaftsmotor brummt und Gesellschaft wie Wirtschaft von Innovations-Wellen geprägt sind, ist die Jugend Träger des Fortschritts und der Rebellion. Kritik an den Älteren, radikale Infragestellungen sind lebensgeschichtlich wenig riskant, weil der ständig steigende Wohlstand auch dem Outdrop ein Einkommen verspricht: Die Ressourcen erweitern sich ständig, Söhne und Töchter können mit üppigen Erbschaften rechnen. Zum letztenmal war dies in der Nachkriegs-Euphorie der frühen 60er Jahre der Fall, als die »Babyboomer« das Heft in die Hand nahmen.
- **Nomaden:** In der zweiten Phase wendet sich die Jugend vom himmelstürmenden Radikalismus ab und spirituellen oder alternativen Ideen zu. Man rückt näher aneinander – in tribale und eher eskapistische Ideen. Man will nicht mehr so sehr die Gesellschaft verändern, sondern sich selbst. Man »driftet« von Ideologie zu Ideologie und entwickelt eine träumerische Lebenshaltung.
- **Helden:** Die dritte Phase ist geprägt von einem beginnenden wirtschaftlichen Abschwung und starken Rationalisierungswellen, die die berufliche Zukunft unsicher machen. Institutionen und Ideologien verlieren endgültig an Autorität. Kinder dieser Phase werden von ihren Eltern stark beschützt und bekommen viel Aufmerksamkeit oder sogar Verwöhnung, haben aber auch zunehmend Probleme, sich abzugrenzen. Sie reagieren mit existentiellem Individualismus und melancholischen Selbstbildern.

- **»Künstler«:** Kollektive Ideen sind verblaßt, jeder muß selbst sehen, wie er zurechtkommt – das große Durchwursteln beginnt. Durch Tricks und Kombinationen, flexible Lebenskunst und kombinierte Ökonomien wird ein Höchstmaß an Selbstverwirklichung bei Minimierung des Inputs versucht. Spaß und Lebenslust treten in den Vordergrund, während die Ökonomie »auf der Stelle tritt«.

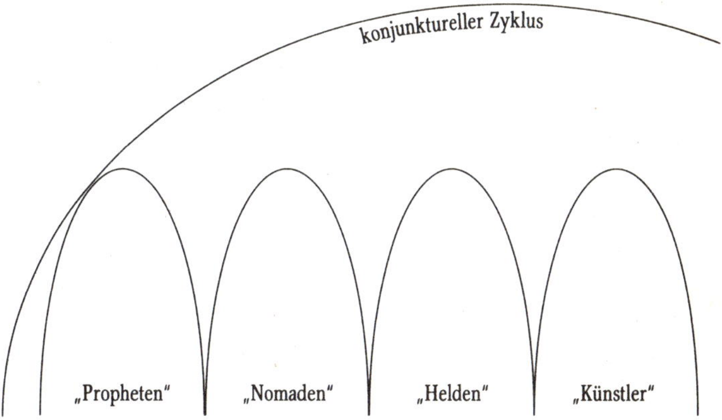

Abb. 21: Die Typologien von Howard/Strauss in der Übersicht: Relation zum konjunkturellen Zyklus

In dieses – natürlich recht grobe – Raster lassen sich durchaus einige wesentliche Jugendphänomene der letzten Dekaden einordnen. Während die »68er« den prophetischen Aufbruch lebten und predigten, zogen sich ihre Nachfolger, die »78er«, in die Höhlen des alternativen Lebens und Träumens zurück. Die »89« wiederum ähneln in vielem den Konturen der »Helden«: Ihr trotziger Individualismus wuchs in einer Zeit, als Anfang der 90er ein weltweiter Konjunktureinbruch bei steigender Arbeitslosigkeit zu spüren war. DOUGLAS COUPLAND hat in seinem berühmten Roman »Generation X« dieses Lebensgefühl schwindender Chancen und übermächtiger, aber psychisch instabiler Scheidungs-Eltern beschrieben. Es fällt auch nicht schwer, die Alterskohorte der heutigen Jugendlichen in diese Liste einzuordnen: Auffällig an ihnen ist einerseits ihr Realitätssinn, der manchmal fast schon konservative Züge anzunehmen scheint, andererseits ihr radikaler Individualismus: Kategorien des »Allgemeinen«, Politik, Umwelt, Gesellschaft verblassen am Horizont. Rebellion? Kritik? Sie ist allgegenwärtig und damit sinnlos geworden, schon deshalb, weil sie keine »formierte Gesellschaft« mehr vorfindet, deren Konsens sie lustvoll in Frage stellen könnte. Coolness ist das magische Wort der Epoche – sich nicht berühren lassen, Distanz bewahren, Gefühle nicht übermächtig werden lassen.

Jugend in Zukunft: Eine Randgruppe?

Wird es jemals eine »Millennium-Generation« geben – eine Alterskohorte, die das neue Jahrtausend euphorisch und vielleicht sogar ein wenig rebellisch begrüßt? Die die Herausforderung annimmt und die Kultur des Wissens als ihr ureigenstes, zu eroberndes Terrain definiert? Die die Chancen des Internets und der Entrepreneurship aufgreift? Möglich ist dies schon. Die neuen Internet-Millionäre Amerikas, die auch mit 6stelligen Bankkonten noch cool und krawattenlos bleiben, könnten ihre erste Avantgarde sein. Der absehbare weltweite Millennium-Boom nach der Jahrtausendwende, wenn die Crash-Ängste und Meteoriten-Paranoien überstanden sind und der Motor der Weltwirtschaft auf Touren kommt – all das könnte den Nährboden für eine neue Kohorte von »Propheten« ergeben.

Doch quer zu diesen immerwährenden Rhythmen der Jugend entwickelt sich ein Wandlungsprozeß, der das gesamte Konzept der Generationsfolge in Frage stellt. Er hat etwas mit den demographischen Verschiebungen zu tun, die die Jahrtausendwende begleiten; mit der deutlich abnehmenden Zahl der Jungen in allen entwickelten Ökonomien. Aber er geht tiefer: Jugend war bislang stets von der grundlegenden Annahme der »Staffettenübernahme« geprägt – irgendwann würden die Jüngeren Plätze, Positionen und Pensionen der Alten übernehmen. In dieser Konkurrenz der Generationen entwickelte sich ein natürlicher Spannungsbogen, er bot Anlaß für Rebellion im Sinne von Konkurrenz: Irgendwann wollten wir es besser machen!

In der industriellen Welt war »Jugend« systemübergreifend synonym mit Fortschritt – von den sozialistischen Gesängen bis zur *Calvin-Klein*-Heroisierung der Jugend als erotische Ikone. Das hatte nicht zuletzt einen materialistischen Hintergrund. Es hing mit der steigenden Produktivität der industriellen Produktion zusammen: Im Industrialismus konnte man als junger Mensch sicher sein, daß man bald ein höheres Erwerbseinkommen erzielen würde als die Eltern – die ständig steigende Produktivität machte dies so sicher wie das Amen in der Kirche. Jugend war synonym zu Kaufkraft, Wohlstand, Produktinnovation – die besten Konsumenten der Zukunft kamen aus den rebellischsten Kinderstuben. Jugend war eine ökonomische Macht, die ständig neue Nachfragewellen in die Märkte injizierte und für Nachfrage ohne Ende sorgte. Das ist der Hintergrund des Jugendkultes, der das ausklingende 20. Jahrhundert kulturell zutiefst geprägt hat: die totale Infantilisierung aller Fernsehkanäle, die sklavische Ausrichtung des Marketing auf hiphoppende Jungmenschen mit Pudelmützen, die Verklärung der rebellischen Pose bis in die tiefste Neige der Colabüchse und der Jeansnaht.

Was aber, wenn die Jungen nicht mehr die »Plätze« der Alten übernehmen werden? Weil es womöglich gar keine »Plätze« mehr gibt, sondern nur offene, fließende Einkommensverhältnisse, »prekäre Selbständigkeiten«, wie ULRICH BECK sagt. Wenn eine Ökonomie entsteht, in der das Einkommen sich auf andere Weise umverteilt als über Arbeit? Ist eine Gesellschaft denkbar, in der die Alten nicht nur die ökonomische, sondern auch die Kultur-Macht übernehmen? In der die Nach-50er auch noch die Positionen der Rebellion, des störrischen Individualismus, der obersten Selbstverwirklichungsklausel, des

Konsum-Hedonismus für sich reklamieren? Dann wird nicht nur das Prinzip Rebellion sinnlos, sondern die ganze Idee von »Jugend« überhaupt.

Die Graue Revolution

Die Zahlen sind eindeutig, und kaum ein Trend ist so langfristig abgesichert wie die Alterung der Bevölkerung: In den OECD-Ländern wird im Jahre 2020 jeder dritte über 60 Jahre alt sein. Das globale Durchschnittsalter wird aller Voraussicht nach von 22 auf 38 Jahre im Jahre 2050 ansteigen – auch in den Entwicklungsländern ist dieser Trend heute deutlich sichtbar. So wird etwa Chile im Jahre 2030, Tunesien im Jahr 2035 so viele über 60jährige haben wie Zentraleuropa heute. Der US-Bundesstaat Florida hält den heutigen Rekord mit 20 Prozent über 60jährige, Italien wird diesen Wert im Jahre 2003 erreichen, Japan 2005, Deutschland 2006, Großbritannien 2016. Noch wird diese Entwicklung weitgehend als demographisches Unglück wahrgenommen und vor allem als Bedrohung des gesellschaftlichen Konsenses diskutiert. *Greying means paying*, so der Autor PETER PETERSON in seinem Grundlagenwerk »Grey Dawn« – Graue Dämmerung. Peterson macht

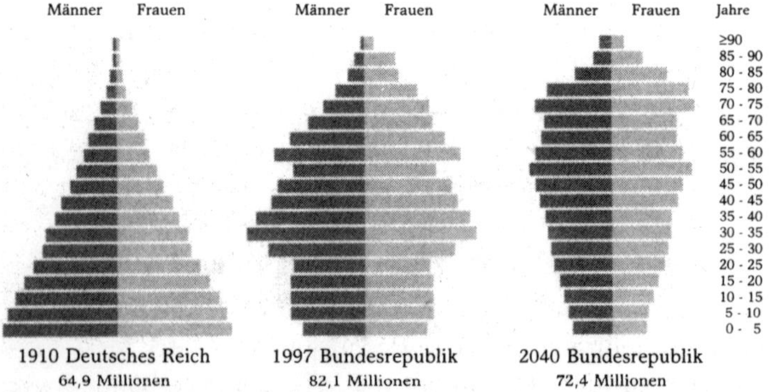

Abb. 22: Die neuen Pyramiden des Alters

6 Vorschläge, wie Politik und Gesellschaft in den nächsten 10 Jahren gegen die »Graue Gefahr« arbeiten müssen:

- **Transferzwang:** Zwang zur höheren finanziellen Verpflichtung der Jüngeren gegenüber den Älteren.
- **Geburtszwang:** Steigerung der Geburtenrate.
- **Demographischer Zwang:** Hereinlassen von neuen, jungen Arbeitskräften.
- **Rentenzwang:** Längere Arbeitszeit und bessere Wiedereinstiegschancen für ältere Arbeitnehmer.
- **Selbständigkeitszwang:** Anreize für höhere lebenslange Spar- und Selbstversicherungsraten.
- **Umbau des Pensionssystems auf Bedürftigkeit.**

Ökonomisch mögen all diese Zwangsvorschläge Sinn machen: In 30 Jahren werden die entwickelten Ländern zwischen 19 und 16 Prozent ihres Bruttosozialproduktes *mehr* aufwenden müssen, um ihren alten Generationenkontrakt über die Runden zu retten. Eine massive Zunahme der »alten Alten«, der über 85jährigen, muß auch die Gesundheitskosten weiter in die Höhe treiben. Aber wie steht es mit den *kulturellen* Konsequenzen? Die Überalterung, so hört man immer wieder, könnte die Gesellschaften der Zukunft in extrem konservative Kulturen verwandeln. Die Länder der westlichen und nördlichen Hemisphäre, aber auch die Gewinner des Fernen Ostens werden sich auf mehr oder minder ruppige Weise von den »jüngeren Nationen« in anderen Teilen der Welt abgrenzen und jegliche Kooperation verweigern. Die Gesellschaft der Zukunft: Ein Altersheim mit geschlossenen Toren, in dem der Wohlstand geriatrisch verwaltet und verteilt wird?

Das neue Bild des Alterns

Unsere inneren Bilder vom Alter sind durch die Produktionslogik der industriellen Gesellschaft geprägt: Alter hieß Ausscheiden aus dem Produktionsprozeß, damit verbunden war eine gewisse ökonomische Nutzlosigkeit, die in sozialer Abwertung bezahlt (und in grantigen Gegenangriffen heimgezahlt) wurde. Auch die agrarische Gesellschaft ging nicht gerade sehr freundlich mit ihren Alten um: Im »Ausgedinge« der Bauernkultur verhungerten die Alten bei einer Nahrungsmittelknappheit, ansonsten bekamen sie zumeist nur das Nötigste. Der gütige Großvater, der im Lehnstuhl sitzt und integrierter Teil der Familie bleibt, die Großmutter, die sich rührend um die Enkel sorgt – das sind Trugbilder aus der Romantik, wenngleich sie einen kulturhistorischen Sinn hatten. In der agrarischen Welt waren alte Menschen körperlich verschlissen und geistig stagniert. Die eintönige, schwere körperliche Arbeit machte wenig mentales Wachstum möglich. Erziehungsfunktionen gegenüber den Enkeln blieben so, wenn überhaupt, auf »Aufpasserrollen« beschränkt. In der Industrieära warteten jedoch neue Rollen auf die Alten. Die zunehmende Erwerbsarbeit verlangte andere Konzepte der Kinderbetreuung. So begann das Bildungsideal die Älteren mit bestimmten »cultural skills« auszustatten – Weisheit, Güte, GOETHE –, die sie dazu qualifizierten, sich im Alter um die Enkel zu kümmern. Omas und Opas bekamen einen »sozialen Marktwert«.

Die alarmistischen Theorien über die »Rentenkrise« machen zudem ihre Rechnungen ohne die entscheidenden neuen Parameter der Reichtumsverteilung. In der industriellen Ära war Alter gleichgesetzt mit Einkommensverlust, und die »Altersarmut« blieb jahrzehntelang das verbale Sturmgeschütz der Rentenlobbyisten. Doch mittlerweile zeigt sich, daß die Trends in eine ganz andere Richtung laufen. Eine ältere Generation tritt auf den Plan, die ein gigantisches Vermögen aus der industriellen Boom-Zeit angesammelt hat. Ihr Einkommen koppelt sich zunehmend vom Renten- und Erwerbseinkommen ab – und vermehrt sich durch gigantische Erbschaftssummen. Wer wird die 30 Billiarden Euro erben, die allein in Deutschland in den nächsten 10 Jahren den Besitzer wechseln? Die 50–60jährigen erben sie von ihren Eltern, die mit 80 sterben!

Die neuen Bilder der »Master Consumers« und »Best Agers«, die wir heute in den Pamphleten der Marketingstrategen bewundern können, entsprechen also durchaus der Realität: Die Älteren, deren Kaufkraft früher allenfalls noch den Margarineabsatz stabilisieren konnte, übernehmen vitale Funktionen in Ökonomie und Konsum. Während die Älteren älter werden, verhalten sie sich immer jugendlicher. Sie sind erstklassige Konsumenten hochpreisiger Güter. Sie fahren Cabrios und tragen RAY-BAN-Sonnenbrillen, sie sind (überwiegend) fit, sportlich und reiselustig wie die Jüngeren. Sie sind Pioniere auf vielen Feldern: bei der Nachfrage von Humandienstleistungen etwa. Auch den Computer wird die ältere Generation demnächst als Steckenpferd adoptieren: Die »Silver Surfers«, die Internet-Freaks über 60, gehören zu der am schnellsten wachsenden Populationsgruppe im Netz. Vielleicht könnte es also ganz anders kommen: Nicht die »gerontokratische Gesellschaft« steht uns bevor – sondern eine »Greying Revolution«, die wie folgt aussehen könnte:

Höhere Lebensqualität und ein verändertes Gesundheitsbewußtsein

Die Bevölkerungsexplosion, die uns noch vor wenigen Jahren in Angst und Schrecken versetzte, wird durch die globale Alterung im nächsten Jahrhundert in globale Bevölkerungsschrumpfung umkippen. Ein Abnehmen des Bevölkerungsdrucks bedeutet aber geringere Umweltverschmutzung, weniger Streß in den Großstädten, weniger Druck auf die Arbeitsmärkte. Paradoxerweise könnte die Graue Revolution damit auch ein neues Gesundheitsbewußtsein fördern: Ältere machen durch ihre massenhafte Präsenz klar, daß, wer alt werden will, sich um seine Gesundheit, um Vorsorge und gesunde Ernährung kümmern muß. Während in der »juvenilen« Gesellschaft die Gesundheitsressourcen endlos schienen – Alkohol, Nikotin- und Drogengebrauch gehören nun mal zur Erlebniskultur –, übt die Methusalem-Gesellschaft einen sanften

Zwang zur Gesundheitsfürsorge aus: *Wenn du im Alter deine Lebensqualität bewahren willst, mußt du vorsorgen* – diese Botschaft kann man heute schon in den angelsächsischen Ländern deutlich vernehmen.

Höheres intergeneratives Familienbewußtsein

Nach dem Krieg richteten sich Ältere in ihrer sozialen Bindung oft voll und ganz auf die Kinder aus. Sie zogen sich enttäuscht zurück, wenn sie in den sich nun sozial abgrenzenden Kleinfamilien nicht mehr die alten Autoritätsrollen ausüben konnten – und lebten dann ihr Leben mit wenigen Bekannten der gleichen Altersgruppe. Gerade der Triumph des standardisierten Kleinfamilienmodells in den 50er und 60er Jahren trug so zur Entstehung von Altersghettos und Entfremdung zwischen den Generationen bei!

In einer lockeren, erweiterten Familienstruktur, die viele Rollenoptionen und Varianten zuläßt und erzwingt, geraten Omas und Opas hingegen öfter in wichtige Erziehungsfunktionen. Die hohe Scheidungsrate sowie ein stark gestiegener Anteil an Alleinerziehenden (in Deutschland bereits über 12 Prozent, in manchen Ländern Skandinaviens an die 50 Prozent) regenerieren paradoxerweise den intergenerativen Zusammenhang. Für die Doppelverdienerhaushalte ist der »Oma-Service« existentiell – und er wird zunehmend auch verweigert! Das wertet die Rolle der Alten auf. Sie haben »etwas zu sagen«. Sie kümmern sich heute nicht mehr um die Enkel, weil sie es müssen, sondern nur, wenn sie es wollen. So bleiben sie länger jung. Sonst könnten sie ja gleich auf die Bahamas fahren!

Die neue Nachfrage nach »Elder Potentials« und der Boom des 3. Sektors

Gewiß: Heute herrscht in den meisten Unternehmen noch der *Ageism*, die Diskriminierung der Älteren. Doch mehrere Anzeichen weisen auch hier auf einen Paradigmenwechsel hin. Die Älteren von morgen werden nicht mehr die »Ruheständler« der Alten Schule sein, die nach der Pensionierung hilflos vor dem Fernseher sitzen. Hobbys, ehrenamtliches Engagement, neue Formen von karitativer Tätigkeit werden in einer Gesellschaft blühen, in der die Menschen noch bis in ihre 80er hinein aktiv sind und sein wollen.

Der Arbeitslosigkeit von heute wird die hektische Suche nach qualifizierten Mitarbeitern folgen. In der reiferen Wissenskultur sind jedoch andere Qualifikationen gefragt als lediglich Power und Kreativität, also klassisch juvenile Eigenschaften: Die Nachfrage nach Loyalität, Erfahrung, Kooperationskompetenz und Durchhaltevermögen steigt. Nach einer repräsentativen Studie der CRANFIELD SCHOOL OF MANAGEMENT mit 6500 Spitzenmanagern kommen ältere Führungskräfte mit komplexen operativen Problemen besser zurecht als jüngere. Schon heute konzentrieren sich neue Arbeitsvermittlungsfirmen wie SENIOR STAFF auf diesen neuen *Experience-Markt*. Und in vielen namhaften Unternehmen beginnt heute ein Umdenkungsprozeß, der zu massiven Kampagnen zur »Alters-Integration« in den Unternehmenskulturen führen wird.

Eine »Kultur der sanften Selbstverwirklichung«

Die »Greying Revolution« wird in den nächsten Jahren tiefe Wandlungen im Werte- und Kultursystem erzeugen und intergenerative Ansätze in Marketing und Gesellschaft stärken. Die ersten Ausläufer zeigen sich heute in Medienphänomenen: Die neue Bewunderung für die »Starken 50er« – die starken Frauen im mittleren Alter wie SENTA BERGER –, die Entdeckung, daß Talent, ja Genius oft erst im hohen Alter erblühen (siehe PICASSO oder MANDELA), die neue Sprache der Werbung, in der plötzlich wieder Menschen jenseits der 50 in stolzen und selbstbewußten Posen auftauchen: In all diesen Phänomenen spiegelt sich eine sanfte Hinwendung zu Wertemustern, in denen integrative (statt exzessive) Prozesse eine Rolle spielen. Im Alter mag das Bedürfnis nach Kontinuität und Ruhe steigen; Kultur und Kontemplation werden wichtiger als Erlebnis und Reiz. Aber solche Werte repräsentieren durchaus Entwicklungen, die in der *MindSphere* des neuen Jahrtausends von Bedeutung sind – sie liegen schlichtweg »im Trend«. Eine kluge Revision des Jugendkultes könnte beenden, was Sozialforscher seit Jahrzehnten mit Besorgnis als Infantilisierung der Gesellschaft beschreiben (z. B. in »Alle Menschen bleiben Kinder« von REIMER GRONEMEYER). Eine Graue Gesellschaft könnte so ein »age of enlightment« einläuten; eine Kultur, in der Kreativität mit Weisheit einhergeht und »Reifung« zum neuen gesellschaftlichen Ideal wird.

Die 100jährigen kommen: Ausblick auf 2100

Es wird noch ungefähr 100 Jahre dauern, bis Nanotechnologie uns das Überschreiten der natürlichen Lebensspanne ermöglicht. Dies wird gewaltige Erschütterungen in der SozioSphere auslösen und völlig neue Regeln in der EconoSphere verlangen. Aber es gibt bereits Pioniere dieses Prozesses – Vorläufer einer »transäonischen Gesellschaft« –, einer Kultur, die ihr Gedächtnis über Äonen weiterträgt und in Form realer Menschen vermittelt.

Von den Millennium-Babys, die im Jahr 2000 geboren werden, werden nicht wenige das nächste Jahrhundert, das 22. christli-

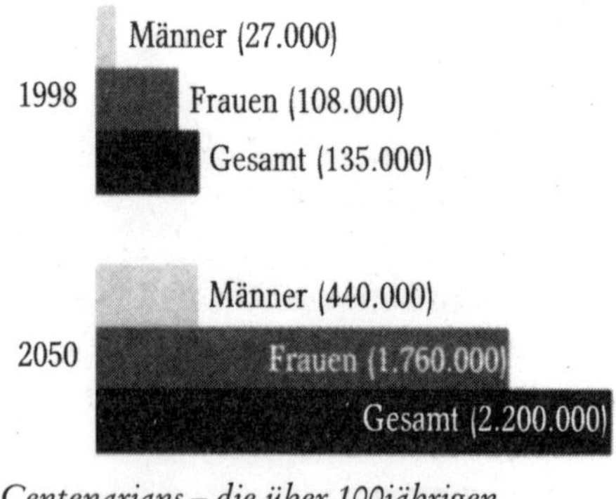

Abb. 23: Die Centenarians – die über 100jährigen

cher Zeitrechnung, noch erleben – Zeitreisende in spätere Kulturen! Schon heute gibt es knapp 3000 100jährige in Deutschland – 1987 waren es nur 1000! Weltweit werden im Jahre 2050 2,2 Millionen über 100jährige leben. Besonders in den USA beschäftigt man sich heute bereits verstärkt mit den *Centenarians*, den über 100jährigen, die im kommenden Jahrhundert von einer winzigen Minderheit zu einer beachtlichen Bevölkerungsgruppe anwachsen werden (siehe Abb. 23).

Einige Erkenntnisse die über 100jährigen betreffend, die unser Bild des Alterns verändern werden:

- Es gibt, allen Gerüchten zum Trotz, kein plausibles Rezept für einen Lebensstil, mit dem man garantiert 100 Jahre alt wird. Unter den untersuchten 100jährigen gab es Verheiratete und unverheiratet Gebliebene, Diätiker und Gourmets. Einziger Anhaltspunkt neben den Genen: »keine Angst vorm Älterwerden haben« und: Humor.
- Deutlich mehr Frauen als Männer werden sehr alt. Aber wenn Männer die 100-Jahres-Grenze überschreiten, sind sie meist physisch und psychisch stabiler als gleichaltrige Frauen.
- Allen Gerüchten zum Trotz kosten Superalte dem Gesundheitssystem nicht wesentlich mehr Geld als Menschen, die mit 70 oder 80 Jahren sterben. Es gibt offenbar eine »Langlebigkeitsschwelle«: Wer die 90 erreicht hat, bleibt bis zu seinem Tod gesundheitlich relativ stabil. Man könnte auch sagen: Er stirbt bei jeder ernsthaften gesundheitlichen Störung schneller. Die Leidens- und Sterbezeit wird deutlich verkürzt. Alzheimer und andere Demenzkrankheiten spielen zwar eine wesentliche Rolle beim Gesundheitszustand der *Centenarians*, sind aber wahrscheinlich in den nächsten Jahren sehr viel besser therapierbar als heute.
- Nach einer Zeit, in der die meisten Menschen wenig oder gar nicht den Wunsch verspürten, wirklich alt zu werden, findet derzeit in vielen Ländern eine Trendwende statt. Neue Kommunikationstechnologien und neue medizinische Methoden

lassen das Leben als Methusalem durchaus erstrebenswert erscheinen. Eine ganze Flut von Publikationen in den USA beschäftigt sich nun mit der Herauszögerung des Alterungsprozesses. In den Umfragen wird die Frage: *Möchten Sie sehr alt werden?* heute mehr als doppelt so oft mit Ja beantwortet als noch in den 80er Jahren.

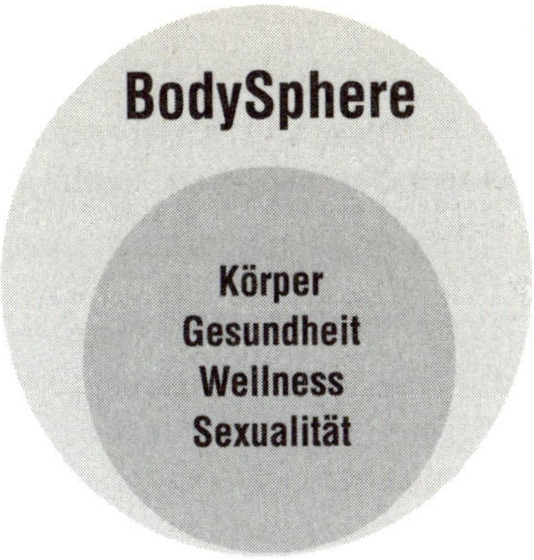

Der Körper des Menschen scheint in der Ära der Virtualität wie ein Antagonismus, ein Anhängsel des Online-Geistes. Gleichzeitig erlebt Körperlichkeit ein Comeback. Sensibilität und Erotik, Atmen und Tanz: Die neue Körperkultur entdeckt die physische Existenz auf neue Weise. Extremsport und erotische Selbsterfahrung, Wellness-Kulte und Naturerlebnis-Trends definieren den Körper als neuen zentralen Ort der inneren und äußeren Erfahrung. Der Körper wird zur letzten Bastion des autonomen Ichs, zum Instrument einer neuen Sinnlichkeit – und verändert seine Konturen: Der »moderne Body« scheint beliebig korrigierbar zu sein, sein Alterungsprozeß wird hinausgeschoben, seine Funktionen ökonomisiert. Wird die Körperkultur der Zukunft eher von einem »Neuen Narzißmus« geprägt sein oder von einer neuen, ganzheitlichen Idee von Gesundheit?

Körper: Vom »Funktionsbody« zur Renaissance der Physis

Am äußersten Rand des 20. Jahrhunderts begegnete der Mensch dem Menschen. Ehrfürchtig, fast andächtig, mit einer Mischung aus Erschrecken und Erstaunen, wanderten Hunderttausende durch die Ausstellung KÖRPERWELTEN. Die anatomische Kunst des Professors GUNTHER VON HAGEN präsentierte den Menschen in neuer, verletzlicher Weise. Aufgeschnittene, in den Einzelheiten ihrer ungeheuer komplexen Konstruktion gezeigte Körper. Entbeinte Menschen, mit den filigranen Strukturen der Muskeln, Adern, Nerven und Sehnen. Die skandalös grazile Ästhetik von Hirnen, dem direkten Blick ausgeliefert bis zur Schmerzhaftigkeit. Embryonen in allen Stadien des Schlafes und des Werdens: *ecce homo*! Wäre diese Ausstellung auch vor 20 Jahren möglich gewesen? Wahrscheinlich nicht. Moralische Argumente hätten die Faszination überlagert, zentrale Tabus wären berührt worden: Die Versprechungen der modernen Medizin in der zweiten Hälfte des 20. Jahrhunderts hatten die Vision einer totalen Reparierbarkeit des Organismus auf den Plan gerufen. Der Körper wurde industrialisiert, indem er »zur Maschine gemacht« wurde; dem chirurgischen Eingriff oder der Ersatzteillogik jederzeit zur Verfügung gestellt. Damit wurde der reale, der »blutige« Körper sakrosankt. Er wurde gleichsam klinisch wegoperiert.

Warum können wir heute wieder hinsehen in unsere eigenen Eingeweide? Weil die Epoche der Entkörperlichung zu Ende geht. In den 60er Jahren war der Körper »politisiert«, man behandelte ihn nachlässig als Träger von rebellischen Zuständen, traktierte ihn mit Drogen oder Nikotin; er war ja nicht das »Eigentliche«, sondern nur die Ableitung von etwas. Später, in den 70er Jahren, entdeckte man die Harmonie der Natur und stellte den Körper – ganz im Sinne der Ornamentik des Jugendstils – als ätherisches Wesen dar. Bis dahin rochen Körper nach Schweiß und Haut, aber dann begann die große Welle der Ästhetisierung, bis hin zu den Supermodels und der Schönheitswut unserer Tage.

Daß wir heute mehr als bereit sind, *alle* diese Mythologien in Frage zu stellen, liegt an der extremen Ambivalenz zwischen den Körpermythen einerseits, körperlich erfahrener Realität andererseits. Allen sagenumwobenen Fortschritten der medizinischen Technik zum Trotz: An der »inneren Front« steckt um die Jahrtausendwende der technische Fortschritt fest. Krebs und Aids, die großen
Geißeln der Menschheit, bleiben nach wie vor unbesiegt; ihr »Skandal« wird angesichts des vollendeten Individualismus mit seinem Hang zum narzißtischen Körperkult immer größer. Das operierte Elend der Ewigen Jugend sticht uns aus jeder Illustrierten ins Auge und markiert eine neue Todesangst, die bereits mit 20 beginnen kann und zu bizarren neuen Syndromen führt: schön und jung sein zu müssen ist eine Qual, die sich in bulimischen und anorexischen Formen äußert. Wir leben in einem Zeitalter scheinbar schneller technologischer Umbrüche und Innovationen, aber viele dieser Innovationen machen uns lediglich unsere Verletzlichkeit bewußter. Auch das zeigten die KÖRPERWELTEN: Gegen die »Innovationen«, die die Evolution in 100 Millionen Jahren hervorgebracht hat, ist unsere High-Tech-Erfindungs-Welt regelrecht primitiv. Es war, als ob die Besucher mit Hamlet ausriefen: *Welch ein Meisterwerk ist der Mensch! Wie bedeutend und wie wunderwürdig!*

Der Körper zu Beginn des 21. Jahrhunderts – eine Welt der Extreme: Der Computer gaukelt uns neue Körperlosigkeit vor – tagelang sitzen wir vor Monitoren und bewegen uns durch die ganze Welt. Dann wachen wir auf, mit kribbelnden, tauben

Gliedmaßen und pelzigem Geschmack im Hirn. Die narzißtische Individualisierung erzeugt einen neuen Rausch und eine neue Aufmerksamkeit für den Körper. Er ist »das letzte Haus des Ichs«, Träger der Lust. Man pierct und zeichnet ihn mit den Runen der Tattoos, man traktiert ihn mit körperlichen Grenzerfahrungen und nächtelangem Tanz, man stattet ihn mit Signaturen und Fesselungen aus. *Der Körper, das bin alleine ich.* All dies kann nicht davon ablenken: Die Menschen des 21. Jahrhunderts werden empfindlicher sein gegenüber körperlichen Gebrechen, Schmerzen und Alterungsprozessen. Sie entwickeln neue Krankheiten in den Zwischenräumen von Körper und Seele. Neurosen, Psychosomatiken, Allergien, Ängste, Süchte, Regulationsstörungen im enormen Spannungsfeld zwischen Gier und Askese, hysterische Krankheitsbilder, in denen winzige Spurenelemente zu Ausbrüchen von Immunreaktionen führen. Im Gegenzug begeben sich die Menschen aber auch auf eine neue Suche: Nach einem neuen Verhältnis zu ihrer körperlichen Integrität, zu Ernährung, Balance, auf eine Reise zur Sinnlichkeit des Körpers. *Sie nehmen ihren Körper in Besitz.*

Gesundheit: Der neue Megatrend im Herzen unserer Kultur

Statt etwa Schulmedizin und alternative Verfahren gegeneinander auszuspielen, sollten wir zusehen, wie sich die fabelhafte Diagnostik der einen mit der anderen verbinden läßt. Wir denken nicht nur entweder–oder geht nur dies oder jenes, und nach langem Knobeln wird vielleicht ein lauwarmer Kompromiß, sondern wir gehen aufs Ganze.

PETER GLASER IN »DAS MILLENNIUM-GEFÜHL«,
TEMPO, JANUAR 1992

Gesundheit als Megatrend? Ist das nicht profan? Stand »Gesundheit« nicht alle Zeiten im Zentrum menschlicher Sehnsucht? *Bleib gesund*, wünschten sich unsere Großeltern besorgt – sie hatten noch erlebt, wie in der Grippeepidemie von 1918 in Europa 8 Millionen Menschen starben – mehr Tote als im Krieg. Gesundheit ist unsere innerste Chiffre. Denn wie sagt man so schön: *Gesundheit ist nicht alles, aber ohne Gesundheit ist alles nichts.*

Einige Signale der Kultur bringen uns dennoch dazu, die wachsende Bedeutung von Gesundheit zu Ende dieses Jahrhunderts auszuleuchten. In den großen Umfragen, die sich mit Ängsten und Wertewandel befassen, klettert die Gesundheit als Thema seit etwa Mitte der 90er Jahre rapide nach oben. Sie löst derzeit die Themen Arbeit, Umwelt und Krieg ab. Erstaunlicherweise findet sich dieser Effekt nicht nur bei denen, von denen wir es erwarten können – bei dem ständig steigenden Anteil der älteren Menschen. Auch Jugendliche geben in ihrem Angstspektrum, aber auch in ihren Wunschlisten, immer häufiger den Begriff Gesundheit an. Hinzu kommen ökonomische Fakten, die

»Gesundheit« auch als materiellem Faktor eine immer größere Bedeutung zuschreiben:

- In den Industrienationen wächst der prozentuale Anteil der Investitionen im Gesundheitssektor kontinuierlich an – überproportional zum Bruttosozialprodukt. In Deutschland waren es 1964 460 Milliarden Mark, in den USA 1000 Milliarden Dollar (dort ist der Anteil des Gesundheitssektors am Gesamtbruttosozialprodukt am höchsten). In den Industrienationen ist heute schon zwischen einem Fünftel und einem Sechstel des Bruttosozialprodukts dem Gesundheitssektor gewidmet – mit steigender Tendenz.
- Gleichzeitig steigt die Bedeutung der gesellschaftlichen Kosten von »systemischen« Gesundheitsstörungen weiter an. Falsche Ernährung verursacht in Deutschland Kosten von geschätzten 100 Milliarden Mark pro Jahr. Die Debatte um die viel zu hohen Lohnnebenkosten, auch Grund der ständig steigenden Krankenkassenbeiträge, tut ein übriges. Das Gesundheitswesen schlittert in eine auswegslose Systemkrise zwischen High-Tech-Medizin für alle und neuer Kostenkontrolle.
- Kaum ein anderer gesellschaftlicher Sektor erzeugt eine derart heftige Nachfrage an Arbeitsplätzen. In den letzten 10 Jahren hat sich die Zahl der in pflegerischen Berufen Beschäftigten in Deutschland fast verdreifacht. Kein Wunder, denn es entsteht eine gewaltige neue Schicht von alten Menschen, die unter vielen verschiedenen Gebrechen leiden und sich mehr und mehr gesundheitsbezogene Dienstleistungen leisten können.

Im Zentrum des Begriffs Gesundheit läuft eine Vielzahl von ökonomischen und Wertewandeltrends zusammen. Der Sozialforscher Leo A. Nefiodow hat deshalb als einer der ersten die These aufgestellt, daß rund um den Begriff der Gesundheit ein Nachfragefeld entsteht, das alle Anzeichen eines »Komplexes« aufweist: Eine Megamarkt, der eine gewaltige Sogwirkung auf zentrale Bereiche der Gesellschaft – auf Märkte, Meinungen, Menschenbilder – erzeugt.

Holistic Health: Auf dem Weg zu einem ganzheitlichen Gesundheitsbegriff

In einer japanischen Studie brachten Ärzte auf den linken Arm von 13 hochallergischen Versuchspatienten eine Placebo-Paste auf – und behaupteten von ihr, es handle sich um einen Allergieauslöser. Am anderen Arm wurde das wirkliche Allergen aufgetragen – allerdings mit der Behauptung, es handle sich um eine harmlose Hautsalbe. Nur 2 der Patienten entwickelten auch am »richtigen« Arm Symptome, aber alle am »falschen«.
Über viele Jahrzehnte hinweg wurde in der Mehrheit der Bevölkerung der medizinische Sektor als Reparaturbetrieb wahrgenommen. Medizin war eine technische Dienstleistung, die den Menschen via Pharmaka und Operation wiederherstellte. Die Idealisierung des »Halbgottes in Weiß« definiert den Arzt als das, was er in der Neuzeit tatsächlich wurde: ein Erlöser von vielen Gebrechen, die vor 100 oder 200 Jahren noch zum Tode führten.

Diese Bilder von Krankheit und Gesundheit, von Heilung und Medizin wandeln sich heute rapide. In den 70er Jahren war es nur eine kleine Minderheit, die alternative Heilmethoden riskierte (und dabei die eine oder andere Grenzerfahrung machte – ich erinnere an homöopathische Heilungsversuche von Lungenentzündungen). Die Kritik am »schulmedizinischen« Weg hat sich heute bis ins Zentrum der Gesellschaft ausgebreitet: Der Manager kocht Kräutertee, die ganz normale Hausfrau fragt in der Apotheke nach homöopathischen Mitteln, und der Krebspatient, der noch vor Jahr und Tag geduldig auf seine »Ausbehandlung« gewartet hätte, verläßt auf eigene Faust das Krankenhaus, um einen Magier auf den Malediven aufzusuchen.

Die Mythologie der chemischen und mechanischen Therapie bricht derzeit in sich zusammen – immer mehr Menschen entwickeln ein neues Verständnis ihrer Leiblichkeit. Heilung, so beginnen wir zu begreifen, ist ein aktiver Prozeß des Körpers, der durch Zufuhr von Chemikalien höchstens unterstützt werden kann. Die komplexen Systeme unseres Körpers, das Immunsystem selbst, nicht der Doktor oder die Pille, »machen« den Gesundungsprozeß. Nur etwa 30 Prozent aller Fälle benötigen »Rezepte« oder Eingriffe. *Wenn ein Heiler in einem Federkleid das Immunsystem eines Kranken letztlich genauso stimulieren kann wie ein Arzt in einem weißen Kittel – wer will dann noch sagen, was besser ist*, fragt der Medizin-Anthropologe DAN MOLERMAN von der UNIVERSITY OF MICHIGAN.

Die Psychosomatik in all ihren Formen hat in den letzten Jahren zunehmend institutionellen Rückenwind bekommen. Formen der Medizin, die vor Jahren noch für empörte Anfragen im bayerischen Landtag sorgten, sind heute selbstverständliche Prominententhemen – man denke nur an Ayurveda (traditionelle hinduistische Heilmethode, wird seit dem 1. Jh. n. Chr. in Indien praktiziert) oder Akupunktur. Im Herzen des medizinischen Sektors kündigt sich eine neue Synthese an, die kluge Ärzte heute längst gegenüber ihren Patienten vertreten: die sinnvolle Verbindung sogenannter alternativer und schulmedizinischer Methoden zu einer ganzheitlichen Medizin, die sich an Gesundheit statt an Krankheit orientiert.

Hier beginnt die eigentliche kulturhistorische Arbeit: die Abkehr von einer symptomorientierten zu einer vorsorgenden Medizin. Aber ist das dann noch »Medizin«? In einer Studie von PSYCHOLOGIE HEUTE (Februar 1998) über psychosoziale Hintergründe von Herzinfarktpatienten wurde das Thema der *Compliance* erörtert: Immer wieder machen Vorsorgemediziner die Erfahrung, daß falsche, gesundheitsschädigende Verhaltensweisen (schlechte Ernährung, zuviel Fett, wenig Bewegung) tief im Menschen verankert sind und sich nur schwer ausmerzen lassen. Nicht nur wer arm ist, stirbt früher, sondern er lebt auch schlechter im Sinne von Lebensqualität. Und umgekehrt gilt: Nicht der Mangel an Geld allein macht krank, sondern eine Vielzahl von unausgelebten und verdrängten

Konflikten, die sich im Laufe des Lebens zu Kompensationshandlungen verdichten.
Das Zentrum einer zukünftigen Medizin ist also der schwere, aber auch aufregende Prozeß der Selbst-Veränderungen: An die »inneren Kerne« unseres gesundheitsschädigenden Verhaltens heranzukommen, das ist die eigentliche »Reisetätigkeit« des Menschen im 21. Jahrhundert. Selbstvorsorge und Spiritualität bilden die neuen Säulen der neuen Medizinkultur. Ein gesundheitsorientierter Medizinbegriff überschreitet die Demarkationslinien des Medizinischen und wird zur »Frage an das Selbst«. Die Antworten auf die »Gesundheitsfrage« spielen sich dann auf ganz anderen Terrains ab: Ernährung, Lebensstil, Sexualität, Liebe, Kreativität, Arbeit. So überschreitet der Gesundheitsbegriff seine Grenzen und erzeugt, ganz nebenbei, riesige Nachfragemärkte in den »umliegenden« Bereichen.

Die meta-medizinische Nachfragespirale

- **Neue pharmazeutische Produkte** wie Viagra, die sogenannten »Lifestyle drugs«, erzeugen einen neuen weltweiten Megamarkt. Immer mehr Medikamente werden privat gekauft (OTC – »Over The Counter«). Die neue Generation der Lifestyle-Drogen wird eher eine verfeinerte alter Produkte sein: Kopfschmerztabletten, die präziser und genauer wirken, Depressionsmedikamente mit geringeren Nebenwirkungen, sehr gezielte Krebsmedikamente für sehr kleine Bevölkerungsgruppen. Daneben entwickelt sich weiter ein freundlicher und eher von Naturprodukten geprägter Markt von OTC-Produkten wie Teebaumöl oder Johanniskraut.
- **Kosmetik und Körperpflege** erleben einen langanhaltenden Boom in Richtung auf gesundheitliche Aspekte. Hierbei spielen Argumente wie Hygiene in Zukunft eine geringere Rolle. Kosmetik gerät immer stärker in den Einflußbereich von aromatherapeutischen und psychologischen Wirk-

mechanismen; Wellness heißt hier vor allem Entspannung, Wiederherstellung von Balance.

Kosmetik bekommt also immer mehr »seelischen Charakter«. Was uns die Parfüm-Industrie heute schon vormacht – die Konzentration von kompletten Lebenswelten in Duftessenzen –, wird auf die gesamte Kosmetikbranche übergreifen.

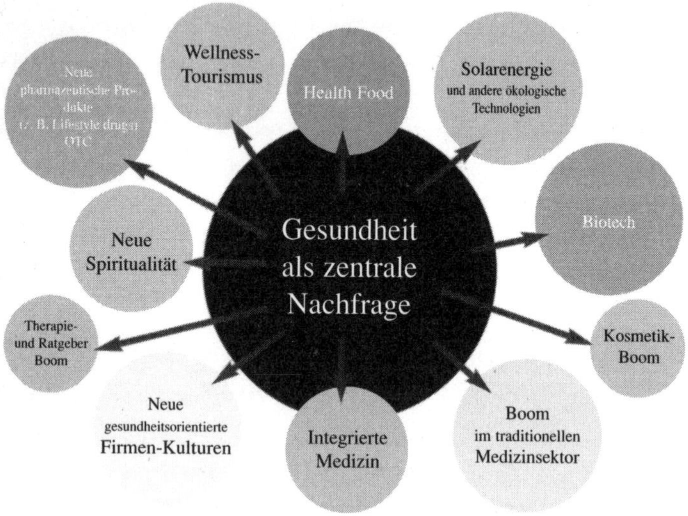

Abb. 24: Der meta-medizinische Nachfragesog

- Im **Tourismus** zeichnen sich starke Nachfragen nach Gesundheitsaspekten ab – Wellness-Tourismus erlebt einen Boom und löst die alten Formen des Erlebnistourismus ab. Biohotels speziell für Senioren, Frauen oder andere Zielgruppen bieten mit Jungbrunnenkuren das Versprechen der »Steigerung der Lebensqualität im Alter, körperliche und geistige Vitalität, jüngeres, attraktiveres Aussehen.«
- **Nahrungsmittel** geraten weiter in den Brennpunkt von Gesundheitsaspekten. Sowohl im Bereich der »additiven« Lebensmittel (CALCIUM PLUS) als auch bei Bio-Food entwickeln sich völlig neue Lifestyle- und Wellness-Produkte.

Wir wollen durch Nahrungsmittel besser sehen, fühlen, denken können. Mood-Food und Brain-Food werden die nächste Welle dieses Trends prägen.

- In der **allgemeinen Ernährung** geht der Siegeszug der Bioprodukte weiter, obwohl das Ökologiebewußtsein abnimmt. Daß Broccoli krebshemmend wirkt und Rotwein gegen Herzinfarkt hilft, wird zur Volksweisheit. Der Vegetarismus oder »graduelle« Vegetarismus steigt bei Jugendlichen enorm an. Das weibliche Ernährungsverhalten (Salate und Gemüse statt Steak und Butterkartoffeln) wird in den nächsten Jahren als gesellschaftlich erwünschte Handlung eine enorme Aufwertung erleben.
- Bei **persönlichen Beratungsdienstleistungen** entwickelt sich ein riesiges Feld aus Therapeuten, Heilern, Lifestyle-Psychologen und Partnerschaftsberatern, Ernährungsberatern, Health-Consultants bis hin zum Life-Coach, der uns bei Krisensituationen hilft, bei Diäten begleitet und bei Suchtentzug (Rauchen) zur Seite steht.
- **Streß und berufliche Ängste, steigende Scheidungsraten und familiäre Krisen** machen den einen Teil der gesundheitlichen Probleme in der Arbeitswelt aus. Das Burnout-Syndrom bei Managern wird immer häufiger thematisiert. Psychoanalytiker wie KETS DE VRIES haben schon Ansätze entwickelt, Firmen wie Persönlichkeiten zu analysieren, als »Organismen«, die, wie Einzelmenschen, krank oder gesund sein können. Die Firmenkulturen richten sich deshalb immer mehr auf das Bild eines »ganzheitlich gesunden« Mitarbeiters aus und investieren viel Geld in die Mitarbeiterförderung. Damit werden gesundheitliche Aspekte und Dienstleistungen Teil der Arbeitskultur.
- Auch der **Ökologiebereich** bezieht seinen Nachfragekern aus der Idee der Gesundheit. Der kommende Boom der Solartechnik, die Baubiologie, nachwachsende Rohstoffe – all dies sind Märkte, in deren Zentrum das Bedürfnis nach Gesundheit steht.

- Den **Ausdauersportarten wie Wandern, Golfen oder sanftes Laufen** gehört die Zukunft. Aber die Gesundheitswelle definiert auch Sportarten, die bislang als *Hardcore* verschrien waren und eher den Fitneß-Idealen dienten, neu. Während die eher konventionellen Bodybuilding-Angebote in einer Nische festsitzen, hat zum Beispiel der Schweizer WERNER KIESER mit seiner Studio-Kette rapiden Aufwind und gründete soeben eine »Neue Körperschule«. Kieser bietet »sanftes Bodybuilding« mit einer deutlich seelisch-medizinischen Komponente.
- In den **Medien** boomen die Gesundheitsthemen – komplette Ratgeber-Channels entstehen. Heute schon laufen im englischen Fernsehen pro Woche 25 Gesundheitssendungen mit beträchtlichen Einschaltquoten. Mittlerweile gibt es WELLNESS, ANIMA und FITNESS-MAGAZIN in Österreich, in Deutschland erwiesen sich FIT FOR FUN und MEN'S HEALTH als Senkrechtstarter im heißumkämpften Magazinmarkt. In den USA verzeichnen neue Zeitschriften wie MAMM (Brustkrebsopfer), BELL (Übergewicht) oder POZ (HIV-Positive) steigende Auflagen.
- Im **Design-Bereich** (Hausbau, Möbel etc.) stützt der Trend spirituell-ästhetische Ideen wie Feng Shui, Zen-Design oder auch baubiologische Prinzipien. Möbel, Räume und Gebäude werden als ganzheitliche, seelisch-geistig-körperliche Angelegenheit wahrgenommen und mit einer »Harmonielehre« überhöht. Natürliche Materialien, Wohlgeruch, auch in High-Tech-Varianten – all das und noch viel mehr gehört für den Menschen des 21. Jahrhunderts zu seinem erweiterten und vitalisierten Gesundheitsbegriff.

Wellness: Anatomie eines Wertewandels

Der Begriff »Wellness« ist das Mantra der neuen Gemeinde der Gesundheitszentrierten. Er hat sich zum magischen Zauberwort entwickelt: Jeder führt ihn im Munde, und alle meinen

etwas anderes damit. Ein Modebegriff ohne Sinn und Verstand, eine Marketing-Chimäre?
Wellness grenzt sich ab – und fußt auf – dem Begriff »Fitneß«. Die Fitneßwelle war eine sinnvolle und berechtigte Reaktion gegen die industriellen Lebensgewohnheiten – zuviel Sitzen, zuwenig Bewegung. Aber sie blieb seltsam umpassend zur Individualkultur. Sie erzeugte neue Zwänge, ein neues Ideal, dem Hunderttausende hinterherstrampelten. Sie schuf eine Welt aus knackigen Schweißleibchen und Anleitungsbögen in Frauenzeitschriften, aus verkrampft-lustigen Singleclubs und Gymnastikhallen mit fähnchenschwingenden Hausfrauen. Der Wellness-Begriff hingegen paßt in unsere moderne mentale Landschaft, weil er das Bedürfnis nach einem »eigenen Maß« artikuliert. Nicht die idealen Körpermaße oder das megastarke Herz, nicht die Wespentaille oder der durchgestählte Body rücken ins Zentrum der Sehnsucht, sondern ein selbstbestimmter Begriff der Balance. Während Fitneß noch tief aus der industriellen Logik stammt, richtet sich Wellness im Herzen der Individualkultur (Wahlmöglichkeiten, Innenorientierung, Selbstreflexivität) ein. *Ich will so werden, wie ich bin – und mit mir selbst in Einklang kommen*: Wellness verläßt die Normen einer medizinisch-erotischen Logik, die auch im Namen der Fitneß noch die Herzfrequenzen kontrollierte, Zentimeter maß und im Namen der »Superdiät« einen Terror erzeugte, der wahrscheinlich mehr für die Fettleibigkeit getan hat als alle Butterknödel und Surhaxen zusammen.
Zur Frage der Gesundheit gehören nun plötzlich Aspekte wie Rhythmus und Zeit, Umgebung und Ästhetik (Feng Shui), Duft und Sinnlichkeit, Schlaf und Streßbewältigung, Geräusch und Geschmack. Der neue Gesundheitsbegriff ist im Grunde nichts anderes als die »passende Utopie« einer individualisierten, globalen Wissensgesellschaft. Er verlagert den Gesundheitsbegriff von einer Phalanx von Anweisungen, Wunderdiäten, Verhaltensmaßregeln etc. zu einem Balanceakt der Selbstfindung.

LEO A. NEFIODOW hat in seinem Schlüsselwerk »Der sechste Kondratieff« Wellness in einer etwas ökonomischeren Wortvariante als »Psychosoziale Gesundheit« bezeichnet und folgende Faktoren definiert:

- ein stabiles Selbstwertgefühl;
- ein positives Verhältnis zum eigenen Körper;
- die Fähigkeit zu Freundschaft und sozialen Beziehungen;
- eine intakte Umwelt;
- eine sinnvolle Arbeit und gute Arbeitsbedingungen;
- eine lebenswerte Gegenwart und die begründete Hoffnung auf eine lebenswerte Zukunft.

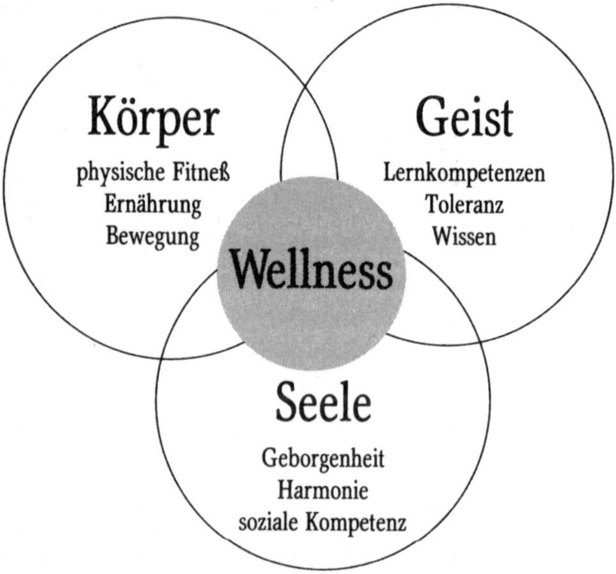

Abb. 25: Psychosoziale Gesundheit (»Wellness«) als Dreiklang von Körper, Geist und Seele

NEFIODOW sieht diesen Begriff nicht nur als individuell erstrebenswerten Zustand oder gesellschaftliche Idee, sondern zugleich als *Ressource*. Als *Basisinnovation*, die die zentrale Produktivitätsdynamik des kommenden, des sechsten Kondratieffs ausmachen wird. Die gewaltige Produktivitätssteigerung, die durch den Computer und den Rohstoff Information ausgelöst wurde, also der fünfte Kondratieff, strebt seinem Zenit zu. Was kommt danach?

Mit den traditionell produktionssteigernden Mitteln – Einsatz von Maschinen, Technologien, Stoffumwandelprozessen, Kapital und logischem Fachwissen – läßt sich Gesundheit nicht mehr erschließen. Ein noch so schneller Computer heilt keine Krankheit und schafft kein stabiles Selbstwertgefühl; noch mehr naturwissenschaftlich-technische oder wirtschaftliche Fachkenntnisse vermitteln keine psychosoziale Kompetenz. Diese aber wird in den Talentmärkten der Zukunft zum zentralen Wertschöpfungsfaktor – so Nefiodow.

Wellness im übertragenen Sinne – verstanden als »psychosoziale Gesundheit« – wird also gleichzeitig zu so etwas wie der zentralen »Soziotechnik« des kommenden Wirtschaftsprozesses. Die Frage, wie sich Mitarbeiter *fühlen*, wie sie *kooperieren* können, welche Kompetenzen sie in ihrem beruflichen Umfeld haben, wie sehr sie sich *identisch* mit ihrer Aufgabe fühlen – das entscheidet über die zentrale Frage der Produktivität eines Unternehmens. Zum erstenmal in der Geschichte werden damit nicht »Technik« und »Rohstoff« in den Mittelpunkt der Ökonomie rücken, sondern die sogenannten »weichen Humanfaktoren«: *Emotionen, Geist und soziale Kompetenz.*

Sexualität: Von der sexuellen Revolution zum »Reproduktions-Restaurant«

Die meisten Bilder, die wir aus dem fernen Reich der Zukunft über Sex übermittelt bekommen, beschäftigen sich mit der Phantasie des »Cybersex«: Unbekleidete lüsterne Damen mit absurden Gummianzügen verschaffen sich und anderen Befriedigung per Fernbedienung und Monitor. Sieht so der Sex der Zukunft aus? Bislang konnten sich offensichtlich nur Titelbildfotografen und Chefredakteure von Illustrierten dafür begeistern. Ansonsten bleiben die Rammelfernanzüge das, was sie immer schon waren: ein müder Talkshow-Gag.
Die Grundlagen der *wirklichen* neuen sexuellen Welt wurden bereits Anfang der 90er Jahre auf einem amerikanischen Campus auf den Weg gebracht: Die Vollversammlung der liberalen Universität ANTIOCH beschloß eine neue »erotische Verkehrsordnung«. Sie verabschiedete ein Konzept neuer »politischer Korrektheit«, in der die alten sexuellen Normen umgestoßen und gleichzeitig ein neues Regelsystem aufgebaut wurde. Dieses Konzept ist inzwischen auf vielen kapillaren Wegen in unsere Alltagsrealität eingedrungen – und beginnt jene erotische Kultur zu erzeugen, die ich einstweilen *Neusex* oder ein wenig futuristischer *NeoSex* nennen möchte.
Im Grunde kennt die neue sexuelle Verkehrsordnung nur 2 Bedingungen. Die erste ist die totale Freigabe aller sexuellen Verhaltensformen: Alles ist erlaubt. Weder Homosexualität noch Sadomasochismus, weder Analverkehr noch Windelfetischismus sind moralisch *per se* verwerflich, falsch oder schlecht. Auch erotische Gewalt, wenn mit gegenseitigem Einverständnis genossen, ist nicht verwerflich. Aber, und das ist entscheidend, alle sexuellen Verhaltensformen werden einem strikten

»Verhandlungsgebot« unterworfen: Jeder »Verführende« ist gezwungen, bei jedem weiteren Schritt – Berührung, Kuß etc. – um Erlaubnis zu fragen. Und zwar definitiv und mit Warten auf Antwort.

Wir haben uns daran gewöhnt, uns über diese scheinbar spießige Korrektheit lustig zu machen und sie uns als absurdes Aperçu vorzustellen: *Darf ich dein linkes Ohrläppchen küssen?* Aber der »Kontrakt von Antioch« ist deshalb ein hoch-symbolischer Akt, weil er die *Ablösung der Sexualmoral durch Verhandlungsmoral* formulierte – und damit den Codex des postindustriellen Zeitalters vorwegnahm. Die Sexualmoral des »bürgerlichen«, des industriellen Zeitalters, war stets von »to do's«, oder »not to do's« geprägt. Hindergrund dieses Systems war ein fein ziseliertes Regelwerk von männlichen Privilegien und genealogischen Geboten, das darauf abzielte, die »Keimzelle der Gesellschaft« funktionsfähig und die sozialen Ordnungsraster intakt zu halten. In der Kultur des Individualismus hingegen ist Sexualität weitgehend von Fortpflanzung entkoppelt. Lustgewinn, Entspannung, Selbsterfahrung, auch Grenzerfahrung und Ekstase werden zu »Werten an sich«. Das Problem ist nur, daß Sexualität eben kein autonomer Akt ist, sondern mindestens 2 Wesen beansprucht. Und hier fangen die Schwierigkeiten an: Was für den einen ein Lustgewinn, kann für den anderen eine Zumutung bedeuten. Deshalb liegt unendlich viel Druck auf der Kommunikation *über* Sexualität. Im Sinne der Individualkultur müssen die »Verkehrsformen« oft sogar rigider und formaler als in der oft von Doppelmoral und lustvoller Grenzüberschreitung geprägten »repressiven Sexualmoral« unserer Väter und Mütter geregelt sein.

Daß sich dabei die Sexualität selbst verändert, ist logisch. Grundsätzlich gilt die Regel: sie wird öffentlicher, verbaler. Und weniger getan.

Die voyeuristische Kultur

Erotik findet heute nicht mehr in der Intimität, sondern auf allen Oberflächen der Gesellschaft statt. Frauen in Reizwäsche gehören zum Weichbild großer Städte. Modekataloge und Fashion-Plakate operieren knallhart am Rande der Pornographie. Auf Fernsehkanälen, die für 9jährige leicht erreichbar sind, werden Dildo-, Auspeitsch- und Gummipraktiken dokumentiert und diskutiert. Die Penisgröße des amerikanischen Präsidenten, das Treiben schwuler britischer Minister oder deutscher Bürgermeister, die sich zu Frauen umoperieren lassen, sind öffentliche Diskussionsthemen. Der Unterschied zur Pikanterie früherer Tage: nun sind auch die Männer dran. Nackte Männer, Männer in Unterhosen, Männer mit Muskeln, Schweiß und Schultern sind auf den öffentlichen Wänden keine Seltenheit mehr. Derzeit fällt gerade eines der letzten Bildtabus: Das Bild des Penis, einer der letzten »black spots« der öffentlichen Kultur, wird sukzessive »freigegeben«.

Im Querschnitt aller Studien zur Entwicklung der Sexualität vor allem bei Jugendlichen ergibt sich folgendes Bild:

- Die **Sexhäufigkeit** hat im letzten Jahrzehnt in den jungen Altersgruppen leicht abgenommen. Die Koitus-Frequenz der Studenten ist seit 1981 deutlich gesunken, sexuelle Treue steht hoch im Kurs. Die Beziehungen haben eine Halbwertszeit von 1,25 Jahren, also ist das Modell »serielle Monogamie« voll akzeptiert. Sex und Erotik sind heute demokratischer, entspannter, weniger angst- und ideologiebeladen – und damit lustvoller (HANS GIESE und GUNTER SCHMIDT, UNIKLINIK HAMBURG-EPPENDORF, SPIEGEL 45/1997)
- Allen gegenteiligen Meldungen zum Trotz ist die **erotische Kompetenz** der Menschen auf breiter Front gestiegen. Weitaus mehr Jugendliche als in früheren Zeiten bekunden, daß ihnen Sexualität Spaß macht. Dazu gehört vor allem, daß man gelernt hat, über Sex zu reden. Das Wort »Präservativ« aus-

zusprechen und einen kurzfristigen »erotischen Deal« auszuhandeln, ist heute eine weitverbreitete Kulturtechnik.

- Nicht mehr das, was peinlich oder verboten ist, bewegt heute die Menschen, sondern die Frage, ob es dem anderen **Lust** bereitet. In allen Umfragen ergeben sich erstaunlich hohe Akzeptanzwerte für »andere Praktiken«. Varianten von Sexualität, die in früheren Jahrzehnten eindeutig zu den Perversionen gezählt wurden, sind heute von ihrem Fluch erlöst. Homosexualität hat einen gewaltigen Toleranzzuwachs erfahren, leichte Gewalt beim Liebesspiel wird häufiger akzeptiert, Masturbation ist zum integralen Bestandteil der Sexkultur geworden.

NeoSex benennt eine Sexualität, die als Geschmacksverstärker nicht mehr den Tabubruch benötigt. Es ist Sex jenseits der alten, verklemmten Welt mit ihrem chronischen Triebstau, in der Sexualität stets auch etwas Dunkles, Existentielles, Idealisiertes hatte. NeoSex ist Sex im soft-individualistischen Zeitalter: verspielt, spaßorientiert, das »allzu Ernsthafte« vermeidend, penetrationsunwillig; Verhandlungs-Sex mit Vorbehalten und dem Willen, sich selbst und seinen Körper *durch andere* zu spüren. »Eros liegt«, mit deutlichen Zügen narzißtisch-exhibitionistischer Körperkultur.

Am besten lassen sich die kulturellen Äußerungen von NeoSex auf der jährlichen LoveParade in Berlin besichtigen, die längst so etwas wie eine erotisch-narzißtische Parade der Neuzeit geworden ist: Junge Männer und Frauen zeigen, was sie haben, sie schmücken und inszenieren ihre Körper in erotischer, aber keineswegs koitaler Absicht. Sie schwitzen und tanzen, bis der Arzt kommt. Sogar Anfassen ist erlaubt, aber nur kurz. Nebenan werden derweil öffentlich Pornofilme gedreht und vom Publikum mit Gejohle kommentiert *(Spaßig – das Gerammel!!).* Die LoveParade spielt das Lied von der Abwanderung der Erotik in den öffentlichen Raum, wo sie sich in lauter Sonnenblümchen und *Beats* auflöst. Ein riesiger *New Deal* zwischen Voyeuren und Exhibitionisten, bei dem jeder auf seine

Kosten kommt. Zum eigentlichen Akt kommt es dabei nur selten; eher aus Zufall, oder dann, wenn es wirklich mal paßt *(War nicht so gut, aber na ja).* Die 3 »Standbeine« des Neosex:

- **Inszenierung:** Die Individualkultur entdeckt Sexualität als ein Theaterstück, dessen Qualität man durch bestimmte Choreographien und Accessoires steigern kann. Sex wird Hobby und Freizeitbeschäftigung. Kerzenlicht oder Pornofilm, je nach Gusto Strapse oder Leder, mit erotischen Gourmet-Schweinereien begleitet, zuhause im Flur oder schnell auf dem Balkon des Kunstmuseums – sexuelle Inszenierungen werden bewußt geplant und liebevoll inszeniert.
- **Fetischisierung:** Die Reizschwellen steigen, und Sex ist in einer permissiven Kultur ein alltägliches soziales Problem. »Es denken« ist einfach, »es tun« oft mühsam, denn es erfordert einen hohen sozialen, ganzheitlichen Einsatz mit vielen Risiken. Das heißt: Erotische Energien werden auf Dauer auf Dinge übertragen. Man betreibt Obsessionen mit Schuhen, Ohrläppchen, Absätzen, Schnullern – und was immer noch als Träger der Begierden besetzt wird.
- **New Contracting:** In der amerikanischen Zeitschrift COUPLE, einem der neuen Beratungs-Blätter für verheiratete und unverheiratete Paare, wurde neulich ein vielbeachteter »Quickie-Kontrakt« vorgestellt. Die Partner, egal ob verheiratet oder nicht, versprechen sich gegenseitig bei Bedarf eine »schnelle Nummer« – wenn es sein muß, auch auf der Straße oder im Taxi, und auch, wenn der eine Partner gerade keine Lust hat. Alle Paare, die diesem Rat folgten, berichteten über eine gewaltige Verbesserung der erotischen Lebensqualität. Dadurch, daß nicht jeder Sex der »große« Sex sein mußte, daß auch Ungleichzeitigkeiten in den Bedürfnissen legalisiert wurden, waren plötzlich ungeahnte schmutzige kleine Varianten möglich. Weitere neue, die politisch-korrekten Regeln überschreitende Kontrakte könnten die Paare der Zukunft in Form von Seitensprung-Deals eingehen. Nicht die Swinger-Clubs werden die Zukunft der Sexualität prägen, sondern

eine neue, eher aristokratische Diskretion im Umgang mit überschüssigen Begierden.

No Sex: Enthaltsamkeit als Trend?

Die *Neue Keuschheit* blieb ein Medienphänomen. Zwar entwickelte sich Anfang der 90er Jahre kurzfristig eine solche Bewegung in den USA, aber sie blieb auf eher religiös motivierte Jugendliche beschränkt, die Jungfernschaft als »Gabe Gottes« betrachteten. Das war zu keinem Zeitpunkt mehrheitsfähig. Dennoch werden sich in der erotischen Kultur der Zukunft zölibatäre Formen entwickeln und durchsetzen. Erstens werden in der NeoSex-Kultur immer mehr Menschen vom sexuellen Spiel ausgeschlossen: Ungebildete Männer, Computerfreaks, haben heute schon eine relativ große Chance, ihr erotisches Leben mit dem Blättern von Pornobildern zu verbringen. Wo Aussehen, gute Figur, Eloquenz zum erotischen Produktivmittel werden, gibt es zwangsläufig eine größere Zahl von Außenseitern. Aber das *Neue Zölibat* wird auch noch andere, individuell gewählte Formen annehmen: Gerade um die Möglichkeiten und Grenzen des Sexuellen auszutesten, wirkt Keuschheit als Alternative seltsam faszinierend. Wie geht es uns ohne Sexualität? Welche mentalen Kräfte werden freigesetzt? Das wiedererwachende Bedürfnis an mönchischem Dasein ist Teil einer Selbsterfahrungskultur, die auch die Grenzen des Sexuellen erfahren muß und will. Macht sich beim Leser Enttäuschung breit, daß in Zukunft wahrscheinlich keine fernelektronischen Vibrator-Anzüge unsere Schlafzimmer füllen? Daß wir nicht alle schwul und/oder pervers werden, sondern immer nur *einige mehr*? Es stimmt schon: Grundsätzlich verändert sich wenig an unserer alten Säugetier-Identität mit ihren fein abgestimmten Cocktails aus Hormonen und Phantasien, Gier und Höflichkeit. Aber an der Art und Weise, wie wir Kinder erzeugen und in die Welt setzen werden, ändert sich – demnächst – viel. Und damit auch an den Bühnenaufzügen im sexuellen Theater.

Die neue Reproduktionskultur: Sex à la carte

Wie wird sich das »Reproduktions-Restaurant« à la ROBIN BAKER, das ich im Familienkapitel geschildert habe, auf unsere Sexualität auswirken? Viele alte Spiele zwischen Mann und Frau werden dann der Vergangenheit angehören: »Schwangerschaftserpressung« etwa oder der hektische Sperma-Test im fortgeschrittenen Männer-Alter, das hilflose Kramen nach den diversen Verhütungsmitteln mit diversen Wirkungsgraden, auch die existentiellen Zweifel, die heutzutage noch Männer befallen, ob sie tatsächlich die Väter ihrer Kinder sind.
Die spätindustrielle Zeit hat einen ersten großen Feldversuch unternommen, Sex und Fortpflanzung zu trennen. Wir nannten ihn die »sexuelle Revolution«. Doch was in den 60er Jahren mit der Pille begann, blieb ein unvollständiges Werk. Auch heute noch ist Sex zutiefst mit Fortpflanzung verbunden. Überall in der westlichen Welt nimmt die Bereitschaft der Frauen, umständliche oder potentiell schädliche chemische und mechanische Eingriffe in ihre Empfängnisbereitschaft zu dulden, ab. Ohne daß die »Verhütungskompetenz« der Männer unbedingt zunähme. Das führt nicht nur zu Mißverständnissen und wieder vermehrten »Unfällen«, sondern auch zu knallharten »genetischen Privatkriegen«. Viele Konflikte um die Frage der Nachkommenschaft sind ohne den institutionellen Schutz der Ehe komplizierter und »brachialer« geworden. Frauen können zeugungsunwilligen Männern heute Kinder »anhängen«, aber dies ist oft ein Pyrrhussieg, denn sie versäumen es, dadurch Rechte und Pflichten zu ergattern. Die Anzahl der »Kuckuckskinder« nimmt nach einigen Studien eher zu als ab: In der Entdeckung ihrer erotischen Autonomie entdecken Frauen auch neue subtile Spiele der Macht und der Optimierung.
Der Kern von BAKERS »Reproduktions-Restaurant«-Szenario zielt nicht nur auf die neuen Formen der Fortpflanzung, sondern auch auf ein fundamental verändertes Sexual- und Partnerverhalten in der Zukunft. Das Standardmodell Mitte

des 21. Jahrhunderts wird das sogenannte BBB-Modell sein: *Block-Bank-Baby-making*. Jeder geschlechtsreife Mensch wird in seiner Pubertät seine Ovarien oder Samenleiter blockieren lassen und gleichzeitig seine Eizellen und sein Sperma auf einer »Bank« deponieren – eine ungeheure Weiterentwicklung unserer heutigen unfallanfälligen Verhütungsmethoden. Im Laufe seines Sexuallebens wird er entweder auf einen Partner stoßen, mit dem er auf herkömmliche Weise ein Kind zeugen möchte – dann wird der Eingriff rückgängig gemacht. Oder er möchte aus Gründen der Lebensplanung anders mit seinem Gencode umgehen.

Sex als Inszenierung wird dann einem enormen Boost-Effekt unterliegen. Nicht mehr unser – unterschwelliger oder bewußter – »genetischer Blick« wird unsere sexuellen Abenteuer bestimmen, sondern reine Kriterien des Geschmacks und des Experiments. Männer und Frauen müssen keine Angst mehr davor haben, daß der eine den anderen ungewollt in Richtung Familiengründung drängt – dies wird, wenn es soweit ist, sowieso offen und ehrlich ausverhandelt. Der ganze Krampf der mittleren Jahre, in denen es im Bett *immer* auch um Babys geht, egal, welche heißen Versprechungen wir uns auch immer ins Ohr flüstern, fiele weg. Keine entnervten, bettflüchtigen Männer mehr. Keine Frauen, die wie gedruckt lügen müssen, um ihren unterdrückten Kinderwunsch irgendwie doch noch »unterzubekommen«. Umso weiter wir die Fortpflanzung von der Sexualität trennen, umso mehr »kulturisiert« sich der Sex. Die Reizschwellen werden weiter steigen, und neue Höhenmeter benötigen bessere Ausrüstung. Manche wilden Utopien der 60er und 70er Jahre könnten sich so schließlich verwirklichen. Wie war das so schön und illusionär? Einen Partner zum Liebhaben, einen zum Diskutieren, einen für Gourmet-Sex, einen für die Kinder – ist das alles wirklich ein für allemal vom Tisch?

BAKER prophezeit eine Fortsetzung der erotischen Trends, die wir heute bereits registrieren können – eine langsame, aber

kontinuierliche Zunahme der Homosexualität, starke Zuwächse bei der Bisexualität, dazu eine Comeback der fröhlichen 68er Zeit, in der man viel experimentierte.
Eine ganz neue, schmutzige Variante wird das Liebesspiel ab, sagen wir, 2020 dann weiter bereichern: Nichts wird geiler sein als Sex mit der Absicht, auf »nasse Weise« Kinder zu zeugen. Kinder, deren Augenfarbe, Intelligenzquotienten und zukünftigen Beruf man nicht kennt! Zufallsprodukte, hervorgebracht in einer einzigen unkontrollierten Nacht!
Wenn sich dann im 25. Jahrhundert das menschliche Leben im wesentlichen in Reagenzgläsern abspielt, in denen unsere Hirne in warmer Nährlösung liegen, reden wir weiter. Über Sex.

Die Wiederentdeckung des Bewußtseins gehört zu den wichtigsten Offenbarungen unserer Zeit. Gerade der Computer – und seine vermeintliche »künstliche Intelligenz« – zeigt uns, welch ungeheuer komplexer Apparat hinter den Strukturen des geistigen Lebens steckt.

Denken und Fühlen, Wissen und Kreativität – diese genuin menschlichen Akte werden im Übergang zum Wissenszeitalter zu neuen Wundern. Die Psyche und das Bewußtsein, die Funktion des menschlichen Gehirns und seine möglichen Erweiterungen werden im kommenden Jahrhundert zum Megathema. Zum erstenmal in der Geschichte steht die Frage einer »gottlosen« Welt tatsächlich im Raum. Können wir als Antwort auf die zunehmende Komplexität der Welt eine neue, »gläubige« Psyche, ein »sphärisches« Denken entwickeln, das den Herausforderungen des 21. Jahrhunderts gewachsen ist?

Bewußtsein: Vom binären Denken zum »Open Mind«

Das Sein bestimmt das Bewußtsein. Wird diese MARX'sche Maxime im 21. Jahrhundert an Gültigkeit verlieren? Wir sollten uns zunächst fragen: Welches Bewußtsein, welche *mentale Grundausstattung* benötigen wir für die globale Welt des 21. Jahrhunderts? *Für eine individualisierte, auf Kommunikation und Information basierende Gesellschaftsform?*

Zunächst wird diese Welt ein weitaus höheres Maß an psychischer, seelischer, geistiger *Orientierungsarbeit* erfordern als die industrielle Kultur. Alles, was sich wiederholt, alles, was in einfachen Algorithmen darstellbar ist, wird die postindustrielle Welt an Maschinen delegieren. Das bedeutet, daß unser geistiges Leben in den komplexeren Tätigkeiten verankert sein wird: Lernen, Kommunizieren, Erfinden, Forschen, Probleme lösen, Lieben, Erfahren. Es bedeutet, daß die »Primärtechniken« des Bewußtseins nicht mehr in der *Erzeugung wiederkehrender Muster* und Gewohnheiten bestehen können, sondern in der *Erzeugung von Varianz*. »Open Mind« benennt genau dies: Ein Bewußtsein, das nicht durch Abgrenzung Identität erzeugt, sondern durch Offenheit nach außen, das in Erneuerung und Erweiterung seine Kernkompetenz sieht, dessen Grammatik auf »vorsichtiger Neugier« basiert. Ein Bewußtsein, das »das andere prinzipiell für möglich hält«. Man kann Menschen mit einem offenen Bewußtsein vor allem daran erkennen, was sie *nicht* tun oder äußern. Das geschlossene Bewußtsein nährt sich von *Einordnung*: Die Umwelt wird ständig nach Anzeichen und Symptomen »gescannt«, die eine bereits internalisierte Konstruktion beweisen:

- das ist ja wie ...
- im Grunde haben wir hier ja nur ...
- mich erinnert das an ...
- das habe ich ja schon immer gewußt ...

99 Prozent unserer täglichen Geistesarbeit widmen wir im allgemeinen dieser »Bestätigungsarbeit«. Auf die Dauer kommt das zusammen, was wir ein »Weltbild« nennen. Ein tief verankertes Rastersystem, in dem Phänomene, Wahrnehmungen, Gedanken ihren festen Platz bekommen.

Binäres Denken lebt vom Klischee, von der Zuspitzung von Polaritäten und deren permanenter Bestätigung; Schwein oder Mensch, Kapitalist oder Unterdrückter, Oben und Unten, »Künstlichkeit« versus »Natürlichkeit« – in solchen Zuspitzungen wird die Welt gerastert und geordnet – und dabei der Geist gleichsam »getötet«. Solche binär geschlossenen Bewußtseinsstrukturen neigen zu gewissen Gewohnheiten: Projizieren von Aggression nach außen (Sündenbock-Verhalten), Betonen des Negativen, Behaupten von »finalen Kategorien« *(Über diese Werte lasse ich nicht mit mir reden.)*. Narzißtische Überschüsse, die sich in Nicht-Zuhören-Können äußern.

»Open Minder« hingegen leben nicht von Antworten, sondern von Fragen. Man erkennt sie nicht nur an ihrem deutlich erhöhten Sprach- und Abstraktionsvermögen, sondern auch an ihrer Distanz zu sich selbst, ihrem Humor, ihrer dosierten Melancholie. Das Zulassen eines frei flottierenden Gedankens ist ihre zentrale mentale Kunst. Offenes Bewußtsein ist zweifelsohne eine Frage der Bildung; aber nicht von *formaler* Bildung, sondern dessen, was man früher »Herzensbildung« nannte. Ich kenne Handwerker, Gärtner, Computerfreaks mit »Open Mind«-Strukturen und gleich reihenweise Intellektuelle, deren geistige Rolläden verrammelt und verriegelt sind. »Open Mind« heißt im intellektuellen Kern: Die Fähigkeit, »multiperspektivische« Betrachtungsweisen anzuwenden. Im psychologischen Kern: *Ich traue mir einen weiteren Lernprozeß zu und bin bereit, Verantwortung dafür zu übernehmen.*

Ein offenes, erwachsenes Bewußtsein kann Grenzen setzen. Wir sollten »Open Mind« nicht mit der entgrenzten Sucht nach Überschreitung, mit der ständigen Gier nach Neuem verwechseln. Es heißt *eben nicht*, um jeden Preis über die Stränge zu schlagen und sich jede mögliche Erfahrung »reinzutun«. Es basiert vielmehr auf dem Grundbewußtsein vom Zusammenhang aller Dinge: Man muß nicht alles selbst erfahren, um an Erfahrung teilzuhaben. Open Mind ersetzt Ich-Erfahrung durch Bewußtsein, und so wird Bewußtsein selbst zur subtileren Form der Erfahrung.

Ein offenes Bewußtsein kann Wandel gestalten, statt ihn zu erleiden. Eine der wichtigsten Charaktereigenschaften in einer komplexeren Lebenswelt ist das »Steuern der Geschwindigkeit«, das *pacing* des eigenen Wandlungsprozesses. In der Tat besteht die Gefahr, in einem Strudel von Information, Infragestellung, Beschleunigung und Überfüllung zu ertrinken. Das Neinsagen, die Entscheidung, »nicht zu tun«, ist deshalb das kostbarste Gut des offenen Bewußtseins. Im Meer der Möglichkeit eine Entscheidung zu treffen, ohne alle anderen möglichen Entscheidungen zu denunzieren – das ist das wesentliche Konstruktionsmerkmal eines offenen Bewußtseins. Es braucht die Fähigkeit, zu ignorieren, ohne ignorant zu sein. *Es entscheidet sich gegen etwas Bestimmtes, ohne es generell auszuschließen.*

Psyche: Von der »Identität« zum »fraktalen Ich«

An die Frage, wie ein Bewußtseinsprozeß als »offenes Werden« zu gestalten ist, schließt sich sogleich die Frage nach der »Identität des Menschen« an. RICHARD SENNET hat dies in seinem bedenkenreichen Buch» Der flexible Mensch« als Verlust und Gefahr definiert: Der Mensch der flexiblen, offenen Welt der Zukunft »driftet« von Ort zu Ort, von Job zu Job, von Beziehung zu Beziehung. Es gelingt ihm nicht mehr, ein stabiles Bewußtsein auszubilden, in dem er den unendlichen Rollenansprüchen der modernen Welt Genüge tun kann. Er verliert damit seine *Identität.*

Man kann diesen Prozeß natürlich auch von einer anderen Warte betrachten: als Zuwachs von Freiheit und Differenzierung, als Befreiung vom Joch des »Identischen«. Aber dazu bedarf es einer Revision des Begriffes »Identität«. »Identität«, dieses magische Wort, basiert im Deutschen (und weiten Teilen des europäischen Denkens) auf einer Tiefensehnsucht. »Identität« soll (anders als das angelsächische »identity«) das »wahre Wesen« des Menschen fixieren, sein unverwechselbares, ewiges, unverrückbares, eben authentisches Ich. Mit einem solchen »ehernen« Bild werden wir es in Zukunft schwer haben. Der »bürgerliche« Identitätsbegriff entstammt nämlich einer industriellen Welt, die in ihren Tiefenschichten immer noch auf der agrarischen Kultur mit ihren festgefügten Klassen- und Schichtengesetzen basierte. Es ging bei der Behauptung der »Identität« nicht zuletzt um »Zurechtweisungen«. Der »Pöbel« wurde in seine Schranken verwiesen, Bildungsprivilegien wurden historisch verankert und behauptet.

Immer da, wo heute »Identität« als ehernes Gesetz und kollektive Sehnsucht evoziert wird, sollten wir gewaltig vorsichtig sein. MILOSEVIC etwa hat dem serbischen Volk seine unverwechselbare »Identität« bewahrt. Das Bewußtsein, das *cognitive mapping* der Neuzeit wird sich anders konstruieren müssen als in den ehernen Metaphern abendländischer Kulturgeschichte.

Wenn wir das »industrielle Ich« als ein Ich darstellen, das in steten Bindungen und Rollenmustern definiert war, können wir das Identitäts-Mapping etwa so darstellen: Nehmen wir eine 40jährige Frau, verheiratet, 2 Kinder, in den 50er und 60er Jahren, und versuchen wir, die kognitive Karte ihrer »Identität« zu zeichnen:

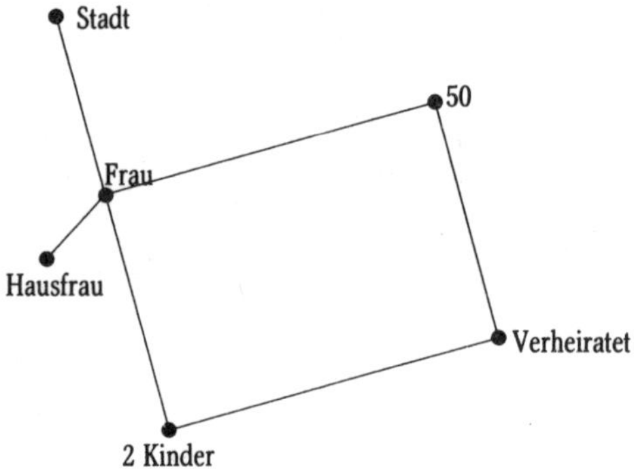

Abb. 26: Identität im Industriezeitalter: Klare Rollen, klare Eigenschaften

In der kausalen Logik der industriellen Welt bleibt das Denken (und das Denken über das Denken, also das Bewußt-Sein) in den strengen Bahnen der beruflichen und familiären Rollenzuweisungen begrenzt. Du bist, was du arbeitest und verdienst; oder für Frauen: *Du bist, welchen Mann du geangelt hast und was aus deinen Kindern wurde.* Wenn der Beruf jedoch einem Portfolio-Konzept von Tätigkeiten weicht, wenn die Familienrolle das Leben nicht mehr ausfüllt, wenn wir in einem weitaus komplexeren Gefüge aus Teilzeit-Rollen, Geschlechts-

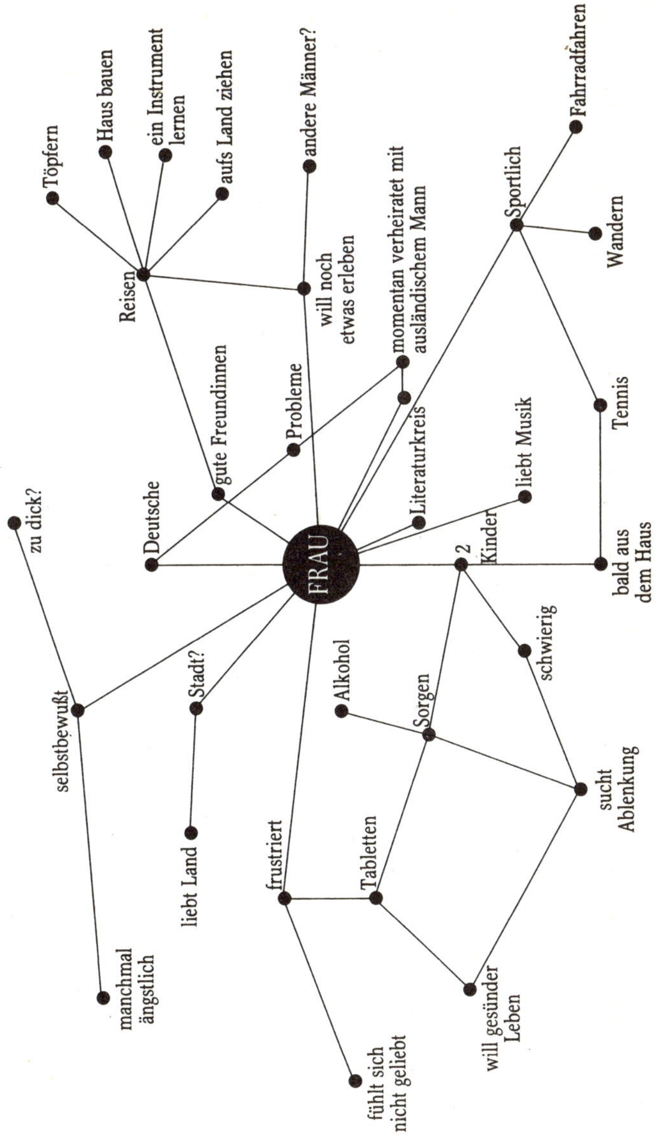

Abb. 27: Ein »fraktales Identitätsnetz«

und Lebenswelten, in einem weiten Feld aus Wunsch- und Zeitökonomien leben – dann muß das Ich zum »fraktalen Ich« werden. THOMAS SAUM-ALDEHOFF drückte das in seinem Text »Das Selbst – ein Archiv« in PSYCHOLOGIE HEUTE, 3/1999, so aus: *Daß man sich das Selbst eher als Wanderdüne denn als Fels in der Psyche vorzustellen hat, ist im Prinzip keine neue Erkenntnis. Neu ist allerdings die Erklärung dafür: (...) Das Selbst ist nichts anderes als eine Gedächtnisstruktur. – Alles, was wir über unsere Sinne und unseren Verstand erfahren, schnüren wir zu Wissensbündeln. Als »assoziatives Netzwerk« werden diese Wissensknoten im Langzeitgedächtnis abgelegt, bei passender Gelegenheit abgerufen und mit der Zeit redigiert, verändert, neu geknüpft. (...) Wird einer der Knoten dieses »Selbst-Netzes« angeknipst, so wird auch gleich eine Anzahl von Nachbarknoten beleuchtet und zu Bewußtsein gebracht.* Auch hier gilt: Nicht das Kind mit dem Bade ausschütten. Ein vernetztes, »werdendes« Ich ist kein »fraktales Chaos«. Niemand kann sich täglich neu erfinden, ohne dabei verrückt zu werden. *Werde, der du bist* – in dieser paradoxen Formel wäre ein modernes, ein fließendes (nicht »flüchtiges«) Identitätsbild weitaus besser aufgehoben als in der bluternsten Suche nach dem »wahren Ich«, in dessen Namen man zu Katharsis und Drogenmißbrauch neigt. Das »Identische« könnte – endlich – ein Kunstwerk werden. Ein *work in progress.*

»Selfologische« Technologien: Der Vormarsch der Zombies

Wenn das Bewußtsein ins Zentrum der sozialen Techniken rückt, wird die Frage, wie man es verändern kann, zu einem Megamarkt. Das bringt auf der einen Seite eine riesige Nachfrage nach Verhaltenstherapeuten, Seelenassistenten, Coachs, Karriereberatern in Schwung. Es verschärft aber auch die Sucht nach »Zombie-Strategien«. SCIENTOLOGY ist ein profanes, aber drastisches Beispiel. Gegründet von einem exzentrischen und egomanen Science-fiction-Autor, ist SCIENTOLOGY gewissermaßen die kristallinste Form der Idee des »Selfologismus«. Die Mythologie der Sekte (die mit Religion nicht das geringste zu tun hat bezieht sich auf eine profane Interpretation psychologischer Techniken. Anstatt jahrelang auf der Couch zu liegen und sich mit seiner Vergangenheit auseinanderzusetzen, so die Verheißung, kann man bei SCIENTOLOGY schlechte Kindheitserlebnisse (»negative Engramme«) einfach »löschen« lassen – mit Hilfe eines Geräts, das an einen Lügendetektor erinnert. Wenn man dies andauernd tut und gleichzeitig die Regeln der Hierarchie befolgt, wird man irgendwann zum »Thetan«. Der Übermensch läßt grüßen!

Ihre erste und bis heute aktivste Zielgruppe fand SCIENTOLOGY im Milieu der Stars und Starlets von Hollywood. Dieses Milieu war zwangsläufig empfänglich für die »selfologischen« Botschaften – in der Schauspielerwelt treffen eine Menge ungefestigter, narzißtisch aufgeladener Psychen auf einen enormen sozialen und beruflichen Druck. Für die ständig unsichere Karriere kommt es neben den Fähigkeiten vor allem darauf an, ob man sich »clear« und »thetanisch« fühlt – als kleines Würstchen mit Minderwertigkeitsgefühlen wird man in Hollywood garantiert drogensüchtig. Diesen enormen Karrieredruck machte sich die HUBBARD-Organisation zunutze – und begann ihren Siegeszug um die Welt. SCIENTOLOGY kommt überall dort gut an, wo großer psychischer Druck auf die Individuen einwirkt – ein Druck, der nicht mit Sozialtechnik gemildert wird. In sozialdemokratisch geprägten Ländern mit einer relativ entspannten Ich-Kultur hat SCIENTOLOGY wenig Chancen – so blieb der Erfolg in Deutschland marginal, in Rußland hingegen boomt das Geschäft neuerdings.

Auf anderem Terrain liegt das Operationsfeld jener Seelen-ingenieure, die die *Neue Selbständigkeit* auf den Plan ruft: Die Feuerläufer und fanatisierten Versicherungsvertreter, die »Jetzt-komm-ich-und-ich-schaffe-es«-Brüller finden ihre Klientel besonders bei denen, die in bislang regulierten Arbeitsstrukturen nicht genügend Ich-Power entwickeln konnten (oder mußten) und nun verunsichert und erfolgsängstlich auf die Bühne treten: *»Jürgen, du hast mir gesagt, daß du Angst vor der Zukunft hast, stimmt das?« »Ja!« »Kann man die Zukunft erobern, wenn man Angst vor der Zukunft hat? Wenn man sich als Würstchen fühlt? Als Käfer? Als Kretin? Sag Jürgen, kann man das?« Pause »Nein!« »Ja, Jürgen, das kann man nicht. Man kann nur ERFOLG haben und REICH werden und SCHÖN werden und EINE TOLLE FRAU EROBERN, WENN MAN AN SICH GLAUBT.« Applaus, Ovationen, Toben, Trampeln* (O-Ton einer Motivationsveranstaltung in Osnabrück).

Gegen diese Art von Ego-Credo ist im Grunde nichts zu sagen – in unserer eher kollektivistischen Kultur fehlt es eher an ein bißchen selfologischem Gewürz. Jedenfalls bezieht sich meine Skepsis nicht darauf, daß die »Trainer« haufenweise Geld verdienen, und ein bißchen Brüllen und Feuerlaufen hat noch niemandem geschadet. Das Problem ist lediglich, daß die Methode letztendlich nicht funktioniert. Das laute Herausschreien von angenehmen oder unangenehmen Erinnerungen, das euphorische Bestätigen von Kampfbereitschaft befreit zwar momentan die schüchterne Seele, macht aber weder zum Millionär, noch erweitert es das Bewußtsein. Hier wird eine Regression angeboten, nach dem Muster: *Glauben versetzt Berge*. Aber Berge werden nicht nur durch Glauben, sondern auch durch die dazugehörige Anstrengung versetzt. »Arbeit am Selbst« ist nach wie vor ein hartes Brot, an dem man über weite Strecken alleine herumkauen muß. Der *mind*, dieses Sediment unserer Seele, läßt sich nicht von heute auf morgen auf Sieger programmieren. Siegen ist eine Erfahrung, ein Lernprozeß. Und: Kann »Siegersein« das eigentliche Ziel einer mentalen Revolution sein? *Wenn ich mich nicht irre* (um mit *Hadschi Halef Omar* und *Kapitän Zulu* zu sprechen), ist eher das Gegenteil der Fall: Mentales Wachstum erzielen wir in der Ära des Wissens dann, wenn wir loslassen. Wenn wir einsehen, daß

Kontrolle eine Illusion ist. Wenn wir uns auf das Wesentliche konzentrieren – und das übermäßige Ego überwinden. Das gilt für alle wichtigen Bereiche des menschlichen Lebens: Beruf, Liebe, Geld, Erziehung. Auch für Kochen und Gartenarbeit.

Werte: Vom Mehr-Prinzip zur Neuen Askese

Materielle Utopien prägten die geistige Welt des Industriezeitalters: Die Frage, mit welchen Luxus- und Statussymbolen man sich umgab, die Zwänge und Triumphe der Karriere, der Versuch, Lust und Genuß ständig zu steigern – daraus war das Geflecht unserer Wertekultur gewoben.
Im Übergang zur Wissensökonomie beginnt dieser Diskurs nun zu verblassen. Das hat nichts mit »moralischer Umkehr« oder ökologischer Einsicht zu tun. Die Gespräche um den kommenden Abenteuertrip in die Atami-Wüste und das neue Navigationssystem im Auto verstummen langsam oder werden einfach nur peinlich. Überfluß wird zum Überdruß. Denn die Knappheiten – und damit die *Kostbarkeiten* – der Ära des Wissens entstehen nicht mehr entlang der materiellen Gütervermehrung. Aus denselben Gründen wird eine Erscheinung, die heute noch zu einem Minderheitenprogramm gehört, im frühen 21. Jahrhundert zu einem Massenphänomen anwachsen: das sogenannte *Downshifting*.
Downshifting hat eine lange Tradition – und unterlag dabei mehreren Metamorphosen. Zu Beginn dieses Jahrhunderts brachen Naturfreunde und Sonnenjünger aus den »rauchenden, stinkenden Städten« auf, um zurück zu den Wurzeln des Landlebens zu finden – eine Rückkehr zu mystischen Vergangenheiten und agrarischen Idyllen. Varianten davon, aber schon im Kleid des neuen Hedonismus, versuchten die Hippies und Alternativen in den 70er Jahren: das sogenannte *Aussteigen* war deutlich ideologisch, als Kapitalismuskritik gefärbt, faszinierte aber auch viele »Bürgerliche«. Anfang der 90er Jahre mischte sich plötzlich ein neuer, ästhetisch-luxurie-

render Ton in die Debatte: In ganzen Reihen von Studien riefen Marketing- und Werbeagenturen die »neue Bescheidenheit« aus. Diesmal begann der Prozeß in der Warenwelt: Der Trend zur Reduktion auf das Wesentliche, zum Purismus, zum einfachen, aber authentischen Leben hatte plötzlich nicht mehr die zusammengekniffene Gestalt des Asketen, sondern kam als *Neuer Luxus* einher. Einfachheit, Weniger ist Mehr – das war nun eher JIL SANDER als Müsli, eher ein 5000 Mark teures JASPER-MORRISON-Sofa als ein Schlafsack.

In den frühen 90er Jahren, am Beginn des großen amerikanischen Goldrausches der Post-Reagan-Zeit, begann dann zunächst in den Vereinigten Staaten die reale *Downshifting*-Bewegung. In Scharen machten sich gestreßte New Yorker Doppelverdiener mit ihren zivilisationsgeschädigten Kindern auf den Weg in gemütliche Hütten in den Appalachen. Künstler, Schauspieler und Autoren aus L.A. fanden den Weg in einsame Berggemeinden in Montana und gründeten dort Espresso-Bars, in denen man sich von den Exzessen der Eitelkeit und der Geldgier erholen konnte. In den Jahren '95 und '96 erschienen in den angelsächsischen Ländern Bestseller mit Titeln wie: »Simplify your Life«, »Your Money or your Life« – die Bibeln des jungen *Downshifting*-Trends. In den USA wird der Anteil derjenigen, die heute an realen *Downshifting*-Prozessen beteiligt sind, in mehreren Studien auf 10 bis 15 Prozent der Gesamtbevölkerung geschätzt. Nach einer Meinungsumfrage von POLIS für FOCUS im März 1999 leiden auch 6 Prozent der Deutschen am *Oscar-Syndrom*; sie denken oft daran, alles hinzuschmeißen und einen neuen, authentischeren Lebensweg jenseits der Karrierezwänge zu gehen. Aber hierzulande, in einer noch recht zeit- und mußereichen Gesellschaft, ist der Trend bislang nur ein Einzelphänomen. Denn *Downshifting* benötigt eine deregulierte, zeitknappe, »gehetzte« Alltagskultur, um sich entfalten zu können.

Doch was ist eigentlich *Downshifting*? Es geht weder um simplen Konsumverzicht noch um eine moraline Abkehr vom

Lust- und Konsumprinzip. Zum erstenmal findet eine Aussteiger-Bewegung nicht aus dem Mangel heraus statt, als trotzige Idealisierung der Armut, sondern als bewußte Entscheidung für mehr Lebensqualität, gezielteren Konsum, mehr Eigenzeit und Aufmerksamkeit für emotional wichtige Dinge. Mit *Downshifting*-Prozessen sind verbunden:

- **Jobwechsel:** Aus einem als unbefriedigend, streßhaft und nicht sinnerfüllend empfundenen Arbeitsplatz oft in die *Neue Selbständigkeit.* Oder von Vollzeit- zu Zeitarbeitsjobs, von funktionalen zu kreativen Berufen.
- **Ortswechsel:** Oft bedeutet *Downshifting* Rückzug aus der Großstadt und Umzug in ländliche oder provinzielle Regionen. In den großen Städten entwickeln sich bereits die *Urban Downshifters*, die aus zu großen, zu aufwendigen Wohnungen in ein kleines Gartenhäuschen oder ein überschaubares 2-Zimmer-Appartment umziehen.
- **Entrümpeln/Dejunking des Lebens:** In den entsprechenden Beratungsbüchern wird viel Raum für die Frage verwandt, wie man die Überfülle der materiellen Güter konsequent reduziert. *Gegenstände blockieren Zeit und Aufmerksamkeit*, so das Credo der *Downshifting*-Theoretiker. Deshalb gehört zur ersten *Downshifting*-Pflicht: *Schmeiße alles weg, was du 1 Jahr lang nicht benutzt hast. Entledige dich allen* clutters, *der dein Leben mit Batteriewechseln, Reparatur nervendem Piepen, technischer Überkomplexität verseucht!*

Was macht den *Downshifting*-Trend zu einer der wichtigsten soziokulturellen Bewegungen des kommenden Jahrhunderts?

- **Materielle Übersättigung des Alltagslebens:** Ein durchschnittlicher Mittelstandshaushalt in den Industrienationen verfügt heute über 10 000 bis 25 000 Gegenstände, die allesamt gewartet, gepflegt, geputzt werden müssen. Vom elektrisch betriebenen Brotmesser bis zum ferngesteuerten Garagenöffner, vom batterieerwärmten Autoschlüssel mit Minitaschenlampe bis zum komplizierten Videorecorder, vom zeitfressenden Homecomputer bis zum Handy der neuesten Generation: Alles frißt Zeit und Aufmerksamkeit.

- **Die Streß-Falle:** Die Konkurrenz zwischen neuen Rollenanforderungen im privaten und beruflichen Sektor sowie die Deregulierung der Arbeitswelt führen irgendwann zur persönlichen Überlastung. Die Geschichte vom Nachbarn mit dem Herzinfarkt, dem Nervenzusammenbruch der besten Freundin sind, wie die Scheidungsgeschichten, nicht mehr nur Einzelfälle, sondern beherrschen die Alltagserfahrung der Menschen in der modernen Welt. Dagegen entwickelt sich *Downshifting* als Rebellion, in deren Zentrum die Wiederherstellung physischer und psychischer Balance steht. Wenn man so will, ist *Downshifting* eine konsequente Wellness-Bewegung.
- **Mehr Familie:** Besonders die jungen Frauen, aber auch zunehmend mehr junge Männer weisen der Familie einen höheren Stellenwert zu als in der Vergangenheit. Dies erzwingt irgendwann Entscheidungen gegen die alte Karrierevorstellung, mit ihrem Deal Zeit gegen Aufstieg. Die damit entstehende Geldknappheit muß durch einen bewußteren Umgang mit materiellen Gütern ausgeglichen werden.
- **Flucht vor den Medien:** Die Explosion der elektronischen Kanäle führt zu einer steigenden Anzahl von Totalverweigerern. In einer ALLENSBACHER Werbeträger-Analyse gaben 2,8 Prozent der Befragten an, nie fernzusehen. Das wären knapp 1,8 Millionen Deutsche, die sich als konsequente Medien-Verweigerer dem Dickicht aus Anrufbeantwortern, TV-Bombardement und Handy entziehen. *Downshifter* legen besonderes Gewicht auf die Reduktion des Medienkonsums.
- **Neue Job-Möglichkeiten:** Telework macht *Downshifting*-Prozesse auch für Menschen möglich, die nicht über Ersparnisse oder Erbschaften verfügen. In England wird *Downshifting* auch mit dem Begriff *Downshifting Entrepreneurs* verbunden: Leben und Arbeiten von zu Hause aus spart Zeit

und rückt die familiäre Sphäre wieder näher an die berufliche.

- **Purismus und Minimalismus:** Der puristische Stil hat sich in allen Produktbereichen des oberen Marktsegmentes durchgesetzt. Ob JOOP oder JIL SANDER, BANG & OLUFSEN oder BULTHAUP – puristisches Design signalisiert in einer Welt der Überreizung und Über-Medialisierung eine gewisse Spiritualität, eine »Metaphysik des Gegenstandes«.

Schließlich spiegelt sich im *Downshifting*-Trend auch der klassische postmaterialistische Wertewandel. Im Grunde handelt es sich um die Verfeinerung,des Lustprinzips, so, wie es DAVID BOSSHART einmal in seinen »4 Hedonismen« skizziert hat:

- **Statushedonismus:** Konsumwerte sind begehrenswert, wenn sie schwer, teuer und luxuriös sind und sozialen Status in Abgrenzung demonstrieren: das »S-Klasse-Prinzip«.
- **»Kulturisiertes« Lustprinzip:** Konsumgegenstände sind begehrenswert, wenn sie ästhetische und kulturelle Kompetenz verraten. Man trinkt nicht mehr den statusbeladenen CHAMPAGNER, sondern PROSECCO, weil man damit eine bestimmte Landschaft/ein Lebensgefühl assoziiert. Man richtet sich nicht nach dem Preis, sondern nach dem Namen des Designers. Damit grenzt man sich durch Bildungskompetenz ab, bleibt aber im Kontext der Waren- und Genußästhetik.
- **Reduktionismus und Understatement:** Konsumgegenstände sind begehrenswert, wenn sie aus Materialien natürlichen Ursprungs bestehen und ihr Design Seltenheit und Individualität suggeriert. Das Unikat aus Bali, der »ehrliche Landwein«, dessen Winzer man persönlich kennt, das minimalistische Möbel, das kein Mensch mehr als Möbel erkennt …
- **Transmaterieller Genußethos:** Gegenstände sind ein Problem. Sie machen das Leben kompliziert und langsam. Wir wollen schöner, intensiver und mehr für uns selbst leben können. Wir genießen Kontemplation und eigene Zeit. Wir deklarieren Askese und Zeit-Souveränität als den neuen Luxus.

Aus der Fülle der Zitate, die sich um diese neue, luxurierende Askese drehen, hier einige Beispiele:

Mir schwebt etwas vor, das den Fortschritt des Jahres 2000 mit der Lebensdisziplin in einem mittelalterlichen Kloster verbindet, aber ohne jeden katholischen Beigeschmack. Ich muß mich von all dem Plunder befreien, den ich gesammelt habe, von meinen Häusern, von all dem unnötigen Zeug, das ich einmal sehr nötig fand.

KARL LAGERFELD, ZEIT, 8/1996

Ich glaube, wir werden über kurz oder lang zu so etwas wie einer neuen Innerlichkeit kommen. Zu posieren, mit den Insignien des Reichtums aufzufallen, ist ein Konzept der 80er Jahre. In den 90ern hat es sich dahin gedreht, daß auch das Vorzeigen der Fehler narzißtische Befriedigung verschaffte. Im nächsten Jahrtausend werden die Menschen versuchen, ganz bescheiden und konzentriert nur sie selbst zu sein – egal, ob ihnen jemand zusieht. Sie werden den Schutz der Kleidung, des Geldes, der Statussymbole abwerfen, weil der nichts mehr wert ist. In der Nacktheit werden sie nach einer neuen Wahrheit suchen.

WOLFGANG JOOP, SPIEGEL, 29/1997

Der Minimalist sieht in der einfachen Gestaltung seines Lebens keine Einschränkung, sondern ein Mittel zur Befreiung.

RICHARD PADOVAN

Downshifting hat nichts mit Aussteigen zu tun. Es geht um die Bedingungen eines sinnvollen, ausgeglichenen Lebens, das uns als Individuen dazu befähigt, das Beste von uns zu geben – zu Hause, bei der Arbeit und in der Welt.

POLLY GHAZI, KO-AUTORIN VON »GETTING A LIFE«

Das Ziel ist nicht, um jeden Preis mit weniger auszukommen, vielmehr ist unser Bestreben, in Balance zu leben, um ein

Leben mit höherer Bestimmung, Befriedigung und Erfüllung zu finden. Armut hat nichts Nobles, Armut erniedrigt.

DUANE ELGIN, AUS »VOLUNTARY SIMPLICITY«

Die Familie mit mehr Zeit als Geld ist das neue Modell. Die Leute wollen heute nicht mehr kurzfristig konsumieren, sondern langfristig einen anderen, entspannteren Lebensstil genießen.

RICHARD HOKENSEN VON DER CONSULTING-FIRMA »DONALD, LUFKIN & JENRETTE«

Es gibt unglaublich viele Dinge, die ich tun möchte, aber mein größter Traum ist nicht zu tun.

DONNA KARAN, MODE-DESIGNERIN

Wir wollen nicht mehr von allem. Was wir wollen, ist mehr und mehr weniger.

FAITH POPCORN

Zivilisation, in der wirklichen Bedeutung des Wortes, besteht nicht aus Multiplikationen, sondern in der bewußten und freiwilligen Reduzierung von Bedürfnissen. Dies allein führt zu wirklichem Glück.

MAHATMA GANDHI

Zeit: Die neuen Chronologien

Die industrielle Welt zerlegte das Leben in Zeitquanten und Zeittakte. Das Kommen und Gehen von Jahreszeiten, Lebensaltern, Krankheiten, Naturereignissen verschwand in einer Welt, in der die Uhren den Takt des Lebens angaben: Bahnhofsuhren, Fabrikuhren, Atomuhren, digitale Wecker. Eine lange Periode lang war dies zu einem unbemerkten, ja willkommenen Kulturprinzip geworden. In den Trennungen der Zeit lag zugleich eine feste Ordnung, die uns Halt und Sinn versprach. *Arbeits-Zeit* verhielt sich komplementär zu *Frei-Zeit*, wir erlebten *Urlaubs-Zeit* im Gegensatz zum *All-Tag*, wir konnten bei *Feier-Abend* endlich entspannen. Aber gegen Ende des Jahrhunderts scheint die *Rush-hour* von unserem ganzen Leben Besitz zu nehmen: Nicht nur die Arbeit, sondern auch die Freizeit, nicht nur die *Echtzeit* der Computer, sondern auch die *Familien-Zeit* scheint sich in einem immer rasenderen Stakkato zu bewegen. Das Thema »Zeit« ist populärer denn je, es wird zum Fokus eines neuen wissenschaftlichen Interesses: Jede Woche erscheinen neue Bücher über den »Mythos Zeit« und die »permanente Beschleunigung unserer Kultur«.

- In den Metropolen nicht nur der westlichen Welt entwickelt sich längst die 24-Stunden-Gesellschaft. Nur noch 29 Prozent aller beschäftigten US-Bürger haben eine normale Arbeitswoche bis maximal 40 Stunden. Jeder dritte Beschäftigte arbeitet am Wochenende, jeder fünfte abends, nachts oder in Wechselschichten (Studie der Soziologin HARRIET PRESSER von der Universität Maryland).
- Bis in die 80er Jahre hinein sank die Arbeitszeit der Männer in Europa, in den 90er Jahren steigt sie in vielen Ländern wie-

der signifikant. 75 Prozent der Männer arbeiten über 40 Stunden, zwei Drittel würden gerne weniger arbeiten. Besonders Frauen fragen Teilzeitarbeit nach – oft erfolglos. In den USA stieg die Anzahl derjenigen, die über 50 Stunden die Woche arbeiten, um 19 Prozent – von 1977 bis 1997 stieg die durchschnittliche Wochenarbeitszeit von 43,6 auf 47,1 Stunden (TRENDLETTER 18/15; New York Families and Work Institute).

- Die Schlafenszeit der Menschen sinkt überall in der westlichen Welt. Während sich gestreßte Angestellte in den fernöstlichen Kulturen, etwa Japan, niemals von einem Nickerchen abbringen lassen, sinkt in deregulierten Kulturen der Schlafpegel. Er fiel im Mittel diverser Studien (STANLEY COREN, »Die unausgeschlafene Gesellschaft«, Rowohlt 1999; Wisconsin Sleep Cohort Study) um fast 1 Stunde pro Erwachsener in den letzten 20 Jahren. In den USA gehen heute bereits mehr als 10 Prozent vor 6 Uhr morgens zur Arbeit – um wenigstens abends Zeit mit der Familie zu haben. Die Folge: Unfälle, Fehlentscheidungen, berufliches Versagen, ärztliche Kunstfehler, Verdauungsprobleme, Herzrhythmusstörungen. Zitat Stanley Coren: *Die direkten finanziellen Kosten des Schlafmangels und der dadurch verursachten Unfälle betrugen in den USA schon 1988 56 Milliarden Dollar.*

Gegen die modernen »Eilkrankheiten« hat sich in den Jahren der Jahrtausendwende eine regelrechte weltweite Phalanx gebildet. Clubs zur Verzögerung. der Zeit, Entschleunigungs-Zirkel und Bewegungen zur Wiederherstellung der Langsamkeit sprießen aus dem Boden. Slow Food- und Slow Sports-Bewegungen breiten sich aus. In den Kinderbüchern stehlen böse graue Herren die Zeit, die deutschen Bestsellerlisten für Belletristik verzeichnen reihenweise erfolgreiche Romane über die Wiederentdeckung der Langsamkeit. Symbolische Aktionen gegen den »Geschwindigkeitsterror« machen die Runde, bis zu einer »Zeit-Guerilla« ist es nur eine

Frage der Zeit. Besonders die Wiener GESELLSCHAFT ZUR ENTSCHLEUNIGUNG ging mehrfach durch die Presse. Ihre Spezialität: 100-Meter-Läufe in 1 Stunde.
In »Eine Landkarte der Zeit« berichtet der US-Psychologe ROBERT LEVINE von den Kapauku in Paua, bei denen es verpönt ist, an 2 aufeinanderfolgenden Tagen zu arbeiten. Bei den Kabylen in Algerien gilt jeder Anschein von Eile als Mangel an Anstand und teuflisches Streben. Uhren bezeichnen sie als »Mühlen des Teufels«. LEVINE wollte das Lebenstempo unterschiedlicher Kulturen vergleichen. Er reiste um die Welt und maß mit Experimenten das Zeitquantum der einzelnen Gesellschaften. Sämtliche westeuropäischen Länder liegen an der Spitze (die Schweiz erstaunlicherweise an Stelle 1, die BRD auf Rang 3), dann folgen die asiatische Tigerstaaten und die USA, während die letzten 8 Plätze von nichtindustrialisierten Ländern in Afrika, Asien und Lateinamerika belegt werden. Je ländlicher ein Ort ist, desto stärker orientiert man sich an Vergangenheit und Bewahrung und desto weniger werden die Menschen von der Zeit gehetzt. Insgesamt gibt es aber laut LEVINE eine beängstigende Tendenz, daß sich die Menschen von der Uhr und nicht von ihren eigenen Bedürfnissen steuern lassen.

Die Langsamkeit Mitteleuropas

Die Diagnose scheint klar: Deregulierung, Globalisierung und Digitalisierung erzeugen Zeit-Terrorismus und verwandeln uns in schlaflose Zombies. Die entfesselten Produktivkräfte des weltweiten Kapitals zwingen uns zu ständigem Gasgeben. Doch wie paßt das zusammen? Sowohl das Innovations- wie das Modernisierungstempo sind in der europäischen Wirtschaftswelt eher moderat. Bei 6 Wochen Urlaub und einer – im Durchschnitt – 37-Stunden-Woche muß der Streß andere Wurzeln haben als nur die Arbeitswelt. Und auch einige Langfristforschungen widersprechen der These von der großen »Zeitkrise«.

Wenn um 1900 bei einer durchschnittlichen Lebenserwartung von rund 50 Jahren dem Menschen bei rund 65 Stunden Arbeit/Woche zum Leben 440 000 Stunden zur Verfügung standen, so ergeben sich in einer solch kurzen Lebenszeit 150 000 Arbeitsstunden gegenüber 180 000 Stunden persönlicher Zeit zum Schlafen, Essen und für die persönliche Hygiene, und noch einmal 110 000 Stunden für die Freizeit. In der Gegenwart stehen bei 70 Lebensjahren 610 000 Stunden Lebenszeit zur Verfügung, von denen bei einer Arbeitszeit von 40 Stunden/Woche während 40 Aktivjahren 75 000 Stunden bei der Arbeit verbracht werden, während 255 000 Stunden persönlicher Zeit verbleiben, jedoch 280 000 Stunden der Freizeit gewidmet werden können. (ZEIT, 20/1998: »Die Last der Hast« von ULRICH SCHNABEL)

Mit anderen Worten: Man könnte die These auch umdrehen: Niemals hatten wir so viel Zeit wie heute. Aber wir verwenden sie für viel mehr Dinge gleichzeitig: Mobilität, Kommunikation, Konsum, Freizeit, Sport – vor allem die Medien fressen am Zeitbudget. Nach der jüngsten Statistik des Instituts der deutschen Wirtschaft verbringen Erwachsene im Durchschnitt 3,25 Stunden pro Tag vor dem Fernseher – das sind 7,5 Wochen im Jahr, 10 Jahre ihres Lebens, wobei die Älteren mit 245 Minuten doppelt so lange sitzen wie die jüngeren. Keine Zeit? Nun wissen wir, wo sie bleibt!

Zeitrebellionen: Die Wiedereroberung der Zeit

In unserer Kultur beginnt ein Umdenken: Allerorts beginnen Zeit-Rebellionen, in denen sich Menschen und Institutionen auf neue und »eigene« Weise dem Zeit-Kontinuum nähern. All diese Rebellionen dienen der Wiederherstellung der »Eigenzeit«: *Peopletime versus Clocktime*:

- Ausgerechnet ganz oben, in der Chefetage, findet neuerdings die große Abrechnung mit dem Tempowahn, die Suche nach der verlorenen Zeit und das Forschen nach einer neuen Zeitkultur statt. *Als Führungskraft muß man sich Langsamkeit leisten können*, sagt Slobbie NORBERT PRATT, Chef des »langsamen«, weil mit nostalgischen Produkten florierenden Schreibgeräteherstellers MONTBLANC. Die Firma MONTBLANC INTERNATIONAL hat sich eine »Langsamkeitskultur« zugelegt. Dazu gehört das morgendliche Kaffeetrinken der Geschäftsführung, bei dem ohne Tagesordnung auch private Dinge besprochen werden können und sollen. Die MitarbeiterInnen der Federschleiferei dürfen – innerhalb ihrer festen Arbeitszeit – so oft und so lange Pause machen, wie sie wollen. Die Arbeit erfordert so viel Kontemplation, daß Fehler teurer kommen als lange Pausen. *Zeit vergeuden, um Zeit zu gewinnen* – das paßt zu »Entschleunigungsprodukten« wie Füllfederhaltern.

- Selbst die WIRTSCHAFTSWOCHE, sonst stets auf der Seite der Maximierungsprozesse, propagierte die Slobbies: *»Slower but better working people«, eine postmoderne Managergeneration, die gegen das Stereotyp der ewig gehetzten Führungskraft und gegen das mechanische Diktat der Uhr revoltiert, die der Langsamkeit produktive und kreative Seiten abverlangt.* (CHRISTIAN DEYSSON im Wirtschaftswoche-Titel »Mut zur Langsamkeit«, WIRTSCHAFTSWOCHE 17/1997)
- In den Unternehmen wird heute laut über die Zeitfrage nachgedacht. »Power-Naps« für die Angestellten, Auszeiten nicht nur bei Burning-out-Syndromen – ein Jahr Selbstbesinnung am Mittelmeer – sind heute in immer mehr Führungspositionen aushandelbar.
- Paradoxerweise wird die Rückeroberung der Zeit gerade durch die totale »Entgrenzung« der industriellen Zeit-Rhythmen ermöglicht. Wer beim Einkaufen um 18.30 Uhr den Rolladen zugemacht bekommt, erlebt eine Metapher für mechanisch regulierte Rhythmen – und erlebt Streß. Deshalb sind auch die derzeit beginnenden Aufstände gegen das Ladenschlußgesetz Zeit-Rebellionen: Sie kämpfen für mehr Zeit-Souveränität des einzelnen, seine Wahlfreiheit in bezug

auf seine täglichen Gewohnheiten. Nicht mehr Fabriken und Büros geben mit ihren Vorgaben in der Wissensökonomie den Takt an, sondern eine Vielzahl von »Pulsen«: Das Nachtleben, die Single-Kultur, die Projektarbeit bis in die Nacht prägen nun eine Vielzahl von sich überlagernden Rhythmen. Im Kern ist und bleibt das Zeitproblem ein Komplexitätsproblem: Nicht die Zeit ist knapp, sondern wir wollen zu viele Dinge in ihr erledigen. Die neue Zeitkultur des 21. Jahrhunderts wird nicht vom romantischen »Prinzip Langsamkeit« geprägt, sondern von einer neuen Varianz rhythmischer Kultur: Wir können und, müssen lernen, unsere Eigenzeit zu definieren und sie gegen die vielen anderen Rhythmen zu verteidigen. Dabei kommt den neuen, asynchronen Kommunikationstechniken eine verstärkte Bedeutung zu. Die Zeitkultur der Zukunft wird beides kennen: Bremsen und Beschleunigung, Echtzeit und Schneckenzeit, langsame Sommermorgen ohne Plan und Programm und hektische Nachtsitzungen. Das ist der neue Zeitreichtum im Zeitalter der Individualität: Wir ticken anders, verschieden, und nicht immer gleich. Der neue Luxus: Zeit. Es wird der Zeitpunkt kommen, an dem wir nicht mit dem 200-PS-Auto protzen, sondern mit 3 Stunden Muße jeden Nachmittag!

Glaube: Von der Krise der Kirchen zur Re-Spiritualisierung der Kultur

In der agrarischen Welt handelte Religion von der Ohnmacht des Menschen, von der Sehnsucht nach Erlösung von der alltäglichen Fron. Die Transzendenz, das Paradies der Altäre, wo Engel durch idyllische Landschaften schritten, in denen niemand Hunger litt – das war das »eigentliche Leben«, während die irdische Existenz nur eine fragile, von Hunger und Krankheit bedrohte Passage darstellte. Das industrielle Zeitalter brachte den Kampf zwischen den mächtigen Kirchen und dem Rationalismus der Aufklärung: Man war entweder Christ oder Atheist, Kirchenmitglied oder Außenseiter. An der Schwelle zur Kultur des Wissens verwischen sich nun die Frontziehungen des Religiösen. Wer »gläubig« ist und wer nicht, das läßt sich nur selten eindeutig feststellen. MAX WEBERs Befund von der irreversiblen »Entzauberung der Welt« durch die Moderne scheint durch die spirituelle Welle der Gegenwart widerlegt. Allen Gerüchten zum Trotz behaupten sich religiöse Glaubensformen auch in den reichsten und individualisiertesten Gesellschaften der Welt. Mehr noch: Charismatische Bewegungen erleben eine Wiederkehr, religiöse Fundamentalismen boomen. Und inmitten der Ego-Kultur blühen Hunderte, ja Tausende von privaten Glaubensformen: Mikroreligionen, hausgemachte Spiritualismen, City-Kulte, schräge Kombinationen aus Pseudowissenschaften und Beschwörungsritualen:

- Wenn in New York Immobilienhaie ihre Luxuswohnungen nicht loswerden, holen sie neuerdings Spökenkieker in das Haus. Spiritistinnen säubern dann diese Appartements von »Bad vibrations« und sonstigen dunklen Mächten. *Smudging* nennt sich diese Methode, die im esoterischen Manhattan um sich greift. Eine solche Séance kostet zwischen 75 und 200 Dollar pro Stunde. (SPIEGEL, 51/1997).

- Die Blutgruppen-Mode ist wahrscheinlich der Nachfolger des Horoskop-Booms. Man teilt die Menschen nach Blutgruppen auf, und diese Blutgruppen sollen alles über Charakter, Stabilität und Psyche eines Menschen aussagen. Fast alle japanischen Konzerne benutzen diese Methode heute, um die richtigen Mitarbeiter zu finden. Partnerschaftssuche und Berufswahl werden nach A, B, 0 oder AB entschieden – sogar Spezialprodukte für die einzelnen Blutgruppen, wie Vitamine, gibt es. Besonders bei Teams kommt es auf die richtige Zusammensetzung an. Reine A-Gruppen-Teams müssen ebenso scheitern wie 0-Typen unter B-Menschen.
- Selbst in der Science-fiction, dem Hort der technischen Zukunftsphantasien, hat eine »Wiederverzauberung« die alten technischen Visionen ersetzt. Die meisten aktuellen SF-Romane haben feste Bestandteile aus dem Spiritualismus in den Plot aufgenommen. *Man schreibt das Jahr 2010. Wie in den alten Maya-Kalendern geweissagt wurde, ist die Magie auf die Erde zurückgekehrt, und Elfen, Drachen, Zwerge, Orks und Trolle haben ihre wahre GESTALT ANGENOMMEN. In einer modernen Welt üben Magier und Schamanen wieder ihre uralte Macht aus.* (Aus dem einleitenden Szenario für die Romanreihe SHADOWRUN.)
- Die Autorin DOROTHY HARBOUR schildert in ihrem Buch »Achtung, Energie-Vampire« (Integral-Verlag) die ständigen Gefahren für das Energiefeld von Pflanzen, Menschen, Gebäuden. Unter anderem schlägt sie eine »Energiefeld-Aufstellung« vor, in der die ganze Familie, in Repräsentanz der Elemente Feuer, Wasser, Erde Luft und Geist, schlechte Schwingungen aus dem Wohnzimmer vertreiben kann.

Was sich in diesen obskuren Beispielen ausdrückt, ist vor allem eines: Sehnsucht nach Ordnung. Kontrollverlust, und darum eine hektische Suche nach unterstützenden, strukturierenden Mythen. Sakrale Symbole werden als Steinbruch genutzt, in dem sich jeder das Material für sein persönliches Religionsgebäude herausholt. Doch die Mikro-Religionen sollen nicht nur ordnen, sie sollen auch wirken. Der Glaube an die Kraft des Mondes strukturiert den Tagesablauf und hilft unsicheren Menschen bei Entscheidungsfindungen. 55jährige pensionierte Lehrerinnen spezialisieren sich aufs Wünschelrutengehen für wenig Geld. Gestandene Geschäftsleute beschäftigen sich in der Freizeit mit Elfen und Feen. Daß Glaube heilt, wissen wir seit vielen tausend Jahren – aber erst heute, in der Krise der Apparatemedizin, wird diese Tatsache zur großen Sehnsucht nach »energetischer Heilung«. Auf diese Weise entstehen Millionen Patchwork-Religionen, aus denen sich jeder einzelne seinen höchstpersönlichen (Aber-)Glauben neu zusammensetzt.

Gott ist nicht tot, könnte man in Abwandlung des NIETZSCHE-Wortes formulieren, er ist plötzlich überall: Im Management, in der Natur und im Computer. In Deutschland vermuten 49 Prozent der Gläubigen Gott in der Natur, 44 Prozent davon sind interessiert an Astrologie. In Schweden glaubt nach einer Untersuchung, die an der Universität Uppsala durchgeführt wurde, jeder dritte Gymnasiast an Gespenster und an die Möglichkeit, mit den Toten in Verbindung zu treten. Nur 20 Prozent glauben hingegen an die Existenz eines persönlichen Gottes. In ganz Europa erfreut sich inzwischen die hinduistisch-buddhistische Lehre von der Wiedergeburt einer breiten Anhängerschaft – unter italienischen Katholiken ebenso wie unter deutschen Protestanten. Aber Reinkarnation wird durchaus christlich gedeutet und verformt: war nicht auch Christus bereits eine Wiedergeburt?

Nach wie vor ist der Kern, die tiefe Triebfeder des religiösen Erlebens die Begrenzung menschlichen Lebens, seine Endlichkeit und Kleinheit – und die Sehnsucht, sich mit einer höheren Macht zu verbinden. Jüngstes (Medien-)Phänomen: In elegisch-kitschigen Cyberspace-Bildern schildert Hollywood Reisen ins Jenseits – Schicksalsschläge und transzendentale Dramen inbegriffen.

- **Beispiel Todeserfahrung:** Die Umdeutung des Todes zu einem »transitorischen Erlebnis« findet in der westlichen Welt immer mehr Anhänger. Propagandisten des »neuen Sterbens« wie ELISABETH KÜBLER-ROSS deuten den Tod um: Er wird in die allgemeine Erlebniskultur integriert. Vorne mit dabei war, wie bei fast allen großen kulturellen Trends der letzten 30 Jahre, TIMOTHY LEARY. Unheilbar an Krebs erkrankt, inszenierte er 1997 sein Ableben im Internet und ließ sich auf dem Sterbebett filmen.
- **Beispiel Ökospiritualismus:** Die fast mystische Überhöhung, mit der im Öko-Lager Delphine und Wale behandelt werden, verrät eine tiefe Sehnsucht nach dem Unberührbaren. Es ist bei den Ökoenthusiasten aus christlichen Ursprüngen in die Natur abgewandert. »Gaia«, die Mutter Erde, avanciert zum weiblichen Geborgenheitsgott. Der Mensch kann sich ihr gegenüber als Sünder fühlen. Er muß »an sich arbeiten«, indem er Konsumverzicht leistet, getrennt Müll sammelt, kein Fleisch ißt und öffentliche Verkehrsmittel statt des Autos benutzt. Das alte Mysterienspiel von Schuld und Sühne wird auf einem neuen Schauplatz ausgetragen.

Die Kirchen: Boom oder Krise?

Entgegen der gängigen Medienmeinung sind die traditionellen Kirchen weit weniger in der Krise als behauptet. Ausgerechnet im innovationsbegeisterten, ultrakapitalistischen Amerika besuchen noch 60 Prozent der Erwachsenen mindestens einmal im Monat Gottesdienste, 40 Prozent sogar wöchentlich. Religionsgründungen sind an der Tagesordnung, allein im letzten Jahr verzeichneten die amerikanischen Behörden über 2000 registrierte Kirchen. Bibel-Sender und Bibel-Lesungen haben Zulauf wie nie. Aus dem religiösen Europa ragt einzig Ostdeutschland als große atheistische Enklave heraus: Nur 23 Prozent der dortigen Bevölkerung bezeichnen sich »in irgendeiner Hinsicht als religiös« (Kroatien: 76 Prozent, Polen: 74 Prozent,

Litauen: 66 Prozent) Der lange vorherrschende Trend zu immer mehr Kirchenaustritten scheint in den meisten Ländern gebrochen. In Deutschland hat sich die zu Beginn der 90er Jahre stark angeschwollene Austrittswelle deutlich abgeflacht, seit 1995 steigen hingegen die Wiedereintritte. Bei der evangelischen Kirche wird mehr als ein Viertel der Austritte inzwischen dadurch aufgewogen. Bei den Taufen, Trauungen und Begräbnissen hielt der Rückgang in Süd- und Nordeuropa noch an – im Gegensatz zu Deutschland, wo etwa die Zahl der kirchlichen Hochzeiten, Taufen und Begräbnisse seit den 80er Jahren wieder kontinuierlich ansteigt. Gruppenerfahrungen und Kirchenbesuche erleben in diesem Rahmen eine Wiederkehr – nicht zuletzt in Urlaubsorten!

Cyber-Religionen und Ritualisierung des Glaubens

Das Beispiel der FALUN-GONG-SEKTE zeigt, wie das Internet über Nacht neue Cyber-Religions-Bewegungen möglich macht: Religiöse Mixturen, die auf schlichten Ritualen und manchmal ebenso schlichten Ideen beruhen, zu denen aber Millionen Gläubige auf aller Welt ihren jeweils kulturspezifischen Zugang finden können. Für den einen ist FALUN GONG Atemtechnik oder Antistreß-Gymnastik, für andere strenge buddhistische Praxis und moralische Verbesserung, wieder andere verbinden animistische Vorstellungen mit diesem Kult. Hier zeigt sich neben dem Internet auch ein weiteres Einfallstor für das Comeback der Religiosität: der Hunger der säkularen Welt nach Ritualen. Rituale sind als symbolische »Weltordner« nur schwer ersetzbar. Sie übernehmen existentielle Deutungsfunktionen – Reifung, Prüfung, Übergang in eine neue Lebensphase. Sie befehlen nicht: »Du sollst!«, sondern sie inszenieren eine äußere Bühne für innere, individuell unterschiedlich erlebbare und zu reflektierende Prozesse. Sie kommen dem Bedürfnis nach *Clanning* und *Cocooning* entgegen, denn sie erzeugen jedesmal ein Gruppenerlebnis, einen »tem-

porären Zauber«, in dem Menschen einander begegnen. Je individualistischer eine Gesellschaft strukturiert ist, desto mehr benötigt sie Rituale. Viele unserer alten Rituale werden in der säkularen Welt neu erfunden: als Rauscherlebnisse, Grenzerfahrungen. Verlorengegangene Initiations-Riten werden als *Bungee Jumping* wiederbelebt.
Großereignisse wie die LoveParade oder auch Fußballspiele befriedigen das Bedürfnis nach der »großen Zusammenkunft«. Aus dem Öko-Milieu wird ein wiederkehrendes Interesse an Fruchtbarkeitsritualen und Geburtsfeiern vermeldet. Auch die »härteren«, kathartischen Selbsterfahrungs-Rituale erleben eine Comeback: Der LEIDENSWEG VON SANTIAGO DE COMPOSTELA, ein 30tägiger Pilgerweg, wird inzwischen wieder von fast 100 000 Pilgern jährlich beschritten – darunter viele »moderne Selbsterfahrende« in Lebens- oder Glaubenskrisen (1985 waren es kaum 5000). Wie FRANCIS FUKUYAMA es in »The Great Disruption« (THE ATLANTIC MONTHLY, Mai 1999) ausdrückt: *Religion wird eine Quelle von Ritualen in einer Gesellschaft, die von allen Zeremonien befreit wurde. Sie repräsentiert etwas, was moderne, skeptische, rationale Menschen ernstnehmen können – in demselben Sinn, wie Nationalfeiertage begangen werden, Menschen sich in traditionelle Tracht kleideten oder die Klassiker der Literatur lasen. In diesem Sinne betrachtet, verliert Religion ihren hierarchischen Charakter und wird eine Manifestation spontaner Ordnungssysteme.*

Eine aufgeklärte Spiritualität: Bilder der Hoffnung und Verbundenheit

Ergibt sich aus diesen Beobachtungen und Trends so etwas wie eine neureligiöse Utopie, in der sich Strömungen des Christentums mit der neuen Spiritualität verbinden können? Auf den ersten Blick scheint die Lage aussichtslos: Wenn die christlichen Kirchen den Treck zur Erlebnis-Religion mitmachen, verlieren sie ihren Kern. Techno-Gottesdienste und Geisterbeschwörungen in der Kirche sind gut und schön, aber sie verstärken nur die »Ent-Transzendierung der Transzendenz«. Das Festhalten an der Liturgie jedoch läßt die Kirche weiter altern und abtrocknen.

Die Zukunft des Religiösen liegt vielleicht eher in einer neuen Mischung aus säkularer Psychologie und »Bewußtseinsreligion«. In der Kultur des Ich wird ein eher nüchterner Spiritualismus seinen stillen Siegeszug vollenden. Er bezieht seine Spannung aus dem größer werdenden Paradox zwischen dem Ich und der Welt, unserer steigenden Individualisierung einerseits, unserer Erfahrung andererseits, daß wir auch im Cyber-Medien-Zeitalter auf unsere nackte physische Existenz begrenzt bleiben – Krankheit und Tod sind in der High-Tech-Gesellschaft ein immerwährender Skandal. Aufgeklärte Spiritualität ist nüchtern, sie weiß um die Entlastungsmanöver der Psyche. Sie benutzt den Glauben als eine Art »Backup-System« für geistiges Wachstum. Es geht ihr um Reduzierung des Ego durch seine mentale Erweiterung. Es geht, auch und wieder, um Utopien. Aber Utopien des Bewußtseins – nicht mehr der Transzendenz.

Religionen der Zukunft brauchen utopische Bilder, die zu begründeter Hoffnung inspirieren. (...) Die Bilder der Hoffnung wie auch der Lebenspraxis müssen sich inmitten der alltäglichen Entscheidungen und Schmerzen bewähren. – So MICHAEL VON BRÜCK in der Millenniums-Serie der SÜDDEUTSCHEN ZEITUNG.

Ein solcher utopischer Spiritualismus kommt gänzlich ohne das Tamtam des Aberglaubens aus. Er kombiniert die Idee persönlicher Reifung mit der Disziplin eines säkularen Zen und den epikureischen Gedanken. Erhabenheit, das Ewige, das Göttliche, kann in simplen Dingen aufscheinen: ein Möbel, ein Essen, ein guter Wein. Nicht mehr das ewige Leben ist uns verheißen, sondern die ewige Verbundenheit mit den Dingen und dem Kosmos. Eine melancholische Spiritualität der Endlich-

und Zeitlichkeit. So, wie es die amerikanische Ökonomin und Umwelt-Aktivistin Hazel Henderson ausdrückt: *Auf einer Ebene fühle ich, mich wie eine Außerirdische. Ich bin für eine Weile zu Besuch hier, und ich habe eine sehr menschliche Gestalt angenommen. Ich fühle mich dieser Spezies sehr verbunden. Aber ich bin auch Teil des Unendlichen. Für mich geht das ohne weiteres zusammen. Es klingt zwar respektlos, aber das wichtigste ist, daß dies für mich spirituelle Praxis ist …*

In der Bildungsrevolution erfüllte sich eine der großen Versprechungen der industriellen Ära. Doch die Auffassung des Lernens als linearer Prozeß, bei dem der Wissende dem Nichtwissenden etwas vermittelt und ihn somit »aus-bildet«, neigt sich dem Ende zu. Neue Qualifikationen treten auf den Markt der Arbeit und der Tätigkeit: Emotionale Intelligenz, Medienkompetenz, Self-Management, die Fähigkeit, im Meer der Möglichkeiten einen Pfad des »individuellen Wissens« zu finden. Die Wissensökonomie fragt nach einer neuen Grammatik des Lehrens und Lernens. Wie wir an der Schwelle zum 21. Jahrhundert unsere »kognitiven Landkarten des Wissenserwerbs« neu zeichnen, wird nicht nur über Wohl und Wehe unserer Ökonomien entscheiden. Es stellt gleichzeitig die Frage nach einem neuen Menschenbild, in dem »Lernen« kein Erwerbsakt mehr ist, sondern mit geistigem und sozialem Wachstum zu tun hat.

Das Neue Lernen: Von der »Aus-Bildung« zur Kultur des persönlichen Wachstums

Ausbildung macht mir keine Sorge. Wir konnten bei Compunet 18- bis 20jährige nehmen und relativ schnell in diese neue technische Welt hineinführen. Die gingen ins Internet und hatten eine Absorptionsfähigkeit, die war atemberaubend. Die Sorge liegt auf einer anderen Ebene. Es ist die grundsätzliche Verfassung junger Menschen. Was wir in den Unternehmen brauchen, sind Menschen mit Zivilcourage, Menschen mit Kommunikations- und Konfliktfähigkeit. Menschen, die kreativ sind und »unternehmen« können, die »Fluency« haben. Fluency erreichen Sie übrigens immer nur bis zum Alter von 10 Jahren. Wenn Sie Englisch nicht in den ersten 10 Jahren adaptieren, wird es immer ein Fremdkörper bleiben. Dasselbe gilt für den Computer.

JOST STOLLMANN, DESIGNIERTER WIRTSCHAFTSMINISTER DEUTSCHLANDS, IN EINEM INTERVIEW MIT ECONY

Ein Studium ist Teil, aber nicht mehr Selbstzweck in der Lebensplanung. Die Kombination aus Uni, privater Fortbildung, Teilzeitarbeit und dem Sammeln sozialer Erfahrungen außerhalb der Hochschulen ist für die Mehrheit der Studierenden längst ein sinnvolles »studium irregulare«, besser als jede amtlich bewilligte Fächerkombination.

PROFIL EXTRA, 9/1998

Wir alle kennen das geflügelte Wort vom »lebenslangen Lernen«. Aber so sehr wir uns auch bemühen – etwas in dieser Diktion erzeugt Abwehr und Unbehagen. Ist es das »lebenslang«, das düster an eine Gefängnisstrafe erinnert? Oder der

Klang des Begriffs »Lernen«, den wir immer mit »Büffeln« und »Vokabeln auswendig lernen« assoziieren? Etwas in unserer Jugend hat uns das Lernen als Lust gründlich verdorben. Unsere Schulbilder sind geprägt von frontalen Erinnerungen: vorne der Lehrer, hinten Langeweile und Sehnsucht nach dem Pausenton, aufgelockert allenfalls von rebellischen Erfahrungen (vom Streichespielen bis zur 68er Rebellion. Für die Mehrzahl derer, die im *industrial age* die Schule besuchten, hatte Lernen vor allem etwas mit Zeugnisnoten zu tun. Das kulturelle Bild des Lernens, das die industrielle Revolution erzeugt und über 2 Jahrhunderte aufrechterhalten hat, geht von einem leeren Gefäß aus (dem Schüler), in das etwas hinein muß: Ordnung, Disziplin und Fleiß zunächst als grundlegende Sozialfähigkeiten. Dann ein kompletter *set* an sogenanntem Kulturwissen: Schreiben, Lesen, Rechnen. Und obendrauf, als Sahnehaube, die Spezialisierung: Physiker, Lehrer, Computeringenieur. Dieser Prozeß wird nach einem bestimmten Zeitpunkt abgeschlossen – dann ist der Schüler »fertig« für die Welt der Arbeit. Den Rest seines Lebens wird er das »Erworbene« in Erwerbseinkommen ummünzen.

Was soll daran an der Schwelle zum 21. Jahrhundert so falsch sein? Nichts im Detail, aber alles am System. Natürlich benötigen wir auch im 21. Jahrhundert Grund-Kulturtechniken und Spezialisierungen. Aber wie wir sie *in Beziehung* setzen – und in unser Menschenbild integrieren –, das unterscheidet sich gewaltig von der Ära des Lehrer Lempel.

- In der industriellen Ära blieb das Wissen weitgehend statisch. In der Wissensära hingegen verändert sich Wissen schnell. Das heißt, daß die Lehrer Lernende werden und dadurch in eine neue, interaktive Beziehung zu den Schülern treten. Lernen wird kein einseitiger, sondern ein gegenseitiger Prozeß, der auf vielfältige Weise mit einer sich wandelnden Umwelt verknüpft ist.
- In der industriellen Ära waren die beschreibbaren Lernziele Arbeitsplätze, die »eingenommen« werden konnten. Das

machte Bildung zielgerichtet funktional: Am Ende stand die »Einfügung« in einen Produktionsprozeß. In der Wissensökonomie jedoch müssen sich immer mehr Menschen ihre Arbeitsplätze und Produktionsabläufe selbst erzeugen und ständig neu erfinden. Das erfordert nicht nur neue, soziale *Skills*, sondern auch ein Selbst- und Menschenbild, das von Kooperation und gemeinsamen Lernprozessen geprägt ist. Nicht der Stoff wird zum Kriterium, sondern die Qualität der gemeinsamen Problemlösung – wie in allen wissensorientierten Unternehmen der Zukunft.

Diese beiden großen Veränderungen genügen, um die Herausforderungen an das Bildungssystem der Zukunft zu definieren. Im einzelnen wird dies für Schulen und Universitäten bedeuten:

Leistungsmessung: Schule als Service und Performance

Ein großer Teil der Bildungsmisere ist auf die simple Tatsache zurückzuführen, daß sich Schulen und Universitäten in keinem Markt messen lassen müssen. Die Schule des 21. Jahrhunderts wird eine Benchmark-Schule sein, in der die Grundeigenschaften moderner Unternehmenskultur Einzug halten: Leistungsverbesserung, Optimierung, Zeitmanagement. Die großen Schulrankings, die heute bereits in den Illustrierten zu finden sind, markieren hier den Anfang einer Entwicklung, in der Eltern und Schüler zu *Kunden* der Schule werden. Eltern nehmen ihre »Kundenrolle« bewußter wahr und pochen auf Professionalität. Das bedeutet auch, daß die Beamtenschaft der Lehrer und Professoren früher oder später fallen wird. In Dänemark und in der Schweiz sind Lehrer bereits keine Beamten mehr. In Großbritannien werden im Jahr 2000 »Superteacher« eingeführt. Lehrer mit besonderem Talent, die sonst in die freie Wirtschaft wechseln würden, können dann bis zu 40 000 Pfund (ca. 120 000 DM) im Jahr verdienen. In den USA werden ISO-9000-Normen im Schulwesen eingeführt. In Ländern wie Japan oder Singapur verdienen manche Lehrer heute schon so viel wie Rechtsanwälte oder Ärzte. Der Berufsstand ist dort hochangesehen, und je jünger die Schüler, desto höher Gehalt und Prestige. Bei uns hingegen werden Kindergärten von Pädagogen mit dem schlechtesten Gehalt und der schlechtesten Ausbildung geleitet.

Aufbruch des Frontalunterrichts: Die Individualisierung des Lernens

Unser Ziel ist einfach – euch dabei zu helfen, eures zu erreichen – so könnte man das Mandala der Pädagogik des 21. Jahrhunderts auf den Punkt bringen. Die heutige Schule ist geprägt von der frontalen Vermittlung *genormten* Wissens in einer One-to-many-Kommunikation. Vor 30 Schülern oder 100 Studenten im Predigt-Stil frontalen Unterricht abzuhalten – »alle machen das gleiche« – ist aber nicht nur im Ergebnis fraglich, es ist psychologisch und pädagogisch (wie jeder Lehrer bezeugen kann) heute unmöglich. Denn die Individualkultur hat einen anderen Menschentypus erzeugt, der sich nicht mehr disziplinieren läßt wie die braven Kinder des Wilhelminischen Zeitalters.
Im Unterricht der Zukunft geht es vor allem um Techniken, die zentrale Funktion des Lehrers und das passive Verhalten der Schüler grundlegend aufzubrechen. Es geht gewissermaßen um »Hebammenkunst«: Welche Energien können wir in den Schülern erwecken, damit diese ihren Lernprozeß selbst vorantreiben? Dabei ist »Projektunterricht« erst der Anfang – und nur eine von vielen Möglichkeiten. Schüler müssen lernen, ihren Lerneinsatz, ihr Lerntempo, ihre Interessen selbst zu bestimmen. Lehrer müssen lernen, »selbstwirksamen Unterricht« zu ermöglichen und zu organisieren. Sie wandeln dann ihre Rolle vom »permanenten Einpeitscher« zum Moderator von Lernprozessen.

Lernende Lehrer und die Rückkehr der Mentoren

Um »lernende Systeme« zu erzeugen, müssen Lehrer zunächst selbst das lustvolle Lernen lernen. Deutsche und österreichische Lehrer sind im Schnitt überaltert und schon bei ihrer ersten Begegnung mit der Praxis Schule zu alt (30 Jahre). Beispiele aus anderen Ländern können hier Vorbild sein. In der Aktion 21ST CENTURY TEACHERS NETWORK in den USA etwa bilden 100 000 netzkundige Kollegen jeweils 5 netzunkundige Kollegen aus. Die Initiative NETDAY wurde in Rekordzeit zu einer landesweiten *Grassroots-Bewegung*. Zunehmend werden auch die Kids selbst zur Schulung der Lehrer eingesetzt – niemand kann ihnen besser den Umgang mit Computern beibringen!

Besonders in sozialen Brennpunkten und bei lernschwachen Kindern wird der Lehrer in Zukunft deshalb von »Bildungsmentoren« unterstützt. In den USA sind bereits Tausende von Organisationen damit beschäftigt, Mentorenschaft von Freiwilligen zu organisieren und zu vermitteln. Hilfe bei Lernkrisen, Spezialkurse außerhalb der Schule, die sogenannten *tutorial programmes* vermitteln ein ganzes Netzwerk an Unterstützung. Hier wird Schule vor der Überforderung geschützt, die durch »Problemfälle« entsteht, die nur durch intensiven Einzelunterricht gelöst werden können. Und der Lehrerberuf wird nach außen geöffnet und durch »Laienlehrer« ergänzt.

Vielfalt und Multikulturalität

Die Schule der Zukunft wird nicht nur von Ort zu Ort und Region zu Region variieren (und damit in einen fruchtbaren Wettbewerb eintreten), sie wird auch intern auf Diversität und Pluralität aufgebaut sein. Die Zukunft der Bildung ist multikulturell – ethnisch und pädagogisch. In der Grundschule erleben Schüler und Schülerinnen heute immer mehr andere

Hautfarben, fremde Kulturen. Eine gute Universität ist ohne ausländische Studenten nicht denkbar. Deshalb wird Englisch, unsere Zweitsprache, in Zukunft von der ersten Klasse an gelehrt werden. (GEORG STEINER: *Wer keine Fremdsprache versteht, versteht auch seine Sprache nicht.*). Die elektronische Vernetzung verbindet heute Schulen mit anderen Ländern und erzeugt Bildungs-Netzwerke über Sprachgrenzen hinaus. Enge Verbindungen zwischen Schulen auf allen Kontinenten werden für die Absolventen der Zukunft von enormem Vorteil sein – glokalisiertes Lernen in einer globalisierten Welt. Die Schule wird aber auch ein »Viel-Ort« werden, an dem nicht nur Unterricht, sondern auch soziales Leben, unternehmerische Aktivität und soziale Arbeit stattfinden.

Bildungs-Sponsoring: Die neue Nähe von Ökonomie und Lernen

Alte Pädagogik	Lernen im 21. Jahrhundert
Schule als Institution	Schule als lernendes Unternehmen
frontal	dezentral
»Lehrstoff« als Ziel	Handlung als Ziel
Lehrer als »Stoffvermittler»	Lehrer als MitLernender
Schule als Insel im ökonomischen Umfeld	Schule als »mixed economy«
Ideales Menschenbild:	Plurales Menschenbild:
»Du sollst werden, wie«	Du kannst werden, wer Du bist ...

Abb. 28: Alte Pädagogik versus Lernen im 21. Jahrhundert

In der kommenden Bildungswelt wird es immer mehr um die Praxis gehen. Universitätsabschlüsse, so sinnvoll sie auch sein mögen, werden von Erfahrungen geschlagen. Generalisten, die Wissen und Leben, Anwendung und Theorie zusammenbekommen, sind auf den Arbeitsmärkten der Zukunft um ein Vielfaches begehrter als Spezialisten. In der kommenden Arbeitswelt wird ein eklatanter Mangel an kompetenten Wis-

sensarbeitern die Nachfrage beherrschen. Bildungs-Sponsoring ist also nicht nur eine Frage der »Guten Tat«, sondern eine Frage des Erfolgs. Und Bildungs-Sponsoring hat viele Gesichter: Von der obligatorischen Computerspende bis zur Eröffnung der eigenen Universität siehe nächste Seite) reicht das Spektrum. Große, multinationale Firmen wie McDonald's oder Coca-Cola haben den Schwerpunkt ihrer PR-Aktivitäten heute auf die Unterstützung neuer pädagogischer Konzepte konzentriert. Lohnend sind solche Aktivitäten vor allem, wenn auch die Unternehmen sich – wie die neuen Schulen – als *learning organizations* verstehen.
Auf diesem Wege wird auch eine alte Spaltung der mitteleuropäischen Bildungskultur langsam verschwinden: die Annahme, daß Pädagogik in einem wirtschaftsfernen Raum stattfindet, daß die Wirklichkeit des Berufslebens in einer Universität nichts zu suchen hat. In der Ökonomie des 21. Jahrhunderts befruchten sich Firmenkulturen und Bildungskulturen gegenseitig. Denn im Fokus beider Bereiche steht letztendlich ein neuer, ein selbstverantwortlicher Menschen-Typus, der mit dem alten Angestellten-Typus der industriellen Ära wenig zu tun hat: der »Selbstunternehmer«.

Neue Schulen braucht das Land! – Die besten Beispiele für die Schulpraxis von morgen

- In den USA haben sich landesweit die sogenannten Net-Schools durchgesetzt. Dies sind staatlich oder privat geförderte Schulen, die teilweise in Mobilcontainern oder alten Fabrikgebäuden beheimatet sind. Sie dienen sowohl lernschwachen Schülern besonders an sozialen Brennpunkten) als auch zur Ergänzung des normalen Unterrichts in Richtung auf Computerkompetenz. Jeder Schüler bekommt einen 200-Dollar-Laptop zum persönlichen Gebrauch.
- Im dänischen Aarhus arbeitet seit einem Jahrzehnt die Management-Schule Kaospilot-University (www.kaospilot.dk).

Diese vom dänischen Kultusministerium und einer stolzen Riege von Industrieunternehmen geförderte Schmiede für *Neues Lernen* bietet halbjährige Intensivkurse »zur Veränderung des Lebens und des Bewußtseins« an – aber unter 30 sollte man sein.

- Die CARL SANDBURG HIGH SCHOOL in Chicago experimentiert mit der Schularchitektur des 21. Jahrhunderts. In einem 115-Millionen-Dollar-Projekt werden neue Zentralgebäude mit sogenannten *Pods* gebaut, Unterrichtsräumen, die auf Gruppenarbeit und Netzwerktechniken ausgerichtet sind. »Media Walls« und Glasfaserverkabelung aller Plätze sind obligatorisch.
- In Wien gibt es inzwischen 9 staatliche Grundschulen, an denen volle Zweisprachigkeit Englisch/Deutsch von der ersten Klasse an unterrichtet wird. Die Stadt will den Kindern ausländischer Führungskräfte Hilfestellungen geben.
- In Malaysia hat der Wissenschaftsminister Mahathir Mohamad den Begriff der *Smart Schools* begründet. In ihnen werden die klassischen Kulturtechniken Lesen, Schreiben, Rechnen fast vollständig mittels Computer gelehrt, während sich die Lehrer auf kreative Gruppenprozesse konzentrieren. Diese *Smart Schools* erlauben es den Lehrern, sich auf die rechte Hirnhälfte zu konzentrieren, die kreative Seite. Das Lernen für die linke Gehirnhälfte kann man automatisieren.
- In den USA haben bereits 1600 Unternehmen eigene Ausbildungsstätten für Fachkräfte gegründet. Die größte: von MOTOROLA, mit 100 000 eingeschriebenen Studenten und Dependancen in 16 Ländern.
- Cyberschools mit internationalem Prestige entwickeln sich prächtig. Ein Global-MBA-Online-Abschluß an der amerikanischen DUKE UNIVERSITY kostet 82 500 Dollar. Die wichtigsten Adressen:
  - JONES INTERNATIONAL UNIVERSITY: www.jonesinternational.edu
  - UNIVERSITY OF PHOENIX: www.distance-learning-info.com

– Duke University Fuqua School of Business: www.fuqua.duke.edu

- Das Durham Board of Education in Kanada ist der weltweit wohl spektakulärste und erfolgreichste Versuch in Sachen *Neue Bildung*. An ca. 100 Schulen des Distrikts wurden die Parameter der Neuen Bildung radikal und konsequent umgesetzt. Ein Video dokumentiert das Modell: »Die stille Revolution«, Dokumentarfilm, 45 Minuten, von Reinhard Kahl, beziehbar über die Bertelsmann-Stiftung.
- In Münster wurde nach dem Vorbild des Durham Board ein Netzwerk innovativer Schulen gegründet, dem bereits 400 Schulen angehören. Das Zauberwort heißt Selbstorganisation – innovative Schulen sollen eigene Leitbilder und Schulprogramme für ihre Arbeit entwickeln, um so ihre Schülerinnen und Schüler besser auf die Veränderungen vorzubereiten, die in einer offenen und dynamischen Gesellschaft unabweisbar auf die Menschen zukommen.
- In den USA bewährt sich das Modell der *Charter Schools* – aus öffentlichen Mitteln bezahlt, aber privat gemanagt. 800 dieser Schulen existieren bereits. In Großbritannien wird soeben eine Reihe sogenannter *Second-Chance-Schools* für Lernschwache eröffnet – für jene jährlich 45 000 jungen Briten, die keinen Schulabgang haben.

Die 8 wichtigsten Intelligenzen für das 21. Jahrhundert

Emotionale Intelligenz: Wie man zeigt, wer man ist und wo man hin will

In den Strukturen der agrarischen wie der industriellen Kultur war das Individuum in eine Vielzahl von Bindungen und Mustern eingebettet, die seine soziale Rolle garantierten. In der Individualkultur jedoch zerbricht dieser ordnende Zusammenhang. Das Resultat ist eine steile Woge der sozialen und emotionalen Hilflosigkeiten.

- Eltern wissen nicht mehr, wie sie sich ihren Kindern gegenüber verhalten sollen – jenseits von Prügel oder Liebesentzug wird das Eis der Erziehungsarbeit plötzlich total brüchig.
- Männer können mit den neuen, starken Frauen nichts anfangen – und flüchten in männliche Kontrollwelten, in denen sie ihr Ego ungestört ausleben können.
- Arbeitslose sind, wenn sie ihren Arbeitsplatz verlieren, unfähig, mit Um-Denken und Neu-Lernen zu reagieren. Die Vorstellung, etwas anderes tun zu sollen, als sie ihr Leben lang getan haben, macht sie hilflos.
- Selbst junge Menschen hört man immer wieder »Strukturen einfordern«. *Irgendjemand muß mir doch sagen, wo es langgeht.*

Im Grunde genommen handelt es sich immer um dasselbe Muster: Der Verlust an statischen Rollen weist auf das gewaltige Defizit an »Selbstfähigkeit«, an »reflexiver Mobilität« hin, die im Übergang zur Kultur des Wissens entsteht. Da, wo wir selbst zu »Lebensunternehmern« (RÜDIGER LUTZ) oder »Lebensgestaltern« (ANDREAS GIGER) werden, versagt uns im wahrsten Sinne des Wortes die Stimme. Wir haben nicht gelernt, über uns zu sprechen, geschweige denn, uns selbst zu verändern. Wir kennen uns selbst nicht – und unsere Gefühle. DANIEL GOLEMAN hat in seinem Weltbestseller »Emotionale Intelligenz« eine Kernkompetenz geschildert, die im 21. Jahrhundert zum Grundbestandteil unserer individualistischen Kultur werden wird. Er teilt *Emotionale Intelligenz* in folgende Bestandteile auf:

- **Self awareness:** die eigenen Emotionen kennen.
- **Managing emotions:** in der Lage sein, die eigenen Emotionen zu beeinflussen.
- **Motivating oneself:** in der Lage sein, eigene Ziele und Leidenschaften zu entwickeln.
- **Recognizing emotions in others:** understanding the impacts of events in others. Schon beim ersten Überlesen wird klar, daß es sich nicht um schlichte soziale »Techniken« handelt, sondern um eine Metaebene der Intelligenz, in der wir lernen, höhere Formen der Integration unseres Handels und unserer Psyche zu erreichen. Es ist kein Wunder, daß die stärksten Nachfrageschübe nach diesen Fähigkeiten vor allem aus 2 Sektoren kommen: Liebe und Arbeit.

Liebe im 21. Jahrhundert ist Beziehungsarbeit. Und Arbeit auch! Natürlich war Arbeit dies in gewissem Sinne schon immer (früher nannte man das »Vitamin B«). Aber die Art und Weise der sozialen Verknüpfungen ändert sich. Die Fähigkeit zu kommunizieren ist heute nicht mehr auf den Austausch von Informationen beschränkt. Wer wirklich kreative Arbeit im Teamwork leisten will, benötigt die gesamte Klaviatur des menschlichen Verhaltens, die ganze »erotische« Kunst des Selbstausdrucks: Er muß sich verbal ausdrücken können. Er muß sich mit seinen Kernkompetenzen einbringen, aber auch zurücknehmen können. Er muß seine narzißtischen Anteile zähmen und seine Verletzlichkeiten im Griff halten können. Er benötigt eine *realistische* Selbsteinschätzung – schon daran hapert es in den allermeisten Fällen!

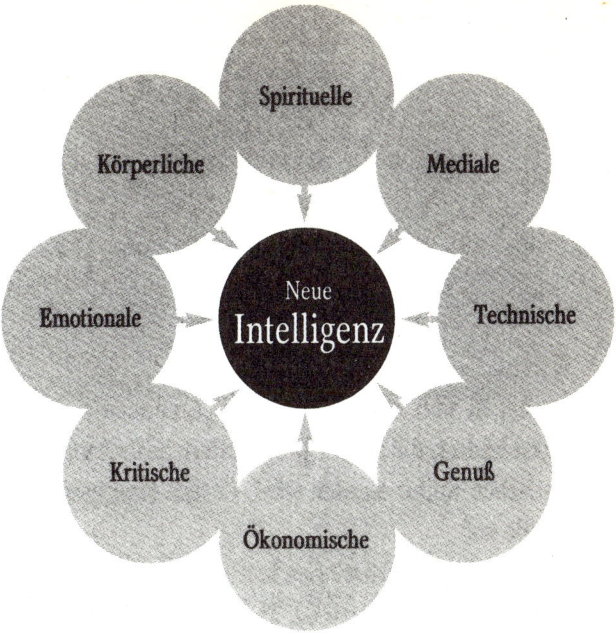

Abb. 29: Die 8 wichtigsten Intelligenzen für die Ära des Wissens

Emotionale Intelligenz ist auch die Fähigkeit zum *sozialen Networking*. Jeder kann dies mit einem simplen Blick auf sein Adreßbuch bestätigen: Es gab Zeiten, als wir die Adressen und Telefonnummern nur alle Jahre einmal mit Bleistift ergänzten. Menschen blieben wohnen, wo sie wohnten, Freund L. hatte seit 20 Jahren dieselbe Nummer, und Tante Erna telefonierte immer sonntags. Heute wechseln Orte, Nummern, Personen in einem ständigen Reigen der Mobilität, und der emotionale Aufwand des *Networking* steigt. Deshalb heißt *Emotionale Intelligenz* auch und vor allem: Kontakte knüpfen, halten, pflegen, ausbauen, erweitern. Aber auch: loslassen, verabschieden, aussortieren: *Rolodex lifestyle*.

Körperliche Intelligenz: Die Seele der Muskeln

In der agrarischen Gesellschaft war der Alltag der Menschen von schwerer körperlicher Arbeit geprägt. Das wandelte sich langsam in der industriellen Kultur: Die Arbeit der Körper wurde sukzessive durch die der Maschinen ersetzt. Sitzende Tätigkeiten eroberten die Arbeitswelt, und heute ist die industrielle Kultur eine Kultur des Sitzens. Das Bürgertum sorgte dafür, daß das Sitzen auch zur repräsentativen Körperhaltung des Privatlebens wurde: Das Sofa, der Lehnsessel wurden zu Symbolen der endgültigen Ablösung von der agrarischen Fron. Sitzen dürfen, sich nicht bewegen – das galt für unsere Großeltern noch als wahres Anzeichen von Wohlstand und sozialem Erfolg. Die unzähligen Kaffeerunden, bei denen sich zappelige Kinder und Jugendliche den Rücken verbogen, künden bis heute von diesem Sachverhalt.

In der virtuellen Welt der Bildschirme und der ortlosen Arbeit ist unser Körper nun nahezu ruhiggestellt – ein bisweilen lästiges Anhängsel des Datenraumes, mit Pizza und Cola in Betrieb zu halten, mit Kaffee als Treibstoff und Alkohol als Bremsmittel. Der schon erwähnte (siehe S. 142) knorrige Schweizer Unternehmer WERNER KIESER hat diesen zivilisatorischen Überhang zu seinem leidenschaftlichen Berufsfeld gemacht. In seiner äußerst erfolgreichen Körperkultur-Kette (www.kiesertraining.ch) und mit Büchern wie »Die Seele der Muskeln« zieht er gegen unseren Mangel an körperlicher Intelligenz ins Feld. Seine These ist einfach: Unser Körper ist für Bewegung und Belastung gemacht. Legen wir ihn weitgehend still, wird er sich rächen. Durch Krankheiten, Rückenschäden – und falsche Gedanken.

Die Rache des Körpers in der virtuellen Welt wird nicht nur dem Körper selbst gelten; Bewegung und Sport sind keine isolierten Phänomene. Jeder, der Sport betreibt, weiß, daß Bewegung auch eine *mentale* Angelegenheit ist. Wer läuft, wandert, radfährt, schwimmt, frischt seine Beziehung zur Welt und zu

sich selbst auf. Er *atmet* anders. Körperliche Intelligenz bedeutet nichts anderes, als daß wir die Signale unseres Körpers verstehen lernen und ihnen Beachtung schenken. Daß wir – wie leicht gesagt! – die richtigen Nahrungsmittel (die, die uns langfristig gut tun) schmackhaft finden, die richtigen Ausgleichsformen zwischen Bewegung und Entspannung finden.
In der latenten Körperfeindlichkeit der deutschsprachigen Länder spiegelt sich immer noch die alte Klassengesellschaft, in der Bildung ein Privileg war, Körperlichkeit dem Pöbel gehörte und es kulturell verpönt blieb, wenn sich jemand »dem Fleisch widmete«. Wie oft haben die Intellektuellen hierzulande die »amerikanische Fitneßwelle« verteufelt. Ebendiese Heroen der geistigen Welt trifft man einige Jahre später garantiert schwitzend wieder – an den Kieser'schen Kraftmaschinen.

Spirituelle und Intuitive Intelligenz: Die Fähigkeit, auf Komplexität zu surfen

Ähnlich wie dem brachgelegten Körper ergeht es auch unserer Seele: Sie bekommt in einer technisierten Welt viele Reize, aber wenig Futter. Die ungelöste Frage der Transzendenz ist besonders für das »vollentwickelte Ich« eine ständige potentielle Quelle des Unglücks und ein ständiger Ansporn zur Suche. Aber dies muß nicht in den Varianten des Urintrinkens, Pendelns und Wasserader-Suchens geschehen. Spirituelle Intelligenz handelt davon, wie wir für unsere Verbundenheit mit dem Kosmos *wahre Bilder und eine authentische Sprache finden können.*
Menschen ohne *Spirituelle Intelligenz* erkennt man oft an ihrem Hang zur Maßlosigkeit. Sie verwechseln sich leicht mit dem Universum und ihre Erlebnisse mit der Welt. Das geht immer eine Weile gut, aber irgendwann kommt es zur großen Katharsis: Das aufgeblähte Ich kann auf Dauer die Last nicht schultern. *Spirituelle Intelligenz* befähigt zum Umgang mit den anderen, den abgewandten Dingen der Existenz: Demut

und Niederlage, aber auch mit grundlegenden Energien wie Vertrauen und Liebe. Sie verankert das Selbst in einer soliden mentalen Ordnung, in der echte Selbstverantwortung erst möglich wird. Gleich neben der *spirituellen* wartet eine »Intelligenz« auf ihre Wiederentdeckung, die scheinbar gar nichts mit unserem alten Intelligenzbegriff zu tun hat. Bei »Intuition« denkt man gemeinhin an eine eher geheimnisvoll-dubiose Kraft, die geniale Manager oder menopausische Frauen in Insolvenzkrisen oder bei Mondlicht befällt. Aber es gibt noch einen anderen Zugang zu dieser Fähigkeit, »nach dem Bauch« zu entscheiden.

Intuition basiert auf dem, was der Psychologe GUY CLAXTON einmal mit »Lernen und Denken durch Osmose« bezeichnet hat (PSYCHOLOGIE HEUTE, April 1999, S. 24). *Diese langsame und planlose Form der Intelligenz ist heute ins Hintertreffen geraten. Sie setzt alles voraus, was wir uns nicht mehr leisten können: Zeit, Muße, Entspannung, Meditation, scheinbar absichtsloses Sinnieren und Träumen. (…) Langsames Denken ist die intuitive, osmotische Aufnahme von Informationen am Rande des Weges. Die* Unbewußte Intelligenz, *wie man sie auch nennen könnte, ist in hohem Maße kreativ, weil sie über Unmengen von »beiläufig« gespeicherten Informationen verfügt – und sie liefert erstaunlich praktische Lösungen.*

Intuitive Intelligenz ist eine notwendige Waffe im Zeitalter der Überkomplexität. Sie bietet einen Berstschutz gegen die Informationsflut, sie ermöglicht uns, in höchster Komplexität navigierfähig zu bleiben. Jeder von uns kennt dieses Gefühl: In einer Situation, die von zu viel widersprüchlichen Informationen gekennzeichnet ist, bekommen wir eine Art »Flimmern im Hirn«. Alle Impulse sind plötzlich gleichzeitig geworden, die Situation löst sich in einer Art grauen Nebel auf. Der Körper reagiert mit Streßsymptomen.

Oft finden wir die Antwort auf die Frage, die sich in dieser Situation stellte, erst 3, 4 Wochen später, auf dem berühmten Klo, im Schlaf, beim Spazierengehen im Wald, dann, wenn wir

»nicht denken«. »Etwas« sagt uns das Ergebnis einer langen Kette komplexer Prozesse. Das Unbewußte ist es, das die höchsten Formen von Komplexität verarbeiten kann – nicht das kognitive Bewußtsein.

Mediale Intelligenz: Wie man Aus-Knöpfe findet

Daß der Umgang mit den Medien geübt werden muß, ist fast schon eine Binsenweisheit. Aber in der sozialen Wirklichkeit wird oft immer noch in blütenreinem Schwarzweiß argumentiert: Fernsehen ist für die einen der Teufel an sich, während es für Menschen ab 6 und ab 60 das pure Paradies darzustellen scheint. Computer versklaven die Menschheit und bringen Unkultur für die einen, sind aber sakrale Erlösungsinstrumente für den Rest der Menschheit.
Mediale Intelligenz findet im Zwischenraum zwischen diesen Positionen statt: als grundlegende Fähigkeit, weißes Rauschen von Wirklichkeit, Information von Wissen, Daten von Realität zu unterscheiden.

- Wie finde ich die Information, die ich brauche, im richtigen »Kanal«?
- Wie kann ich die Information, die ich über das Medium xyz erhalte, einordnen und mit anderen Informationen so korrelieren, daß ein realistisches, nachprüfbares Bild daraus entsteht?
- Wo ist der Ausknopf?

All diese 3 Fähigkeiten haben bei näherem Hinsehen ihre Tücken. Für die erste Fähigkeit benötigen wir vor allem mediale *Erfahrung*. Die zweite Fähigkeit ist noch komplexer: Das virtuelle Reich der Medien. und Meinungen ist durchzogen von mächtigen Meta-Gerüchten, die wie in einer riesigen Kopieranstalt unentwegt reproduziert werden – und zwar von Medium zu Medium, ohne daß sie dadurch richtiger oder realer werden. Daß Models schön, aber dumm sind, die Weltbevölkerung »explodieren« wird, die Wale und Bäume sterben,

Plastik schädlich und Natur »gut« ist, das wälzt sich wie ein riesiger Malstrom durch Radio, Fernsehen, Internet und so fort. Wie soll man da selektieren? Hier muß man Medienkompetenz mit *Kritischer Intelligenz* verbinden, um zu einem realistischen Weltbild zu kommen.

Technische Intelligenz: Klavierspielen im Zeitalter der Übertechnisierung

Wir alle kennen die Geschichte vom 14jährigen türkischen Kid, dem wir in einem Anfall purer Verzweiflung erst unsere digitale Uhr, dann unser Videogerät überantworteten – und der es mit wenigen Handgriffen dazu brachte, klaglos zu funktionieren und das Endspiel der Fußball-Weltmeisterschaft aufzunehmen. *Technische Intelligenz* scheint weitgehend unabhängig von Einkommen und Stand. Mehr noch: es scheint sich um eine *reziproke* Qualifikation zu handeln: eine Fähigkeit, die durch Bildung leicht *verbildet* und eher bei den sogenannten »Ungebildeten« angetroffen wird.

Der Kern jeder *Technischen Intelligenz* besteht aus Funktionslust. Daß ein Gerät das tut, was ich von ihm verlange, daß »etwas« schnurrt, sich bewegt, eine sinnvolle Metamorphose veranstaltet – das kann ein völlig autonomer Anlaß zu Freude sein. Die Betonung muß hier auf Lust liegen, denn wer die Funktionalität von Technik mit logischen und rationalen Mitteln angeht, wird allenfalls ins Irrenhaus eingeliefert werden. *Technische Intelligenz* in Pionierzeiten wie der unseren erfordert eine gewaltige Frustrationstoleranz.

Unsere heutigen technischen Artefakte stammen aus den Erfindungslabors der spätindustriellen Welt. Das heißt zunächst, daß bei ihrer Konstruktion kein Kunde und schon gar keine Frau zugegen war, sondern nur Techniker. Deshalb sind die Schnittstellen zwischen Mensch und Maschine heute eine gigantische Reibefläche, an der man sich wundscheuern kann. *Technische Intelligenz* bedeutet deshalb: lustvolles Trial and

Error plus Spieltrieb plus Improvisationsvermögen. Große Variabilität im Umgang mit Artefakten *(Das Handy funktioniert nicht, also nehme ich den Staubsauger.).* Im Kern wird technische Intelligenz in der Wissens-Gesellschaft immer mehr zu symbolanalytischer Tätigkeit: Das Verständnis der außerirdischen Symbole auf Videorecordern, Handys, Fernbedienungen, die Dechiffrierung von Bedienungsanleitungen für Computer, die Ent-Codierung *auch nur eines einzigen Artikels in einer Computerzeitung* (CPU-ISDC-DECRT-Standard) ähnelt eher dem Knacken des deutschen U-Boot-Codes im 2. Weltkrieg als einer »Benutzung«.

Genuß-Intelligenz: Auf den Spuren Epikurs

Vergangenen Generationen würde unsere Gegenwart mit ihrer Überfülle von Waren und Informationen wie ein riesiges Schlaraffenland vorkommen: Doch für die meisten Menschen in der westlichen Welt von heute ist das Problem der *Auswahl* und des *Zuviel* ein drängenderes als der Mangel. Daraus resultiert eine Vielzahl von System- und Regelstörungen, für die wir neue kognitive Antworten benötigen. Steuerungskrankheiten wie Anorexie und Bulimie, Übergewicht, Drogensucht basieren auf einem Mangel an »epikureischen Techniken«. Einem »Leben ohne Grenzen Grenzen setzen« – das ist der Kern jeder reflektierten Genußfähigkeit. Grenze, Maß und Reduktion sind ihre Bedingungen.

Genuß-Intelligenz beinhaltet also zuallererst grundlegende asketische Techniken: die Fähigkeit, Nein zu sagen in einer Angebotspalette, deren volle Ausnutzung jeden Genuß zunichte machen würde. Die Fähigkeit, Völlerei als Möglichkeit, aber nicht als Regel zu leben.

In den alten Kulturen war der Zweiklang aus Gier und Sättigung, Überschreitung und Begrenzung durch Rituale geregelt: Nach dem großen Fressen folgte die Fastenzeit. Heute müssen wir solch Dialektik selbst in uns herstellen können – was den meisten bitter schwerfällt. Eine der erbittertsten Frontlinien unserer Kultur zieht sich entlang dieses inneren Grabens: Verhaltensänderungen in bezug auf die eigenen Gier-Schwellen sind das zentrale kulturelle Problem. Nach dem Ende der »Wunder-Diäten« und des »mühelosen Abnehmens in einer Woche« werden wir wieder mit uns selbst, unserem tiefen Mangel an innerer Osmose, konfrontiert.

Ökonomische Intelligenz: Der Instinkt des Geldes

Unser Kulturkreis ist geprägt von einem mehr oder weniger latenten Anti-Ökonomismus: Geld ist schlecht. Gut ist Kultur. Ideale. Natur. Werte. Tagesschau. Karajan. Ökonomie ist »kalt«, Kapitalismus rücksichtslos.

In diesem mentalen Klima kann natürlich ein vernünftiges Verhältnis zu ökonomischen Grundkonstanten nur schwer gedeihen. Versuchen wir es trotzdem: Geld, als Äquivalent für Leistung und Produktivität, ist ein wichtiger Gradmesser von Vernunft. Nicht immer und überall, aber allermeistens repräsentiert Geld Vernunft. Seine Logik beinhaltet »Inwertsetzungen«, die eine Vielzahl von kulturellen Faktoren berücksichtigen. Mit anderen Worten: Die Ökonomie taugt auch als Metapher für kulturelle Wertschöpfungen.

Ein praktikables Beispiel ist die Frage, wie Ökonomie und Ökologie sich zueinander verhalten. Im »deutschen Denken« zunächst als glasharter Widerspruch: Geldprinzipien verseuchen die Umwelt. Im Fall der Hühner-Käfighaltung mag das sogar stimmen. Andere Beispiele beweisen das Gegenteil: Der Bodensee hat vor allem deshalb heute Trinkwasserqualität, weil seine Anwohner aus egoistischen Interessen (Tourismus, Lebensqualität) viel Geld in die Hand nahmen, um eine perfekte Ringkanalisation zu bauen. Die chemische Industrie produziert heute um den Faktor 1:100 sauberer als in den 60er Jahren – aber nicht, weil die Grünen die Gesetze geändert haben, sondern weil optimierte, »saubere« Stoffkreisläufe sich *ökonomisch rechnen*.

Wenn man so will: In der Wissensökonomie verlagert sich die Ökonomie in uns selbst hinein: Wir selbst werden zum »Marktplatz« (von Bedürfnissen) und zu »Produkten« (die sich auf den Arbeits- und Beziehungsmärkten verkaufen). Auf die Intelligenz umgelegt: Das grundlegende Verständnis ökonomischer Prozesse ist eine Grundlage zum Weltverständnis – und zum Selbstmanagement überhaupt. In ihm verbirgt sich die Fähigkeit, die eigenen Fähigkeiten einzuschätzen, den eigenen »Marktwert – sei es erotisch oder beruflich – zu kennen und damit auch zu erhöhen. Das Gegenteil von *Ökonomischer Intelligenz* ist idealistische Konstruktion und die damit verbundene zwangsweise Enttäuschung. Klage, jammern – und schließlich Regression in den Opferstatus.

Kritische Intelligenz: Auf dem Weg zum systemischen Denken

In der 68er Zeit war es Mode, das »Kritische« zum Fetisch zu erheben: Wer keine Megadosis an *Kritischem Bewußtsein* vorweisen konnte, war nicht Mensch, sondern Schwein. Aber *Kritisches Bewußtsein* beschränkte sich meist auf die Konstruktion eines irrationalen »Gesamtzusammenhangs« (»Das Schweine-System«) und ein allgemeines Dagegensein, das das Lösen von Problemen konsequent anderen überließ.

Die *Kritische Intelligenz*, die ich hier meine, ist dennoch unverzichtbar. Sie besteht im Kern aus der Fähigkeit, den eigenen Sichtwinkel zu »verrücken«, um einen Sachverhalt/ein Problem aus einer anderen Perspektive zu sehen. Wie HEIKO ERNST in PSYCHOLOGIE HEUTE (4/1999) es so schön formulierte: *Wer sich kein X für ein U vormachen lassen will, muß mit Wahrscheinlichkeiten umgehen können und Statistiken lesen und interpretieren können. (...) Kritische Denker können Kategorien bilden, Probleme hierarchisieren und auf unterschiedliche Weise darstellen: Die meisten Alltagsprobleme sind fuzzy (unscharf) und können oft auf unterschiedliche Weise gelöst werden.*

Diese *Fuzzy logic* ist gleichzeitig Eigenschaft jedes systemischen Denkens. Es setzt voraus, daß wir unsere Hirnströme und Synapsen ständig neu und anders strukturieren und zusammensetzen können, um ein komplexes Phänomen oder Problem mit einem komplexen Bild in unserem Hirn zu durchdringen. Wie das eine mit dem anderen zusammenhängt, was wäre wenn, und welchen Weg etwas nehmen könnte – das sind im großen Glasperlenspiel des 21. Jahrhunderts die zentralen Fragen.

Die meisten Träume der Zukunft haben eine metallische Farbe. Das Morgen ist von Robotern bevölkert, von Riesenstädten auf dem Meeresgrund, von vollautomatischen Fabriken und Häusern, die die Bewohner freundlich in den Schlaf wiegen. Künstliche Intelligenz wacht über uns, und Roboter mähen den Garten. Alles ist möglich ohne Folgekosten und Umweltschäden. So klangen die optimistischen Technikphantasien der 60er Jahre, so erklingt wieder das technologische Lied der Millenniumszeit.

Aber ist Technologie ein zwanghafter Prozeß, ein Automatismus, eine »autonome« Sphäre, deren Gesetze jenseits der wirklichen Welt geschrieben werden? Werden wir im 21. Jahrhundert jede Erfindung sogleich in Anwendung, jedes Forschungsergebnis in sensationelle »Tools« umsetzen? Was lehrt uns die Geschichte der Technik im ausgehenden 20. Jahrhundert für die kommenden Technik-Evolutionen?

Von High-Tech zu Smart-Tech: Technologische Trends an der Schwelle zum 21. Jahrhundert

Bisher wurde Zukunft immer als große Einheit dargestellt: alle Menschen in gleichen Stretch-Uniformen. Aber ich glaube, die Zukunft wird erheblich variantenreicher sein als die Gegenwart. Alles ist ständig in Bewegung, es hängen viele lose Kabel aus den Wänden.

MATT GROENING, CARTOONIST, U. A. »FUTURAMAY2KALENDAR«

Auch hat BENZ *einen Benzinwagen gebaut, welcher auf der Münchener Ausstellung Aufsehen erregte. Diese Anwendung der Benzinmaschine dürfte indessen ebensowenig zukunftsreich sein wie die des Dampfes für die Fortbewegung von Straßenfuhrwerken.*

DR. VON MUYDEN, BIBLIOTHEKAR DES KAISERLICHEN PATENTAMTES, »HERDERS JAHRBUCH DER NATURWISSENSCHAFTEN 1888/87«

Die Geschichte des technischen Fortschrittes scheint wie ein Uhrwerk: Erfindungen reihen sich an Erfindungen, Eroberungen an Eroberungen, atemberaubende Sensationen an weitere Sensationen. Was entdeckt wird, überschwemmt nach einigen Jahrzehnten mit unerbittlicher Präzision die Märkte, verändert Wertschöpfungsketten und soziale Systeme, schwemmt Gewohnheiten und soziale Bindungen, Werte und Traditionen hinweg. Die Menschen haben keine Wahl: Ist der Geist erst einmal aus der Flasche, führt kein Weg an der Woge des Fortschritts vorbei. Und an den Trümmern, die sie hinterläßt.
Entsprechend mutet die Technologiegeschichte des 20. Jahr-

hunderts an wie eine wilde Fahrt auf der Achterbahn eines schlecht beleuchteten Vergnügungsparks: Die Euphorie des *Fin de Siècle*, mit dem Durchbruch von gleich 3 Schlüsseltechniken (Auto, Flugzeug, Strom) begründete ein euphorisches Zeitalter der Geschwindigkeit. In den beiden Kriegen wurde dieser mechanische Kraftvorteil prompt in Vernichtungskraft umgemünzt. In den 80er Jahren entkamen wir nur knapp einem atomaren Krieg und erlebten in Tschernobyl, was »Entfesselung der Produktivkräfte« tatsächlich heißt. Heute stecken wir zwischen dem Baum der Computertechnologie, die unsere Arbeitswelt umstülpt, und der Borke der Gentechnologie, die in einigen Jahren den nächsten Zyklus von Technik-Wahnsinn einläuten muß.

Ist es wirklich so? Sind wir ohnmächtig dem hämischen Sog in die Technophilie ausgeliefert? Geht nichts in die Flasche zurück? Im 15. Jahrhundert verabschiedete sich eine Hochkultur, die die Uhr, den Kompaß, den Buchdruck und fast schon die Maschine erfunden hatte, völlig aus den mechanischen Technologien: Die mächtige Kaste der imperialen Potentaten Chinas sah – völlig zu Recht – ihre Privilegien durch die neue Technik bedroht und reagierte mit Verbot und Terror. Uhrmacher wurden aus dem Land gejagt, Erfinder geköpft. Das Ende war ein langer Rückfall in die agrarische Kultur. Nicht viel anders erging es einige Zeit später den Japanern – eine übermächtige Samurai-Kaste verhinderte die Rationalisierung der Kriegskunst, eine ganze Generation entwickelter Feuerwaffen wurde im 15. Jahrhundert einfach verschrottet. Kurz vor der letzten Jahrhundertwende präsentierte man auf den Weltausstellungen ausgefeilte Konzepte europaweiter Druckluft-Röhren-Systeme, in denen Post, Güter und schließlich auch Menschen transportiert werden sollten. Die Ära der Zeppeline, die in den 20er Jahren erst richtig begann, würde den ganzen Planeten zu einem einzigen Luftschiff-Hafen machen – davon war man in den 10er Jahren dieses Jahrhunderts überzeugt.

Erstaunlich auch, wie hartnäckig sich die kulturpessimistischen Untertöne im Umgang mit der Technik durch die Jahrhunderte ziehen. »Medienangst« etwa, das typische Thema unserer Tage, ist in Wahrheit eine alte Kamelle. Um 1300 kritisierte HUGO VON TRIMBERG, Schulmeister am Stift St. Gangolf bei Bamberg, das neue Medium Buch: *Seit man die Schulbücher in die Hand genommen und ein Gürtel zu tragen begann, seitdem ist die Lehre der Schulmeister entwertet, ihre Anerkennung, ihre Förderung und ihre Ehre.* (CARL HONDRICH, SPIEGEL 18/1999, »Das elektronische Zeitalter«) Im 19. Jahrhundert wurde »das Consumieren von Büchern« in unzähligen Traktaten als schädliche Epidemie hingestellt, das »die Augen und das Gemüt der unbescholtenen Jugend verdürbe«. Nach dem Krieg gerieten Rundfunk und Fernsehen zu den Sündenböcken der akademischen Elite, die (zu Recht) um ihre Deutungsmacht und ihre Kulturdefinition fürchtete (»Negermusik!«). Und heute lautet jede zweite Frage in einer x-beliebigen Talkshow des öffentlich-rechtlichen Fernsehens, ob denn nicht »das Internet die Einsamkeit der Menschen steigere«.

Es geht, ohne Zweifel, um Privilegien. Jede technologische Welle stellt elitäre Praktiken in Frage, in denen Wissen, Rohstoffzugang, kommunikative Kompetenz und nicht zuletzt ökonomische Interessen konzentriert sind. Die Montankönige kämpften 100 Jahre gegen die Strombarone, die Öltycoone leisten bis heute hartnäckigen Widerstand gegen die Medienzare und die Konkurrenten aus dem Lager der erneuerbaren Energie. Die Cyber-Freaks von Silicon Valley, die Schnellmillionäre der Computerwelt sind eben nicht nur das bunte, demokratische Völkchen, als das sie sich in WIRED feiern lassen. Sie sind Teil einer gigantischen Interessens-Lobby, die Märkte und Erfindungen finanziert und erzeugt.

In den verworrenen, scheinbar zufälligen Linien der technologischen Evolution versteckt sich deshalb *immer* auch ein »technologischer Klassenkampf«. Wer die Oberhand gewinnt, ist nicht immer eindeutig zu entscheiden. So, wie es aussieht, werden die Gewinner des 4. Kondratieff, die Besitzer und Distributeure der fossilen Energien, ein gewichtiges Wörtchen mitreden, wenn es darum geht, die Energieträger des 21. Jahrhunderts zu entwickeln. Ob in 3 Dekaden der 3. Weltkrieg am Kaspischen Meer um die letzten großflächigen Ölreserven des Planeten beginnt, hängt vor allem davon ab, wie konsequent wir in die Entwicklung erneuerbarer Energieformen investieren. Das ist, im Kern, eine politische Frage. Aber wer entscheidet sie?

Vom Erfindertum zum Forschungskomplex: Die ökonomische Logik der Innovation

Die klassische Erfinderfigur des industriellen Zeitalters war der *mechanische Nerd*, wie er in unzähligen wunderbaren alten Filmen und Romanen zu bewundern ist: Ein Eigenbrötler, Junggeselle, Spinner, der Tag und Nacht im Keller an der sensationellen Maschine herumbastelte, der Privatgelehrte auf der Suche nach dem heiligen Gral der Wissenschaft. Ausgerüstet mit gefährlichen Glaskolben und geheimnisvollen, funkensprühenden Geräten opferte er sein Leben für einen Traum, der mit Grenzüberschreitung und prompt erfolgendem Kontrollverlust zu tun hatte: DR. MABUSE, FRANKENSTEIN, JEKYLL & HYDE, GOLDFINGER – von hier aus zieht sich eine solide Ahnenlinie bis zum schlohweißen Professor in ZURÜCK IN DIE ZUKUNFT und dem hysterischen Familienvater, der seine Kinder auf dem Dachboden schrumpft.
Die *mad professors* hatten durchaus ihre Entsprechung in der industriellen Wirklichkeit. In der mechanischen Welt war es tatsächlich möglich, durch den Einsatz seiner Lebenszeit einen technischen Durchbruch zu vollbringen. Universalgelehrte, die über den naturwissenschaftlichen Wissensstand ihrer Zeit verfügten, waren selten, aber kamen noch vor. Mechanische Rohstoffe und Energien waren käuflich und standen jedermann zur Verfügung. Im Übergang zum Wissens-Zeitalter

verändert sich der Prozeß des Erfindens und der Innovation jedoch radikal. »Erfinden« wird zu einem ökonomischen Prozeß, in dem einzelne Erfinder nur eine untergeordnete Rolle spielen.

Die Entwicklung einer einzigen neuen Chip-Generation kostet heute mehrere 100 Millionen Mark. Um an neue Erkenntnisse in der Genforschung zu gelangen, muß man Laborkosten von mindestens 20 Millionen rechnen – und das reicht gerade für ein wenig Grundlagenforschung mit Taufliegen! Die komplexen Geheimnisse des Lebens und der Mikrowelt oder gar des subatomaren Kosmos sind nicht mehr von einzelnen zu erfahren und zu erforschen, sondern nur noch von weltweit vernetzten *Science Communities*, die ihre Ergebnisse austauschen und ständig voneinander lernen.

Die finanziellen Investitionen, die für solch gewaltige Projekte eingesetzt werden, unterliegen einem komplexen Geflecht von politischen, ökonomischen und öffentlichen Interessen. Die Mondlandung etwa war im Grunde kein technisches, sondern ein politisches Projekt des Kalten Krieges. Der Durchbruch der Computertechnologie ist von gleich 2 »Treibsätzen« befördert worden: Dem Interesse des Militärs in den 60ern und dem Rationalisierungsinteresse der Industrie in den frühen 80er Jahren. Die Forschungen an der Front der Gentechnik werden heute überwiegend von der Agrochemie bezahlt – Firmenkonglomeraten, deren Kerngeschäft nicht weiter wächst, die sich aber ein Megageschäft mit patentierten Organismen ausrechnen.

Längst haben die Klimaforscher und Atomphysiker ihre Lobbys formiert. Wechselweise verbünden sie sich mit der öffentlichen Meinung, der Politik oder der Wirtschaft. Auch das Militär eignet sich immer wieder als mächtiger Verbündeter bei der Beschaffung der Unmengen von Kapital, die man für jeden Millimeter Fortschritt an den neuen Fronten der Wissenschaft benötigt. Daß dabei auch mit den Medien Bande gespielt wird, kann man mehr als voraussetzen. Und daß »Realität« zu einem äußerst biegsamen Gut wird, ist mehr als wahrscheinlich. Formulieren wir es vorsichtig: Wenn *wir* zu den inzwischen 60 000 gutbezahlten Klimaforschern der westlichen Welt gehören würden, welche Theorie würden wir als »sehr wahrscheinlich« der Öffentlichkeit präsentieren? Die Theorie von der gefährlichen *Globalen Erwärmung* durch Treibhausgase für deren Erforschung man neue Forschungsgelder benötigt? Oder eine andere?

Und die Verbraucher? Sie spielen in diesem kybernetischen Spiel immer noch eine untergeordnete Rolle. Der Mangel an Konsens veranlaßt zwar derzeit die Atomindustrie in Zentraleuropa zum Ausstieg aus den ersten Reaktor-Generationen. Aber Meinungen und Stimmungen der Konsumenten sind unruhig, veränderbar und oft von bizarren Mediengerüchten beinflußt. Nur manchmal tun sie richtig weh. Etwa wenn Imageverluste professionell erzeugt werden (SHELL, BRENT SPA). Oder wenn völliges Unverständnis einem neuen Produkt und seinen *Produktvorteilen* gegenüber einen ganzen, teuer erkauften Innovationsmarkt implodieren läßt.

Digital Backlash: Die systemischen Grenzen der Informationstechnologie

Welche Technologie wird das Wissens-Zeitalter prägen? Dumme Frage: der Computer und nochmals der Computer. Aber welcher? Werden es die klingenden, piependen, nervenden Kommunikations-Tools sein, die heute unseren Alltag beherrschen? Werden unsere Desktops morgen mit uns sprechen, während sie Turbogebläse benötigen, weil in ihnen heißlaufende Chips eingebaut sind, mit denen man Schwarze Löcher berechnen kann? Wird die Informationsflut steigen und steigen, bis wir alle in einem gigantischen Meer von »Quick-und-dirty«-Informationen ertrinken – Informationen, die zwar »allzeit verfügbar« sind, die aber immer weniger bedeuten und auf die man sich immer weniger verlassen kann?

Information ist ein seltsamer Stoff, über dessen Konsistenz gemeinhin wenig nachgedacht wird. JOHN NAISBITT hat einmal gesagt: *Wir ertrinken in Information und hungern nach Wissen* – und damit das zentrale Dilemma des Info-Age auf den Punkt gebracht: Daten sind noch keine Information, und Informationen noch lange kein Wissen. Mit steigender Datenflut aber wächst der komparative Aufwand dafür, Daten in *anwendbares und kognitiv sinnvolles Wissen* zu verarbeiten.

Auf der Computermesse COMDEX hat BILL GATES die Computerindustrie mit der Autoindustrie verglichen und das folgende Statement gemacht:

Wenn GENERAL MOTORS (GM) mit der Technologie so mitgehalten hätte wie die Computerindustrie, dann würden wir heute alle 25-Dollar-Autos fahren, die 1000 Meilen pro Gallone Sprit fahren würden.

Als Antwort darauf veröffentlichte ein Spaßvogel eine Presseerklärung mit folgendem Inhalt im Netz:

Wenn GENERAL MOTORS eine Technologie wie MICROSOFT entwickelt hätte, dann würden wir heute alle Autos mit folgenden Eigenschaften fahren:

- *Ihr Auto würde ohne erkennbaren Grund 2mal am Tag einen Unfall haben.*
- *Das Airbag-System würde fragen: »Sind Sie sicher?«, bevor es auslöst.*
- *Gelegentlich würde das Auto Sie ohne jeden erkennbaren Grund aussperren. Sie könnten nur wieder mit einem Trick aufschließen, und zwar müßte man gleichzeitig den Türgriff ziehen, den Schlüssel drehen und mit einer Hand an die Radioantenne fassen.*
- *GENERAL MOTORS würde Sie zwingen, mit jedem Auto einen Deluxe Kartensatz der Firma RAND MCNALLY (seit neuestem eine GM-Tochter) mit zu kaufen, auch wenn Sie diesen Kartensatz nicht brauchen oder möchten. Wenn Sie diese Option nicht wahrnehmen, würde das Auto sofort 50 Prozent langsamer werden.*

- *Immer dann, wenn ein neues Auto von GM vorgestellt werden würde, müßten alle Autofahrer das Autofahren neu erlernen, weil nichts genau so funktionieren würde, wie in den alten Autos. Für diesen neuen Führerschein benötigte man mindestens 2000 durchwachte Nächte, blasse Hautfarbe und 8000 Pizzas vom Pizzaservice.*

Dieser Kalauer ist ein typischer Stoßseufzer des digitalen Zeitalters. Er handelt von Produktkomplexität und Unterlegenheitsgefühlen, von der Ohnmacht des Konsumenten gegenüber technischen Systemzwängen. Er weist auf das immanente Zeit-Paradox der Informationstechnologie hin: Die Online-Kultur ermöglicht eine starke Beschleunigung vieler informeller Vorgänge (und damit in vielen wirtschaftlichen Abläufen steigende Produktivität, gleichzeitig aber verlangt sie einen extrem erhöhten Zeitaufwand von den Bewohnern des digitalen Zeitalters, um die komplexen, vernetzten Systeme zu installieren und am Laufen zu halten. Die offensichtliche Frage, die niemand bis heute beantworten möchte: Woher kommt der nötige Zeitaufwand für die Zeitersparnis des *digital age*? Antwort: aus der Freizeit. In den besonders hochtechnisierten Ländern steigen die wöchentlichen Arbeitsstunden nicht per Zufall stark an.

Wir leben in einer technischen Komplexitätskrise. Es ist längst eingetreten, was DONALD A. NORMAN in seinem Buch »The invisible Computer« so beschreibt: *Wenn wir unsere Technik nur aus der Logik der Maschinen heraus entwickeln, beurteilen wir die Dinge nach rein mechanischen Maßstäben. Das Resultat ist eine zunehmende Entfremdung zwischen Menschen und Maschinen, eine wachsende Frustration mit Technologie und der Streß eines technikzentrierten Alltagslebens.*

Es geht hier nicht um die leidige alte Technikfeindlichkeit. Es geht im Kern um die Frage: Hält die digitale Technologie ihr Versprechen ständig steigender Produktivität oder nicht? Bei der Frage, wie wir Information zu Wissen verdichten, hilft uns paradoxerweise der Computer nicht. Im Gegenteil – er behindert uns. Humanwissen ist nicht digital, sondern analog. Es fällt nach alledem nicht schwer, der »digitalen Revolution« in der ersten Dekade des neuen Jahrhunderts ihre erste ernsthafte Krise zu prophezeien: Den *Digital Backlash*:

- Die Empfindsamkeit komplexer, elektronisch rationalisierter Just-in-Time-Produktionssysteme wächst. Dies zeigte sich bei den Ausfällen der Computer bei der KIEKERT AG, die Türschlösser für FORD liefert, im Jahre 1998 – die Softwareexperten brauchten 11 Tage, um den Fehler zu beheben, 9000 Autos konnten nicht gebaut werden, 100 Millionen Mark Umsatzverlust waren das Resultat. Am 13. April 1998 fiel das gesamte Netz des Telefonriesen AT&T aus, einige Wochen später legte der Ausfall eines Satelliten das gesamte Pager- und Notrufnetz der Polizei und Feuerwehr in den halben USA lahm. Die Jahr-2000-Wende wird weitere solcher »Empfindlichkeitstore« enthüllen (Wiwo Nr. 27, S. 66, »Fatale Kettenreaktion«).
- Das »Moore'sche Gesetz«, nach dem sich alle 1,5 Jahre die Speicherkapazität von Speicherchips verdoppelt, wird wahrscheinlich demnächst gebrochen. In einigen Jahren, so schätzen die Experten, stößt die Chiparchitektur an die Grenzen der physikalischen Möglichkeiten. Das wird sich zuallererst in den Kosten ausdrücken: Im Jahre 2010 werden für eine einzige neue Chipfabrik bereits 30 Milliarden Dollar zu bezahlen sein, die Anforderungen an die Reinraumtechnik werden so groß, daß das Ganze einem Hochsicherheitstrakt ähnelt. Die erhöhten Kosten sind aber nicht mehr durch erhöhten Nutzen gedeckt.
- Während frühere Innovationen wie die Waschmaschine oder der Farbfernseher innerhalb von 2 Jahrzehnten eine fast 100prozentige Haushaltsabdeckung erreichten, stagniert der Anteil der Haushalte mit Computer in den USA knapp unterhalb 40 Prozent. Und das, obwohl die Preise längst unter 1000 Dollar gefallen sind. Zwei Drittel aller PC werden an Kunden verkauft, die sich ein Zweitgerät anschaffen oder ein altes ersetzen.

- Die amerikanischen Psychologen MICHELLE M. WEIL und LARRY D. ROSEN haben in einer vielbeachteten Studie (»TechnoStress: Coping with Technology @WORK @HOME @PLAY«) belegt, daß sich über 50 Prozent der US-Verbraucher durch moderne Technik überfordert fühlen. Computer und ihre Umgebung werden von amerikanischen Benutzern zu 24 Prozent aus Familienmotiven, 16 Prozent aus Karrieregründen, 14 Prozent zu Unterhaltungs- und zu 9 Prozent aus Statusgründen gekauft. *36 Prozent aller Kunden haben überhaupt keine Orientierung, warum sie einen Computer kaufen sollten.* Wirklich vertraut mit den neuen Technologien ist nur eine relative Minderheit von 10, höchstens 15 Prozent. Unverständliche Gebrauchsanleitungen, undurchschaubare Softwareprogramme und hyperkomplexe Bedienungsführungen machen den heimischen Computer zum Folterinstrument.

Was bedeutet all dies für die Zukunft? Die gewaltigen Produktivitätsvorteile, die der Computer mit sich brachte, sind demnächst ausgereizt. Seine Komplexitätsanforderungen schlagen seine magischen Kräfte. Selbst seine kommunikativen Fähigkeiten werden gerade wieder in Frage gestellt – macht E-Mail Kommunikationsprozesse wirklich effektiver? Ist das Internet tatsächlich mehr als ein zusätzlicher Vermarktungskanal, der die Spirale des Preisverfalls beschleunigt? Manche Blütenträume könnten sich als des Kaisers neue Kleider herausstellen. Und bei alledem hilft ein wenig englische Ironie. In der britischen Kult-Zeitschrift THE OLDIE (www.theoldie.co.uk), die sich aus der Sicht der älteren Generation mit den Segnungen der modernen Technik auseinandersetzt, hieß es letztens trocken: *Neulich haben wir in der Zeitung über eine Straße in Islington gelesen, die in einer Art Experiment für die neue Welt verkabelt wurde; online und per Internet. »Alle Einwohner«, so hieß es da, »freuen sich, daß sie sich nun besser kennenlernen können. Man kann sich gegenseitig einladen, zu Parties, Barbecues, zum Babysitten.« Unsere Oldie-Leserin Marion Wal-*

ker fragt: »Wie wäre es, zum Teufel, wenn man einfach mal an die Tür klopfen würde?«

Technische Wiedererfindung: Vom Gimmickwahn zur »New Low-Tech«

Die Geschichte der Technik ist zugleich die Geschichte der Wiedererfindung. Nicht selten bringt erst der zweite – oder dritte – Versuch den Durchbruch, der die realen Massenmärkte schafft. Das Auto etwa: Erfunden um die Jahrhundertwende blieb es 50 Jahre lang, mit der teilweisen Ausnahme des FORDISMUS, ein Prestigeobjekt für eine kleine, reiche Schicht. Seine Technologie entwickelte sich, im Unterschied zur Waffentechnik, nicht wesentlich weiter. Als die Atombombe auf Hiroshima fiel, war das Auto immer noch ein im wesentlichen unverändert gebliebener Kolbenmotor mit 4 Rädern.
Erst als die steigende Produktivität eine extreme Verbilligung ermöglichte, begann seine Evolution zu immer höherer Produktkomplexität. Heute ist es weit mehr als ein »Gefährt«. Es ist Kokon, Lebensraum, Ich-Modul, Wellness-Einheit. Es ist Ikone, Statussymbol und Fetisch. Die gewaltigen Ströme des Geldes rund um das Auto lassen es schnell seine Gestalt und seine Technologie ändern. Es wird auch einen Rohstoffwechsel, wahrscheinlich vom Öl zum Wasserstoff (via Brennstoffzelle) als Artefakt schadlos überstehen.
Ähnliches läßt sich für das Telefon sagen, von dem man kurz nach seiner Erfindung glaubte, man würde Symphoniekonzerte damit in entlegene Kleinstädte übertragen. Fast ein Jahrhundert hatte man sich am Telefon wenig mitzuteilen. Es stand stumm an seinem angestammten Platz in den Eingangshallen des Bürgertums und wurde nicht zur Kommunikation, sondern zum Übermitteln von Nachrichten benutzt. Erst die neuen Kommunikationskulturen mit ihren diskursiven Techniken, die steigende Mobilität verwandelten es in das Massengerät unserer Tage. Jetzt stammeln die Handy-Fanatiker Kurz-

botschaften in das wiederentdeckte Medium *(Ja, hallo, ich bin jetzt am Flughafen.)*, aber längst ist es mehr geworden: die lange Beziehungsleine der Individualkultur.

Braucht man für diesen Bedeutungswechsel wirklich 35 Funktionen? Wer sagt, daß die technologische Evolution immer nur in Richtung *high* verlaufen muß – mehr, schneller, sensationeller? Ein herausstechendes Beispiel dafür, wie Zukunftstechnologie aussehen kann, ist die südafrikanische Firma FREEPLAY. FREEPLAY (www.windupradio.com) brachte 1996 das erste aufziehbare Radio auf den Markt. Aber das Gerät hatte mit den klobigen Aufziehgeräten früherer Generationen wenig zu tun: Die Techniker benutzten eine neu entwickelte hauchdünne Spannungsfeder, die manuelle Energie länger halten kann, und machten sich den geringeren Energieverbrauch neuer Transistoren zunutze. Ergebnis: Mit 20 Sekunden Kurbeln kann man 3 Stunden Radio hören. Jetzt verkaufen sich FREEPLAY-Geräte plötzlich in europäischen Kaufhäusern als Kultgeräte, und die Firma bringt in kurzen Abständen neue Produkte auf den Markt: Das US-Militär bestellte ein GPS-System und einen tragbaren Minendetektor, ein Handheld-Computer ist in Entwicklung. Dieser Erfolg – wöchentlich werden derzeit 35 000 Kurbelradios produziert – deutet auf folgende Faktoren hin, die wir in der Technik-Evolution der Zukunft berücksichtigen sollten:

- Während in den OECD-Staaten bei vielen, auch technischen Produkten, Marktsättigung erreicht wird, entstehen im 21. Jahrhundert gigantische Massenmärkte in den Schwellenländern. Hier steigt die Nachfrage nach relativ einfachen, robusten Geräten.
- Infrastruktur ist teuer. Batterien, Stromverbrauch – all das erzeugt in einer mobilen Welt hohe Systemkosten auch immaterieller Art (Zeitaufwand, Nerv-Faktor).
- Technik kann über Leben und Tod entscheiden. Im Dschungel oder im Krieg ist die Funktionsfähigkeit keine Frage des Spaßes. Immer mehr Anwendungen werden 100 Prozent

Funktionalität fordern – und eine Nachfrage nach »Nicht-versagender Technik« erzeugen. Computer jedoch neigen zu Abstürzen. Entgegen einem weitverbreiteten Vorurteil gibt es auch in unserem Zeitalter sehr wenig wirklich »revolutionäre« Technologien. Die meisten Technologien ersetzen nicht die alten, sie ergänzen sie nur um eine weitere Komponente. Oder sogar andersherum: Sie erzeugen alte Märkte neu. Im Triumphzug der Computertechnik stieg der Absatz teurer Füllfederhalter um das 14fache. Oder das Märchen vom papierlosen Büro: Die Steigerung der Informationsdichte hat gleichzeitig alle Trägermedien von Information in den Boom getrieben – und den Absatz von Papier weltweit in 10 Jahren vervierfacht.

Wir werden in Zukunft also neue Kombinationen von mechanisch-mikroelektronischen Geräten erleben, die mit neuen Materialien auch die mechanische Welt neu definieren: HIGH-TECH GOES LOW. HEWLETT-PACKARD entwickelt derzeit ein Notebook, dessen Energie mit dem Anschlag der Tasten neu geladen wird. Die Schweizerische Lokomotiv- und Maschinenfabrik SLM brachte unlängst eine mit leichtem Heizöl betriebene hocheffektive Dampflokomotive auf den Markt – mit glänzenden Absatzchancen, sauberer Abgasfahne und ganz im Stil des 50er-Jahre-Retro-Looks.

Smart-Tech: Humanzentrierte Technologie

Was bedeutet also *Smart-Tech* im Unterschied zu *High-Tech*? Machen wir einen ersten Definitionsversuch:

- **Rightsizing:** das Herstellen des richtigen Maßes an Komplexität in der Technologie. Also nicht zu viele Funktionen, sondern diejenigen, die der »User« auch gebrauchen kann und will. Selbst Bill Gates spricht vom:
- **Simplicity Djihad:** die neue Generation von MICROSOFT-Software soll den Klagen der Kunden über Überkomplexität der Programme mehr Rechnung tragen.

- **Calm technology:** stille Technologie, die nicht nervt, ständig klingt oder ununterbrochen piepst. Neue Benutzeroberflächen versuchen, den Dialog mit dem Benutzer ruhig ohne störende akustische Signale zu gestalten. An der Entwicklung des Handys kann man diese Entwicklung bereits gut beobachten: Neue Geräte sind einfacher und schlichter im Design und vibrieren statt zu klingeln.
- **Rough-Tech:** Ein weiterer Zweig der Smart-Tech-Entwicklung gilt robuster Technik, die auch Ausfälle vertragen kann und nicht auf komplexe Infrastrukturen angewiesen ist:
  - HEWLETT-PACKARDS Experimental-Rechner TERRAMAC verbindet einige hundert alter, aus vergangenen Computergenerationen ausrangierter Chips, wobei die Rechenoperationen immer nur auf die intakten Prozessoren zugreifen und defekte außer Acht lassen.
  - Die TOUGHBOOKS von PANASONIC sind unverwüstliche Notebooks: Die Panzer der Kommunikationstechnologie vertragen eine Fallhöhe von bis zu 1 Meter und sind durch Magnesium verstärkt.
- **Full-Service-Tech:** Die mißtrauisch gewordenen Konsumenten achten immer mehr auf die Gesamtkosten eines Systems – insbesondere hinsichtlich seines Zeitaufwandes, Reparaturfreundlichkeit, Störanfälligkeit und Verständlichkeit. Die »All inclusive«-Idee, die bereits im Tourismus eine große Rolle spielt, wird sich deshalb auch bei technischen Alltagsgeräten durchsetzen. Bei Ausfall sofortiger Ersatz, home delivery, Wegfall unnützer Zusatzprodukte, kostenlose Reparatur – in den Märkten der Zukunft wird das *reale Funktionieren* bezahlt – nicht mehr die Hardware selbst.
- **Human Design:** Smart-Tech bedeutet auch eine neue Ästhetik der Artefakte. Sie signalisiert Menschenfreundlichkeit schon im Äußeren. Die Konturen sind nicht mehr technisch-kalt, sondern rund, die Dinge »lächeln«, sie erinnern an Kuscheltiere. Beste Beispiele: Der IMAC von APPLE oder der neue Lupo von VOLKSWAGEN erinnern an Maskottchen aus

der Kindheit, strahlen aber dennoch seriöse Funktionalität aus.

Wie sagte MARK WEISER, Cheftechnologe des XEROX PALO ALTO RESEARCH CENTER? *Technologie gehört eindeutig in den Hintergrund unseres Lebens. Sie darf sich mir nicht aufdrängen.*

Der 8-Faktoren-Test: Ein Werkzeugkasten für die Technologie-Prognose

Wir haben gesehen, wie ein dichtes Geflecht aus ökonomischen, politischen und gesellschaftlichen Interessen Innovationspfade bevorzugt oder ausschließt und damit die technische Evolution steuert. Aber auch die Kultur selbst spielt eine große Rolle: die Bilder und Wünsche der Menschen, ihre Phantasie. Zusammengefaßt könnte man behaupten, daß »nichts erfunden wird, was nicht bereits erfunden wurde« – im Geiste.

Wer sich ein wenig mit der Geschichte der utopischen Bilder beschäftigt, der wird sehen, daß dies mehr als eine Formel ist. Im kulturellen Erbe der Menschheit gibt es so etwas wie eine »Erfindungsmaschine«. Die Flugmaschinen der Azteken die ERICH VON DÄNIKEN als UFOs deklarierte) waren nichts anderes als feudale Träume von fliegenden Herrschern. Schon im 17. Jahrhundert gab es Hunderte von Abbildungen von Autos, die mit »magischer Kraft« fuhren – einfach, weil die Fortbewegung als menschliches Grundbedürfnis die Phantasie der Menschen beschäftigte. Lange bevor man das Auto real erfand, hatte es sich in der kollektiven Phantasie des Menschen gewissermaßen »eingraviert«. Als es dann *real* erfunden wurde, begrüßte man es wie einen alten Bekannten.

Man mag einwenden, daß die wissenschaftliche Geschichte reich an Überraschungen ist: Kein Mensch sah voraus, daß das Penicillin entdeckt werden würde oder das Sonnensystem. Hierbei handelte es sich jedoch um *Erkenntnis*, nicht um Erfindungen. Penicillin ist ein in der Natur vorkommender

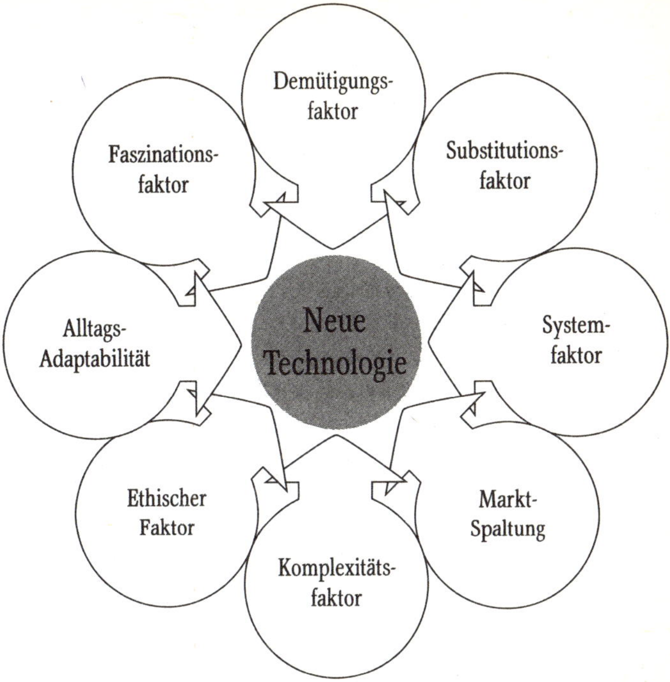

Abb. 30: Die 8 Kriterien erfolgreicher Technik-Evolutionen im Markt

Wirkstoff, der gefunden, nicht erfunden wurde. Reale Erfindungen hingegen entwickeln sich immer in einem Rückkoppelungssystem zwischen den Wünschen der Menschen und dem vorhandenen Arsenal der Dinge und Informationen.

Können wir auf dieser Grundlage ein prognostisches Raster entwickeln, in dem wir Technologien und Artefakte auf den Prüfstand legen können – im Sinne ihrer Zukunftsfähigkeit? Es sind im wesentlichen 8 Faktoren, die die Geschwindigkeit und Durchsetzungs-Wahrscheinlichkeit von Technologien und ihren *offspins* steuern:

Alltags-Adaptabilität: Die Gewohnheiten der Menschen studieren

Wer eine Türklinke erfindet, die man damit öffnet, indem laut das Wort »Simsalabim« ausspricht, kommt in die Zeitung. Aber wird er auch ein marktgängiges Produkt erzeugen? Obwohl das Sprechen vielleicht einfacher ist als das Klinkendrücken, sind doch einige alltägliche Gewohnheiten tief in der menschlichen Kultur »eingefräst«. Das heißt auch: Nicht das technisch Machbare wird sich durchsetzen, sondern nur das, was an den alltäglichen Handlungen der Menschen andockt. Ständig durch sein Haus zu laufen und »Simsalabim« zu rufen, stößt auf gewisse Beliebtheitsgrenzen.

Selbst BILL GATES hat diesen Effekt beim Bau seines neuen, vollautomatischen Hauses mitbekommen: *Ich bin wohl der einzige, der beim Lichtanschalten eine Fehlermeldung bekommt,* sagte er erst vor kurzem etwas entnervt auf einer Pressekonferenz. Die dramatische Krisenzeit von APPLE erzählt eine andere Variante dieses Sachverhalts: Die Entwicklung des PDAs, des Handheld-Organizers NEWTON, schien technisch machbar. Aber die Handschriftenkennung verlangte vom Benutzer eine völlig andere Schreibweise als die gewohnte Handschrift. Ergebnis: Der NEWTON wurde zum größten Flop der APPLE-Geschichte.

In gewissen Grenzen ist ein »Umerziehen« der Kunden möglich, wie dieses Beispiel ebenfalls zeigt: Neue Generationen von PDAs verlangen ein moderates Training einer computergerechten Schreibweise und haben Erfolg am Markt – allerdings immer noch relativ bescheidenen. Der Mensch ist ein Gewohnheitstier, und diese Gewohnheiten haben sich aufgrund bestimmter Motive ins alltagskulturelle Grundmuster eingewebt. Dieses Grundmuster muß man verstehen lernen, wenn man die Erfolgschancen eines technisch bedingten Produktes einschätzen will.

Faszinationsfaktor: Der Griff nach den Sternen

Technik kann so faszinierend sein, daß sie in den Köpfen der Menschen ein Eigenleben zu führen beginnt. So war zum Beispiel die amerikanische Nation in den 60er Jahren bereit, gigantische Investitionen in eine »Menschheitsutopie« zu investieren: Die Weltraumfahrt schien den Nerv des amerikanischen Traumes zu treffen. Eine ganze Generation technikbegeisterter Männer stimmte in den Jubelchor mit ein. Zusammen mit den Geldern des militärisch-industriellen Komplexes ergab das eine einmalige historische Leistung.

Die meisten spektakulären Forschungsprojekte, ob in der Nanotechnik, bei der Fusionsenergie, in der Quantenforschung oder auch in der Genetik, erfordern Generationen von bereitwilligen Steuerzahlern, bevor auch nur ein einziges praktisches Ergebnis sichtbar wird. Sie erfordern zudem ein manchmal schwer zu erbringendes Abstraktionsvermögen.

Gewinnen werden hier vor allem die *sexy technologies*; Technologien mit »sinnlichem« Nutzwert und hoher narrativer Kraft. Solartechnik zum Beispiel, medizinische Biotechnik – auch die Raumfahrt könnte, im Zeichen einer geradezu fanatischen Erlebniskultur, ein Comeback erleben.

Faszinationsfaktoren können eine große Schubwirkung ausüben, neigen allerdings zu schnellen Enttäuschungserlebnissen, wenn die erste Begeisterung vorbei ist. Wichtig ist es, herauszufinden, *welche* Ebene der Faszination angesprochen ist. Oft wurzelt das Faszinosum in existentiellen Bedrohungen oder Allmachtsphantasien, die nur schwer beseitigt oder bedient werden können: Aus Superman-Technologien werden dann Seifenblasen-Märkte.

Demütigungsfaktor: Wenn Technik hilflos macht

Jede neue Technologie ermöglicht etwas, das wir bislang ohne sie nicht konnten. Aber dadurch bringt sie uns auch zu einem

Ent-Lernungs-Prozeß. Sie drängt sich zwischen uns und unsere menschlichen Fähigkeiten. Unter Umständen sehen wir deshalb ohne sie dann »ganz schön alt aus«.
Ein gängiges Beispiel für diesen »Protheseneffekt« ist das Navigationssystem, das heute in jedem Oberklasse-Auto angeboten wird. Eine feine Sache! Man tippt das Ziel ein (ganz schön schwierig zu lernend und wird von einer freundlichen Stimme, die vom Himmel kommt, durch die Welt geleitet!
Das Problem beginnt, ähnlich wie beim PC, dann, wenn das Ding nicht mehr funktioniert. Da wir inzwischen unsere zerfledderten Autokarten weggeworfen haben und überhaupt nicht mehr wissen, wo links und rechts ist (hat ja alles die säuselnde Stimme für uns entschieden!), stehen wir vollkommen gedemütigt am Rand der Autobahn.
Diese Demütigung muß nicht erst bei Versagen eintreten. Von einer Vielzahl von bedienerunfreundlichen Geräten werden wir regelmäßig zur Schnecke gemacht – der Konsument dankt es mit Grausen und Abwenden.

Substitutionsfaktor: Kampf der Technik gegen Technik

Wie viele Ausdifferenzierungen kann und muß Technik erzeugen? Benötigen wir eine Feinhobelmaschine für Brot? Einen automatischen Zahnstocheranspitzer? Einen Schwiegermutterdetektor? Wer innovative Produkte auf den Markt bringt, muß das systemische Umfeld betrachten. Techniken werden nämlich ständig durch andere Techniken geschluckt, die Orte ihrer Funktionen ändern sich.
Ein simples Beispiel kann dies illustrieren. Ende der 80er Jahre waren in den urbanen westlichen Milieus ästhetische Espressomaschinen angesagt: Kein Designer-Haushalt ohne GAGGIA. Aber ebensoschnell, wie sie kamen, verschwanden sie wieder oder verrosteten auf dem Dachboden. Da sie kompliziert auseinanderzunehmen und zu reinigen waren, wanderte die Es-

pressokultur einfach in die Gastronomie ab – heute hat jedes zweite deutsche Café einen anständigen Espresso – wozu also die Mühe?

Auch das Beispiel »Pager« kann den Substitutionsfaktor illustrieren – diesmal auf der technischen Ebene. Mitte der 90er Jahre brachten mehrere Elektronik- und Kommunikationskonzerne quietschbunte Pager für die Jugend auf den Markt – ideal zum Flirten und Chatten. Aber Produkte wie QUIX scheiterten schnell im Markt, obwohl sie mit millionenschwerem Aufwand in die Kinderzimmer gedrückt wurden. Der Grund war einerseits eine Mißachtung des Systemfaktors (siehe unten: Das Ding war in den Unterhaltskosten zu teuer, jeden Tag gingen -zig Mark von Papis Telefonrechnung ab. Vor allem aber wurden die Funktionen des Alltags-Pagers schnell vom Handy substituiert.

Systemfaktor: Welche Bedingungen hat die Technik?

Technische Erfindungen, die eine komplett neue Infrastruktur mitbringen müssen, haben eine deutlich längere Durchsetzungszeit. Abb. 31 zeigt, wie sich in den amerikanischen Haushalten die Schlüsselprodukte des technischen Fortschritts durchsetzten. So wanderte etwa das Telefon, das schon um 1900 eine praktisch ausgereifte Technik darstellte, erst im Laufe eines ganzen Jahrhunderts in die Haushalte hinein, während das Fernsehen in den 50 und 60er Jahren innerhalb weniger Jahre eine fast totale Haushaltsabdeckung erreichte. Der Grund: Für das Telefon mußte über viele Jahrzehnte ein komplettes, riesiges Kabelnetz vergraben werden, beim Fernsehen reichten einstweilen eine Steckdose und terrestrische Sender.

Artefakte haben es also leichter, auf vorhandenen Infrastruktur-Bahnen zu »reisen«. Abgesehen davon, daß dies oft dazu führt, daß Innovationen keine sind – der Internet-Computer scheitert z. B. derzeit an den Märkten, weil die Telefonkabel

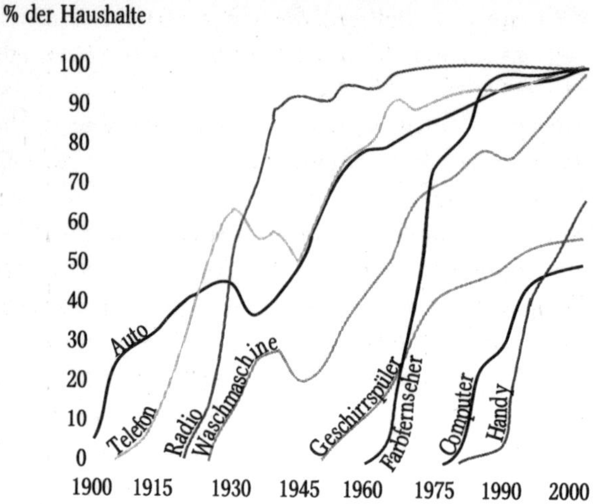

Abb. 31: Die Durchsetzungszeiten der Technologien in den Haushalten in den USA (Quelle: Federal Reserve Bank of Dallas)

nicht ausreichend Bandbreite zur Verfügung stellen, beim Videogerät siegte nicht die bessere, sondern die billigere Technik –, wird das Tohuwabohu der Kontrollprotokolle, Software-Standards, Normen und Stecker im 21. Jahrhundert noch zunehmen. Das macht den Weg frei für *autonome* Produkte wie das FREEPLAY-Radio.

Marktspaltung: Wessen Problem wird gelöst?

Manche Technologien oder auch Techniken erzeugen einen Nutzwert nur für eine verschwindend geringe Anzahl von Menschen. So hat zum Beispiel die Geschichte des Überschallfluges gezeigt, daß der Investitionswillen der Regierungen massiv sinkt, wenn ihre Bürger sich für ein technisches Thema nicht interessieren, weil sie es für elitär halten. Der Zeitvorsprung von 3 Stunden über den Atlantik ist eben nur für Rockstars, Anwälte und russische Mafiosi tatsächlich attraktiv genug, um 5000 Euro zu zahlen. Umgekehrt können andere

Bereiche, wie etwa Anwendungen der Informationstechnologie bei Behinderten, sehr kleine Zielgruppen betreffen, aber dennoch gesellschaftlichen Konsens erzeugen. Die Türklinke, die sich auf Zuspruch öffnet, ist für »normale Menschen« eher eine dekadente Idee – für Körperbehinderte wäre sie ein Segen. Marktspaltungen können auch entstehen, weil Technologien als reine Rationalisierungsbeschleuniger eingesetzt werden: als divergierende Interessen zwischen Produzenten und Konsumenten. Noch heute sind die Erfolge der Computerindustrie vor allem *Business-Erfolge*: 80 Prozent aller Computerdienstleistungen werden im Business-to-Business (und nicht zu realen Kunden) erbracht. Dieser Faktor ist ein zweischneidiges Schwert: Einerseits erzeugt er einen gewaltigen Marktdruck »von oben«, und bisweilen setzt sich eine Technologie, die im Business begann, problemlos in den Konsumentenmärkten durch (das Fax etwa). Auf der anderen Seite mangelt es bisweilen an »authentischer« Nachfrage durch die Massenkunden. Hier liegt auch genau der Grund für die Stagnation des PC. Der absolute Absturz, den die Produzenten gentechnisch veränderter Pflanzen derzeit in der öffentlichen Meinung erleben, hängt weniger mit der »Gefährlichkeit« ihrer Produkte zusammen als mit ihrer Einordnung in einen völlig falschen Diskurs: Der Endverbraucher hat einfach kein Interesse an Tomaten, die man wochenlang rund um den Planeten transportieren kann, oder an schimmelresistentem Soja. Beides sind die Probleme der Industrie. Die Tomaten schmecken nicht besser, sie sehen nicht besser aus, sie schälen sich nicht automatisch. Produktvorteil für den Konsumenten: Null. Spaltungsfaktor: 100 Prozent. Ergebnis: Absturz der MONSANTO-Aktie.

Komplexitätsfaktor: Vom Un-Sinn des Mehr

Jedes technische Artefakt erhöht Komplexität, indem es uns Aufmerksamkeit, Lernprozesse, Bedienungsoperationen abverlangt. Es *reduziert* aber auch Komplexität, indem es einen

Gebrauchsnutzen hat – wir können Dinge tun, die wir vorher so nicht konnten. Zwischen beiden Faktoren kann man eine Bilanz herstellen, die entscheidend für die Marktkraft eines Gegenstandes ist.
Die große Welle der Haushaltsautomatisierung in den 60er und 70er Jahren wurde durch simple mechanische Attribute erzeugt: Die Dinge wuschen, buken, toasteten. Aber der Toaster-Effekt ist nicht ohne weiteres auf elektronische Geräte übertragbar, obwohl,die Hersteller von digitalen Geräten heute bereits von »Toastern« reden. Mehrere Heimelektronik-Studien der jüngsten Zeit weisen nach, daß der Aufwand des Gebrauches im Vergleich zum Nutzen immer mehr ins Ungleichgewicht gerät. Bevor wir die Gebrauchsanweisung wirklich verstanden haben, ist das Gerät wieder vom Markt, unbrauchbar oder überholt. Hier liegt der eigentliche Grund für die Krise vieler technischer Branchen und für den Leapfrog-Effekt im Verhalten des Konsumenten, der lieber auf die übernächste Generation wartet. Viele Produkte sind allzu speziell und erhöhen damit die Komplexität des Gesamthaushaltes *(Der vollautomatische Brotabschneidehobel mit Link ins Internet.).* Oder sie wollen allzuviel gleichzeitig *(Dieses Gerät kann faxen, babysitten, die Alarmanlage kontrollieren und funktioniert auch als Wecker.)* und tun damit dasselbe.

Ethischer Faktor: Wenn Technik Gutes tut

Das 21. Jahrhundert wird ein ethisches Jahrhundert – Konsumenten wollen wissen, in welchem Kontext sich Technologie bewegt. Am Beispiel der Gentechnologie kann man die ethische Frage heute in ihren neuen Facetten besichtigen. Die Bevölkerung bejaht eindeutig medizinische Anwendungen, lehnt aber die Anwendung in der Ernährungsproduktion ab. Das heißt: Ein und dieselbe Technologie wird je nach Anwendung einmal abgelehnt und einmal begrüßt. Im Ernährungssektor stehen die Trend-Zeichen auf »authentisch«, auf »Bio« und

»Natur«. Die neue Aufmerksamkeit in bezug auf den Körper erlaubt keine Risiken. Im Medizinsektor suchen wir nach heroischen Taten; hier hat auch die »härteste« Technologie den Hautgout der Humanität.

Ökologische und ethische Fragestellungen sind in bezug auf Technologie oft derart komplex, daß viele Unternehmen sich nicht an ihre Kommunikation herangetraut haben. In den Menschheitsentscheidungen des kommenden Jahrhunderts kann man ihnen aber nicht mehr ausweichen. Technologie ist getränkt mit moralischen Fragestellungen: Sie erzeugt Folgeschäden, beansprucht und verknappt Ressourcen, ist per se immer ein Eingriff in vorhandene Systeme. Ob einer Technologie oder Technik das Etikett »Gut« oder »Böse« anhängt, entscheidet über ihre Zukunft. Technologie wird in den Diskursen immer weiter emotionalisiert. Auch das ist Smart-Tech: daß uns Technologie »ergreift« oder abstößt, daß sie eine »Seele« bekommt, einen Geschmack – den Hauch des Todes oder den Sehnsuchtston einer lebbaren Zukunft. Solarenergie etwa mag noch lange teuer und unrentabel sein – mit dem »Moral-Plus«-Faktor wird sie dennoch die Energiemärkte erobern.

6 garantierte Flops der Zukunft

Das interaktive Fernsehen: Geschichte und Zukunft einer Chimäre

Im Frühjahr 1997 stellte der Medienkonzern TIME WARNER eines der ehrgeizigsten Projekte ein, die es in der Fernsehgeschichte je gegeben hatte. 4000 Familien in Florida bekamen die Möglichkeit, vom heimischen Wohnzimmer aus Bankgeschäfte zu tätigen, Karten zu bestellen, Spielfilme auf Abruf zu sehen – alles vom Fernsehgerät im Wohnzimmer aus. *Ein Wendepunkt in der Kommunikationsindustrie*, sagte bei der Eröffnung des Projektes, 1994, der TIME WARNER-Chef Levine. In der Tat. Die Verlustkosten lagen bei etwa 300 Millionen Euro. Das interaktive Fernsehen war tot, bevor es geboren wurde. Denn Fernsehen hat in seiner Alltags-Adaptabilität etwas grundlegend Passives. Fernsehen ist das Lagerfeuer der Neuzeit. Die Vision des 100-Sparten-Programms oder der All-in-One-Wohnzimmer-Maschine, mit der wir surfen, Filme rückwärts und vorwärts sehen, ist eine Vision der Filmverwerter und High-Tech-Freaks geblieben – und wird es auch bleiben. Erfolg und Mißerfolg liegen oft haarfein nebeneinander. Interaktives Fernsehen ist tot – und erlebt dennoch eine Wiedergeburt in einer Variante: In den Videorecordern der neuen Generation, die ohne Kassette und mit großen Datenspeichern arbeiten, vollzieht sich ein anderes Prinzip des Fernsehens, das in Zusammenhang mit passiver Konsumption blendend funktioniert: Individualisierung des Programms. Ich bastle mir mein eigenes Spartenprogramm aus den vorhandenen Kanälen und spare dabei erstens eine Programmzeitschrift und zweitens das ewige Zapping. Plus einen Schrank voll sperriger

Videokassetten, die man sowieso nur ansehen könnte, wenn man arbeitslos würde.

Telemedizin: Geschichte eines Mißverständnisses

ROBODOC heilt Knochenbruch! Virtueller Doktor operiert! Mit solchen Meldungen werden wir in der Technikeuphorie der Jahrtausendwende überhäuft. Die Medizin des 21. Jahrhunderts, so heißt es, wird eine High-Tech-Medizin sein, in der sagenumwobene Operationen möglich werden, die früher mit dem Tod des Patienten endeten.
In diesem Rausch ist den Verkündern gar nicht aufgefallen, daß die Nachfragelinien in der Medizin genau in die andere Richtung weisen: Quacksalber und Heiler, JOHANNISKRAUT und MELATONIN, VIAGRA und der Hausarzt (ungefähr in dieser Reihenfolge) repräsentieren die medizinischen Haupttrends. Wird also ROBODOC im Schrank verrosten? Nicht ganz, der Arme wird seine Chance erhalten. Aber eben nur in wenigen, ausgewählten Spezialfällen, bei denen es – etwa bei Hirntumoren – auf extreme Präzision ankommt. Die wesentlichen Anwendungen von »Telemedizin« werden ganz woanders liegen: In der Informationsbeschaffung bei der Seuchenbekämpfung in den Entwicklungsländern etwa, oder bei der Anamnese in ganzheitlicher Sicht, wie etwas bei MCWELLNESS (www.mcwellness.ch), einem Angebot für mobile Menschen, einen ständig erreichbaren »ortlosen Hausarzt« zu haben, der über die komplette Krankendatei verfügt und auch in Vorbeugungsfragen berät (positiver »Moral-Plus«-Faktor, hoher positiver Komplexitätsfaktor).

Der »intelligente Kühlschrank«: Rasende Eierbestellung am laufenden Band

NCR FINANCIAL SERVICES glaubt, daß die Menschen sich lieber in der Küche als im Wohnraum mit ihren Finanzen beschäftigen. Deshalb haben sie eine Mikrowelle mit eingebautem Touchscreen für Bankgeschäfte entwickelt. Unklar ist bislang, ob und wann das Gerät auf den Markt kommt. – So hieß es neulich in einer Zeitungsmeldung. Das Bild mit dem Touchscreen auf der Mikrowelle ging um die Welt: Eine fröhliche Hausfrau ruft gerade ein Rezept eines Eierkuchens ab und erledigt Banküberweisungen beim Soufflée-Backen.

Eierkuchen? Hausfrau? Wir erinnern uns noch an die fröhlich putzenden, immer winkenden Wespentaillen-Hausfrauen in den utopischen Zukunftsbildchen der 60er Jahre. Ist den Entwicklern dieses Unsinns noch nicht aufgefallen, daß es bald keine »Hausfrauen« mehr geben wird? Und was bedeutet die neue Rollenverteilung für den »denkenden Kühlschrank«, der seinen Inhalt scannt, meldet, wenn die Milch sauer wird, dies einem Chip in unserem Schuh mitteilt, der dann bei der Vorbeifahrt beim Supermarkt die Bestellung funkt? Wird der »denkende Elektroherd« den Garzustand des Bratens auf unserem Fernseher anzeigen? Abgesehen davon, daß wir mit Sicherheit immer morgens den falschen Schuh erwischen würden – hier wird wieder einmal Technik ohne Gesellschaft entwickelt. Technik vom Mond, »Lunatech«, entworfen von männlichen Spezialisten.

Niemand, der etwas vom Haushalt oder vom Kochen unserer Tage versteht, würde auf solche Ideen kommen. Wir kochen weniger, aber wenn wir es tun, dann weitaus sinnlicher und sozialer. Die Menschen essen mehr Fast food außer Haus, *snacking* und *grazing* bestimmten immer mehr die Nahrungsgewohnheiten. Mit Freunden wird jedoch am Wochenende gemeinsam ein sinnlich-opulentes Mahl zubereitet – mit gesunden Zutaten, die man vorher gemütlich auf dem Wochenmarkt einkauft. Wenn die Menschen in Zukunft keine Zeit zum Kochen oder einen leeren Kühlschrank haben, werden sie die Angebote der Convenience-Industrie wahrnehmen und sich eine Pizza oder ein Fertiggericht ins Haus liefern lassen. So einfach

ist das – und so schnell kann eine Technologie aus dem Feld geschlagen sein (hoher Substitutionsfaktor).
Der intelligente Kühlschrank verspricht obendrein einen besonders hohen Demütigungsfaktor. Die elektronische Kontrolle des Inventars widerspricht dem menschlich-chaotischen Impuls: Daß manchmal keine Milch da ist und man zum Nachbar gehen muß, daß der Zucker fehlt, ist gewissermaßen das Salz in der Suppe des Alltags. Wenn Haushalt zur automatischen Dingeverwaltung wird, fühlen wir uns betrogen. Und irgendwie sind wir sicher, daß das Ganze auch technisch nicht funktioniert. Der Kühlschrank, das dumme Ding, bestellt garantiert einen Lastwagen voll Eier, 3 Faß Gelatine und Spinat zum Abwinken, nur weil der Sonntag ein Schalttag ist und der Gelatine-Weltmarkt gerade besonders günstige Preise bietet (negativer Komplexitätsfaktor).

Das Bildtelefon: Warum uns niemand beim Telefonieren zuschauen sollte

Es scheint logisch: Nachdem wir bis in die Wüste Gobi telefonieren können und das Telefon jede Ritze unseres sozialen Alltags erobert hat, sollten wir schleunigst ein Bild zum Ton hinzufügen. Und so war für alle Prognostiker immer schon klar: Das Bildtelefon kommt, sobald es technisch ausgereift ist. Doch der erste Versuch, 1988 in Tokio, war ein Desaster – nur 250 000 Geräte wurden trotz einer gewaltigen Werbekampagne abgesetzt, die meisten verstauben heute. Das VIDEOPHONE 2500 von AT&T brachte 1 Jahr später schon fast ruckelfreie Bilder – und wurde ein noch größerer Flop. Im Jahre 1998 investierte die DEUTSCHE TELEKOM viel Geld in eine Werbekampagne: Ergebnis mager. Heute ist das schicke Gerät billig zu haben, technisch stark verbessert und soll, Stichwort Videokonferenz, viel Geld durch Reisekosten einsparen helfen. Und liegt wie Blei in den Regalen.
Das Bildtelefon ist ein Paradebeispiel eines starken negativen

Komplexitätsfaktors: Für das, was es ermöglichen soll, Kommunikation zwischen Menschen, erhöht es gleichzeitig die Komplexität um den Faktor 10. In der Nase bohren, schlecht gekleidet sein, hin- und herlaufen – das gute, alte Telefon macht solche Verhaltensformen möglich. Telefonkommunikation ist deshalb so attraktiv, weil sie den Kanal *verengt* – sie reduziert Kommunikation auf die Stimme. Bildtelefone erfordern Gesichts- und Kleidungs- sowie Umgebungskontrolle, sie machen also einfach verbale Kommunikation wieder kompliziert. Für Manager-Konferenzen hingegen transportieren sie zu *wenig* Informationen: Gerade geschäftliche Verhandlungen benötigen das subtile Ritual von Körperhaltung, Gesten, Augenbewegungen, gemeinsamem Essen und Schweigen, ja sogar den Geruch menschlicher Körper. Videokonferenzen werden deshalb Geschäftsreisenden vorbehalten sein, die nicht wichtig genug sind, um physischen Transport finanziert zu bekommen, und das Heim-Bildtelefon bleibt auf einen kleinen Kreis enkelfixierter Omas beschränkt.

Die automatische Autobahn: Der Betrug am Autofahrer

Die Telematik ist das liebste Kind des deutschen Auto-Ingenieurs. Kein Wunder: Seine superschnellen, wohldesignten Limousinen stehen längst alle im Stau. Also laßt uns den Stau mithilfe eines gewaltigen technologischen Investitionsprogrammes überwinden! Auf den Autobahnen fahren im Jahre 2010 Autos dicht hintereinander im 140-km/h-Tempo, geleitet durch eine Induktionsspule in der Fahrbahn. Man kann beim Fahren lesen, surfen, spielen – auch das ist eine bereits in den 60er Jahren weitverbreitete Technikutopie.

Der Kern des wahrscheinlichen Scheiterns dieser Utopie liegt jedoch in einer Adaptabilitätsfrage. Autofahren ist für die meisten Menschen weit mehr als Fortbewegung. Es ist Autonomie, Kontrolle, lustvolle Beherrschung mechanischer Kraft, ein demokratisches Individualvergnügen. Möchten wir wirklich 50 cm hinter uns einen Mitfahrer bei Tempo 140 haben? Womöglich einen Lastwagen? Wetten, daß Autofahrer, vor allem europäische, sich das Steuer nicht aus der Hand nehmen lassen? Daß sie lieber mit dem Zug fahren würden, wenn es je soweit käme? Nicht zu vergessen die Gesetze hochkomplexer Systeme wie die des Straßenverkehrs: An der Tatsache, daß zu viele Autos pro asphaltiertem Meter Straße existieren, ändert ein 200-Milliarden-Telematik-Programm nur wenig.

Das elektronische Buch: Die Dialektik von Haptik und Information

Nun sind sie also auf dem Mark, die ROCKET BOOKS und E-BOOKS, die handlichen elektronischen Bücher, die man via Internet oder Flash-Chip mit ganzen Enzyklopädien und 1000-Seiten-Romanen aufladen kann. Aber warum stehen die Kunden nicht Schlange? Wieder nur die übliche, böse Techniklehnung? Damit keine Mißverständnisse aufkommen: Die Anwendung von mobilem, digitalem Text hat eine Zukunft. Handbücher und Gebrauchsanweisungen, auch Nachschlagewerke wird man auf elektronischen Trägermedien nutzen. Man tut es heute schon – im PC und Laptop, im Außendienst und als Versicherungsvertreter, in Bibliotheken und Datenbanken. »Aktiver Text« – also Text, mit dem ich *Funktionen auslöse* – muß dauernd veränderbar, aktualisierbar sein. Man muß schnell an eine Stelle springen und nach Stichworten suchen können.

Aber Romane, Gedichte und komplexe Sachbücher lesen wir nicht nach informellen, sondern nach analogen Prinzipien. Das heißt: Information wird seriell wahrgenommen und vor allem im Kopf in Phantasien umgesetzt. Nur selten suchen wir in GOETHES »Faust« nach dem Wort »Mariechen«.

Ist ein elektronisches Buch *smart*? Kann man es fallenlassen?

Es mit an den Strand nehmen? Riecht es gut? Viele unserer alten Technologien sind nämlich äußerst *smart*. Sie lassen sich vielleicht in Nuancen verbessern, aber nicht mehr. Hämmer zum Beispiel begleiten die Menschheit seit Äonen und haben ihre Grundform aus physikalischen Gründen kaum verändert. Räder sind erstaunlicherweise rund geblieben. Papier bleibt Papier. Ein äußerst effektiver Datenspeicher. Im Papierrecycling-Betrieb sogar wiederbeschreibbar. Daß Bücher alt werden können, fleckig und beschädigt, ist auch ein Produktvorteil: Indem wir sie benutzen, verändern wir sie, eigenen sie uns an, »codieren« wir sie individuell. Wir gravieren Spuren hinein. Ist das nicht auch *interaktiv*?

6 garantierte Erfolge: Technologie, die sich durchsetzen wird

Biometrie: Personenerkennung im Zeitalter des Datenklaus

Eines der größten Komplexitätsprobleme des modernen Lebens rankt sich um die Frage, wo zum Teufel der Zettel mit den Geheimnummern geblieben ist: Scheckkarten, Kreditkarten, Handy, Computer – alles verlangt Zugangscodes. Mit steigenden Sicherheitsproblemen durch die Ausweitung des Internets und zunehmender Mobilität wird auch die Flut der Sicherheitscodes weiter steigen – wenn nicht Computer lernen, uns als biologische Wesen an Stimme, Handschrift, Aussehen etc. eindeutig zu identifizieren.
Bill Gates hat die Entwicklung der biometrischen Techniken nicht umsonst als eine der wichtigsten Zukunftstechnologien bezeichnet – und einen Riesenmarkt für die Jahre 2000 bis 2010 prognostiziert. In den USA sind mindestes 3 Dutzend Firmen heute schon mit real existierenden Systemen auf dem Markt, die in Behörden, Shopping Malls, Banken etc. zum Einsatz kommen. In Deutschland testen derzeit Banken Iriserkennungssysteme in Filialen, Autohersteller wie DaimlerChrysler werden die ersten Erkennungssysteme ab 2001 in ihre Oberklasse einbauen – zur großen Freude der Versicherungsunternehmen. Hier die wichtigsten Ansätze für Biometrie-Technologien:

- **Stimme:** Stimmidentifikation unterliegt noch einer Menge Fehlerquellen, besonders, wenn die Stimme durch Erkältungen verändert ist. Intelligente, neue Stimmerkennungssysteme wie das der Firma Veritel, Chicago, stellen dem Kunden deshalb im Zweifelsfall einige Fragen aus seinem sehr persönlichen Umfeld – Lieblingsfarbe, Alter der Frau, Automarke etc.

- **Gesicht:** Die PC-Software BioID der Firma DCS (www.bioid.com) benutzt neben Stimme und Lippenbewegungen die Geometrie der Gesichtszüge, um den Benutzer zu identifizieren. Blickwinkel, Frisur, Position und Größe werden mittels einer Kontextanalyse überprüft. Solche Systeme sind heute einstweilen nur in Hochsicherheitsbereichen, etwa in staatlichen Gelddruckereien oder beim Militär, in Gebrauch.
- **Iris:** Iriserkenner haben vor allem den Vorteil, daß sie ohne Berührung und deshalb ohne hygienische Probleme arbeiten, sie sind aber noch recht teuer.

Bei einem in mehreren europäischen Ländern erprobten Gerät von NCR erfolgt die Identifikation durch einen kurzen Blick in die Geldautomaten-Kamera, die die Charakteristika der Iris mißt: 260 unverwechselbare Eigenschaften, die durch einen niederfrequenzigen Infrarotstrahl abgetastet werden – Erkennungszeit: 2 Sekunden.

- **Hand:** Auf mehreren amerikanischen Flughäfen werden bereits Handgeometrie-Scanner, die die Konturen der Knochen identifizieren, bei Vielfliegern eingesetzt – mit guten Erfolgen.
- **Fingerabdruck:** Die Firma IDENTICATOR, INC (www.identicatorinc.com) in San Bruno, Kalifornien, baut Scanner für die Identifizierung der Fingerabdrücke und verkauft sie an Computerfirmen weiter, die sie in Mäuse oder Keyboards integrieren. Manche Fingerabdruckscanner lassen sich zudem allzuleicht überlisten – mit einem auf Tesafilm »kopierten« Fingerabdruck etwa. Deshalb gehen neuere Modelle wie etwa der DELSY (www.delsy.de) des Herstellers P+P Sicherheitssysteme GmbH noch weiter: Sie messen Körpertemperatur und Pulsschlag des Daumens.
- **Gewohnheiten:** Bei manchen Tätigkeiten hinterläßt der Mensch Spuren, die auf höchstpersönliche Angewohnheiten

schließen lassen. So ist etwa das Tippen auf einer Computertastatur von einer ganz persönlichen Rhythmik geprägt, deren Mathematik sich messen läßt. Die Firma NETNANNY hat ein System entwickelt, das überhaupt keine Prüfungsprozedur mehr benötigt, sondern einfach während der Arbeit die Charakteristika der Anschläge prüft.

AORTA-Technik: Always Online Realtime Access

Wir alle wissen, daß das heutige Internet nur ein Prototyp ist: Langsam, überkomplex wird es in den nächsten Jahren irgendwann vom Datenstau zerfressen. Aber neue, ergonomischere Netze werden kommen. Zur Massenanwendung wird das Internet erst werden, wenn wir alle rund um die Uhr unsichtbar online sein können, ohne daß es etwas kostet. Deshalb wird der Normalzustand des Erdenbürgers schon in 10 Jahren von einer Direktabfrage-Kultur geprägt sein. Kein Hochfahren des Rechners mehr, kein Einloggen und Warten, sondern Standleitungen. *Welche Information ist heute wichtig für Sie?* steht auf unserem Display. Mehr Information braucht kein Mensch.

Das Smartphone: Organisieren plus Kommunizieren

Die Ausrüstung des modernen elektronischen Nomaden verwandelt sich al mählich in den Hüftgürtel von JOHN WAYNE: An jeder Seite hängen 2, 3 Gadgets, in die man umständlich Daten eintippt, abliest und wieder eintippt. Handy, Organizer, Laptop, Pager – Überkomplexität par excellence.
Das Smartphone ist eines der wenigen Beispiele für ein Produkt, das eine klare Komplexitätsreduzierung mit sich bringt, obwohl es als Gerät selbst komplexer ist. Es vereint die verschiedenen Elemente der Kommunikationswelt: Notizblock, Internetanschluß, Organizer und Handy. Der Erfolg liegt in

folgenden Faktoren: 1. Es spart Komplexität, weil man unterwegs gesammelte Daten nicht mehr dauernd mit den »Heimdaten« abgleichen muß. 2. Es spart Geräte. 3. Die Ergonomie ist ungleich besser als früher, denn das umständliche Suchen von Terminen und Telefonnummern und das Eingeben in verschiedene Tastaturen entfällt.

Stilletechnik: Die Ruhe selbst

Technologien zur Lärmbekämpfung haben eine große Zukunft vor sich, denn sie markieren den Kern der *Lessness-Trends*, jener Nachfragelinien, die in der Überdruß-Gesellschaft die wahrhaft großen neuen Märkte zeugen. Die Stille im Auto, der »Antinoise-Generator« am Arbeitsplatz, der die Geräusche der Umwelt filtert und dennoch Sichtkontakt zu den Kollegen läßt, der »Werbeunterdrücker«, der die Werbespots automatisch ausblendet – all das sind Anti-Technik-Technologien, die der Devise von JOHN NAISBITT gehorchen, nach der wir *eine Hälfte unseres Wohlstandes dazu ausgeben, technisch aufzurüsten, und die andere Hälfte dafür, dieser Aufrüstung zu entkommen.*

Teleprojektion: Heimkino im Wortsinn

Die Vision vom raumfüllenden Bildschirm ist ein weiterer Klassiker der Technikträume der 60er Jahre. Alle Elektronikfirmen haben unlängst Großbildschirme mit etwa 1,20 Meter Diagonale auf den Markt gebracht, die man an die Wand hängen kann. Zu teuer noch für den Normalverbraucher, aber immerhin.

Um den Erfolg der gigantischen Investitionen abschätzen zu können, die derzeit für die Plasma- und Lasertechnik aufgewendet werden, sollten wir uns den Sehgewohnheiten der Menschen zuwenden. Farbfernseher waren vor Jahren, als sie noch als »familiäre Zentralaltäre« im Wohnzimmer standen, im Schnitt viel größer als heute – die Individualisierung der Sehgewohnheiten und das »Nebenbei-Fernsehen« hat die Schirmgröße verändert. Gleichzeitig erlebte das Kino in den letzten 5 Jahren einen technischen Sprung wie einen Zuschauer-Boom. Das heißt: Wir sehen uns aus unterschiedlichen sozialen und kognitiven Situationen heraus bewegte Bilder an. Mal mögen wir es raumumfassend, mal als kleines, zappelndes Fenster. Mal allein, mal mit anderen.

Wahrscheinlicher als der wandgroße Bildschirm ist also eine neue Aufteilung: kleine »Kontrollmonitore« in jedem Raum, und im Wohnzimmer ein potentieller »Kinoersatz«. Es ist wahrscheinlich, daß sich Beamer-Projektion als Fernsehtechnik der Zukunft durchsetzt. Sie ist raumsparend, nach Belieben in der Größe verstellbar und erlaubt auch Computeranwendungen. Gute Beamer kosten heute gerade noch 8000 DM und erzeugen ein größeres Bild als jeder Flachbildschirm.

Spracherkennung: Sag es, wie es ist

Eine der letzten Bastionen des industriellen Zeitalters ist das klassische Sekretariat, das sich mit »Abschreiben« beschäftigt – so ziemlich die stupideste Tätigkeit, die man sich vorstellen kann. Moderne Spracherkennungs-Software vermag heute 95 Prozent eines gesprochenen Textes in richtige Schrift umzusetzen. Das ist zu wenig, bei den Korrekturen geht zu viel Zeit verloren. Doch jedes weitere Prozent ist mühsam und kostet ein Jahr teure Entwicklung – so die Faustregel. Das heißt: Im Jahre 2003, bei 99 Prozent Treffsicherheit, werden wir unsere Briefe und Texte alle direkt in den Computer diktieren.

Man darf allerdings Spracherkennung nicht mit Sprachsteuerung verwechseln. Daß wir Maschinen, Häuser, Geräte in Zukunft mit verbalen Kommandos steuern, ist eher unwahrscheinlich. Sprache ist ein Element der menschlichen Sphäre, und es gibt eine starke emotionale Barriere, fast eine »Schamgrenze«, sie im Umgang mit Maschinen umzusetzen. Einzelanwendungen wie im Auto (wenn man allein ist), mögen sich durchsetzen, aber in der »HumanSphäre«, im sozialen Leben, bleibt Sprache dem Zwischenmenschlichen vorbehalten.

Der Konsument der Zukunft ist auf den Blaupausen der Produzenten längst definiert: ein digital erfaßter Verbraucher, der jederzeit online über die niedrigsten Preise informiert ist, ein Mega-Consumer, der seine Wünsche, Träume und Begierden bis aufs Kleinste in Produkte und Dienstleistungen umsetzt. Doch die kulturelle Entwicklung des Kaufens und Verkaufens im 21. Jahrhundert wird auch ganz andere Entwicklungen kennen als den »gläsernen Konsumenten«. Trends und Gegentrends erzeugen überraschende und bisweilen chaotische Kombinationen. Kult-Käufer und Neue Konsum-Verweigerer, Schnäppchen-Fanatiker und Luxus-Jäger, Smart-Shopper und Marken-Puristen, Erlebnis-Pioniere und No-Buyer fusionieren zu ungewohnten Mischungen. Im Universum der Dinge werden andere Botschaften wichtig als Preis, Leistung oder Status: Zeitersparnis und »Convenience«, moralische Fragen und Erlebnisqualität prägen die Konsumkultur der nächsten Dekaden.

Der »Neue Konsument«: Vom braven »Endverbraucher« zum Erfahrungs-Pionier

Wir haben ihn seziert, analysiert und durch die Mangel der Marktforschung gedreht. Wir haben versucht, ihm seine Wünsche von den Lippen abzulesen, bevor er sie überhaupt artikulieren konnte. Wir haben ihn ignoriert, verflucht und in Raster und Cluster eingeteilt, bis die kleinste Zielgruppe kleiner war als eine Person. Wir haben gefleht, gebettelt und gedroht. Und jetzt?

Er ist uns davongelaufen, der *Neue Konsument*. Im Universum des *Neuen Marketing* paßt nichts mehr so richtig zusammen. Flüchtig ist sein Verhalten. Mal verhält er sich knallhart nach dem Preis, mal fordert er bockig Qualität, mal zahlt er horrende Preise für billigste Ware, die nach Gummibärchen schmeckt und im Grunde nichts als Zucker enthält, mal antwortet er nicht einmal auf die härtesten Kampagnen. Wie sieht er nun aus, unser »Konsument 2010«? Ist er ein *Spasmodischer Konsument* (DAVID BOSSHART) – hin- und hergeworfen zwischen Gier und Angst, zwischen medieninduzierten Panikattacken und neuen Lustbedürfnissen? Ist er ein *Lean-Konsument* (nach GERTRUD HÖHLER), der immer mehr Kaufverweigerung und Preisdruck ausübt, der keine Zeit und keinen Nerv mehr hat, sich überhaupt noch mit den Finessen der Produkte und Waren auseinanderzusetzen? Produkte, sagt man, sind alle gleich. Aber noch immer verkaufen sich manche gleiche Produkte unendlich ungleicher als andere. Ist das *Neue Marketing* also im Grunde das alte Marketing: Produkt, Nutzwert, Marke, Markenkern, kreative Kampagne?

»Der Konsument« – geht das überhaupt noch? Das ist ja das Wesen individualisierter Gesellschaften. Geschmäcker, Verhal-

tensweisen, Werte, biographische Zustände werden immer eigensinniger, fraktaler, unvergleichbarer, flüchtiger.
Wie geht man mit einer Welt um, die extrem komplex ist? Wir alle sind heute durchdrungen von einer Sehnsucht nach Transparenz, Klarheit und Ehrlichkeit. Wir sind auf der Suche nach dem verlorenen Sinn. Das Leben hat kein Wertekorsett mehr, keinen Außenhalt in großen Ideen und Institutionen. Die Götter, die aus dem Himmel der Religionen verschwunden sind, tauchen als Idole des Marktes wieder auf. Werbung und Marketing besetzen die vakanten Stellen des Ideenhimmels. Die Wiederkehr von Kulten und Ritualen ist nur zu verstehen durch ihre Funktion als Heilmittel gegen das Chaos dieser Welt.
– So schrieb Norbert Bolz in seinem Buch »Die Sinngesellschaft«.

Vom »Urverbrauch« zum »Social Shopping«: Eine kurze Kulturgeschichte des Konsums

Konsum hat einen langen Weg hinter sich. Von der »ursprünglichen Aneignung«, der Subsistenz des agrarischen Zeitalters – die dennoch ihre bacchantischen Feste des Überflusses, wenn man so will, ihre Sonderangebotsrituale – Erntedankfest – kannte, über die Vorratswirtschaft der frühen industriellen Zeit, in der das »Haushalten« den Alltag bestimmte – 3 Pfund Mehl, 50 Gramm Semmelbrösel, 2 Eier, wir erinnern uns an die kleine Handschrift der Großmutter – bis zur modernen Konsumkultur ist es ein gewaltiger Weg in der Bedeutungsveränderung von Dingen und deren Aneignung.
Bis vor 30, 40 Jahren waren die Märkte vor allem von den Parametern des Mangels geprägt. Das hieß: Ein Angebot war auch ein Markterfolg. Wer etwas beschaffen konnte, verdiente Geld damit. Etwas halbwegs Sinnvolles, preiswürdig auf den Markt gebracht, fand Absatz. Dann begann das Wohlstandswunder mit seinem Hang zur Masse, zum Luxus, zur Ausdifferenzierung von Waren und Gebräuchen; all dies waren

immer noch Kompensationen des Mangels. In den 80ern begann dann die Komplexitätsspirale des Konsums: Marken bekamen plötzlich eine Gestalt als Lebenswelten weit über den Produktnutzen hinaus. In den 80er Jahren lief die Luxuswelle zu großer Form auf und spaltete langsam die Versorgungsmärkte der Länge nach auf: in einen Billigsektor mit großen Stückzahlen und stetig fallenden Preisen und einen Luxussektor, in dem genausoviel Geld verdient wurde wie in der breiten Masse, nur mit einem 20stel des Umsatzes. Der Hedonismus wurde erfunden, die Nouvelle cuisine, die Designerklamotte und der neue Purismus. Die Popkultur wurde Marktkultur und übersetzte die Lebensgefühle der Jugend in Produkte.

Wenn ich an meine Kindheit in den 60er Jahren denke, an die Einkaufsstraße in unserer mittelgroßen Stadt, sind mir 2 Möbelgeschäfte mit wulstigen beigefarbenen »Garnituren« in Erinnerung, Textilkaufhäuser, in denen steife, nach Mottenpulver riechende Damen Kleidung »anpaßten«, und ein Supermarkt, der mit Abstand die größten Abenteuer bot. (Ravioli! MIRACOLI!) Und heute? Greifen wir aus der Vielfalt möglicher Konsumformen eine heraus: *Für 2 Millionen Pfund hat sich der britische Designer PAUL SMITH einen Traum erfüllt: Im Londoner Stadtteil Notting Hill Gate hat er eine 4stöckige viktorianische Villa in 6 unterschiedliche PAUL-SMITH-BOUTIQUEN verwandelt und damit ein völlig neues Ladenkonzept geschaffen. Die Villa hat keine Schaufenster, und der Passant erkennt diese Kreuzung aus Haus und Geschäft nur an einem diskreten Logo über der schlichten Eingangstür. Der Käufer kann alles kaufen, was er sieht: die Kunstgegenstände im Treppenhaus, die Bilder an den Wänden, den Riesenkerzenständer im Parterre, den winzigen Flipper und sogar den Kaugummiautomaten im Kinderzimmer, Kerzen, kleine Spielzeuge, billige Kunstpostkarten, auch die Tapeten, zur Not sogar die Innenarchitektur, denn am Eingang findet sich ein kleines Schild mit dem Namen des »interior designers«. Der Kunde wird in eine Sphäre geführt, die*

Intimität und Willkommensein vermittelt – als sei er zu Gast bei guten Freunden.

Was drückt sich hierin aus? *Emotional Shopping* ist das ganz gewiß, Erlebniseinkauf, aber ein äußerst subtiler. *Sensual Shopping*, sinnlicher Einkauf. *Social Shopping*, denn zum Einkauf gehört der Aufenthalt in der Espressobar. *Personal Consuming*, denn weit mehr als *customisierte* Produkte werden angeboten. Eher ein Besuch bei Freunden mit Geschmack, die Freunde mit Geschmack empfangen und vielleicht etwas abgeben von ihren Reichtümern.

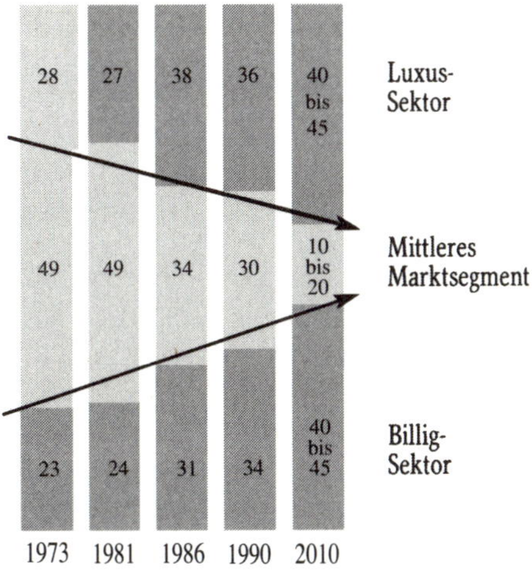

Abb. 32: Die neue Marktspaltung: Die Mitte verschwindet
Quelle: BAT Institut für Freizeitforschung

Konsum für die oberen 10 000 – oder ein Symbol für die kommende Konsumkultur? 70 Prozent der Kunden des PAUL-SMITH-HAUSES wohnen in Notting Hills eher ärmeren Teilen rund um die Portobello Road. Hier herrscht die sogenannte »urbane Sekundärökonomie«. Second-Hand-Läden, asiatische Billigshops, indische Gewürze, sogar ein deutscher Bratwurststand. Studentische Einkommen, Kulturmix, die prekäre

Ökonomie der multikulturellen Gesellschaft. Auch diese Kunden kommen zu SMITH nach Hause – und kaufen nichts. Oder eine teure Vase. Oder einen Schlips. Oder trinken nur einen Espresso.

Noch einmal: Was will der Konsument? Er will sich kleiden, sich ernähren, genießen – zu einem möglichst geringen Preis. Er möchte sich immer mehr bedienen lassen – man kann das Wort von der »Serviceorientierung« nicht mehr hören. Wirklich? Die GESELLSCHAFT FÜR KONSUMFORSCHUNG (GfK) hat in einer Studie herausgefunden, daß Konsumenten *am liebsten von Menschen bedient werden, die aber möglichst so schnell wie ein Computer sein sollen. Gleichzeitig möchte man sich persönlich behandelt fühlen, der Verkäufer sollte aber am besten nichts über einen wissen.*

Preis: Der Siegeszug des »Smart-Shopper«

In den Verteilungsmärkten der Vergangenheit war der Preis keine wirklich disponible Sache. Sonderangebote waren Lockangebote, mit denen die Konsumenten in die Läden gezogen werden sollten. Heute haben wir plötzlich in vielen Märkten Situationen, die einem Basar ähneln: Der Preis ist auf breiter Front freigegeben und der Willkür des »Kollektivs Konsument« ausgesetzt.

Diese Öffnung der Märkte »nach unten« hat 2 Hintergründe, die in jedem Erstsemesterkurs BWL diskutiert werden: Globalisierung und Internet. Globalisierungseffekte treiben immer mehr Produktkategorien in weltweite Preiskämpfe – bei Autos, Designerkleidung, Möbeln merkt man diesen Effekt heute schon deutlich. Er verändert die Ansprüche. »Der Konsument« hat in New York preiswert Luxusprodukte eingekauft, in London womöglich in gut designten Restaurants Erstklassiges zum halben Preis gegessen und ähnliche außergewöhnlich erfolgreiche Konsum-Erfahrungen gemacht. Das prägt.

Das zweite Element im Erscheinen eines *realen* Marktplatzes wird durch neue Formen der Informationsvermittlung erzeugt. Im Internet bietet der Kunde, und der Hersteller liefert für den gebotenen Preis. Oder auch nicht. Warenaustausch, sprich Konsum, wird zur freien Vereinbarung zwischen Individuen und Anbietern.

Ein dritter, fundamentaler, Faktor kommt hinzu: In einer von Wissensakkumulation geprägten Ökonomie fällt der Preis von Waren, von *Hardware generell.*

Dinge werden austauschbar, beliebig, störend; man bekommt sie an der nächsten Straßenecke hinterhergeworfen. Da der ökonomische Fokus auf immateriellen »Dingen« liegt (Information, Wissen, Wissenstransfer), sinkt die komparative Wertigkeit von Materie. Das versteht auch der Konsument, und seine nächste Attacke gilt dem Markenprodukt. Er hat gelernt, daß Produkte gleich sein können, obwohl sie unterschiedliche Preise haben (der »ALDI-Effekt«: *Das ist doch derselbe Joghurt, den NESTLÉ doppelt so teuer verkauft!*). Die Psychologie, die hier entsteht, zielt nicht mehr auf den Erwerb selbst, sondern auf das Lusterlebnis des geringeren Preises: Wenn der Konsument ein Produkt nicht zum Tiefstpreis bekommt, hat er das Gefühl, betrogen worden zu sein. Konsequenz ist die konsequente Schnäppchenjagd, die geradezu fanatische Orientierung am Preis.

All dies heißt, daß in weiten Teilen der Wertschöpfungskette der Zwischenhandel entfällt. Der optimierte und immer besser informierte Konsument kauft direkt beim Hersteller – *factory outlet* – oder besorgt sich sein Produkt in Grau- und Schwarzmärkten. Für Herumstehen, Lagern oder Transport wird niemand mehr honoriert. Die Zukunft des Handels liegt in anderen Formen der Distribution: Direktlieferung, on-demand, Spezialkataloge.

Die zweite Konsequenz: »Rezessiver Luxus«. Bezahlt wird entweder für reine Luxusprodukte – mit hohem Status- und Qualitätswert – oder für maximale Billigkeit. Beide Konzepte sind auch miteinander kombinierbar – bei ALDI einkaufen, um sich den PORSCHE leisten zu können.

Von der Erlebnis- zur »Erfahrungs«-Ökonomie

Das Lied von der Dienstleistung macht momentan die Runde: Nach Jahrzehnten der Selbstbedienungsmentalität ist der Kunde plötzlich König. Das ist gut so – aber reicht es aus? Ist »Service« das, wofür »der Konsument« in Zukunft Geld bezahlt? Mitnichten. Er setzt ihn voraus. Er findet ihn bisweilen sogar eher lästig. Er ist bockig: *Dafür, daß die Verkäuferinnen schön aussehen und mich bis zum Wagen begleiten, lass' ich mir doch nicht das Geld aus der Tasche ziehen!* Die wirkliche Herausforderung und eine solide Theorie über die Märkte der Zukunft finden wir in einem Buch, das derzeit in der amerikanischen Marketing-Szene Furore macht. B. JOSEPH PINE und JAMES H. GILMORE entwickeln in ihrem Werk »The Experience Economy« einen Ansatz, der die Geschichte der Konsumtheorie erweitern wird – weit über die Frage der Dienstleistung hinaus. Produkte und Waren erzielen ihren Endpreis durch eine Vielzahl von Zwischenstufen. Nehmen wir das Beispiel Kaffee: Auf dem Weltmarkt kostet ein Pfund derzeit etwa 1 Euro. Eine Tasse also etwa 3 Cents. Als TSCHIBO oder EDUSCHO verpackt, verschifft und verkauft liegt der Tassenpreis bei etwa 40 Cents. Im hippen Coffeeshop an der Ecke, bei Star Bucks oder im guten, alten Eiscafe, kostet die Tasse leicht 1,50 Euro. Aber: Auf dem Markusplatz in Venedig, auf den Klippen von Deia auf Mallorca oder in Sansibar, auf Sylt ist ein ordentlicher Kaffee für 3, vielleicht sogar 4 Euro zu haben.

In der traditionellen Ökonomie hätte man die letzte Stufe dieser Transaktion, da, wo es wirklich teuer wird, als »Dienstleistung« (in Deutschland gerne als »Nepp«) bezeichnet. Aber eine Tasse halbwegs gut gekochten Kaffee hinzustellen, dabei zu lächeln und gut auszusehen, erzeugt keinen Mehrwert – dazu ist das Produkt zu profan. *Kaffee, den man nicht vergißt,* ist viel mehr. Es ist das *setting*. Die Bühne, die Inszenierung. Die Landschaft. Die Konnotation, der Mythos des Ortes. Das, was »erzielt« wird, ist weniger der Geschmack des Kaffees auf den Lippen, als das, was »der Konsument« fühlt, denkt, erinnert. Sprich: das Erlebnis!

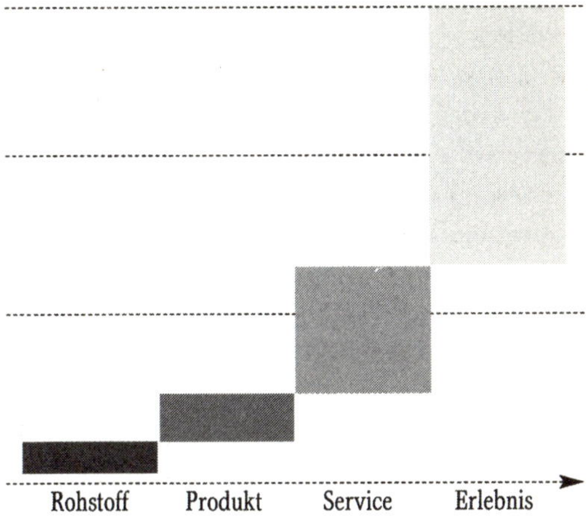

Abb. 33: Anteile der Wertschöpfung bis zum Erlebnis-»Produkt« (nach Pine/Gilmore)

Erlebnis heißt hier nicht nur *Fun*. Es geht nicht bloß um kurze *Thrills*. Jedes gute Restaurant ist viel mehr als nur *Service*. Es ist Unterhaltung, Design, Interaktion, Landschaft, Aufführung. Die neuen Erlebniskinos und Zirkus-Shows arbeiten mit einer Vielzahl von sinnlichen und kulinarischen Sensationen, die ein Gesamtkunstwerk ergeben, in dem »der Konsument« die Hauptrolle spielt. Gleichzeitig wird dabei die Schwelle des passiven Konsums überschritten: Das Publikum »macht« das Ereignis, indem es reagiert!

Diese letzte Stufe unserer Wertschöpfungskette, da wo »Service« zum Erlebnis und schließlich zur Erfahrung wird, übertrifft in ihrem Wirkungsgrad nun alles um das Vielfache. Ein inszeniertes Erlebnis-»Produkt« (ist es eigentlich noch ein

Produkt?) steigert die Spannen um das 4- bis 10fache – hier spielt die eigentliche Musik in den Märkten der Zukunft.

- **Handel:** Während wir uns Waren des täglichen Bedarfs in ein paar Jahren nach Hause liefern lassen, werden die Erlebnisse des Einkaufs immer subtiler. Erlebniskonsum findet in thematisch aufgerüsteten Städten statt – Mittelalter, Postmoderne oder Gründerzeit – wie hätten Sie es denn gerne? Die neuen Mega-Einkaufszentren mit Dienstleistungen von der Massage bis zur Akupunktur, vom Kindergarten bis zum Kino werden die alten Einkaufsbunker ablösen. In den weltweiten Ketten, aber auch in vielen kleinen Läden, wird die »Thematisierung« blühen: Läden zum Thema Afrika, Sadomasochismus, Alice im Wunderland, Landleben, Coolness, Science-fiction, natürliche Sinnlichkeit. In Nürnberg hat das erste Kaufhaus für Frauen geöffnet – und es ist nicht nur ein Kaufhaus, sondern auch ein Schönheits- und Entspannungshaus: EMOTIONS bietet Friseure, Fitneß-Abteilungen, Gerüche, Düfte, Kindergärten und erotische Wäsche.
- **Gastronomie:** Hier ist der traditionelle Hort der Erlebnisökonomie. Restaurants, Hotels und Bars haben sich, vor allem über ihre soziale Funktion, schon immer als Bühne inszeniert. Aber das war erst der Anfang. Die RAINFOREST CAFÉ'S bieten einen kompletten Themenpark im Bereich Ökologie. Das ADAGIO in Zürich simuliert eine Mittelalter-Renaissance-Gotik-Themenwelt mit Minnesang und Riesenlüstern. Die erfolgreichen Hotels der Zukunft werden keine Schlafstätten mehr sein, sondern stilistische Ensembles, wie die Kulthotels von PHILIPPE STARCK in New York, Los Angeles und Miami.
- **Entertainment:** Erlebniswelten sind der Ort, an dem wir uns in Zukunft eine große Zeit unseres Lebens aufhalten werden. Von den KÖRPERWELTEN bis zum RAUMSCHIFF ENTERPRISE, von RONCALLI, den neuen Rundum-Simulationen im Reiche DISNEY bis zum IMAX, von Center-Parks bis zu neugestalteten Öko-Zoos, von der EXPO bis zum OPERNBALL: Moder-

ne Technik macht immer detailgetreuere Simulationen möglich, die sich mit unserer realen Umwelt bis zur Unkenntnis verweben. Dabei werden Bereiche erobert, die man früher nicht mit »Erlebnis« verband: VOLKSWAGEN baut in Dresden die »Gläserne Fabrik«, in der die Kunden der Produktion ihres höchstpersönlichen Autos zuschauen können. Firmen wie APPLE, SILICON GRAPHICS, OPEL oder HEWLETT-PACKARD bieten ihren Kunden »Techno-Tours« – die Disneyfikation der Unternehmenskulturen steht bevor. Dabei werden durchaus auch die Authentizitäts-Fanatiker auf ihre Kosten kommen: Neben dem VENICE, dem gigantischen 5000-Betten-Hotel in Las Vergas, das eine kitschige Venedig-Welt simuliert, gibt es auch das reale, das melancholische, das versinkende Venedig. Das wird immer mehr zu einer *authentischen* Venedig-Themenwelt aufgerüstet. Irgendwann, im 22. Jahrhundert, werden wird nicht mehr so recht unterscheiden können, wo wir uns eigentlich befinden …

- **Sport:** Sport ist heute mehr denn je soziales und Körpererlebnis und löst sich von den Stoppuhren und Meßbändern (den typischen industriellen Instrumenten). Beim Bungee-Jumping etwa geht es nicht darum, »möglichst schnell unten zu sein«. Inszeniert wird ein Grenz-Ritual, eine Sensations-Erfahrung, die für manche bereits die nächste Stufe der Erlebniskultur verheißt: Persönliche Transformation. Aber das muß nicht immer nur in den Extrembereichen stattfinden: Golf als neuer Kultsport trägt schon alle Insignien einer »reversen«, von Langsamkeit und Kontemplation geprägten Erlebniskultur: Jagen mit Pfeil und Bogen, Ballonfahren, Felsenklettern, Rafting, Waleküssen, Tornado-Hitchhiking, Lama-Trekking – die Möglichkeiten sind schier unbegrenzt. Keine Rekorde oder Leistungsziele sind hier zu erreichen, sondern nur – Erfahrungen. Das kann natürlich auch absurde Züge annehmen. Der Kabarettist Gerhard Polt redete in einem seiner letzten Programme neulich vom *Stopping* und *Airsnapping* als neuen Erlebnissport. Aus einem Bericht des schweizerischen Magazins FACTS über den angeblichen Trendsport *Treeclimbing* – Klettern auf hohe Bäume: *Begehrte Kletterobjekte sind die Solitäre, große Bäume, die einsam in der Landschaft stehen, so daß kein Blätterwald dem Treeclimber die Aussicht versperrt. Erfahrene Baumsteiger schaffen es bis auf 50 Meter Höhe. (...) Ganz oben auf der Krone geht der Puls des Treeclimbers wieder nach unten und der Blick in die Ferne – das sind die Momente, in denen die Freizeitsportler Zeit für große Gedanken finden. Man denkt darüber nach, wie es Millionen von Jahren gedauert hat, bis der Mensch von den Bäumen stieg und er nun nicht schnell genug wieder raufkommen kann.*

Erlebnisse machen Spaß, unterhalten, amüsieren. Erfahrungen hingegen verändern, bringen weiter, verdichten, erhöhen die Komplexität. Erlebnisse finden auf Bühnen statt, in Kulissen, mit Nebel und Feuerwerk. Erfahrungen auch in Stille, in den abseitigen Orten der Seele.

	Agrarische Kultur	**Industrielle Kultur**	**Postindustrielle Kultur**	**Wissensökonomie**
Angebot	Güter	Produkte	Dienstleistungen	Erlebnisse
Ökonomische Funktion	Ernten/ Extrahieren	Produzieren	Liefern	Inszenieren
Zentrale Eigenschaft	natürlich	standardisiert	»customized«	persönlich
Charakter des Distributeurs	Händler	Produzent	»Provider«	Arrangeur
Charakter des Käufers	Markt	Verbraucher	Kunde	Gast
Wesentliche Nachfrage faktoren	Gebrauchswerte	Qualität	Nutzen	Sensationen

Abb. 34: Die zentralen Wertschöpfungsketten in den Epochen

Von der Dienstleistung zur High-Touch-Ökonomie

Übersetzen wir die neue Erlebnis-Kultur nun in die Welt der Dienstleistung. *Warum*, so hieß es neulich in einer Hotel-Fachzeitschrift, *kommen wir unseren Hotelkunden immer aus der Distanz gewichtiger Barrieren entgegen, statt sie am Eingang zu begrüßen und auf ihr Zimmer zu begleiten?* Und die Trendforscherin FAITH POPCORN schrieb über die kleinen, persönlichen Hotels, in denen sie sich aufgehoben fühlt: *Bei den kleinen Hotels des* sweet indulgence *(der süßen Genüsse) geht es um die Wahl für das Kleine, das Überschaubare, Eigene, Seelenvolle. Es geht nicht mehr um die Tatsache, daß mein Name in einem Computer auftaucht und der Empfang mich mit Namen anspricht. Das ist formale Dienstleistung, die auch wichtig ist. Die kleinen, authentischen Hotels haben eine andere Botschaft: Du bist kein Computereintrag, sondern ein lebender Gast. Kein Glamour, kein Luxus, kein riesiger Marmorempfang keine komischen Uniformen. Vergeßt den Korb mit den Früchten. Gebt mir einfach ein kuscheliges Bett in einem schönen, kleinen Raum, wo ich ein Buch aus dem 18. Jahrhundert lesen kann!*

High-Touch 1: All-in-one oder Der neue Universalismus der Dienstleistung

Die Do-it-Yourself-Gesellschaft hat uns alle in die Rolle von Dübel-Spezialisten gezwängt, egal, ob wir uns in dieser Rolle wohlfühlen oder nicht. Wir sind zu Selbst-Schraubern geworden. Selbst-Bastlern, Selbst-Informierern, Selbst-Kümmerern, Selbstabholern – und Selbstversagern. Der Alltag wird zu einem organisatorischen Dickicht, in dem man ständig nach Zetteln sucht, Handwerker verflucht, sich darüber ärgert, schon wieder das falsche Gerät eingekauft zu haben. Die modernen Arbeitsteilungen zwischen Mann und Frau, in denen die Zuordnungen nicht mehr so eindeutig sind wie früher, zwingen die Alltags-Komplexität in schwindelnde Höhen. Das Leben besteht aus warten, parken, säubern, instandhalten, reparieren. High-Touch-Dienstleistungen verstehen, daß diese Probleme nicht »hausgemacht« sind oder vom Konsumenten durch Dummheit verursacht, sondern daß wir es mit zutiefst *menschlichen* Phänomenen zu tun haben. Und deshalb sind sie nur *ganzheitlich* zu lösen, als Systeme:

- **Kein Auto, sondern Mobilität:** Schon heute können wir erleben, wie Autos in den großen Städten als *lästige Hardware* empfunden werden. Die Konsequenz ist über kurz oder lang die Ausweitung der Autoverleihfirmen zu *Mobility-Providern*, die je nach Bedarf und Laune ihren Kunden Cabrios, Vans oder Kleinwagen zur Verfügung stellen.
- **Kein Computer, sondern »general cost«:** In den USA ist das Umdenken zu den Systemkosten bereits in vollem Gange. Immer mehr Firmen und Privatleute fordern lautstark niedrigere Systemkosten, weil sie gelernt haben zu rechnen. Ein Computer kostet einer amerikanischen Statistik der GARTNER GROUP zufolge etwa 13 000 Dollar pro Jahr: Hardware, Software, Wartung, technische Hilfe. Der größte Brocken mit etwa 5000 Dollar ist das sogenannte *futzing* – wenn Beschäftigte an ihren Rechnern herumdoktern, anstatt mit ihnen zu arbeiten.
- **Keine Heizung, sondern Wärme:** Die technische Komplexität ist eines der größten Probleme für den modernen Menschen – niemand ist in der Lage, auch nur annähernd so auf dem neuesten Stand der Technik zu bleiben, daß man auch nur die notwendigsten Anschaffungen richtig entscheiden kann. Die Zeit und »Reibungsverluste« beim Kundigmachen werden immer größer. Also mieten wir in Zukunft Wärme von einem

Wärme-Provider, dessen Bier es dann ist, wie er unsere Wohnungen effektiv und umweltschonend warm bekommt.

So könnte zum Beispiel die Technik der Zukunft aussehen: Der Living-Tech-Service, ein mobiles Gesamthausmeister-Unternehmen, kommt einmal die Woche ins Haus und registiert durch eine schnelle Abfrage in der Hausplatine den Abnutzungs-Status von Waschmaschinen, Mediensystemen und Mobilmodulen in der Garage; Verschleißteile werden ersetzt, bevor sie ein Problem werden könnten, selbstredend wird jedes Gerät alle 2 Jahre durch das neuere, bessere, billigere ersetzt, ohne daß wir uns darum kümmern müßten. Das Wort »kaputt« gerät auf die Liste der aussterbenden Arten, denn im 21. Jahrhundert erwirbt man nicht mehr Gegenstände, sondern *Funktionen und Nutzungen*. Niemand wird demzufolge noch einen müden Euro für Produkte ausgeben, die »kaputtgehen«! Wenn das Auto nicht fährt, ruht das Geld, das wir dafür zahlen. Wenn der Computer streikt, ist das das Problem des *Providers* – nicht unseres!

High-Touch 2: Domestic Outsourcing: Die Wiederkehr professioneller Hausarbeit

Nicht Telekommunikation oder Informationstechnologie, sondern Dienstleistungen rund um den Haushalt sind in den USA und Großbritannien zur Zeit die Branche mit den höchsten Wachstumsraten. Allerdings ist die Dunkelziffer beim *modern homework* groß – die meisten dieser Dienstleistungen finden als Schwarzarbeit statt, der Strom der illegalen Zuwanderer und Balkan-Flüchtlinge in Westeuropa läßt die Preise weiter fallen. Dies spiegelt sich auch in politischen Debatten und Initiativen: Mehrere europäische Länder, etwa Dänemark und Frankreich, bieten ihren Bürgern inzwischen Steuererleichterungen bei Heimdienstleistungen an, die eine Explosion des Domestic-Service-Bereiches zur Folge hatten.

- Alte Berufe, wie »Hausdame« oder »Besorgerin«, selbst der

Butler, erleben eine Wiedergeburt im neuen Dienstleistungsgewand: Oft noch im Schattenreich der Schwarzarbeit, arbeiten sich diese Berufe derzeit wieder in die Haushalte vor. Besonders urbane »working couples« sind hier die Abnehmer, aber auch immer mehr Haushalte, in denen »Neue Hausfrauen« das Regiment führen, Haushalts-Managerinnen, die zunehmend auch organisatorische Arbeit delegieren.

- Steigende Mobilität erfordert Delegierung von Hausarbeit. Die Angestellten LES CONCIERGES (www.lesconcierges.com) aus Südfrankreich warten für ihre Kunden auf den Stromableser, Elektriker oder Klempner. Außerdem fahren sie Haustiere zum Tierarzt, organisieren Feiern und passen auf Haus oder Wohnung auf, wenn die Besitzer in den Ferien sind.
- Viele Unternehmen und Siedlungsunternehmen bieten integrierte Dienstleistungspakete für ihre Mieter oder Mitarbeiter. Die Angestellten im Frankfurter TRIANON-HAUS finden im Keller eine »Shopping Box«. Im Osten Deutschlands werben Plattenbausiedlungen mit »integrierten Concierges«. STREAMLINE aus Boston (www.streamline.com) stellt in den Garagen ihrer Kunden einen Kühlschrank mit Gefrierfach auf. Dieser wird regelmäßig mit frei wählbaren »don't run outs« (Dingen, die man unbedingt benötigt) bestückt – ohne den Kunden zu stören. Weitere Leistungen: STREAMLINE holt Wäsche aus der Reinigung ab, bringt Videokassetten zurück, liefert Feuerholz und bringt Photos zum Entwickeln. In amerikanischen Unternehmen ist die Bezahlung derartiger Haushaltshilfen vielerorts schon Teil der Angestellten-Gehälter. Der Grund liegt auf der Hand. Ist die häusliche Arbeit getan, kann der Mitarbeiter länger im Büro bleiben. Die Wirtschaftsprüfer von KPMG z. B. bezahlen ab dem 1. November 1999 ihren amerikanischen Mitarbeitern die Dienste von LES CONCIERGES. Sie folgen damit dem Vorbild von MICROSOFT und LOCKHEED.

- OMAGNIFIQUE heißt eine Kochagentur, in der patente Omas im heimischen Haushalt alte Rezepte wie Königsberger Klopse oder Grünkohl mit Kochwurst kochen.
- Die Ex-Managerin KIRSTEN ERLENBRUCH gründete in München eine Firma, die aufräumt. Für 600 Mark/Tag verdient sie an der Unordnung anderer. In den Arbeitszimmern kreativer Chaoten, in kleinen Unternehmen wie auch in großen Konzernen bringt sie Ordnung in die Unterlagen, den Aktenschrank. (MANAGERMAGAZIN, Juni 1998)
- KIDS KAB, gegründet 1995 in Saratoga, Kalifornien, fährt Kinder zur Schule, wieder zurück und zu Freunden und Freizeit-Aktivitäten – 250 »Abonnenten« hat die Firma heute. (TRENDLETTER, 22. Juli 1999)
- Seit November 1995 gibt es in England eine Firma, die Möbel von IKEA und HABITAT zu Hause zusammenbaut. Sie heißt SCREWDRIVER und beschäftigt überwiegend Rentner aus Handwerksberufen.
- BETH BERG ist ein »Domestic Consultant« in Los Angeles – sie plant die nächste Essenseinladung, macht die Zahnarzttermine für die Kinder, kümmert sich um den Hund – eine professionelle Hausfrau für 25 Dollar die Stunde.
- Einzelkämpfer bieten individuelle Emotions-Dienstleistungen an – und entwickeln völlig neue Berufe. »Vorleser«, »Stimmungsmacher«, »Talentscouts«, »Preisvergleicher«, »Zuhörer«, schließlich »Ritualisten«, die uns dabei helfen, verlorengegangene Rituale wieder neu zu entdecken und zu gestalten. In Berlin existieren bereits »Traueragenturen«, die Begräbnisse auf neue und persönliche Art arrangieren. Und in Großbritannien hat der Pop-Unternehmer RICHARD BRANSON die erfolgreiche Kette VIRGIN BRIDE gegründet – eine Agentur, die beim Ausrichten rauschender Hochzeiten behilflich ist.

Die Konsequenz dieses Trends ist absehbar: In der deregulierten, von Flexwork geprägten Arbeitswelt, in der Frauen keine Hausfrauen mehr sind, wird die komplette Hausarbeit als

Lohnarbeit »outgesourct«, einschließlich weiter Teile der Kinderbetreuung. Auf Dauer kann kein Nationalstaat Europas auf die gewaltigen Arbeitsmarktpotentiale dieser *Neuen Hausarbeit* verzichten. Damit entstehen aber keineswegs nur neue Sklaventätigkeiten und »Putzfrauenjobs«. Ein neuer Hausfrauen-(oder -männer)-Beruf rekonstruiert sich – als komplexe Dienstleistung, die Einfühlungsvermögen, Organisationstalent, *Emotionale Intelligenz* voraussetzt. Dies wird selbstredend auch das Verhältnis zwischen Mann und Frau beeinflussen und die Beziehungs- und Ehequalitäten erhöhen.

High-Touch 3: Dienstleistungen als Kooperation und Ressourcenschonung

Viele High-Touch-Dienstleistungen haben einen sozialen und kommunikativen Aspekt, der über das eigentliche Dienstleistungsangebot hinausgeht: Sie bilden kommunikative Netzwerke mit ökonomischem Hintergrund. »Mit-« und »Co-« lauten die klassischen Vorsilben einer neuer Generation von Vermittlungs-Agenturen, die die Ressourcen des einzelnen schonen helfen und darüber hinaus soziale Begegnungen ermöglichen. *Mitwohnzentralen*, *Mitfahrzentralen*, ja sogar *Mitflugzentralen* helfen bei der Organisation von beruflicher und privater Mobilität. Car-Sharing-Agenturen assistieren bei der Lösung ökologischer Probleme und unterstützen neue Formen der Nachbarschaft.

Dabei ist das studentische Flair früherer Zeiten längst überwunden. Die Mitwohnzentralen haben sich zu professionellen Verbünden zusammengefunden: HOMECOMPANY heißt heute der Dachverband in Deutschland, eine Internet-Page ist längst selbstverständlich (www.homecompany.de). Carsharing – in all seinen Formen – driftet heute aus den Hinterhöfen Berlins in die Welt der professionellen Autovermieter: SIXT bietet inzwischen das jährliche Rundum-Paket für den Vielreisenden an.

High-Touch 4: Die neuen Handwerker: Smart Services mit Herz und Hand

Besonders handwerkliche Angebote werden sich in den nächsten Jahren in Richtung High-Touch-Dienstleistungen entwickeln. Der mürrische Zunftvertreter, der für 150 Euro (100 für die Anfahrt, 50 für die Arbeit) eine Glühbirne anschließt, wird vom Konsumenten nicht mehr akzeptiert. Gewerbeübergreifende Komplettleistungen, kundenorientierte Psychologie, Schnelligkeit und Sauberkeit, aber auch ein neues Kommunikationsverhalten jenseits der branchentypischen Knurrigkeit prägen die neuen »Handwerks-Provider«, die zunächst in den angelsächsischen Ländern aus dem Boden sprießen. Der Handwerker der Zukunft, so könnte man es formulieren, wird nicht nur seinen Werkzeugkasten kennen müssen, sondern auch das Gemüt seiner Kunden. Er wird reden und erklären. Er benötigt, neben einer genuinen Menschenfreundlichkeit, ein solides Marketing- und Vertriebskonzept, ein Corporate-Design.

In Europa hat der Mangel an all diesen Tugenden – und die zünftische Tradition mit ihren rigiden Prüfungsordnungen und Gewerberegeln – dazu geführt, daß der komplette Handwerksstand im Orkus der Schwarzarbeit zu verschwinden dreht. Aber die Zukunft des Handwerks zeichnet sich schon ab. In den USA wurden bereits in allen Sparten, vom Klempner bis zum Elektriker, vom Homecomputer-Reparaturservice bis zum »Horne-Inspector« Franchise-Ketten neuen Typs gegründet. Die Klempner-Franchise-Kette DE-MAR bietet zum Beispiel:

- *Garantie für Service am selben Tag*
- *Einjahresgarantie für alle Arbeiten*
- *Preisgarantie (Fehlrechnungen gehen auf Kosten von DE-MAR)*
- *24 Stunden am Tag, 7 Tage pro Woche, 365 Tage im Jahr. Kein Zuschlag ANYTIME!*

- *Geschenkzertifikate für Stammkunden*
- *Preisnachlässe für Senioren*
- *Dankkarten*
- *Nachfaßerhebungen per Telefon über Kundenzufriedenheit*
- *Strenge Kleiderordnung*
- *Makellose Lieferwagen mit speziellem gelben Farbton (hat DuPont extra für De-Mar geschaffen)*
- *2 Prozent der Bruttoeinnahmen fließen in Ausbildungsmaßnahmen*

(aus Tom Peters, »Der WOW! Effekt«)

In Holland haben sich die sogenannten »Allgewerkehöfe« durchgesetzt, die komplette Dienstleistungen aus einer Hand anbieten – kein Koordinationsstreß mehr, keine teuren Anfahrtswege, um einen Nagel einzuschlagen: Dienstleistung als Mannschaftssport und kooperatives Unterfangen.

High-Touch 5: Der Life-Coach: Arbeit an der Ganzheit des Menschen

Elisabeth Beck-Gernsheim schrieb in ihrem Buch »Was kommt nach der Familie?«: *Im Zuge von Säkularisierungsprozessen sind auch die Orientierungsinstanzen weltlich geworden, sie heißen jetzt Spezialisten, Wissenschaftler, Berater. Die Experten erleben ihren Aufstieg und breiten sich aus. Sie reichen in buchstäblich alle Nischen und Regungen des Lebens, von Mode und Kleidung bis zu Konsum, Reisen, Freizeit, von Ernährung und Erziehung bis zu Sport und Gymnastik, ja bis hin zu den inneren und intimsten Bereichen, bis zu Liebe, Sexualität und Beziehungsproblemen. Kurz, die Berater sind überall und allgegenwärtig. Sie entwerfen Theorien, Strategien, Lösungsvorschläge, sie zählen Vor- und Nachteile auf, sie versorgen mit Rezepten und Regeln, sie zeigen Wege und Auswege, bieten praktische Hilfe beim Optimieren und Kalkulieren des Lebens …*

In unserer individualisierten Welt wird es immer schwieriger für den einzelnen, Lebensentscheidungen zu treffen. Soll ich kündigen und eine neue Stelle annehmen? Heiraten? Mich scheiden lassen? Umziehen? Wie kann ich mein Leben ändern? Eine konsequente Diät anfangen? Mich selbständig machen? Unser mobiles Leben benötigt intime Trainer, wie wir sie früher in Form von Freunden und Verwandten zur Verfügung hatten. Doch mit steigender Lebenskomplexität sind unsere Vertrauten zunehmend überfordert. Deshalb ist es nur logisch, daß im 21. Jahrhundert der »Life-Coach« zum Alltag gehören wird – eine Mischung aus Psychotherapeut und Karriereberater, eine Hybride aus Gesundheitsberater und Sorgentelefonist, den man auch mal mitten in der Nacht anrufen kann. In den USA bieten bereits 3.000 Life-Coachs ihre Dienste an. In der Evolution dieser jungen Branche zeigt sich besonders deutlich der individualisierte Aspekt der High-Touch-Idee: Im Gegensatz zu Ärzten, Psychologen oder klassischen Karriereberatern, die oft nur generelle Standard-Lösungen für ein spezielles Problem anbieten, helfen Life-Coachs jenen Menschen, *die ganz spezielle Hilfe bei einem generellen Problem suchen.* Life-Coachs müssen dabei Elemente der Körpertherapie mit Karriereplanung und Partnerschaftsberatung kombinieren. Sie sind gewissermaßen die »biographischen Universalhandwerker«.

Wir machen keine Tiefenanalyse, sondern helfen normalen Menschen, ihre Ziele besser und schneller zu erreichen, erläutert der Präsident der bisher einzigen COACH UNIVERSITÄT in Brandon, Florida. Die Coach-Universität bildet in einem virtuellen Studiengang via E-mail und Telefonkonferenzen die zukünftigen Coachs aus. Dort lernen sie mit jeder Art von Problem umzugehen, in der Praxis spezialisieren sie sich dann meist auf bestimmte Lebenssituationen oder Berufe. Unter der Webadresse der COACH UNIVERSITÄT (www.coachu.com) findet sich deshalb auch eine Suchmaschine, mit der sich interessierte Kunden einen Life-Coach heraussuchen können, der von seiner Qualifikation her zum eigenen Bedarf paßt.

Hier deutet sich eine weitere Stufe der Erfahrungskultur an: Dienstleistung wird dermaßen intensiv, emotional und persönlich, daß sie den Menschen (»Kunden«) verändert. Aus Erfahrungen werden irgendwann Wandlungen. Wer Menschen dabei hilft, Transformationserfahrungen zu machen, wird diese höchste Stufe repräsentieren. Damit beginnt das *Mental Age*, die nächste Stufe der Wissenskultur.

- **Brain-Coaching:** In Frankreich und England ist die Idee eines »persönlichen Philosophen« in Mode gekommen; »zerebraler Chic« bekennt sich zur neuen Lust am Denken und Diskursieren. MARC SAUTET, der französische Philosophie-Professor, der auch die Philosophencafés ins Leben gerufen hat, arbeitet – auf Basis eines Stundenlohns – als persönlicher Philosophieberater. Er lehrt seinen Klienten klares Denken: *Meine Aufgabe ist es, die richtigen Fragen herauszukitzeln.* Sein typischer Kunde ist 40 Jahre alt, hat einen guten Job und lebt in einer stabilen Ehe, fühlt sich aber leer und denkt bisweilen an Selbstmord. In Deutschland bietet Dr. Gerd Achenbach in Bergisch-Gladbach seit vielen Jahren die Dienstleistungen seiner philosophischen Praxis an: Kurse, Begegnungen zur neuen Ethik anhand von Kierkegaard, aber auch Einzelsitzungen über den Sinn des Lebens.
- **Health-Coaching:** Ganzheitliche Gesundheitsberatung gehört zu den am schnellsten wachsenden Coaching-Dienstleistungen. Das IN BALANCE-TEAM in Bayreuth bietet Einzelstunden, Weiterbildung und Seminare im Bereich Bio-Energetik und Life-Coaching: *Wir wollen, daß Sie lernen, durch die Fokussierung Ihrer Aufmerksamkeit auf die Gegenwart die Wirklichkeit richtig einzuschätzen.* Das ist die Ausgangsbasis für eine aktive Lebensgestaltung. Wir nennen diesen Prozeß Selbst-Management. Das von Basel aus operierende Unternehmen MCWELLNESS bietet vielreisenden Managern oder anderen mobilen Menschen einen ständigen ortlosen Hausarzt: Alle Krankendaten werden auf einer Karte gesammelt, der Kunde kann seinen privaten Doktor

rund um die Uhr erreichen und von ihm Rat einholen. High-Touch heißt auch: In einer mobilen Welt mit elementaren Bedürfnissen menschlich *in touch* bleiben.

- **Finanz-Coaching:** Ein guter Vermögensberater ist immer auch ein praktischer Psychologe. Schließlich wird er mit sehr langfristigen und tief persönlichen Entscheidungen seiner Kunden konfrontiert – weitaus mehr als etwa ein Auto- oder Computerhändler. Deshalb wird das Bankenwesen eine neue Form ganzheitlicher Beratung hervorbringen, das mit dem alten Drückertum nicht mehr das Geringste zu tun hat.

High-Touch 6: Das Prinzip Sinnlichkeit

In der neuen High-Touch-Welt geht es nicht mehr nur um Kulissen. Der Konsum löst sich aus dem Kaufakt und wird zur sozialen Begegnung. Die amerikanische Buchhandels-Kette BARNES & NOBLE hat in ihren großen Filialen gemütliche Buch-Cafés integriert, in denen man einfach sitzen und schmökern kann. Mehr und mehr Friseursalons verwandeln sich in Wellness-Tempel, in denen Ruhe und Kontemplation herrschen – Massage und Musik statt Haarschnitt pur. Gerade bei medizinischen Dienstleistungen kann man den emotionalen Aspekt der High-Touch-Idee studieren. Das Verhältnis zwischen Ärzten und Patienten war früher von einem strikten Hierarchiegefälle geprägt: Der Arzt befand sich in der Position des Gebenden, der Patient hatte die »Ware« gefälligst zu akzeptieren. Heute stellen in jeder Arztpraxis der Welt die Menschen Fragen. Weil sie wissen, daß es um ihr Leben, ihre Gesundheit, ihre Ängste geht, lassen sie sich nicht mehr mit autoritären Verhaltensweisen abspeisen.

- In einem großen Einkaufszentrum in Kanada ist die größte Attraktion für die Besucher eine Videowand, auf der eine direkt aus dem Operationssaal übertragene Augen-Laser-Behandlung gezeigt wird. Die Bildschirme zeigen jedes Detail des Eingriffs – und nehmen den »Kundenpatienten« so die

Angst. Am Ausgang werfen die Patienten, die immerhin 5000 Dollar für die Operation (15 Minuten) zahlten, demonstrativ ihre Brille in einen Behälter (zum Export in Entwicklungsländer).

- Lloyd Jerome, Zahnarzt in Glasgow, zeigt, wie medizinische Dienstleistungen mit »High-Touch«-Effekt aussehen können: Der Wartesaal ist kein Wartesaal, sondern eine Kunstgalerie. Die Praxis bietet Aromatherapie, Fußmassage, Hypnotherapie und einen Headset, über den man während der Behandlung Filme sehen kann – Landschaftsbilder, Weltraumreisen, aber auch 3-D-Edutainmentfilme über das Innenleben von Zähnen.

High-Touch: Schlüssel zu einer neuen Konsumkultur

Wird die neue Dienstleistungskultur ein neues Sklavenheer erzeugen, das uns Wohlhabenden rund um die Uhr mit Fußmassage und Einpacken im Supermarkt zur Verfügung steht? Botendienste, Handreichungen, Schuheputzen werden nur einen winzigen Teil der neuen Dienstleistungswelt ausmachen. Das entwickelte Individuum fragt nach neuen, emotionalen Qualitäten, die sich mit Sklaven-Verhältnissen nicht vertragen. Die »High-Touch-Welt« macht »Diener« zu schöpferischen Menschen.

Für John Naisbitt, den Altmeister der Trends, verdichtet sich in der Sehnsucht nach High-Touch gleichzeitig das Werte-Paradigma einer neuen Humankultur. Zu viel Technik, zu überhastete ökonomische Prozesse haben zu einer technoiden Wirtschaftskultur geführt, in der die Menschen ihre Seele verlieren. Jetzt schlägt das Pendel nach der anderen Seite aus. High-Touch, das ist das notwendige Gegengewicht zur unheimlichen Virtualisierung, zur Verkünstlichung des Lebens. Humandienstleistungen kann man nicht ohne weiteres rationalisieren. Sie benötigen Ort, Zeit, Körper und *wahre Zunei-*

gung als zentrale Ressourcen. Sie werden *immer* auch einen nichtökonomisierbaren Aspekt haben – dort, wo sie in Freundschaft umschlagen.

High-Touch – dieser Trend zu komplexeren Emotions-Dienstleistungen stellt die Frage nach der »Soziotechnik«. In einem Krankenhaus für Krebskranke benötigen wir nicht nur die allerbesten technologischen Hilfsmittel, sondern auch hochkomplexe psychologische Fähigkeiten, Streßbewältigungshilfen, Zuneigung in den Grenzbereichen der menschlichen Existenz. Der rasante Fortschritt der Gerätemedizin erzeugt auf der Gegenseite ein starkes Bedürfnis nach emotional reifen Hausärzten und spirituellen Heilern. Der Trend zur technischen Mobilität stärkt wiederum den Gegentrend Cocooning: Sich-Einkuscheln im eigenen Heim.

So bringt High-Touch wieder Balance in unsere ökonomische Welt. Hier stellen sich universelle Fragen auch an andere Bereiche. Design und Architektur etwa: Wie gestalten wir unsere Bürohäuser in der kommenden Wissensökonomie so, daß Menschen sich darin wohl und beheimatet fühlen? Feng Shui, neue Formen des Telework, in denen die Sphäre von Familie und Arbeit wieder näher zusammenrückt – all das gehört zum Projekt einer neuen Konsumkultur, die sich selbst transzendiert. High-Touch heißt, daß wir Dinge »in Wert setzen«, die wir früher eher geringschätzten – oder die uns gar peinlich waren. High-Tech – das war die Sehnsucht nach Kontrolle, nach rationalen, optimierten Prozessen. High-Touch – das wird der Versuch, Ökonomisches wieder auf ein anderes Maß zu beziehen und dorthin zu integrieren: das Menschliche.

Marken: Vom Gebrauchsgegenstand zur Kultmarke

Wenn wir das Universum der Marken – und seine Evolution in die Zukunft – auf ein eingängiges Raster beziehen wollen, müssen wir zunächst die »Marktspaltung« mit einbeziehen. In der senkrechten Achse bildet sich also ein »dualer Markt« aus Luxusprodukten einerseits, Billigprodukten andererseits. Luxusprodukte sind Waren mit ästhetischen, sinnlichen, »seltenen« Anmutungen, die wir nicht unbedingt zum Leben brauchen, die aber wichtige Funktionen im kulturellen Diskurs ausüben. Dem gegenüber liegt der gigantische Markt, in dem es, bei ähnlichem Funktionsnutzen, immer mehr um den Preis geht – Waren, die wir alle zum täglichen Leben brauchen, die aber ständig in Gefahr sind, verwechselbar zu werden.

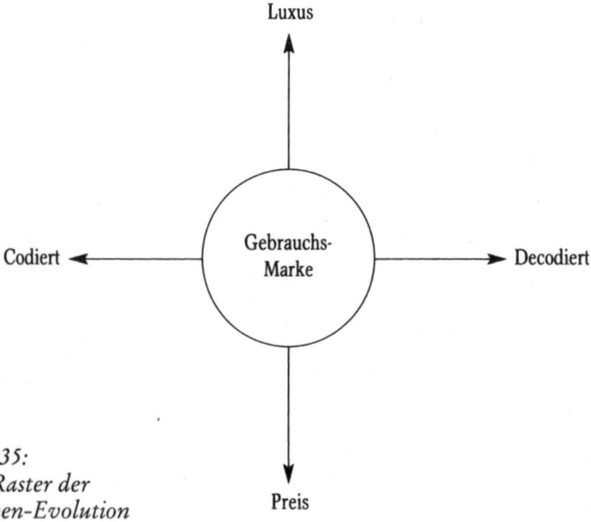

Abb. 35:
Das Raster der Marken-Evolution

In der waagerechten Achse fixieren wir ein zweites, eher kulturelles Prinzip der Marken und Waren: Links sammeln wir »codierte« Produkte: Produkte, deren Gebrauch eine *Ausgrenzung* voraussetzt. Sie sind in bestimmten Generationen, Schichten, Subkulturen verankert. Ihr Erfolg basiert gerade darauf, daß *nicht alle* sie kaufen können oder wollen – aber nicht wegen des Preises, sondern weil sie in irgendeiner Hinsicht »kulturell besetzt« sind. Für einen NIKE-Turnschuh benötigt man eine bestimmte Weltanschauung. Für RED BULL eine bestimmte Kult-Einstellung, sonst schmeckt das Zeug eklig. Rechts an dieser Achse finden sich jene Marken, »die man kennt«: demokratisch, für jeden zugänglich, absolut verständlich. Die Waren und Marken der frühen Konsumzeit lagen nur in der Mitte dieses Schaubildes: Es waren »Gebrauchsmarken«, die ihre Kompetenz vor allem durch ihre schlichte Anwendung erhielten. PERSIL wusch, VW fuhr, BRILL klebte die Haare an den Kopf. Das war gut, das war schön und sein Geld wert. Zum Kult wurde es erst sehr viel später und in ironischer Rückschau.
In den 4 Quadranten unseres Rasters tauchen nun die Marken-Archetypen unserer heutigen – und morgigen – Markenwelt auf:

- **Die Statusmarke:** In der Kombination von Luxus und »Decodiertheit« geht es um die klassischen Luxusmarken. Sie sind wie große Schiffe, die langsam und gemächlich auf dem Ozean der Waren treiben. Man kann mit ihnen viel Geld verdienen, denn hier wird die soziale Hierarchie vom Kunden mitbezahlt. Mit Status-Produkten erhofft er sich Aufstieg, Prestige, Wirkung nach außen. Marken in diesem Bereich sind oft regelrechte »Ewigkeits-Institutionen«, mit denen man viel Geld verdienen kann.
- **Die emphatische Marke:** Dieser Markentypus ist die nächste Stufe der Evolution großer Massenmarken. Er ist gewissermaßen die »Neue Mitte« der Markenwelt, aber dort kann er nicht mehr einfach mit Vertriebsmacht und Größe seine Po-

sition halten, er benötigt mehr und mehr eine *emotionale Tiefenströmung*, um in der Evolution mithalten zu können. Große, erfolgreiche Marken wie NIVEA haben in ihrem Kern eine »Emphase« entwickelt, einen Markenkern, der tief in die Sehnsüchte der Menschen hineinzielt (Mutter, Sonne, Kindheit). Andere wie VW schwimmen auf den sanften Wandlungen der Lebensgefühle, sie zeigen in ihrem »magischen Spiegel« subtile Individualisierungsprozesse, mit denen sich die Menschen identifizieren können.

- **Die Trendmarke:** In der Schnittmenge von Codierung und Preis befinden sich die klassischen Jugend-Trendmarken, die vor allem einen Markenkern haben: Geschwindigkeit. Im Dschungel der Konsumwelt setzen sie auf schnelle Beiboote und totale Identifikation mit den Zielgruppen, auf tiefes Wissen um die Lebensgefühle ihrer Peergroup. Sie »reiten« auf ästhetischen und soziokulturellen Oberflächen-Trends, hinter denen aber (wie das Beispiel NIKE zeigt) auch regelrechte »Bewegungen« stehen können.
- **Die Kultmarke:** GERI WEIBEL hat im FOLIO der NEUEN ZÜRCHER ZEITUNG (1/1999) den Begriff »Kult« so kommentiert:
  - *Im besten Fall ist Kult die Bezeichnung für ein Produkt, dessen Erfolg sich auf ein sehr kleines Publikum beschränkt, das das Produkt umso frenetischer feiert.*
  - *Im Normalfall ist Kult eine jenseits des guten Geschmacks getroffene Konvention, etwas aus Gründen, die Außenstehenden verborgen bleiben, Kult zu finden.*
  - *Im schlimmsten Fall ist Kult eine Verschwörung der Welt gegen jeden einzelnen von uns – mit dem Ziel, uns immer wieder vor Augen zu führen, daß wir irgendwie daneben sind und keinen Durchblick haben.*

Jedenfalls: Kultmarken arbeiten mit Abgrenzung und subtiler Verweigerung. Sie sind immer in einem gewissen Sinne Anti-Marken. Ihr Produktnutzen ist schrill oder fragwürdig (RED BULL). Ihre Konnotation ist rebellisch (BAGGY-HOSEN gegen die »etablierte« LEVI'S). Ihr Lebenszyklus deshalb begrenzt.

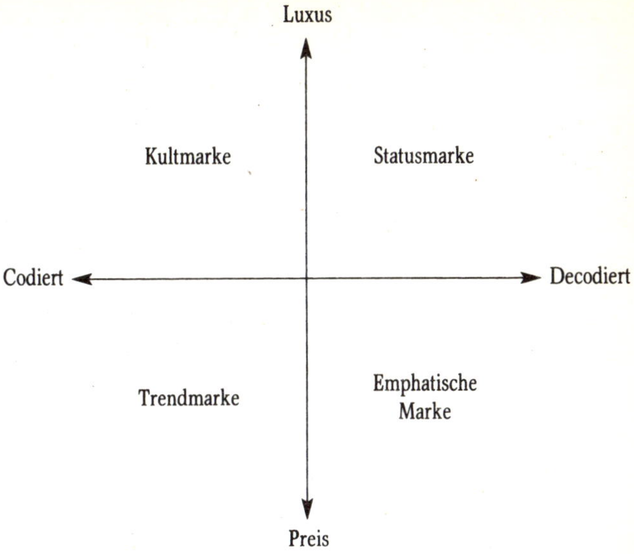

Abb. 36: Die Archetypen der Marken

Andererseits ist der Konsument im Falle »Kult« bereit, eine enorme Spanne für den Erwerb der kulturellen Kompetenz zu zahlen, die mit dem Produkt verbunden ist. Deshalb ist die Erzeugung eines Kultproduktes eine gewissermaßen »reine« kreative, ikonographische Leistung; gewissermaßen die Königskunst der modernen Konsumkultur.

Für die Markenführung der Zukunft geht es nun zuallererst darum, sich klar zu entscheiden. Die großen Desaster der Markenentwicklung entstehen grundsätzlich dann, wenn die Logik der Marken in sich paradox wird. Man zeugt hinfällige Monströsitäten, wenn man versucht, eine klassische emphatische Marke wie ein Kultprodukt zu führen (C&A) oder ein Kultprodukt als emphatische Marke auf den Markt knallt (SMART). Die großen Markenkrisen unserer Tage hängen zuallererst mit dieser Konfusion zusammen. Einige der großen Trendmarken wie COKE, LEVI'S, NIKE, MCDONALD'S vermochten ihre kulturellen Codes dem großen Strom der Subkulturen anzugleichen und immer weiter zu wachsen – durch Ausdifferenzierung und gewaltige Marketingetats. Aber dadurch verloren sie ihre Seele und wurden irgendwann zu überkomplexen Gebilden: LEVI'S bleibt auf der Jeans hängen, NIKE wird von vielen inzwischen als »imperial« und übermächtig empfunden, COKE gilt irgendwie in den Tiefen des Nervengeflechts der Konsumenten als alt und vergiftet.

Wenn es auch keine »finale Methode« der Markenführung gibt – sie ist, wie alle hochkomplexen Dinge, eine Kunst ohne Handbuch –, so gibt es doch im modernen Markenuniversum Grundregeln, die man wissen muß:

- **Luxusmarken** leben von ihrer Kompetenz in bezug auf das, was sich im Menschen *nicht* verändert. Sie besetzen das Feld der Kontinuität. Bei ihnen zählt das scheinbar überkommene Argument der Qualität: Sie müssen einfach *perfekt* sein. Auch in Verpackung, sozialem Umfeld, Distribution. Luxusmarken benötigen fanatische Snobs in der Markenführung, die viele Bücher gelesen haben und wissen, daß manche Waren gewissermaßen »materialisierte Geschichte« sind.
- **Emphatische Marken** benötigen vor allem soziologische Denker und Tiefenpsychologen in ihrem Führungsteam – zusammengehalten von Universalisten, die die Marke als lebendes Gebilde in ihrer Ganzheit »spüren« können. Sie müssen mit *Werten* operieren, mit viel Feingefühl für die Wertewandelströme, mit ethischen Fragen, kulturhistorischen Details. Der Markenkern muß permanent an die Tiefenströmungen im kulturellen Organismus angepaßt werden – eine Sisyphos-Aufgabe, aber eine äußerst lohnende! Man kann diese Aufgabe nur lösen, wenn man die Menschen »da draußen« wirklich liebt – wenn man aus tiefer Seele Demokrat ist!
- **Trendmarken** benötigen junge, schnelle Hirne mit großer Alltagsintelligenz. Eine Marke wie H&M ist ihr eigenes

Scanning- und Innovationssystem, ein ständig unter Volldampf stehender Organismus. Kreativität, Innovation und Vision sind die zentralen Elemente einer solchen Markenführung. Sie muß sich von der »alten Welt« permanent abgrenzen und das Universum neu erfinden. Hier lauert die Arroganz-Falle, aber auch die Überbeschleunigung kann Trendmarken zerstören.

- **Kultmarken** benötigen Außenseiter und Eigenbrötler bei der Markenführung: Hier sammeln sich die Intellektuellen und Künstler der Markenwelt. Leute mit dem Sinn für Risiko, widerborstige Denker, die blitzschnell entscheiden können. Hier ist die Kunst, loslassen zu können und mit Zyklen zu arbeiten, wichtig – Kultprodukte werden niemals ewig, sie wirken wie in die Kulturgeschichte hineingesetzte »Duftmarken« und werden über Nacht zu reiner Nostalgie.

Natürlich kann es zwischen diesen Typologien auch Mischformen geben. Wirklich große emphatische Marken können in gewissen Grenzen auch mit Kult- und Trend-Elementen arbeiten. Auch »Gunshot«-Marken sind möglich, die nur ein winziges Segment »penetrieren«, aber dies so gründlich, daß sie die Konkurrenz aus dem Markt schlagen. Aber Kombinationen sind zunehmend schwierig. Im Universum der Marken geht es zu wie in der modernen Gentechnik: Nur wenige neue Organismen sind dauerhaft lebensfähig. Im Übergang zur Wissensökonomie findet eine neue Sortierung statt: Konsum und Marken werden in ihrem Kern »vergeistigt«. Sie werden von Produkten zu immateriellen Institutionen, die exakt die Lebensgefühle der Gesellschaft abbilden: die Suche nach der neuen Mitte, nach Beschleunigung, Abgrenzung und *Neuer Langsamkeit*.

Authentic und Patina: High-Touch in Warenform

In »Trendbuch 1« (1993) und »Trendbuch 2« (1996) haben wir einige wichtige Konsumententrends und ihre Wurzeln in den Wertewandelströmen beschrieben. Diese Trends haben bis heute Bestand und sollen im folgenden ein wenig rekapituliert werden: *Cocooning:* Waren werden symbolische »Kokons«, mit denen man sich einigelt. *Bad Taste:* Der schlechte Geschmack, die Peinlichkeit als Kult, über den andere die Nase rümpfen (wer schützt die Menschheit vor Jürgen von der Lippe?!). Oder der *Authentic-* und der *Nostalgic-Trend:* Die neusten Bein-Moden stammen aus den Tiefen der urbanen Subkulturen und haben den alten Mega-Marken der Beinbekleidung wie LEVI'S oder WRANGLER schwer zu schaffen gemacht – sie beziehen sich noch deutlicher als die Jeans auf die untergehende Welt der industriellen Arbeit. Tiroler Lodenmäntel, Borsalinohüte aus Hasenhaarfilz, Dufflecoats aus Yorkshire, Aran-Island-Schafwollpullover, Hosen aus Kavallerie-Twill und Manchester-Kord, Harris-Tweed-Sakkos, Tyroler-Westen aus fünffädrigem Seemannsgarn, Schottische Knitwear, Kaschmirwolle und echte Seide für die Damen: All dies kann »Kult« sein, Authentizität als Ware. Material mit Gewicht schafft Glaubwürdigkeit in seine Qualität: Möbel aus Massivholz (etwa im raffiniert-schlichten Shakerstil), Töpfe aus Gußeisen, Solinger Messer aus Edelstahl, Schweizer Offiziersmesser, schwere Lederkoffer, Rasierpinsel aus Büffelhorn, Naturschwämme, Bimsstein, Eichenholzbesen mit Roßhaar, Schmierseife, Schmitzols Wiener Kalk als Putzmittel (»wie gewienert«), Anker-Baukästen für die Kinder, Eiderdaunendecken im Schlafzimmer,

linnene Taschentücher und original Telefonapparat-Nachbauten aus Bakelit.
Kult und Kultur liegen sprachlich nicht zufällig nah beieinander. Ein Zitat aus dem Katalog des deutschen Manufactum-Verlages (www.manufactum.de), der mit dem Motto *Es gibt sie noch, die guten alten Dinge* nostalgische Gegenstände aus dem Zeitalter der handwerklichen Produktion verkauft und es damit zu gewaltigen Umsätzen brachte, belegt diese Sehnsucht nach haptischer und dinglicher Konkretion, nach »Erhöhung« des Produktes über sich selbst: *Das W 48 Telefon ist zwar kein Telekommunikationsendgerät, aber ein echter Fernsprecher. Seit Beginn der 30er Jahre prägte es die deutsche Fernsprecherei. Es klingelt richtig (mittels zweier richtiger Schellen). Es fällt nicht gleich vom Tisch (weil es noch veritable 1,9 Kilo auf die Waage bringt). Man kann, wozu ja häufig Anlaß ist, den Hörer wutentbrannt auf die Gabel knallen, was bei den neueren Leichtbaugeräten selbst dann nicht ginge, wenn sie noch Gabeln hätten. Beim Wählen singt kein Chip eine verunglückte Tonleiter, sondern es rasselt die »Siemens-38-Nummernscheibe«. Die 8 Einzelteile des Gehäuses bestehen wie eh und je aus Bakelit. Der Ziffernring der Wählscheibe wird in der ursprünglichen, abriebfesten emaillierten Metallausführung gefertigt – und nicht aus Kunststoff. Das Hörer-Kabel ist wie damals mit dem echten Baumwoll-Eisengarn umwickelt.*
In unserer virtuellen Allzeit will man wieder die Spuren des Vergänglichen, des Alternden und Sterbenden entdecken. Aus dem Zeitalter der kühlen Glätte – die Oberflächenmaterialien der 80er Jahre waren von Aluminium, Marmor, Schwarz geprägt – strebt die Entwicklung des Designs ins Stumpfe, Gemaserte, Grobe, Unregelmäßige. »Patina« bedeutet Rost, Melierung, Vergilbung, Verwitterung. Dinge mit Patina erzählen Geschichte – und machen sich damit zum Unikat. In der modernen Photographie wird das Photopapier wieder behandelt, als sei der chemische Prozeß vor 100 Jahren vonstatten gegan-

gen: Blasen, Kratzer, Fussel werden absichtlich in die Bildrezeption mit hinein genommen.

Nostalgische Konzepte werden im Ausgang des Jahrhunderts in bunter Blüte stehen. Manche schon verstorbene Marke wird reanimiert: Sil und Erdal, Afri-Cola, Overstolz, Güldenring. Ferdinand Piëch haucht Bugatti neues Leben ein, und in Berlin bildet sich eine Initiative zur Rettung der von Whopper und Döner bedrohten original Altberliner Currywurst. Am Musikmarkt begann die Wende zu Beginn der 90er Jahre mit dem Boom des Schellackplattensammelns, plötzlich war auch bei den Middle Aged und den Jungen die Erinnerung an die Melodien von gestern und vorgestern angesagt – von Johann Strauss bis Fred Astaire, von den Comedian Harmonists bis Peter, Paul and Mary. Die Entertainmentbranche hat den Zug der Zeit rasch erfaßt: Längst aufgelöste Bands werden mit auf wackeligen Beinen stehenden Grauköpfen wiederbelebt, die Schlagerstars der Wunschkonzerte der 50er kommen kurz vor ihrem zeitlichen Abgang noch zu Tournee-Ehren. Konsum-Gegenstände aus der Kindheit, Neuauflagen alter Kinderbücher, aussterbende Gegenstände wie Tonbandgeräte, Gartenzwerge, Flokatiteppiche und kaputte Adler-Schreibmaschinen repräsentieren einen bestimmten, als »eigen« erlebten Biographieabschnitt: *Dieser Stuhl stand schon in meiner Studentenbude. Er ist greuslich, aber ich liebe ihn.*

Oder der wachsene Kultcharakter des Kitsches: *Jeff Koons* erregte in den 80er Jahren die Kunstwelt durch Porzellanhündchen und putzig-geile Nackedeis. Alessi, einst bekannt durch exquisites Design, läßt inzwischen Gespensterfigürchen als Kerzenhalter, himmelblaue Schnuckelhäschen als Küchenuhren und Eichhörnchen als Nußknacker auf die Wohnzimmer los. Über Geschenkboutiquen finden bunte Piepmätze als Seifenspender, Leuchten mit Pelzkleid, Haifische als Wäscheklammern und goldene Steingutnäpfe für Waldi und Katerchen warme Aufnahme in den Behausungen ansonsten hart arbeitender junger Professionals.

Das Alte sucht sich schließlich das Neue, um es zu verändern: *Nostalgic fusion:* der neue BEETLE, die Wiederkehr der 60er-Jahre-Möbel in puristischer Variante. Auch metallische Neuerfindungen gibt es, futuristische Spuren, die Energy-Drinks etwa, die die Zugehörigkeit zur »kreativen Klasse« symbolisieren, zu jenen also, die rund um die Nacht hart arbeiten, sei es beim Geldverdienen oder beim Vergnügen. Auch Künstlichkeit wird zum Kult: Plastik und Elastik, Silberfolien und schlechte Ernährung, fades Bier (ASTRA) und Proll-Look.

Vom Konsumenten zum Prosumenten

Wo ist er also geblieben, unser Konsument? Im Bermudadreieck von Kult, Erlebnis und »smarten« Einkaufsgewohnheiten geht es ihm einstweilen ganz gut. Er kann nicht klagen. Vieles läuft inzwischen nach seinen Bedürfnissen, einiges tanzt nach seiner Pfeife. Seine Macht steigt. Er sitzt im selben Boot wie derjenige, der ihm etwas verkaufen will. Er ist in Augenhöhe mit dem Marketing angelangt. Das ganze Geheimnis: Er ist ein Prosumer geworden, ein produzierender Konsument. Seine Wünsche zu verfeinern, zu spiegeln, zu verstärken – das ist längst nicht mehr nur »Marketing«. Es ist »Kultur« im ursprünglichen Sinn: die Kunst der Verfeinerung der Sitten und Gebräuche. Konsum ist Evolution von geldwerten Bedürfnissen. Und wie alle Evolution ist auch dieser Prozeß bisweilen blind, suchend, tastend, gewalttätig, überraschend. Unmöglich, ihn auf eine einzige, immergültige Formel zu bringen!

Die entfesselte Ökonomie scheint die treibende Kraft, die das 21. Jahrhundert prägt: Der gewaltige Prozeß der Globalisierung, die neue Vitalität deregulierter Märkte, der schnelle Reichtum der Cyberwelt erzeugen einen gigantischen Schub an Ökonomisierung der gesamten Lebenswelt, der aber auch Ängste und Gegenwehr hervorruft. Die ökonomische Makrowelt des 2l. Jahrhunderts wird vom Kampf der Triade Asien, Euroland und Amerika bestimmt – und von Megakonzernen, die jenseits der alten nationalen Grenzen operieren. Aber die Zukunft wird auch von ganz anderen »Playern« bevölkert sein: den Mikroorganismen einer neuen Arbeits- und Produktionskultur, die die digitalisierte, ortlose Wirtschaftsweise hervorgebracht hat. Entrepreneure, Einzelkämpfer, Freie Agenten, die als neue Avantgarde unserer Arbeitswelt den Übergang von der »Produktionsarbeit« zu einer Ökonomie der Kreativität, Erfindung und Kooperation vorantreiben.

Wohlstand: Vom Monatslohn zu den »mixed economies«

Wie wird sich der gesellschaftliche Wohlstand in Zukunft entwickeln? Die öffentliche Meinung hat ihr Urteil in dieser Frage offenbar gefällt: *Die Schere zwischen Arm und Reich geht immer weiter auseinander* – so verkünden es täglich Fernsehmoderatoren und Rundfunkjournalisten, Kommentatoren und Stammtische: Die Welt der Zukunft, so raunt es, wird eine »20:80«-Gesellschaft sein. In der enorm gesteigerten Produktivität benötigen die Unternehmen nur noch ein Fünftel der Menschen – der Rest sackt unter die Armutsgrenze.
Ein Blick auf die amtliche Statistik, aber auch ein wenig gesunder Menschenverstand könnten uns rasch eines Besseren belehren. Die gewaltige Wohlstands-Spirale, die der Spätindustrialismus in Gang gesetzt hat, dreht in den 90er Jahren erst

Arm und Reich: Einkommensspaltung ausgewähler Länder

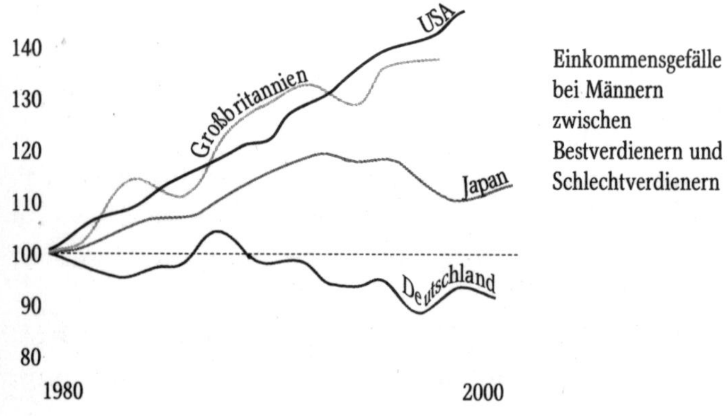

Abb. 37: Einkommensspreizungen in ausgewählten westlichen Ländern (Quelle: OECD)

richtig auf. Mit der Ausnahme einiger von Korruption und Diktatur gepeinigter Staaten in Afrika und Mittelamerika steigt der Wohlstand weltweit. In Zentraleuropa sowie in etwa einem weiteren Drittel der europäischen Staaten nimmt die Einkommensgleichheit sogar eher zu. Das heißt: Die Deutschen werden tendenziell gleicher (Abb. 36)
Innerhalb der deutschen Einkommensverteilung gilt die Formel vom »wandernden Wohlstandshügel«: Wohlstand verlagert sich in immer höhere Einkommensbereiche. Die folgende Abbildung, die nur die Netto-Einkommen mißt, vollzieht diesen Prozeß von 1991 bis 1998 lediglich bei den Erwerbseinkommen. Allein der Anteil derjenigen, die ein Nettoeinkommen von 4000 DM und höher hatten, wuchs von 8,6 auf 14,3 Prozent.

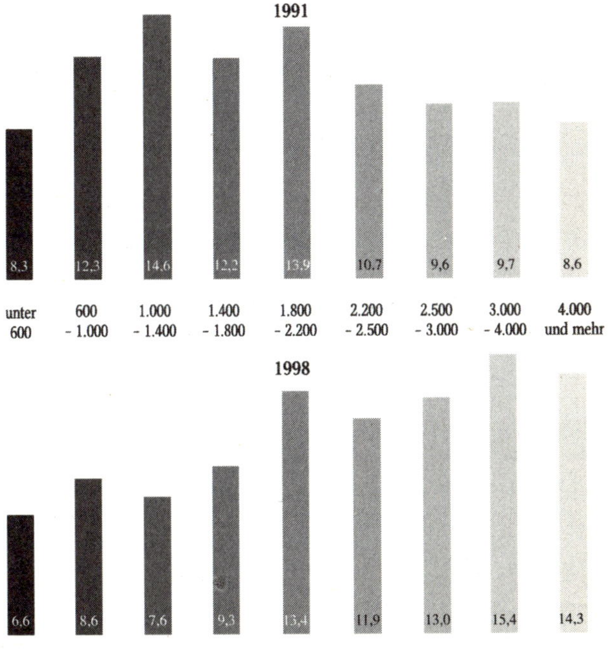

Abb. 38: Die »wandernden Wohlstandsberge« (Quelle: Statistisches Bundesamt, 1991–1998; iwd 29/99)

Der entscheidende Punkt, an dem sich die Struktur des Wohlstands in den spät-industriellen Gesellschaften transformiert, beginnt jedoch jenseits der Erwerbseinkommen: in der Vermögensbildung. Heute hat jeder Bundesbürger, vom Säugling bis zum Greis, ein durchschnittliches Vermögen von ca. 32.000 Euro angehäuft – und dieses Einkommen wächst um den Faktor 10:1 zu den Erwerbseinkommen! Das Erbvermögen z. B. steigt von 102 Milliarden Mark im Jahre 1987 auf 415 Milliarden im Jahre 2002! (BMF/SPIEGEL, 31199. Im Übergang zur Wissensökonomie zeugt nicht mehr Arbeit, sondern Wohlstand Wohlstand: Das Geld bekommt gewissermaßen einen Turbo-Effekt. Das Spar- und Anlage-Vermögen der deutschen Bürger vermehrte sich allein vom Anfang bis zum Ende der 90er Jahre von 3,2 auf 5,7 Billiarden Mark. (Abb. 39)

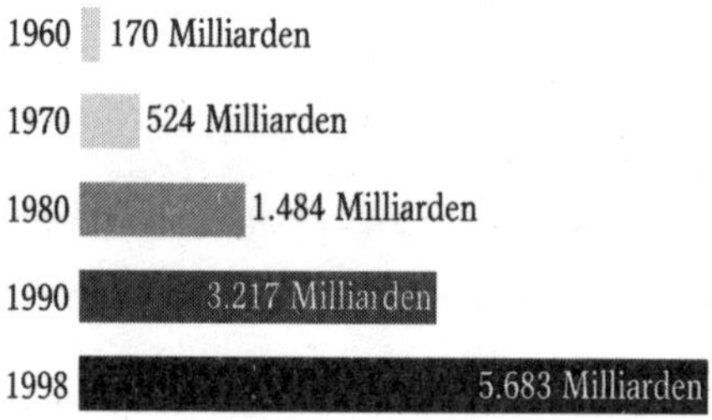

Abb 39: Vermögensakkumulation der Bürger in Deutschland – Geldvermögen privater Haushalte (Deutsche Bundesbank, Statistisches Bundesamt)

Natürlich ist dieser Reichtum nicht gleich verteilt – die oberen 5,5 Prozent der Haushalte besitzen 31,7, weitere 44,8 aber schon 59,2 Prozent des Gesamtvermögens. (Abb. 40) Das ist weitaus mehr als eine kleine, vermögende Upperclass – es ist Massenwohlstand. Selbst in klassischen Arbeiterfamilien wird heute vererbt. Bald die Hälfte der Bundesbürger verfügt inzwischen über Immobilienvermögen. Die Geldvermögen bieten immer mehr ein »zweites Einkommen«. Aus steuerlichen Gründen werden sie immer häufiger noch bei Lebenszeit an die Nachkommen überschrieben oder ins Ausland transferiert.

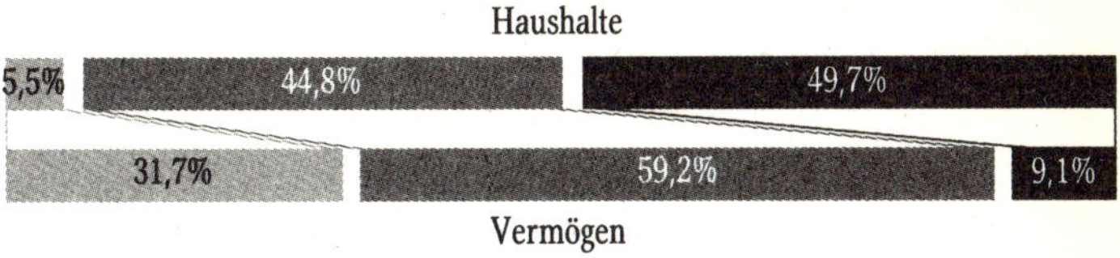

Abb. 40: Verteilung des Vermögens in Deutschland (Deutsche Bundesbank, Statistisches Bundesamt)

In der »einsamen Spitze« bilden sich durch die Dynamik der neuen Börsen-Ökonomie gewaltige Vermögen. Aber selbst die Tatsache, daß BILL GATES so viel verdient wie das untere 20stel der Amerikaner zusammen, sagt noch nichts über dieses unterste 20stel aus – gegen GATES war selbst ROCKEFELLER eine arme Kirchenmaus. Die Wohlstands-Formel des Postindustrialismus lautet vielmehr: *Die Reichen werden immer reicher, aber die Armen nicht ärmer – im Gegenteil.*

Der Wohlstand, bislang immer gemessen am traditionellen Erwerbseinkommen, zerfällt in viele, buntscheckige Facetten. Einkommen ist nicht gleich Einkommen, und selbst Preis ist nicht gleich Preis:

- **Cheap wealth:** Die enorm gesteigerte Produktivität der Warenproduktion führt zum Preisverfall bei Gütern des täglichen Bedarfs. Deshalb kann man in den entwickelten Ökonomien auch mit geringem Geldeinkommen einen im Vergleich zu früher recht hohen Lebensstandard halten.
- **Subkultur-Lebensstile:** In den urbanen Zentren hat sich eine »zweite Ökonomie« entwickelt, eine Art »Flohmarkt-Lebensstil«, in dessen Umfeld kreatives Leben bei verschiedensten Einkommens-Kombinationen gelebt wird, vom Immer-noch-zu-Hause-Leben bis zur Zuflucht bei der Alma mater, von Papas Scheck bis zu vielen kleinen Aushilfsjobs. Diese poststudentischen, alternativen Lebensformen ermöglichen neue Lebensqualitäten jenseits des Erwerbseinkommens.

- **Schwarze Sektoren:** Über ein Zweiteinkommen verfügen heute bereits offiziell 36 Prozent der lohnabhängigen Bundesbürger. (Die Dunkelziffer hier ist gewaltig.) Der Anteil des Schwarzarbeitssektors an der Gesamtbruttowert-Schöpfung liegt 1999 bei 18 Prozent. Und das ist nur die *offizielle Zahl*!
- **Bargeldlose Ökonomie:** In den wohlhabenden Vororten der Republik formiert sich heute eine bargeldlose Wirtschaft: Bartering-Tauschringe, in denen Dienstleistungen und Produkte getauscht werden: *Biomöhren gegen Massage, Babysitting gegen Psychologische Beratung, Holzsägen gegen Kochen für eine Party, Wünschelrutengehen im Garten gegen Portraitmalerei.*

In der Summe ermöglichen all diese Entwicklungen einen Lebensstandard, der sich vom klassischen Erwerbseinkommen, von der »Lohntüte«, zunehmend abkoppelt. Dabei ist auch das virtuose Spiel mit den Transfers des Sozialstaates zu berücksichtigen. Hier einige Alltagsbeispiele aus meinem eigenen unmittelbaren Bekanntenkreis (leicht verfremdet, um keine Probleme mit den Behörden zu provozieren:

- Die alleinerziehende Töpferin, 42, 3 Kinder von 3 verschiedenen Männern. Lebt in der Villa ihrer Mutter in einem verwunschenen Garten. Silberbesteck, große Blumensträuße, echte Kunst im Flur. Sozialhilfe plus Tai-Chi-Kurse, die meisten ihrer Kundinnen sind Bekannte aus dem Umkreis.
- Der Berliner Autor und Taxifahrer, 49, der immer noch eine 1975 gemietete 180-m^2-Wohnung für 700 DM Miete allein bewohnt. 3mal Restaurantbesuch in der Woche, Auto mit Klimaanlage, 3 Urlaube pro Jahr (Formentera, Galizien, Norwegen). Offizielles Geldeinkommen: knapp oberhalb der Armutsgrenze.
- Karl, 36, lebt nach langen Jahren in Berlin wieder bei seinen Eltern. Nach seinen vielen Beziehungs- und Berufsversuchen hat er jetzt offensichtlich gefunden, was er suchte. Im Keller der Villa seiner Eltern hat er ein nicht gerade preiswertes

Tonstudio aufgebaut und produziert spirituelle Musik. Gerade ist seine neue Freundin zu ihm gezogen, die Feldenkrais-Therapie macht und eine Expertin in Bachblüten-Medizin ist, die sie in Kursen anbietet. Beide bezeichnen ihr Leben als »relaxed«. *Ich habe keine Lust, meine Haut zu Markte zu tragen,* sagt Karl. *1000 Mark reichen mir im Monat.* Sein einziges Problem finanzieller Art sind 2 Kinder aus 2 verflossenen Liebschaften, die »ziemlich Geld kosten«. Dieses bringt er derzeit aus einer Erbschaft auf, die ihm ein Onkel hinterließ.

- Der proletarische Handwerker, unter 40, der sich krummlegt und ackert, in Barmsbüttel längst ein Haus fertiggebaut hat. Tritt, wie er sagt, von Donnerstag bis Freitag als »Freier Unternehmer« an: ohne Steuer, aber fleißig!
- Die Studentin, 28, die als Model viel Geld verdient, aber ihre Kranken- und Rentenversicherung sowie ihre Wohnung immer noch »studentisch« organisiert. Sie spart auf »1 Million« und will ab 35 im wesentlichen von den Zinsen leben. *Und ein ordentlich verdienender Mann wäre auch nicht schlecht. Aber der wird sich schon finden.*

Diese »Ausnahmefälle« addieren sich unter dem Strich zu einem nahe an die Mehrheit reichenden Flickenteppich. Die Alltagsökonomie der Zukunft hat mit der alten Einkommenswelt nichts mehr zu tun. Deshalb können wir eine neue Rechnung aufmachen: Die Wohlstandsgesellschaft der Zukunft wird eine 60:20:20-Gesellschaft sein. 60 Prozent leben aus verschiedensten Einkommensquellen in einer »mixed economy«, einem aus diversifizierten Quellen gemischten Wohlstand. 20 Prozent leben in den Zwängen der alten Erwerbsökonomie, weil sie nicht gebildet, gerissen oder skrupellos genug sind, ihr Einkommen anders zu organisieren. Der Rest besteht aus jener Klientel, um die sich unser Sozialstaat kümmern muß – aber auf neuen Wegen (siehe »PolitoSphere«).

Arbeit: Vom »Gehaltsempfänger« zur Kreativen Klasse

In der Arbeit der Zukunft steht das Individuum wieder im Mittelpunkt. Dieses Individuum erzeugt ein Miteinander am Netz, an Bildschirmen, in kleinen und – hoffentlich – schöneren Büros. Oft verbindet die Neue Arbeit Fachleute verschiedener Länder, Lohnabhängige und Selbständige, Vollzeit- und Teilzeitarbeiter. Und immer öfter franst diese Arbeit auch in nichtökonomische Bereiche aus: Familienleben und Beruf werden besser vereinbar, Jobs und Hobbys, auch soziales Engagement finden näher zusammen.

ZEIT

Work is making greater claims over people. Work follows most of us everywhere thanks to phone, fax, pager, mobile and laptop. We could be seeing the start of a reversal of the trend towards the divorce of home and work-place that dates from the industrial revolution. In most professions, work now attaches itself to the person, not the place. For the people whose problem is not that they have a job, it will be that they cannot escape their job and the demands it puts on their time.

DIANE COYLE, »THE WEIGHTLESS WORLD«

Die industrielle Welt befreite die Menschen von der Abhängigkeit und der Fron des Landlebens. Sie schuf in 200 Jahren eine neue Abhängigkeit, die von der Mehrzahl der Menschen seit etwa 30 Jahren als selbstverständlich vorausgesetzt und zur Grundlage ihrer Existenz gezählt wird: die Lohnabhängigkeit. Seit etwa 30 Jahren, seit dem großen industriellen Boom nach dem Krieg, ist der monatliche *paycheck* der Mittelpunkt unse-

rer beruflichen, sozialen, auch ideellen Existenz. Mit dem Lohneinkommen – und seiner sicheren Erwartung in der Zukunft – werden Häuser finanziert, Biographien gestaltet, reguliert sich das feine Getriebe der Partnerwahl. Irgendwann, so der kollektive Glaube, der unsere Kultur im Innersten zusammenhält, werden wir die Goldene Uhr von unserem Chef überreicht bekommen – spätestens zur Pensionierung.
Was aber, wenn das »Gesetz der Goldenen Uhr« zerbricht? Die Idee des »Arbeitsplatzes« ist zutiefst mit der Keimzelle der industriellen Kultur verbunden – der Fabrik. Die Fabrik – und nachgeordnet das Büro – mußte möglichst viele gleiche Güter in möglichst kurzer Zeit erzeugen. Dazu benötigte man rigide Zeittakte, eine möglichst gleichförmige, berechenbare, taylorisierte Arbeitsorganisation. Arbeiter, die sich in möglichst viele Teilfunktionen »zerspalten« ließen – und möglichst lebenslang ihre Erfahrung dem Unternehmen zur Verfügung stellten. In dieser Produktionsumgebung hatten Unternehmer ein vitales Interesse daran, das zu schaffen, was wir »Arbeitsplätze« nennen: möglichst langfristige Verträge mit Menschen, deren Tätigkeiten im Lauf der Zeit nur langsam variiert wurden.
Was aber, wenn die Produktion selbst – also die Herstellung von Dingen – nicht mehr den entscheidenden Akt der Mehrwerterzeugung darstellt? Wenn die produktive Aufgabe nicht mehr »Produktion«, sondern »Differenz« und »Geschwindigkeit«, also »Innovation« heißt? Betrachten wir zunächst die 3 wesentlichen Nachfragelinien für Arbeit in der Wissensökonomie (siehe Abb. 41): Humandienstleistung, Teamwork und Flexwork.
Neue Arbeitsnachfrage entsteht in der Wissensökonomie zuallererst in den Humandienstleistungs-Bereichen. Von der Kreditvergabe bis zur Altenbetreuung, von der *Neuen Hausarbeit* bis zur Gesundheitsdienstleistung – hier entstehen massenhaft die Jobs der Zukunft. Viele sind sogenannte »Basisjobs«, viele aber auch hochkomplexe symbolanalytische oder psychologische Tätigkeiten.

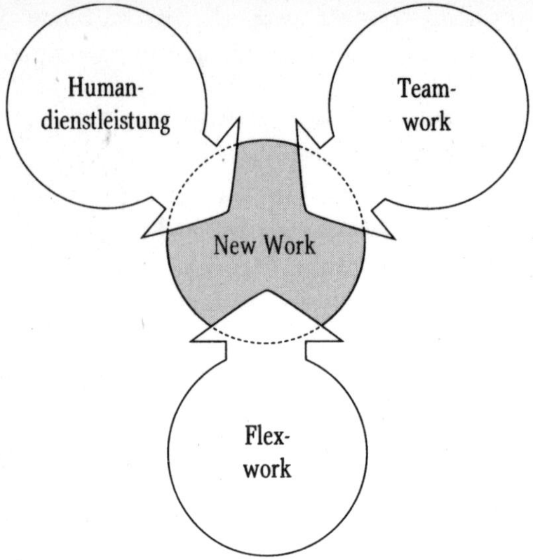

Abb. 41: Die 3 Nachfragelinien der Arbeit in der Wissensökonomie

Die zweite große Kategorie von Arbeit, die in der Zukunft verstärkt nachgefragt wird, hört auf den Namen Teamwork. Dahinter steht nicht ein allgemeines Nettzueinandersein (in der Tat: Man kann sich und seine mangelnde Leistung auch hinter dem Team *verstecken*, sondern eine logische Erkenntnis: Wissensökonomie benötigt Organisationsformen, die es möglich machen, schnell und flexibel Informationen zu akkumulieren. Das Team, in dem mehrere Menschen ihre Erkenntnisse »cross-referenzen« und dadurch schnell die Komplexität erhöhen können, ist deshalb die ideale Organisationsform jeder Wissensarbeit.
Um die Teamwork-Idee herum bilden sich die Kristallisationskerne der neuen Firmenkulturen. Die Kernbelegschaften aller Unternehmen werden in Zukunft kleiner sein als in der industriellen Ära. Gutbezahlte und hochvernetzte Angestellte, die sich mit ihrer Firma fast schon religiös identifizieren, werden die Elite der neuen Teamwork-Kultur darstellen.

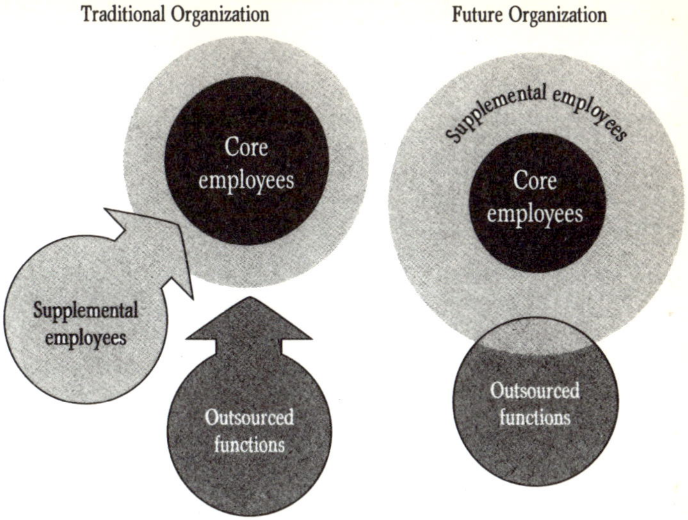

Abb. 42: Die »geschrumpften Firmenkerne« der Zukunft Quelle: »The Futurist«)

Hier liegt auch schon der Pferdefuß der neuen Arbeitswelt: Das gigantische ENTWEDER-ODER, das sie ihren Protagonisten entgegenhält. Entweder du bist drin – oder du bist draußen. In diesem Sektor der *Neuen Arbeit* sind Zeitlimits eher kontraproduktiv: Die Unternehmen in den dynamischen Märkten wollen den Mitarbeiter mit Haut und Haar. Am besten 14 Stunden am Tag, und die Wochenenden noch dazu! Willkommen im Club – aber bitteschön mit allem, was du hast! Zeit, Energie, Leben!

Ein Teil dieses Dilemmas wird durch neue Anstrengungen der Unternehmen, die psychosoziale Gesundheit ihrer Mitarbeiter zu erhalten, kompensiert werden (siehe» Unternehmen 2010 – Life-Balance-Politik: Ganzheitliche Gesundheit als betrieblicher Megatrend«, S. 317ff). Doch neben der neuen Galeerenwelt der hochbezahlten Angestellten entsteht eine zweite Kernschicht der neuen Arbeitswelt. In ihr regiert Flexwork. Die »atmenden Unternehmen« der Zukunft benötigen immer mehr »outgesourcte« innovative Dienstleistungen, die sporadisch auf dem freien Markt eingekauft werden. Dort, im weiten Feld der kreativen Dienstleistung, entwickelt sich die zentrale Klasse der kommenden Wissensökonomie: das große und erhabene Kollektiv der Ich-AGs. Der Selbst-GmbHs. Der Freien Agenten. Nennen wir sie einstweilen die »Kreative Klasse«.

Unternehmertum: Die Renaissance der »Entrepreneure«

In ganz Mitteleuropa ist man in den letzten Jahren dabei, das lange distanzierte Verhältnis zur Ökonomie zu bereinigen. Quer durch die traditionellen politischen Lager formuliert die Politik allerorten das Ziel, Unternehmensgründungen zu forcieren. Kommunen errichten Existenzgründerzentren, Industrie- und Handelskammern und Branchenverbände bieten Existenzgründerseminare, und Banken zeigen sukzessive mehr Bereitschaft, Risikokapital für Unternehmensgründungen zur Verfügung zu stellen. Themen wie Selbständigkeit und Unternehmertum werden plötzlich »sexy«. Der im Herbst 1997 initiierte »Start«-Wettbewerb der Hamburger Illustrierten STERN (für junge Unternehmer mit ungewöhnlichen Ideen) brach alle Einsendungsrekorde (55 000 Anfragen) und katapultierte das Gründerthema auf die Titelseiten. Überregionale Tageszeitungen berichten inzwischen fast täglich über neue Techno-Parks, in denen Universitäten und Industrie zusammenarbeiten. Allein auf den deutschsprachigen Websites finden sich über 70 000 Angebote und Meldungen zum Thema Existenzgründung. Laut CAPITAL stieg die Zahl der GmbH-Gründungen in Gesamtdeutschland seit 1990 von 432 000 auf 795 000. Diese geschätzte Zahl wird durch viele Studien untermauert, die besonders im studentischen Milieu der großen Städte eine vermehrte Gründertätigkeit registrieren. Der deutsche Nachwuchs scheint auf die kommende Zeit gut vorbereitet zu sein. Laut einer jüngst abgeschlossenen EMNID-Umfrage wollen nur noch 23 Prozent der 14–29jährigen Angestellte werden, 21 Prozent Beamte – aber 56 Prozent Freiberufler. WIRTSCHAFTSWOCHE, 10. Juli 1997. Auch die Frauenzeitschriften ziehen mit: BRIGITTE YOUNG MISS WORKING GIRL und WOMAN & WORK – DAS JOBEXTRA VON ALLEGRA, das bereits zum zweiten Mal erschienen ist – alle bemühen sich um Orientierung im Feld der neuen Gründerwelle.

So sinnfälllig diese Initiativen auch sein mögen – sie haben einen entscheidenden soziokulturellen Haken. Sie basieren auf Werten und Wertigkeiten der industriellen Ära. Viele dieser Initiativen zielen immer noch auf die Wiederherstellung des klassischen »Unternehmergeistes«: Pflichterfüllung und Triebaufschub, Blut, Schweiß und Tränen, Verzicht und Verantwortung für andere. Irgendwann später wird man die Früchte dieser Ackerei dann einfahren dürfen – als Wohlstand in der zweiten Lebenshälfte.

Ist diese Vorstellung wirklich »modern«? Natürlich, es gibt sie ja, die modernen Start-ups, deren Mitarbeiter in 2 Jahren Millionäre werden, nachdem sie 2 Jahre lang rund um die Uhr gearbeitet haben. Der Internet-Hype bringt Firmen hervor, die mit kaum mehr als ein paar Tausendern Startkapital jeden Monat um 100 Prozent wachsen – eine große Sache. Doch was geschieht mit denen, die nicht bereit sind, ihr Leben »zu opfern«? Die vielleicht sogar mit Kindern und Partner leben wollen? Die weder Angestellte »unter sich« haben möchten noch die Verantwortung für Wohl und Wehe eines Betriebes in unruhiger Zeit?

Die soft-individualistische Kultur wird einen etwas anderen Grundtypus von »Unternehmer« in großer Zahl hervorbringen: einen Selbstverwirklichungs-Unternehmer, der mit seiner Arbeit auch anderes verbindet als die Ebene des Geldes oder den großen Ehrgeiz à la BILL GATES. Der seine Unabhängigkeit und Eigenheit um jeden Preis wahren will – auch wenn es zunächst finanzielle Einbußen bedeutet. Der *gut* werden will, weil er ehrgeizig ist – aber ehrgeizig in einem neuen, qualitativen Sinne: Er möchte ein möglichst schlüssiges, möglichst spannendes Lebenskunstwerk gestalten.

Freie Agenten: Der harte Kern der Kreativen Klasse

Laut FAST COMPANY, der monatlichen Bibel der neuen Kreativ-Ökonomie, verstehen sich heute an die 25 Millionen US-Amerikaner als »Freie Agenten«. In Deutschland sind von den 3,2 Millionen Unternehmen heute 1,7 Millionen Einzelunternehmen. Die Anzahl der Selbständigen ohne Beschäftigte stieg im Zeitraum von 1988 bis 1998 um 170 Prozent, die der Selbständigen mit Beschäftigten nur um 120 Prozent.
Was sind »Freie Agenten«? Ein Modewort? Ein romantischer Idealismus? Tarnwort für das, was wir hierzulande abschätzig »Scheinselbständige« nennen? Der Kern liegt im Selbstverständnis. Freie Agenten verstehen sich nicht als Lohnarbeiter »auf Abruf«, nicht als die neuen Arbeitssklaven des digitalen Zeitalters oder als rechtlose »Ausrationalisierte« (die es natürlich auch gibt; aber das ist ein anderes Kapitel. Sie haben bewußt den Schritt in die singuläre Selbständigkeit vollzogen. Auch, wenn sie zeitweise reguläre Angestellte waren oder sind: Das Selbstverständnis ihrer Berufsbiographie zielt nicht auf das möglichst schnelle Andocken an eine Firma, sondern auf die Entwicklung eines Fähigkeits-Portfolios, das ihnen dauerhafte Unabhängigkeit sichert.
Betrachten wir zunächst einmal die Milieus und »Randgruppen«, aus denen heraus sich dieses neue Agententum entwickelt:

Hobbyworker

Seine Domäne ist der bürgerliche Vorort, seine ökonomische Grundsituation basiert auf den gewaltigen Einkommensvorträgen der Wirtschaftswunderzeit. Hobbyworker leben mit 30 noch bei den wohlhabenden Eltern oder mit 50 in einer liberalen Ehe. Sie haben Vermögen, weil die Eltern Vermögen hatten, ein Haus geerbt, einen Anteil an einer Firma, ein Sparguthaben, das Zinsen abwirft, oder einfach einen Background, der die Zahlung hoher monatlicher Mieten obsolet macht. Hobbyworker können und wollen mit weniger Geld auskommen, um das Leben zu genießen, aber Genuß ist ihnen weniger Luxus als soziale Qualität. Eine Minderheit? Gewiß, aber sie wächst.

Immer mehr Menschen machen ihre Hobbys zu Einkommensquellen. Dabei ist es wichtig, nicht vollständig davon leben zu müssen – Erwerbsarbeit wird gewissermaßen durch die Hintertür verlassen, ohne daß sogleich eine völlig autonome Einkommensökonomie erforderlich ist. In dieser entspannten Situation kann man bisweilen plötzlich wieder ganz gut Geld verdienen: mit einer kleinen spirituellen Praxis, einem privaten Massagedienst, einer Boutique für afrikanische Kunst, einem Goldschmiedeatelier, einer Weinbar, einem Spezialversand für 50er-Jahre-Comics. Ganze Regionen Mitteleuropas – Sylt, der Starnberger See, der Taunus – wimmeln von talentierten Hobbyisten. Darunter sind viele Frauen, die ihren vielbeschäftigten Business-Männern eine eigene, selbstbestimmte Tätigkeit entgegensetzen wollten. Viele wollsockige Spät-Alternative und Gestrandete im großen Mahlstrom der Beziehungskriege. Und dennoch: In diesem Milieu ist schon manche Geschäftsidee gewachsen, die sich zu einem ordentlichen Einzelkämpfer-Beruf ausgewachsen und einen vollständigen Freien Agenten produziert hat.

Patchwork-Jobber

Wir alle kennen diesen Typus aus der eigenen Vergangenheit oder als Hauptfigur der neuesten »Singles«-Serie im Vorabendprogramm. Es ist das Milieu der »Städter um die 30«, die ihre Lebensoptionen so lange wie möglich offenhalten wollen.

Patchwork-Jobber haben den postadoleszenten Raum bis weit über die 30-Jahres-Grenze ausgedehnt. Sie haben sich dauerhaft eingenistet in jenem ökonomischen Zwischenreich zwischen abgeschlossener oder abgebrochener Ausbildung und Familiengründung. Sie verweigern den Beruf, nicht aber die Tätigkeit. »Das Leben ist eine Baustelle« – dieser Kultfilm brachte es auf den Punkt. Fast 60 Prozent der Deutschen leben in Großstädten. Wo die »Tugend der Orientierungslosigkeit« herrscht (CHRISTOPH GOEBEL und CHRISTOPH CLERMONT), werden fast automatisch Fähigkeiten wie Flexibilität, Teamwork, Self-Management erlernt. Ein Zitat aus dem SPIEGEL-Artikel über die neue Studentengeneration: »Einzelkämpfer in der Wüste« (SPIEGEL, 49/97): *Jede Woche dienstags und freitags, wenn der angehende Betriebswirt Axel Großmann, 20, ein paar Aufgaben zum Zwangsvollstreckungsrecht erledigt hat, schwingt er sich aufs Rad und saust auf eine Baustelle. Im abgewetzten Overall und mit dem von alter Farbe steifgetrockneten Käppi auf dem Kopf führt er Pinsel und Spachtel wie ein Profi-Axel und 3 andere Maler renovieren derzeit in einem Hamburger Jugendstilhaus die Stuckdecke. Nach Feierabend sitzt Axel als Buchhalter in einer kleinen Softwarefirma; der Job wird ihm gleich als Praktikum bescheinigt. Auf seiner Visitenkarte ist sein Studentenstatus nicht vermerkt, dafür aber die Handynummer und eine E-Mail-Adresse.*

Das Milieu der Patchwork-Jobber beherbergt den Freien Agenten in Rohform. Seine Selbständigkeit ist schicksalhaft und unsicher, er hat es noch nicht gelernt, aus seinen Talenten ein Portfolio und eine Strategie zu machen. Er ähnelt eher dem Überlebenskünstler, dem Nischenbewohner als dem Freien Agenten der Zukunft. Spätestens mit 40 jedoch wird sich erweisen, ob er in den Sozialfall abdriftet oder ins Lager der Profis übertritt.

Teleworker

Immer häufiger hört man, wenn man einen Geschäftspartner anruft, im Hintergrund Babygeschrei. Immer häufiger sagt dieser Geschäftspartner: *Moment mal – kann ich zurückrufen? – ich muß gerade auf die Kleine aufpassen*. Die modernen Technologien, das unaufhörliche Zusammenwachsen der Computernetze, die »nomadischen Artefakte« (JACQUES ATTALI) ermöglichen es uns mehr und mehr, die häusliche Sphäre näher an die berufliche heranzurücken. Aber es ist nicht die Nebenerwerbs-Hausfrau, die zu Hause Daten eintippt, die sich am Ende als klassische Teleworkerin herausmendelt (solche Tätigkeiten erledigt man heute für 2 Mark Stundenlohn in China oder Indien):

- Mobile Mitarbeiter im Außendienst, die selbständig arbeiten können und – zum Beispiel – regionale Absatzmärkte verwalten, sind ideale Teleworker. Aber wer sagt, daß sie den Rest ihres Lebens an der langen Leine der Firma hängen wollen?
- Teleworking wird für immer mehr Menschen ein Ausgleichsmittel in der sogenannten» Familienfalle«. Da Frauen heute immer besser qualifiziert sind, da sie in immer mehr Branchen bei der Bewerbung weitaus fähiger sind als Männer, wählen gerade sie Tätigkeiten, die ihnen auch nach der Familiengründung noch Raum für eigenständige Erwerbsarbeit bieten.
- In den Netzen tauchen erstaunlich viele körperlich behinderte Unternehmer auf. Der hochqualifizierte Mitarbeiter, der bei einem Autounfall gehandicapt wurde, kann im Netz sein Business weiterführen – hier entsteht eine völlig neue Option für Menschen, die vorher aus dem Arbeitsmarkt abgedrängt wurden.

Groundworker (Die neuen Basis-Arbeiter)

Wahr ist: Es wird eine neue, große Schicht von Dienstleistern entstehen, die die Grundarbeiten ausführen. Oft werden diese Menschen schlecht bezahlt und ohne genügende soziale Absicherung sein. Einzelhandelsverkäufer(innen), Kellner(innen), Hotelangestellte, Hauswarte, Kindergärtner(innen), Hauspflegekräfte, Hausangestellte, Taxifahrer, Friseure, Automechaniker, Wachpersonal, Putzfrauen und -Männer, Abwaschhilfen und Einpacker im Supermarkt – aus diesen Billigjobs rekrutiert sich die neue Schicht der Billiglohnarbeiter in der neuen Dienstleistungsgesellschaft.

Dies ist, zweifelsohne, der Ort einer neuen Sklavenarbeit mit sinkenden Löhnen und nächtlichen Schindereien für wenig Geld. Aber paradoxerweise bietet sich gerade hier ein weites Übungsfeld für die *Kreative Klasse*: Mancher fängt als Babysitter, Pfleger, Ausfahrer an und steigt dann Stufe um Stufe die Komplexitätsleiter empor. Der Pizza-Austräger, der seine eigene Pizzakette aufmacht. Der Fahrradbote, der schließlich eine Shop-Kette mit Mountainbikes aufmacht. Der Expreßbote, der sich eine Weltreise finanzieren will und danach weiterstudiert. Der afrikanische Koch, der schließlich ein afrikanisches Restaurant eröffnet – auch aus diesem Humus wächst die neue *Kreative Klasse*.

Die Neuen Freiwilligen

Immer mehr Ältere, die zwischen 55 und 65 in den Ruhestand gehen, halten es dort nicht lange aus. In einer Stadt wie Amsterdam sind heute 150 000 Bürger (von 1 Million im Einzugsgebiet) in sogenannten Zeitagenturen engagiert. Man spendet dort für soziale Zwecke und gemeinnützige Arbeit nicht Geld, sondern Zeit: Hilfe für alte Leute, Ökologie-Projekte, Junkie-Arbeit etc. Solche Zeitprojekte entwickeln sich derzeit auch in Deutschland. Sie sind eine weitere Quelle für den kommenden

Boom von Portfolio-Work. In ihr koppelt sich die Arbeit völlig vom ökonomischen Prinzip und wird Verwirklichung – mit kleinerem »Selbst« als Vorsilbe. In ihr wird aber auch selbstorganisierte Tätigkeit geübt, die vor allem die *social skills* fördert. Wir werden in den nächsten Jahren eine *Renaissance der Ehrenamtlichkeit* erleben – aber ohne die Verstaubtheit, die dieser Sektor durch seine Überinstitutionalisierung erfahren hat. *New Charity* – das speist sich nicht aus dem schlechten Gewissen, sondern aus der Suche der Menschen nach Sinnhaftigkeit und Verwirklichung ihrer sozialen Fähigkeiten. Hier wird soziales Engagement mit Selbsterfahrung und Erlebniskultur kombiniert. Hier wird es »Jobs« geben, die sich in den klassischen Kategorien der Lohnarbeit nicht »rechnen«, aber andere Qualitäten vermitteln.

Kreative Klasse – Vorwärts zum Lichte empor!

Inmitten unserer Kultur wächst also eine neue Klasse heran. Unbemerkt, aber dennoch stetig, von vielen in Größe und Dynamik unterschätzt. Wie der Bauer die agrarische Welt repräsentierte und das Proletariat die Welt des Industrialismus, repräsentiert diese neue Klasse (die natürlich keine »Klasse« mehr ist) die Avantgarde der Wissensökonomie. Ihre Mitglieder, die Freien Agenten, leisten komplexe Dienstleistungen, deren Bezahlung sich mehr und mehr von den Zeit-Takten des Industrialismus ablöst. Die meisten Agenten mögen noch Tages- oder Stundenhonorare berechnen, aber ihr Honorar bekommen sie nicht für »Zeitpräsenz«, sondern für *Problemlösungen*. Typische Tätigkeiten der Kreativen Klasse sind:

- assistieren
- organisieren
- gestalten
- supervisieren
- heilen
- systematisieren

- kommunizieren
- pflegen
- initialisieren
- darstellen
- erzählen
- vernetzen

Was geschieht in der Persönlichkeit, wenn nicht mehr die Arbeit »zu einem kommt«, sondern man »die Arbeit finden will«? WILLIAM BRIDGES hat in seinem Buch »Ich & Co« den Selbstqualifizierungsprozeß des *Neuen Selbständigen* in ein 4-Punkte-Programm gefaßt: Sein berufliches Fortkommen hängt von einer ständig aktualisierten Beantwortung folgender Fragen ab:

- Was will ich?
- Was kann ich?
- Wie ist mein Charakter?
- Was sind meine Ressourcen?

Wer sich selbst als Ich-AG begreift, überträgt den ökonomischen Begriff des Haushaltens auf die eigene Person. Die eigenen Emotionen, Ressourcen und Finanzen werden rational gesteuert und eingesetzt. Dies beginnt bei der Einstellung zum Körper. Der »Angestelltenkörper«, geprägt durch gleichförmige, sitzende Tätigkeit, wird zugunsten eines eigenen Zugangs zur Fitneß überwunden: Freie Agenten treiben überdurchschnittlich viel Sport, weil sie ihren Körper als Teil ihres Portfolios begreifen. Es führt über die Emotionen – Emphase ist für das Leben des Freien Agenten das Salz in der Suppe – bis hin zur Weiterbildung, die in die Projektarbeit integriert sein muß. *Freie Agenten sind ihre Projekte*, formulierte es TOM PETERS in FAST COMPANY. Freie Agenten müssen durch das gezielte Sortieren von Jobs ihre »Selbstausbildungspfade« finden. Oft sind Jobs, die sich finanziell nicht lohnen, deshalb interessant, weil man dabei eine wichtige Erfahrung machen oder seinen Filofax mit neuen Kontakten spicken kann. Von entscheidender Bedeutung ist die totale Überwindung der Anklage- und Delegierungs-Mentalität, die die Angestelltenkultur hervorgebracht hat. Hier die 100-Prozent-Selbständigkeits-Formel nach Managementberater DR. PHILIPP HARRIS:

- Volle Verantwortung für die eigene Aufgabe übernehmen – erst dann kann Arbeit auch eine Quelle der Selbstzufriedenheit werden.
- Unsicherheiten und Vieldeutigkeiten akzeptieren lernen, sie zum Teil des Neugier-Programms machen.
- Sich selbst als »Service-Center« und Dienstleister den Kollegen und Mitarbeitern und Kunden gegenüber empfinden.
- Offen in bezug auf Unterschiede zwischen den Menschen sein – gleich, aus welcher Kultur oder Subkultur sie stammen.

Und die Sicherheit? Natürlich ist das Bedürfnis nach Kontinuität ein wichtiges menschliches Bedürfnis. Das Milieu der *Kreativen Klasse*, so hört man es immer wieder, wird sich schon deshalb nicht ausbreiten, weil eine Portfolio-Existenz einfach der menschlichen Psyche mit ihrem Bedürfnis nach langfristiger Planung entspricht. Aber macht die Abhängigkeit von Großorganisationen die Menschen wirklich sicher? Ein »Arbeitsplatz« ist heute so lange garantiert, bis ein neuer Chef kommt und den nächsten ehrgeizigen Reengineering-Plan umsetzt – wenn überhaupt! Selbst Beamte können sich nicht mehr sicher sein – siehe das Beispiel Schweiz, wo unlängst das Berufsbeamtentum abgeschafft wurde! Dagegen ist das Entwickeln der eigenen, persönlichen Fähigkeiten, des individuellen Portfolios, die einzige erfolgversprechende Methode, in der Wissensökonomie langfristige Ressourcen von Sicherheit zu generieren!

Wer einen klar konfigurierten »Set« an Fähigkeiten anbieten und kommunizieren kann, verfügt im Arbeitsmarkt der Zukunft über eine Einkommensgarantie. Er kann schneller reagieren, verfügt über Selbstveränderungskräfte – und, wenn er es geschickt anstellt, über materielle Reserven. Zum Freien-Agenten-Dasein gehört deshalb auch ein flexibler, nicht an Statussymbolen und materiellem Konsum orientierter Lebensstil.

Ein Freier Agent, der ständig mit dem teuersten PORSCHE und dicken Zigarren unterwegs ist, ist deshalb zumeist ein Vertreter (also ein »Alter Agent«)!
Es ist wichtig, den Unterschied zu verstehen: Freie Agenten sind keine »Einzelunternehmer« im Sinn von Einzelkämpfern. Wichtig ist nicht der Output des materiellen Reichtums, sondern die Qualität des Wachstumsprozesses. Soziales Networking und ein improvisationsgewohnter Puzzle-Lebensstil können dabei wichtige Produktivkräfte sein. Gerade junge Frauen, die in biographisch unsicheren Situationen die eigenen verborgenen Entrepreneur-Qualitäten entdecken und mit erstaunlichem Geschick nach ertragreichen Nischen der Selbständigkeit suchen, profitieren von dem »Boheme-Effekt«, der die Wissens-Wirtschaft prägt. Wie ANDREA HURTON es in ihrem Buch »1000 Tage bis zur Zukunft« so schön ausdrückt:
Man könnte von einer »Ungarisierung« oder »Bohemisierung« der Wirtschaft sprechen – in Ungarn gehört der Job-Mix zum Alltag, man arbeitet als Lehrer, aber verdient noch als Taxifahrer hinzu, ist einmal Franchisenehmer für Tiefkühlpizza, dann Fremdenführer oder Kellner. Der Bohemien lebte von geistigen Gütern, von Wissen und Ideen, die er in künstliche Erzeugnisse, Theaterstücke, Gedichte, Romane, Musik umsetzte. (...) Wenn der Anteil regulärer Lohnarbeit schrumpft, wird Boheme zu einer bedeutenden ökonomischen Kategorie. Es entsteht Aktionsraum für kleine selbständige Unternehmen, die oft nur aus einer einzigen oder wenigen Personen bestehen. Deren soziale Lage hat Ähnlichkeit mit der Boheme.
Projektorientierung, Selbstvermarktungstalent, manchmal auch die berühmte Fähigkeit zur Selbstausbeutung: Das ist der Stoff, aus dem der Freie Agent geschmiedet wird. Niemand hat den Ethos der *Kreativen Klasse* derart »smart« auf den Punkt gebracht wie ihr Kampfblatt, die amerikanische Illustrierte FAST COMPANY (eine Zeitschrift, deren raketengleicher Aufstieg auch vom Aufstieg der neuen Klasse Zeugnis ablegt). Hier die Unabhängigkeitserklärung der freien Agenten:

- **Bemüht Euch um Ganzheitlichkeit!** *Als Freier Agent gibt es keinen großen Unterschied zwischen Persönlichem und Privatem. Wir müssen unsere persönlichen und unsere Business-Interessen, unsere Lebensstile und Arbeitsweisen in Einklang bringen!*
- **Wenn es für niemanden Sicherheit gibt erlangen alle Freiheit!** *Sicherheit ist eine Illusion. Ein Arbeitsleben, das sich auf einen »Arbeitsplatz« stützt, ist kein Arbeitsleben. Je mehr wir arbeiten, um unsere eigenen Ziele zu verwirklichen, desto mehr Sicherheit erlangen wir!*
- **Die Kraft zu wählen, ist auch die Kraft, NEIN zu sagen!** *Wir suchen uns die Kunden aus, mit denen wir zusammenarbeiten wollen – und die Projekte, die uns interessieren. Nein zu Kunden, mit denen es schwierig ist zu arbeiten, die uns schlecht bezahlen oder dauernd anfragen, ohne zu buchen.*
- **Für Angst ist im Lande der Freien Agenten kein Platz!** *Wir haben schon zu lange mit Arbeitsängsten gelebt. Gute Performer werden zu großartigen, weil sie in einer angstfreien Zone leben.*
- **Spaß bei der Arbeit ist der eigentliche Grund zu arbeiten!** *Tatsächlich arbeiten viele von uns viel zu viel. Aber wir arbeiten aus den richtigen Beweggründen heraus.*
- **Wir arbeiten für uns allein, aber wir sind nicht allein!** *Indem wir uns zu Freien Agenten gemacht haben, haben wir unsere Verbindungen zu den großen Unternehmen gekappt, die früher einmal die Welt der Arbeit dominiert haben. Trotzdem sind wir Teil einer Gemeinschaft: Netzwerke, Lerngruppen, Austauschgespräche:* ***Freie Agenten aller Länder vereinigt euch!***

Der Mensch verschwindet aus der Arbeitswelt, wie das Pferd aus der Landwirtschaft verschwunden ist, sagt Nobelpreisträger WASSILY LEONTIEFF. In solchen Worten liegt all unsere Trauer über den Verlust der Sicherheiten, aber auch alle Erleichterung über das allmähliche Verblassen des industriellen Arbeitsgefüges. Das neue Einzelunternehmertum wird nicht immer eitel Zuckerlecken sein. Das Scheitern wohnt am Bettrand. Es ist vor Ausbeutungsversuchen nicht gefeit. Aber der Selbstbeschäftigte fällt, wenn er fällt, nicht so tief, wie jemand, der sein ganzes Vermögen auf einen Versuch gesetzt hat, reich zu werden. Er kann dazulernen, umlernen, entlernen. Er hat so viele Versuche wie Projekte. Es fällt auch nicht schwer, sich eine neue, auf individualisierte Arbeitsverhältnisse eingestellte Gewerkschaft für Einzelkämpfer auszumalen: individualisierte Dienstleistungen für diejenigen, die momentan keine Jobs und Projekte bekommen, Hilfe bei der Weiterbildung, Coaching-Netzwerke. Neue Versicherungsformen können Weiterbildung versichern oder ein Grundeinkommen. Und Unterstützung entwickelt sich in den Nischen der Dienstleistungskultur: Die US-Firma KINKO'S offeriert seit Jahr und Tag technische und beraterische Hilfe für Freie Agenten – vom Kopierzentrum bis zum Software-Support. »Agentenfamilien« entstehen – wie die TWG, THE WEBWORKER GROUP, deren Mitglieder (Designer, Übersetzer, Werbefachleute) in Frankfurt, Mannheim oder Kalifornien sitzen. (ZEIT, 28/99, S. 17)

Der Inhaber einer Ich-AG ist nicht endlos frei; jenseits aller Kreativität unterliegt er dem Kräftespiel des Marktes. Aber im Gegensatz zum grauen Heer der Lohnabhängigen wird er immer Eigentümer seiner eigenen Arbeitskraft, seines Kopfes, seiner Identität bleiben. Im Abschied von den Abhängigkeiten der Industriekultur trägt der Agent die Fahne des Individualismus tief in die Sphäre der Ökonomie hinein. Und pflanzt dort die Samenkörner für eine neue, humane Arbeitskultur.

Von der Globalisierung zur Glokalisierung

Eine der unbeabsichtigten Folgen des modernen Kapitalismus ist die Stärkung des Ortes, die Sehnsucht der Menschen nach der Verwurzelung in einer Gemeinde. All die emotionalen Bedingungen modernen Arbeitens beleben und verstärken diese Sehnsucht: die Ungewißheit der Flexibilität; das Fehlen von Vertrauen und Verpflichtung; die Oberflächlichkeit des Teamworks; und vor allem die allgegenwärtige Drohung, ins Nichts zu fallen, nichts »aus sich machen zu können«, das Scheitern daran, durch Arbeit eine Identität zu erlangen. All diese Bedingungen treiben die Menschen dazu, woanders noch Bindung und Tiefe zu suchen.

RICHARD SENNETT, »Der flexible Mensch«

Die globalisierte Welt erscheint vielen als großer Einheitsbrei von Kultur- und Verhaltensmustern von Grönland bis Neuseeland. Als Verlust lokaler Eigenständigkeit, Niedergang regionaler Produkte und Lebensweisen. Von JOHN RUSKIN über den Kulturpessimismus der 20er Jahre bis zu den modernen Globalisierungskritikern tönt der Chor von der Gefahr einer Weltmonokultur, die Vielfalt und Eigenart der Völker, Städte und Regionen einebne. Was aber, wenn es ganz anders käme? Wenn die Globalisierung den Regionen neue Chancen gäbe und der kosmopolitische Bürger der Zukunft mehr denn je *wüßte, wo seine Heimat liegt*?

Neu ist diese Idee – zugegeben – nicht. Schon JOHN NAISBITT formulierte in seinem 1980 erschienenen »Megatrends« den Trend »Der neue Regionalismus«: In den 70er Jahren erlebten agrarische Regionen Europas eine Renaissance, die teilweise in regelrechten Sezessionsbewegungen gegen den Zentralstaat kulminierten: Das Elsaß, das Baskenland und die Algarve entdeckten ihre Dialekte und regionalen Folkloretraditionen, Bauern und importierte Hippies marschierten gegen Truppenübungsplätze und Tourismusprojekte. Heute ist Regionalismus fast schon en vogue. Bayern wirbt trotzig mit Laptop und Lederhose, keine Region, die nicht ihre eigenen Käsemarken entwirft, ihre Regionalförderungen intensiviert, ihre »Eigenheit« betont.

Eine wichtige Kraft in diesem Trend stammt ausgerechnet aus der Welt, die die große Gleichmacherei vollstrecken sollte: der Warenwelt. Transnationale Werbeagenturen wie SAATCHI & SAATCHI oder OGILVY & MATHER versuchen seit Jahrzehnten, die großen Marken weltweit den Verbrauchern schmackhaft zu machen – SAATCHIS PEPSI-COLA-Spot konnte von einem Fünftel der Menschheit gesehen werden. Doch nicht nur bei den Werbern ist die anfängliche Euphorie inzwischen abgekühlt. Der Geschmack der Konsumenten ist schwieriger zu ergründen als angenommen. Österreichische und englische Hausfrauen wollen ihre Waschmaschine von vorne, französische von oben füllen; Mitteleuropäer schätzen Fluorbeigaben in der Zahnpasta als Kariesvorbeugung, Südeuropäer putzen dagegen aus kosmetischen Überlegungen. In Österreich geht man bei niedrigem Blutdruck zum Arzt, Engländer halten das für Humbug. Österreicher mögen Fleisch aus bäuerlicher Produktion, Amerikaner eher das Gegenteil. NIKE mußte eine ganze Produktlinie vom Markt nehmen, weil muslimische US-Bürger monierten, die Sportschuhe trügen ein Symbol, das an die arabische Schreibung von »Allah« erinnere. Die taiwanesische Übersetzung des PEPSI -Slogans »Come alive with the PEPSI-Generation« wurde von den Inselchinesen als »Pepsi erweckt ihre Vorfahren wieder zum Leben« gelesen. Verstorbene Vorfahren haben in Taiwan oft eine ziemlich herrische Form, Macht über den Rest der Familie auszuüben. Es trug nicht zur Verkaufsförderung bei. Ebensowenig wie der Ver-

such von FORD und OPEL »Weltautos« ohne kulturelle Differenzierung einzuführen. Ein Gedanke, der aus der Produktionslogik kam – aber mit der realen Welt wenig zu tun hatte.
Die Ethnologinnen JOANA BREIDENBACH und INA ZUKRIGL haben in ihrer beeindruckenden Studie »Tanz der Kulturen« viele dieser Beispiele für die regionale Uminterpretation globaler Waren durch Regionalkulturen gesammelt. Nach wie vor gibt es nur einen verschwindend kleinen Anteil wirklich globaler Marken. Die meisten Produkte sind für nationale oder regionale Märkte ausgerichtet. Die Gefriermarke IGLO bietet Strudelteig und Powidltascherln in Österreich, nicht aber in Deutschland an. Ein multinationaler Konzern wie UNILEVER produziert zwar seine Lebens- und Körperpflegemittel in 90 Ländern und verkauft sie in 160 Staaten dieser Erde, berücksichtigt aber längst die Erfahrung, daß Konsum stark von lokalen Sitten und Bedürfnissen geprägt ist. *Für den westlichen Betrachter ungewohnte Umdeutungen erfährt selbst COCA-COLA. In Rußland wird diesem Softdrink die Fähigkeit zugesprochen, Falten zu glätten. In Haiti wird Coke in Voodoo-Zeremonien eingesetzt, um Tote wieder zum Leben zu erwecken, und die Tzotzil-Ältesten in Mexiko treffen sich jeden dritten Donnerstag im Monat in der Kirche, um mit Hilfe von COCA-COLA und Poch, einem traditionellen lokalen Getränk mit Gott Verbindung aufzunehmen. COCA-COLA-Flaschen finden sich auch auf den Altären der japanischen Insel Süd-Ryukyu. Hier werden die leeren Flaschen von den Geistlichen in ihren Ritus integriert, da die Flaschenform an den Körper von Schwangeren erinnere.*
Nigerianischer Fúji, kolumbianische Cumbia oder Frankfurter und Berliner Techno-Richtungen werden in Auflagen produziert, von denen internationale Vertriebsfirmen nur träumen können. Sie haben sogar ihrerseits globales Marktpotential, aber der kreative Prozeß ist vor Ort situiert. Auch die Wertewandel-Prozesse stützen den Prozeß der Glokalisierung. Fragt man die Österreicher oder die Deutschen nach ihren Lebens-

horizonten, so entwickelt sich seit Jahren eine steigende Bindung an die kleinräumige Heimat: das Dorf, die Landschaft, die Region. Auch die ganz großen Horizonte werden wichtiger: Europa wird von immer mehr Menschen als eine wichtige Kategorie gesehen. Dagegen nimmt die Orientierung am Nationalstaat eher ab.

Ähnliches gilt auch für den Medienbereich. Das berühmteste Beispiel globalisierter Trivialkultur: DALLAS. Verschiedene Kommunikationswissenschaftler haben den Prototyp der Prime-Time-Soap DALLAS auf seine interkulturelle Wirkung erforscht. Sie untersuchten die Rezeption der Serie in israelischen Kibbuzim, bei russischen Immigranten, bei Algeriern, marokkanischen Juden, US-Zuschauern, Japanern und Deutschen. Erstaunlicherweise sah jedes dieser Milieus einen anderen Film. Algerier fanden darin die Bestätigung der Bedeutung der Großfamilie, in der 3 Generationen unter der Herrschaft des Pater familias zusammenleben. Die staatliche Bürokratie wird als Feind der Familiensolidarität wahrgenommen. Persönliche Beziehungen sind wichtiger als allgemeine Prinzipien. Kibbuzniks wie Amerikaner zeigten große kritische Distanz im Umgang mit der Serie und interpretierten die Handlung psychoanalytisch. Kommentiert wurden gerne die cleveren Schachzüge des Drehbuchautors. Die immigrierten Russen sahen DALLAS regelmäßig, aber mit Verachtung. *DALLAS zeigt, daß die Amerikaner keine Kultur haben.* Sie überprüften die Serie unablässig auf versteckte Botschaften und falsche Ideologien: *Sie sagen uns, daß die Reichen unglücklich sind, weil sie wollen, daß wir das glauben.* Die Deutschen offenbarten große Bewunderung für J.R., aber empfanden gleichzeitig Verbundenheit mit Miß Ellie, die als tugendhafte Mutter den Umtrieben ihres Sohnes Grenzen setzt. Die Japaner langweilten sich nur, und Dallas mußte nach 6 Monaten abgesetzt werden.

Der Markt ist zwar auf der einen Seite ein Globalisierungsagent, er bietet aber auch Möglichkeiten für lokale Unternehmer, kulturelle Innovationen für lokale Marktnischen zu entwickeln. Die regionale Bierbrauerei, die ihre friesischen oder bayrischen Wurzeln vermarktet, profitiert gerade von dem Regionalstolz und der Vertrautheit zwischen Konsument und Produzent. Deutsche, österreichische, schweizerische Bioläden ziehen vor dem Hintergrund der EU-weiten Angleichung von Lebensmitteln eine Kundschaft heran, die regionale Produkte schätzt.

Ein zusätzlicher Motor für die Renaissance der Regionen sind auch die neuen Kommunikationstechniken. Sie dezentralisieren Strukturen und ermöglichen neue Formen regionaler Kompetenz – Probleme können dort gelöst werden, wo sie auftreten. Die Telekommunikationsnetze sind gewissermaßen die neuen »Salzstraßen« der Städte und Regionen im 21. Jahrhundert. In der mobilen Welt der Zukunft entscheiden nicht mehr Autobahnzubringer, sondern Daten-Highways, nicht mehr Industriestandorte, sondern Wissens-Netzwerke über den Wohlstand einer Region. Mobile »Arbeitsnomaden« prägen die Arbeitswelt der Zukunft – und diese Klientel bevorzugt Standorte mit intakter Natur und gelungener Regionalität. Ursprünglich ländliche Gegenden können so zu neuer Blüte erwachen. Bislang periphere Landschaften können ins Zentrum einer neuen Ökonomie geraten. Der italienische Designer ANDREA BRANZI nannte diese neue »urbanisierte Ländlichkeit«, diese neue Mixtur aus elektronischer Wirtschaft und bukolischer Idylle AGRICONICA: *AGRICONICA fügt sich in bereits Bestehendes ein und vervollständigt bestehende Strukturen, statt sie zu ersetzen. Es koexistiert mit der vorhandenen Megastadt, Kleinstadt oder Dorfgemeinschaft. Mit AGRICONICA wird ein bisher unerforschtes Urbanisierungsmodell entwickelt. Ein Modell, das auf einem weichen System basiert und das Überleben einer agrarischen Gesellschaft sichert, in Verbindung mit hochentwickelten städtischen Einrichtungen. Es will als Mittler im uralten Streit zwischen städtischer und ländlicher Kultur dienen – im Bewußtsein, daß beide Phänomene zum Tode verurteilt sind.*

Die neuen Zentren Europas – warum könnten sie nicht in Vorarlberg liegen, wo High-Tech und moderne Architektur eine Synthese eingegangen sind, die schon an Los Angeles in seinen besten, kreativsten Zeiten erinnert? In Schottland und Wales, wo neben zahlreichen Gründerfirmen auch über 100 *Televillages* entstanden sind – die neuen Gemeinschaften der Freien Agenten? In Finnland, das aufgrund seiner langen Wege und kalten Winter die vernetzte Gesellschaft am weitesten vorangetrieben hat?

Unternehmen 2010: Von der Produktionsmaschine zum lernenden Organismus

Gegen Ende des 20. Jahrhunderts neigen sich die große Rationalisierungswellen des industriellen Zeitalters dem Ende zu. *Reengineering* und *Outsourcing*, *Lean Management*, *Mergers* und *Mega-Mergers*: Kaum ein Unternehmen, in dem in den letzten Jahren nicht umgebaut, ausgelichtet, entlassen wurde. Akquisitionen, Aufspaltungen und Verkäufe, Chefwechsel und Kurskorrekturen am laufenden Band haben die wirtschaftliche Landschaft in eine gigantische Baustelle verwandelt, aus der nur noch selten Leuchttürme der Verläßlichkeit herausragen.

Die Phase der hektischen Rationalisierungen hat Spuren hinterlassen: *Warum soll man sich für einen Laden engagieren, den man nach 2 Jahren wieder verläßt oder von dem man weiß, daß er dann gar nicht mehr existieren wird?* – So fragt RICHARD SENNETT in einem Interview in der ZEIT vom 26.11.1998. Die hektischen Umbauwellen unserer Tage führen zu einem schleichenden Prozeß der inneren Erosion in den Firmenkulturen. *Die Stimmung ist mies*, vermelden heute die meisten Personalchefs und Betriebspsychologen. Alle Erfahrungen zeigen: Wenn Umstrukturierungen zu lange dauern oder sich ständig wiederholen, schneiden sie ins Fleisch jedes Unternehmens und töten über kurz oder lang seine Seele. Die AMA (AMERICAN MANAGEMENT ASSOCIATION) fand heraus, daß *wiederholte Entlassungswellen regelmäßig zu niedrigeren Gewinnen und sinkender Produktivität der Arbeitskräfte* führten; die WYATT-STUDIE kam zu dem Ergebnis, daß *weniger als die Hälfte der Unternehmen ihr Ziel bei der Kostensenkung erreichte; weniger als ein Drittel steigerte die Gewinne*, weniger

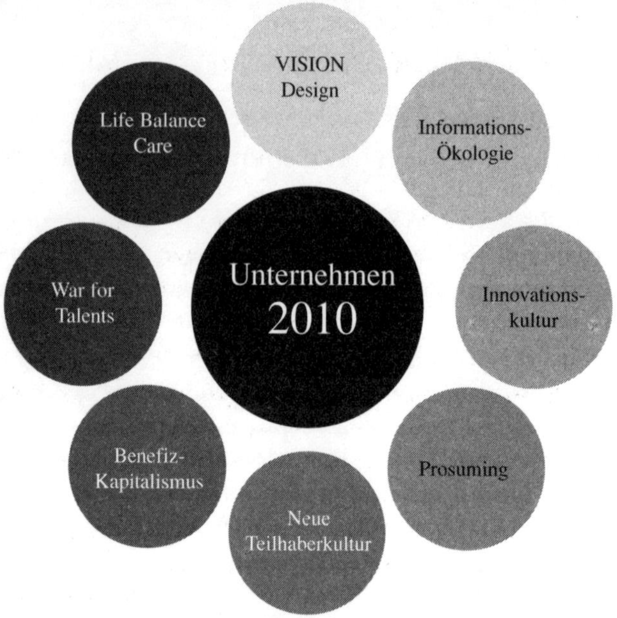

Abb. 44: Die Evolution vom opportunistischen zum engagierten Unternehmen

als ein Drittel steigerte seine Produktivität. (Nach EILEEN APPELBAUM/ROSEMARY BATT, »The New American Workplace«, Ithaca 1994).

Altmeister TOM PETERS sagt es auf seine gewöhnlich trockene Art: *You can't shrink your way to greatness.* SCHUMPETERS kreative Zerstörung scheint auf ihrem Höhepunkt angelangt zu sein. Aber was macht ein Unternehmen im 21. Jahrhundert aus – ein Unternehmen, das »sich gefangen hat« und nachhaltige Wachstumsstrategien verfolgt?

War for talents: Der zukünftige Mitarbeiter als Kunde

Ein einigermaßen etabliertes Unternehmen in Zentraleuropa – und andere gab es praktisch nicht – hatte bislang eine relativ simple Methode zur Mitarbeiter-Rekrutierung: Warten. Wer jeden Morgen den Postkorb leerte, konnte sicher sein, einen genügend großen Haufen von Bewerbungen vorzufinden. Irgendwo darunter würde sich schon der geeignete Anwärter finden.

Wie wandelt sich in einer neuen, »entloyalisierten« Arbeitswelt die Schnittstelle zwischen Unternehmen und den künftigen Mitarbeitern? Die Angebotslinien drehen sich um! Schon heute haben Firmen mit innovativen Kulturen extreme Personalprobleme – sie finden einfach nicht die geeigneten Mitarbeiter! Und so wird es weitergehen: In der Arbeitswelt der Zukunft laufen die Unternehmen den Menschen hinterher. Am besten hat dies ROBERT REICH, der ehemalige Arbeitsminister der USA, in seinem Essay »The Company of the Future« (FAST COMPANY, 11/1998) beschrieben: *Die größte Herausforderung für die Führung der Zukunft besteht darin, talentierte Mitarbeiter zu finden, anzuziehen und zu halten. (...) Der Arbeitsmarkt wird ein Nachfragemarkt nach Talenten. Leute mit der richtigen Kombination von Fähigkeiten und Ambition können sich erlauben, gelassen auf die Suche nach dem richtigen Boß, den richtigen Kollegen, der richtigen Atmosphäre zu gehen. In der alten Ökonomie war es ein Käufermarkt: Die Unternehmen mußten nur warten, bis sie die Personalernte einfahren konnten. Die Frage, die gestellt wurde, lautete: Warum sollten wir den anstellen? Heute lautet die Frage von der anderen Seite unüberhörbar: Warum sollte ich mich mit denen zusammentun?*

Der ungeheure Bedarf an komplexem Wissen (der den Bedarf an Kapital ablöst) gibt dem Bewerber, dem *High Potential*, am Arbeitsmarkt eine gewaltige Macht. Viele junge Talente sehen zudem in den verschiedenen Formen der Selbständigkeit inzwischen eine klare Alternative zu den Bindungen eines Angestellten-Jobs. Die Neigung, sich zu binden, sinkt, Karrierepläne sind zunehmend von Firmennamen entkoppelt. Und die Gefahr besteht, daß die *Neue Agentenkultur* am Ende nur die Untalentierten, Unselbständigen für die großen Unternehmen übrigläßt – Befehlsempfänger, die schon beim Bewerbungsgespräch nach der nächsten Gehaltserhöhung fragen.

Während bislang die Unternehmen nur passiv darauf warteten, daß sich unter den vielen Bewerbern Talente zeigten, werden sie also in Zukunft offensiv »nach draußen gehen müssen«, um diese Talente an Hochschulen, bei Konkurrenten, im Dickicht des *Freien Agententums* aufzuspüren. Dabei gibt es prinzipiell 3 Grundansätze:

- **Relationship Recruiting:** Große Unternehmen werden um sich herum ein »Soziotop der Neuen Selbständigkeit« organisieren, eine Rekrutierungs-Aura. DAIMLERCHRYSLER, aber auch die DEUTSCHE BANK experimentieren bereits mit sogenannten »aktiven Ausgründungen« – *High Potentials*, die sich durch die oft noch starren Hierarchien behindert fühlen, werden ermutigt, ihre eigenen Unternehmen im Umkreis des Konzerns zu gründen. Das Unternehmen generiert darüber hinaus einen» Kreis von talentierten Freunden« in anderen Unternehmen, zu denen es via E-Mail, Einladungen, Reisen, gemeinsamen Seminaren permanenten Kontakt hält. Das Ziel ist u. a., Wechselbedürfnisse rechtzeitig beantworten zu können.
- **Markenbildung:** Während sich Unternehmen bislang auf »ihren guten Namen« verließen, werden sie in Zukunft diesen guten Namen auf dem Markt der komplexen Arbeit wie ein Markenprodukt darstellen und entwickeln müssen. Die Personalabteilungen bekommen auf diese Weise neue Aufgaben, sie sind gewissermaßen die Branding- und Marketing-Abteilung des Unternehmens.
- **Bildungssponsoring** bekommt in diesem Zusammenhang eine

völlig neue Bedeutung: Immer mehr Unternehmen warten nicht mehr am Ende der Bildungspipeline auf ihre Bewerber, sie sind bereits in der Ausbildung präsent. Oder sie gründen gleich ihre eigenen Schulen und Universitäten – virtuell oder aus Stein und Glas, innerhalb oder außerhalb des Unternehmens.

Life-Balance-Politik: Ganzheitliche Gesundheit als betrieblicher Megatrend

Unternehmen der Zukunft sind wie Organismen, die Krankheiten regelrecht »ausbrüten« können – wobei es längst nicht mehr nur um die Fehlzeiten geht. Scheidungen und Gesundheitskrisen bei Managern kosten das Unternehmen Millionen. »Ungesunde Atmosphäre«, ein Klima der Anti-Kreativität schlägt sich immer mehr im Betriebsergebnis nieder. Amerikanische Wissenschaftler haben bereits Ende der 80er Jahre berechnet, daß arbeitsbedingter Streß den Unternehmen in den USA jährlich rund 150 Milliarden Dollar kostet. Das britische Gesundheitsministerium und der britische Industrieverband schätzen die Kosten streßbedingter Fehlzeiten in den Firmen auf jährlich 5 Milliarden Pfund. Eine deutsche Untersuchung zu diesem Thema von den Wirtschaftswissenschaftlern WINFRIED PANSE und WOLFGANG STEGMANN von der Fachhochschule Köln geht von einem Schaden von 100 Milliarden Mark aus. *Dabei gehen allein durch die Bekämpfung von Streß mit Medikamenten 20 Milliarden Mark verloren. Wer z. B. Schlafmittel nimmt, ist auch am nächsten Morgen nicht topfit und muß mit mindestens 20 Prozent Leistungseinbußen rechnen.*

Über die Produktivität eines Unternehmens entscheidet in der Wissensökonomie vor allem die *psychosoziale Gesundheit* der Mitarbeiter. Das heißt, daß auch die »privaten Angelegenheiten« in Zukunft nicht mehr nur die Privatsache der Angestellten sein werden. Wer sich in seinem Beruf »krank« fühlt, weil

er die Familie vernachlässigt, weil er nicht genügend Gestaltungsmöglichkeit hat oder in einem Scheidungskonflikt steht, dessen Produktivität sinkt.
Ein gutes Stichwort in diesem Zusammenhang ist *Life Balance*. Die psychosoziale Integrität des Individuums ist in Zukunft keine *Funktionsleistung* mehr *(Ich kann die Anforderungen, die an mich gestellt werden, erfülle.)*, sondern eine Balanceleistung zwischen den vielen teilweise widerstrebenden Rollenanforderungen des modernen Lebens *(Ich kann meine Rollen als Vater, Ehemann, Kollege und Genießer koordinieren.)*.
In den USA boomt der Markt der EMPLOYEE ASSISTANCE PROGRAMS (EAP), das reicht längst über den klassischen Sozialbereich hinaus. Agenturen wie *Ceridian*, *Working Family Directions* (Boston) und *Working Solutions* betreuen heute Millionen von amerikanischen Angestellten rund um die Uhr in Call-Centers. In Deutschland entwickelt die Firma FAMILIENSERVICE diese Angebote: Geboten wird ein ganzes Bündel von persönlichen Hilfestellungen:

- Krisenintervention bei Scheidung und Krankheit.
- Rechts- und Finanzberatung.
- Partnerschaftsberatung.
- Suchtberatung, Schuldenberatung.
- Gesundheitsberatung bei Problemen mit Übergewicht, Rückenleiden etc.
- »Biographische Hilfestellung« bei Entscheidungen in bezug auf den Beruf oder die Kindererziehung. Organisation von Kinderbetreuungsplätzen für berufstätige Mütter.
- Beratung bei Konflikten mit Vorgesetzten oder Mobbing.
- Hilfestellungen beim Übergang in den Ruhestand.

Auch der Loyalität ihrer *High Potentials*, der Manager, die »ihr Leben für die Firma geben«, können sich die Firmen in Zukunft nicht mehr ohne weiteres sicher sein. Ein Wertewandel kündigt sich an, der in den USA heute schon epidemische Ausmaße angenommen hat. Der alte industrielle Arbeitsethos, nach dem man seine Familie und seine Cholesterinwerte dem

Job zu opfern hatte, verschwindet. Aussteigen auf dem Höhepunkt der Karriere, *Stepping Out*, wie FAITH POPCORN dieses Verhalten nennt, wird zur gesellschaftlich hochangesehenen Entscheidung. Sich selbständig machen, mit dem erworbenen Wissen die Konkurrenz bedienen – dieses »umgekehrte Mobbing« wird zu einem Volkssport in einer Arbeitswelt, die sich – von beiden Seiten – derzeit entloyalisiert.

Hier können betriebsinterne Healthcare-Dienstleistungen helfen, den oftmals auslösenden Streß zu minimieren:

- Unter dem Motto »je gesünder die Mitarbeiter, desto gesünder das Unternehmen« kümmert sich das Unternehmen RAVENSBERGER seit 1996 zunächst befristet auf 3 Jahre um den Gesundheitszustand seiner Mitarbeiter. Sie kontrollieren den Vitaminhaushalt und joggen gemeinsam. Weitere Veranstaltungen beschäftigen sich mit Ernährung, Hygiene, Rückenschulung und Sicherheit beim Skifahren. Über 200 Mitarbeiter haben freiwillig ihr Blut untersuchen lassen, in den Abteilungen hängt Monat für Monat der Krankenstand aus.
- Die in der internationalen Wirtschaftspresse gefeierte Pionierfirma SAS INSTITUTE INC. (www.sas.com), eine Software-Firma in North Carolina, hat durch konsequente Elternpolitik eine der geringsten Fluktuationsquoten in den USA erreicht. Die Firma, auch als SANITY INC. (»Gesundheits-GmbH«) bekannt, unterstützt das gemeinsame Essen von Familien im Betrieb (nicht nur bei den unteren Angestellten), betreibt MONTESSORI-Kindergärten und hat von sich aus die Arbeitszeit reduziert. Der 7-Stunden-Tag ist Teil einer konsequent familienfreundlichen Politik – und ging bei diesem Unternehmen mit einer enorm gestiegenen Produktivität einher.

Vision-Design: Visionen als »mind mapping« des Unternehmens

Es könnte ein Stadium jenseits der Selbstverwirklichung geben, ein Stadium unserer Kultur, das wir Idealisierung nennen könnten, die Verfolgung eines Ideals oder eines Anliegens, das über die eigene Person hinausgeht. Wenn wir keine Maschinen, keine reinen Zufälle in der Evolutionskette sein wollen, brauchen wir ein Gefühl für die Richtung, in die wir gehen. – So der Philosoph des Managements, CHARLES HANDY. Schöne Worte, hohe Ideale. Firmenvisionen galten bislang immer als wolkige Formulierungen, die den Mitarbeitern bei Tischreden serviert wurden.

In der unternehmerischen Welt der Zukunft verändert sich die Funktion von Firmenvisionen und -leitbildern – von begleitenden Worten werden sie zu Steuerungselementen. *Wo will diese Firma hin?* – Die Antwort auf diese Frage hält die Menschen des Unternehmens zusammen, sie bildet die zentrale DNS der Firma. Kein Unternehmen kann mehr auf eine gute (und gut kommunizierte) »Gesamtbotschaft« verzichten, und wenn, dann wird die Öffentlichkeit entsprechend reagieren. HERMAN BRENNINKMEYER im SPIEGEL 4911998: *Wir haben in uns hineingehorcht, und am Ende dieses Prozesses steht eine Änderung unserer bisherigen Firmenpolitik. Die Familie BRENNINKMEYER hat erkannt, daß die Menschen in Europa heutzutage nicht nur an Waren und Preisen interessiert sind. Die Kunden wollen auch wissen, was hinter einem Unternehmen steckt. Was für Leute dort arbeiten, mit welchen Zielen und welchen Grundsätzen.*

Firmenvisionen werden im »mentalen Zeitalter« interne Rationalisierungsinstrumente, die die vielen Sekundärprozesse des Kontrollierens, Anweisens, Organisierens – also klassische Management-Aufgaben – unendlich erleichtern. Ohne eine klare und kommunizierbare Vision kann sich jeder Versuch eines betrieblichen Aufbruchs, jedes innovative Projekt leicht in eine Aneinanderreihung verwirrender Impulse verwandeln. Ohne sie werden sich die neue EDV in der Buchhaltung, die 360-Grad-Leistungsbeurteilung der Personalabteilung, das betriebliche Qualitätsprogramm entweder nicht sinnvoll ergänzen, oder es wird gar nicht erst die nötige »Power« entstehen.

Vision ist ein Mittel zur Erzeugung außergewöhnlicher Performance. Visionen benötigen harte Arbeit, um zu entstehen und ihre Wirkung zu entfalten. *The job of leadership today is not just to make money. It's to make meaning*, schreibt ROBERT REICH in seinem Essay »Das Zukunfts-Unternehmen«. Aber was ist eine »Vision«? Ein plastisches, glaubwürdiges und erreichbares Bild von einer durch kreative Arbeit erreichbaren Zukunft, die für alle Beteiligten eine Win-win-Logik konstruiert? Nach KARL-HEINZ DELHEES (aus dem Buch »Zukunft bewältigen«) immer *Vorstellung, Ausrichtung, Überschreitung und Begleitung zugleich*. Visionen kann man leicht überfrachten oder mit romantischen Überhöhungen ins Reich des Nirvana befördern. Ihr innerster Kern muß aus jener »grandiosen Einfachheit« bestehen, die Komplexität *reduziert, ohne sie zu zerstören*. Erfolgreiche Firmenvisionen formulieren nicht nur interne Belange, sondern auch Markt-Angelegenheiten. Sie artikulieren *zum richtigen Zeitpunkt* ein »gesellschaftliches Sehnen«, einen Evolutionsdruck. Sie verbinden sich mit dem gesellschaftlichen Unbewußten. Auf dieser evolutionären Kraft wird das Unternehmen dann zu Kraft und Erfolg wachsen!

Die amerikanischen Management-Consultants *James Collins* und *Jerry Porras* haben die »Zentralvisionen« einiger großer Firmen analysiert. Eine Auswahl:

- **Merck:** Das menschliche Leben bewahren und verbessern.
- **Sony:** Neue Technologien für die Menschen zu lustvollen Erfahrungen machen.
- **Wal-Mart:** Ein fachen Leuten ermöglichen, dieselben Sachen zu kaufen wie reiche Leute.
- **Walt Disney:** To make people happy.

- Ein Konzern wie **Siemens** wuchs durch eine klare gesellschaftspolitische Vision um die letzte Jahrhundertwende zur Größe: *Mit finanzieller Unterstützung der deutschen Unternehmer soll das immer noch ländliche und zersplitterte Deutschland durch forcierte Industrialisierung zusammenwachsen.*

Informationsökologie: Wissen in Kreisläufen organisieren

Information ist der Rohstoff der kommenden Epoche – aber zugleich auch ihr Fluch. Mit »ungesäuberter«, also nicht in Wissen transformierter Information geht es uns so wie mit den Umweltgiften der industriellen Hochphase nach dem Krieg: Plötzlich wurden sie von harmlosen Nebenerscheinungen des Produktionsprozesses zu echten Problemen. Wir werden deshalb lernen müssen, mit Information *nachhaltig* – in Kreisläufen – umzugehen.

Viele Unternehmen betreiben *Info-Mining*, ohne zu wissen, wie die steigende Flut im Unternehmen in Prozesse umgesetzt wird. Das heißt: Sie erhöhen ständig die Informationsmenge und die Anzahl der Datenspeicher – aber sie verändern nichts an jenen Prozessen, aus denen das Wissen letztlich generiert wird. Der Zuwachs an Produktivität für jede deutsche Mark, die ein Unternehmen hierzulande in Informationstechnologie steckt, beträgt nur 36 Pfennig pro Jahr, in den USA 56 Pfennig. Damit kann man sich den teuren neuen Computer eigentlich nicht leisten! Information ist im Kern eine Kommunikationsfrage, also letztlich eine soziale Frage: Wenn Mitarbeiter auf ihrem Wissen hocken, wenn unentwegt Material hereingeschaufelt wird, führt dies irgendwann zur *Informationsvergiftung*. Das Unternehmen kann vor lauter Daten nicht mehr atmen! Die Konsequenz kennen wir alle: Entscheidungen werden kurzfristig revidiert, Spaltungen in der Führung ergeben sich, teure Berater überschwemmen das Gebäude der Organisation.

Peter Senge, Autor von »Die fünfte Disziplin«, formulierte vor kurzem in einem Fast Company Interview: *Der zentrale Grund, weshalb Wandel und Information so schwer in Organisationen hineinzubringen sind, besteht darin, daß sie eben keine Maschinen sind. Wir rufen, wenn etwas im Unternehmen nicht stimmt, nach Mechanikern, in Wirklichkeit benötigen wir Gärtner. In der Natur aber beginnt nichts als etwas Großes. Alles beginnt klein und wächst dann. We keep trying to drive change – when what we need to do is* cultivate *change.*

Senge bringt ein Denken auf den Punkt, das immer noch in vielen Chefetagen herumspukt: Viel Information = viel Erfolg. Dahinter verbirgt sich nur allzuoft eine Panikreaktion – das Gefühl »nicht informiert zu sein« wird in eine Offensive zum »Wissensmanagement« umgemünzt. Doch »Wissen« ist eine derart komplexe Kategorie, daß es sich nur sehr schlecht »managen« läßt. Ein vielversprechender Ansatz ist hier die *Informationsökologie*. Im Buch »Information Ecology – Mastering the Information and Knowledge Environment« von Thomas Davenport und Larry Prusak werden die Kreisläufe der Information in folgende Bereiche aufgeteilt:

- **Informationsstrategie:** Hier muß zunächst die Grundfrage beantwortet werden: Was wollen wir mit Informationen in unserer Organisation anfangen?
- **Informationspolitik:** Soll es eher eine »feudale« Informationsstruktur werden oder eine egalitäre? Wie verhält sich das Unternehmen zu anderen Unternehmen? Sollen »Informationskooperationen« eingegangen werden?
- **Informationskultur:** Hier geht es um die Implementierung bestimmter Grundregeln, die für alle Mitarbeiter verbindlich gemacht werden (*Kunden, die sich beschweren, bekommen sofort eine Informationspriorität* oder *Wir gewöhnen uns an, alle Informationen der Marktforschung sofort dem Innovationsteam in folgendem Format zugänglich zu machen.*).
- **Informationspersonal:** Besonders für Information gilt: Die besten »Knowledge Worker« und Interpreten sind Men-

schen. Wer übernimmt welche »Informationsagenten-Funktionen« im Unternehmen?

- **Informationsablauf:** Legt detailliert fest, wie der Informationsstrom im Unternehmen laufen soll. Von A zu B über C etc.
- **Informationsarchitektur:** Definiert die »Meta-Struktur« der Informationen, mit Berücksichtigung der Firmenvisionen: Welchen »Pool« möchte man in 1, 2 Jahren aufgebaut haben?

Erst in der Gesamtveränderung all dieser Faktoren können sich nachhaltige Wissenskreisläufe in einem Unternehmen entwickeln. Das Wissen kann dann »organisch wachsen« – nach den Bedürfnissen und Anforderungen der Organisation, aber auch in den natürlichen Rhythmen derer, die auch und vor allem im Informationszeitalter die Träger des Wissens sind: die Menschen.

Innovationsorientierung: Wie das Neue in die Firma kommt

In der industriellen Welt war Innovation ein Thema am Rande. Dinge wurden erfunden und dann produziert – meistens über lange Zeit unverändert. Innovation wird erst dann ein wirkliches Thema, wenn Märkte und Technologien eine bestimmte *Dichte und Dynamik* bekommen. Wie in der natürlichen Evolution steigt die »Mutationsrate«, wenn in den Biotopen die Konkurrenz steigt, wenn Rohstoffe knapper, Kunden anspruchsvoller und wohlhabender, wenn neue Nachfragen durch verändertes Sozialverhalten entstehen.

Innovatives Verhalten ist eines der letzten unerforschten Rätsel der wirtschaftlichen Welt. Innovationsberater gibt es wie Sand am Meer, sie verbreiten Innovationstests, Innovationscluster, Innovationsrezepte, aber ihre Trefferquote ist gering. Wirkliche Innovation blüht oft im Verborgenen, in kleinen, fanatischen Unternehmen, den *hidden winners*, die ihre ganze Energie auf den kontinuierlichen Verbesserungsprozeß eines ganz bestimmten Produktes legen. Oder in Abteilungen, die sich im Unternehmen in eine Nische verzogen haben. Auch hoher Geld- und Marktforschungsaufwand ist oft kontraproduktiv: 98 Prozent aller neuen Produkte scheitern in den Regalen des Einzelhandels. »Revolutionen« wie der SMART werden von einer Innovation zum Sorgenfall, weil sie ein zentrales logisches Paradox beinhalten.

In Sachen Innovation kann es keinen Königsweg geben. Ihr innerster Kern besteht in der *Schöpfungslust* der Menschen. Man kann Innovationsorientierung deshalb nicht aus den anderen Produktivfaktoren des Zukunftsunternehmens herausnehmen: Das Unternehmensklima, die Vision, das Verhältnis zu den Mitarbeitern, all dies ist zentrales Element einer Erfindungskultur. Einige flankierende Maßnahmen, die sich bewährt haben:

- **Entwicklung eines interdisziplinären firmeneigenen »Future Tanks«:** Große Unternehmen wie SIEMENS, DAIMLERCHRYSLER u. a. haben große eigene Abteilungen für »konstruktives Spinnen«. Hier werden Räume installiert, in denen konzeptionelles und »riskantes« Denken ermutigt wird. Wichtig ist, daß die verschiedensten Disziplinen Einzug in diese Future-Tanks halten: Soziologen geben neben Ökonomen und Faktenfanatikern erst mit Utopisten ein sinnvolles Team.
- Arbeiten mit Szenarien und Zukunftsforschung: Immer mehr Großunternehmen arbeiten (nach dem Vorbild der SHELL, die dies bereits vor 15 Jahren begann) an großflächigen Szenarien, in denen »mögliche Zukünfte« antizipiert werden. Das trainiert die konzeptionellen Fähigkeiten und die future fitness des Managements.
- Kritisches Beobachten der Kunden: Moderne, qualitative Methoden der Markt- und Trendforschung halten immer mehr Einzug in den Innovationsprozeß Aber vorsichtig: *The customer is a rear-view mirror, not a guide to the future*, hat GEORGE COLONY, FORRESTER RESEARCH (zitiert in: »The Circle of Innovation« von TOM PETERS) einmal gesagt.

Weder Fax noch Handy, weder Van noch Homecomputer hätten je das Licht der Märkte erblickt, wenn man ausschließlich auf die statistische Meinung des Konsumenten gehört hätte.

- Think-Big-Prozesse: Richtig erfolgreiche Innovationsprozesse kann man nicht aus der Hüfte schießen. Sie sind das Komplexeste, was es gibt, und deshalb unterliegen sie Gesetzen, die scheinbar diametral der Informationsbeschleunigung entgegengesetzt sind. Sie sind langsam, analog, menschenzentriert. Eine der erfolgreichsten Innovationsschmieden der Welt, BRIGHTHOUSE in Atlanta (www.brighthouse.com) bietet ihren Kunden *sehr teure Innovationen im Tempo einer Schnecke an* – mit sehr guten Erfolgsraten. Das Unternehmen, das nur 17 Mitarbeiter permanent beschäftigt, arbeitet grundsätzlich jeweils nur für einen Kunden – 10 Wochen lang ab 500 000 Dollar. BRIGHTHOUSE hat 4 »Stufen der Innovation« definiert:
  - **Investigation:** Eine Phase intensiver Recherche, beinhaltet u. U. auch Tiefen-Befragungen von buddhistischen Mönchen, den Kindern des Vorstandsvorsitzenden, unzufriedenen Kunden, einer Hausfrau oder eines verrückten Erfinders.
  - **Inkubation:** In der zweiten Phase zieht sich die Mannschaft an einen unbekannten Ort – ein Schiff, eine Hütte in den Bergen – zurück und »wälzt« das Problem von der linken in die rechte Hirnhälfte. Intuitive Techniken, langsames Umkreisen sind hier die zentralen Techniken. Viel wandern, viel reden, viel schweigen!
  - **Illumination:** Irgendwann beginnt ein Ideenfeuerwerk, das das Problem von allen Seiten beleuchtet und dessen zunächst chaotische Ergebnisse es im weiteren Verlauf zu verdichten gilt.
  - **Illustration:** Die Ergebnisse werden systematisch dargestellt und in jedem einzelnen Umsetzungsschritt für den Kunden dokumentiert.

JOEY REIMAN, Gründer von BRIGHTHOUSE, ist ein glühender Verfechter von intensiven Langsamkeitstechniken: *Aufgrund von Globalisierung und Digitalisierung ist jeder immer schneller geworden. Für alltägliche Probleme ist das gut. Aber große Probleme kannst du mit Geschwindigkeit nicht knacken. Es geht nicht darum, es schneller zu machen, sondern besser. Und das heißt in Fragen der Innovation: langsamer.*

Workholder und Riskholder: Die neue Teilhabepolitik gegenüber den Mitarbeitern

Kann ein Unternehmen Verantwortung auf die Mitarbeiter übertragen, ohne die Eigentumsverhältnisse zu ändern? Diese Frage riecht nach unterschwelligem MARXISMUS. Aber ist sie deshalb falsch? *Früher mußten die Kollegen den Arbeitsgegenstand, jetzt müssen sie das Betriebsergebnis mitgestalten. Früher mußten sie nur mitarbeiten, jetzt müssen sie mitdenken und mitzittern. Früher wurden sie dem Fertigungsprozeß als weiteres Maschinenrad, jetzt wird der Fertigungsprozeß ihrem Engagement untergeordnet.* – So schreibt ULRICH BECK in »Was ist Globalisierung?«. In der Wirtschaft des 21. Jahrhunderts sind die Mitarbeiter immer mehr auch Unternehmer, die das Risiko des Unternehmens teilen. Das wird »von oben« zu Recht und aus guten Gründen verlangt. Aber es wird mittel- und langfristig nicht ohne Einfluß auf die Eignerstruktur bleiben können.

Heute darf der »Shareholder Value« als sozialkritisches Reizwort in keiner Talkshow fehlen. Doch worum geht es wirklich? Einerseits darum, daß die Aktieneigner eines Unternehmens legitimerweise höhere Renditen fordern. Andererseits darum, daß ein »Unternehmen« immer auf einem Netz von verschiedensten Interessen beruht: Regierung, Verbände, Lieferanten, Kunden und Handel, Verbraucher, Umweltgruppen, Mitbewerber, Medien, Mitarbeiter, Gewerkschaften, Kommu-

nen. Schon der gesunde Menschenverstand sagt uns aber, wer der wichtigste *Stakeholder* ist: die Mitarbeiter.
Gegen Ende des Jahrhunderts tritt eine alte Unternehmergeneration von der Bühne ab, die in ihrer starken Verantwortung dem Mitarbeiter gegenüber Eigentumsfragen noch sauber abtrennen konnte. Eigentum und Führung des Unternehmens blieben in einer Hand – ein altes, romantisches Modell des Kapitalismus. Heute geraten Unternehmen mit dem alten Eigentümermodell meist schnell in die Krise, wenn die Kraft der Eigner nachläßt. Der Börsenindex für die europäischen Firmen mit Belegschaftsaktien hingegen, also für alle Firmen mit einem »Motivations-Plus-Faktor« (darunter SAP und LUFTHANSA), hat den Durchschnitt europäischer Aktien deutlich abgehängt: Er stieg im Verhältnis zum EURO-STOXX um den Faktor 3:1!
Unternehmen, die ein neues Verhältnis zum Mitarbeiter jenseits der alten Lohnarbeit suchen, experimentieren heute mit vielfältigen Modellen der Teilhabeökonomie. Dies müssen nicht Aktien, es können auch Genußscheine, Bonusausschüttungen, Wandelschuldverschreibungen, immaterielle Benefits (Zeit!), Weiterbildungsgratifikationen, sogar GmbH-Beteiligungen sein. Teilhabe bedeutet im Grunde nur: Es kann sein, daß das Unternehmen schlechte Zeiten erfährt und mir den Lohn kürzt – aber wenn es gut geht, möchte ich auch am Erfolg beteiligt sein.
Dynamische Angestellte, die den hohen Druck aushalten, der im Inneren von Unternehmen herrscht, sehen sich zunehmend als Investoren und Miteigentümer. Daß dies nicht zu einem Zusammenbruch der Führungsstrukturen und internen Revolten führen muß, zeigt das amerikanische Beispiel. Allein MICROSOFT hat 5000 seiner Mitarbeiter in den letzten Jahren zu Millionären gemacht. Eine riesige Welle von »Angestellten-Entrepreneuren« wird heute in den neuen Cyber-Reichtum gespült. So etwas spricht sich herum. Auch als *Anspruch*.

Benefiz-Kapitalismus: Das neue Gesellschaftsengagement der Unternehmen

Business ist die einzige Institution, die überhaupt in der Lage ist, soziale und Umweltprobleme zu lösen. Business ist die größte Macht in den westlichen Gesellschaften, sie kontrolliert unsere Gesellschaft. Business ist verantwortlich für die meisten Probleme der Gesellschaft. Und wenn sie sich ernsthaft um deren Lösung bemühen würde, würden die meisten davon in kurzer Frist gelöst sein. – So formulierte es BEN COHEN, Inhaber eines erfolgreichen Speiseeis-Unternehmens in den USA. Auch hier wieder: nur Ideale, Blauäugigkeit, große Worte?

In klassischen industriellen Unternehmen herrschte ein Verhältnis zur Politik und zur gesellschaftlichen Umwelt, das man vornehm »diskret« nennen könnte. Unternehmen versuchten, sich aus gesellschaftlichen Konflikten herauszuhalten und ein möglichst neutrales Einvernehmen mit der Politik zu erzielen. In einer deregulierten und zunehmend entstaatlichten Welt jedoch macht ein solches Verhalten wenig Sinn. Nicht nur, daß Skandale und Bürgerinitiativen die *splendid isolation* aufgelöst haben und besonders Chemie- und Nahrungsmittelkonzerne heute im grellen Licht einer zur Hysterie neigenden Medienöffentlichkeit stehen; mit sensiblen Öffentlichkeiten und geschickt taktierenden Bürgergruppen, die keinen Skandal auslassen. Globalisierte Unternehmen der Zukunft sind auf eine komplexere Weise mit ihrer sozialen Umwelt verbunden. Sie leben in Märkten, die von Ideen, Potentialen, Meinungen geprägt werden – nicht mehr von Versorgungslücken.

Im sanften Rückzug des Staates, der in allen Industrienationen ansteht oder bereits in vollem Gange ist, wird die Frage des »Sozialen Kapitals« wieder ganz oben auf der Tagesordnung erscheinen. So werden auch die gesellschaftlichen Kräfteverhältnisse neu arrangiert: Wo früher der Staat wie selbstverständlich sozialen Kitt verabreichte, sind Unternehmen heute selbst zum Teil des gesellschaftlichen Organismus geworden – Unternehmen als »Sozialbehörden«?

Abb. 45: Posttraditionale Politik in der Übersicht

Untersuchungen in den USA und Europa zeigen, daß Mitarbeiter, die neben Beruf und Familie ehrenamtliche Tätigkeiten in der Gemeinde übernehmen, drastisch besseres kommunikatives Verhalten im Team zeigen. Dies ist ein handfester Grund, weshalb Unternehmen im angelsächsischen Raum ihren Mitarbeitern Zeit für *Volunteering* geben und zunehmend bei Neueinstellungen soziales Engagement als Qualifikation bewerten. Ist dies lediglich ein Reflex auf das andere, kooperatistische Modell der angelsächsischen Welt, in dem der Bürger, nicht der Staat, für den sozialen Zusammenhang verantwortlich ist?

ALLAN LUKS, leitender Direktor des INSTITUTE FOR THE ADVANCEMENT OF HEALTH, Autor des Buches »Der Mehrwert des Guten«, schilderte in PSYCHOLOGIE HEUTE, 4|99, das *Helpers High*, das emotionale Hoch, das soziales Engagement erzeugt: *Studien ergaben, daß 95 Prozent der Menschen, die regelmäßig helfen, beispielsweise 2 Stunden pro Woche, körperliche Empfindungen erleben, die wir als* Helpers High *bezeichnen. Mehr als die Hälfte der Menschen verspürte eine zunehmende Wärme im Körper. Wir wissen, daß diese Wärme Streß entgegenwirkt. Dieses emotionale Wohlbefinden wirkt wie ein Puffer und reduziert Streß, dadurch entspannt sich der Körper, und der Blutkreislauf normalisiert sich. Ein Gefühl der inneren Ruhe und Gelöstheit stellt sich ein, das Selbstwertgefühl wächst.*

Corporate Citizenship – ein Begriff nach dem gleichnamigen Buch von McIntosh, Leipziger, Jones und Coleman vollzieht für die Firmenkulturen nach, was sich im Menschenbild des 21. Jahrhunderts heute andeutet: Als Bürger haben wir nicht nur Rechte, sondern auch Pflichten. Im Prinzip der Gegenseitigkeit wird Ethik (nicht einfach »Moral«) zum Produktionsfaktor. Bei globalisierten Unternehmen spielen sie eine Rolle in der kulturellen Akzeptanz in fernen Ländern. Im Inneren der Märkte geht es darum, sich durch Codices vor den Attacken der mediengestützten Moralwächter zu schützen. Durch beides gerät schließlich auch *aktives* gesellschaftliches Engagement in den Eigennutz-Fokus von Unternehmen: als PR-Maßnahme, aber auch als »begleitender Lobbyismus« zur Erzeugung und Stabilisierung von Absatzmärkten. Als »Statement des Stolzes« für engagierte Mitarbeiter, als wichtiges Element in der Markenbildung der Unternehmen. Hier einige Beispiele:

- Die Firma Playmobil hat eine gemeinnützige Stiftung, die Projekte unterstützt, die Gewalt im Fernsehen und bei Computerspielen verhindern wollen – eine Kombination aus Eigeninteresse und Sozialengagement. Wie in der Natur bestimmte Bakterien in Symbiose mit Baumwurzeln leben, werden die Unternehmen der Zukunft den Boden lockern und düngen, auf dem sie sprießen.
- Die US-Eisfirma Ben & Jerrys erzielt seit 10 Jahren 200prozentige Wachstumsraten mit einer wohldosierten Mischung aus Charity und Genuß: Bio-Eis, von dessen Profit 7,5 Prozent an eine Wohltätigkeitsstiftung gehen, die von den Mitarbeitern verwaltet wird. Bei dieser Firma hat man festgestellt, daß das aktive soziale Engagement der Mitarbeiter zur Lebenszufriedenheit und zur aktiven Selbstverantwortung beiträgt – ein Effekt, der immer mehr US-Unternehmen dazu bringt, soziale Freiwilligenarbeit als Element von Personalführung und -beurteilung zu benutzen.
- Große multinationale Konzerne initiieren Entwicklungsprogramme in ihren »Gastländern« – so kümmert sich etwa

COCA-COLA in Fernost zunehmend um das Sponsoring von Schulen, MCDONALD'S engagiert sich in steigendem Maße für arbeitslose Jugendliche. MERCK reinvestiert große Summen in die Kultivierung des Regenwaldes – sein »INBIO«-Programm kombiniert die Erforschung von pflanzlichen Wirkstoffen mit Erhaltungsmaßnahmen.

- Selbst ein Großkonzern, der in einer eher umweltproblematischen Branche arbeitet wie die LUFTHANSA hat sich mit dem »Balance-Programm« eine ethische Ausrichtung gegeben, die die Mitarbeiter wie die Öffentlichkeit gleichermaßen aufklärt.
- Ein »Problemunternehmen« wie das englische Verteidigungsministerium, mit 250 000 Beschäftigten rund um den Globus, nuklearen Waffensystemen und einem Budget von 36 Milliarden Pfund (50 Milliarden Euro) im Jahr, unternimmt intensive Aktivitäten, um Ziele wie »Schutz der natürlichen Umwelt« und »gute Nachbarschaft zu den Bürgern zu Hause und in aller Welt« zu verwirklichen.
- Unternehmen, die mit Billigarbeitskräften arbeiten wie die weltweite Hotelkette MARRIOTT, begreifen sich zunehmend auch als »aktivierende Assistenten« ihrer Mitarbeiter. So gelang es Marriott mit einem ausgefeilten Hotline-Programm, bei dem Sozialarbeiter rund um die Uhr bei Schulden, Erziehungs- und Scheidungsproblemen zur Verfügung standen, die sozialen Probleme ihrer Mitarbeiter drastisch zu reduzieren. Resultat u. a.: Weniger als 35 Prozent der Mitarbeiter wechseln heute bei Marriott jährlich ihren Job (branchenüblich sind 100 Prozent).
- Einige von Amerikas angesehensten Universitäten wie STANFORD richten derzeit Lehrstühle für »soziales Unternehmertum« ein. Damit reagieren sie auf eine verstärkte Nachfrage der Unternehmen und des Staates nach marktwirtschaftlichen Sozialsystemen und verstärken den Trend zu einem »sozialen Entrepreneurtum«, der mit der derzeitigen Gründungswelle einhergeht.

Die Business-Revolution: Abschied vom »gespaltenen« Kapitalismus

Kapitalismus: In diesem schönen Wort spiegelt sich alle Emphase, aber auch alle Tragödie des industriellen Zeitalters. Der Kapitalismus hat weltweit gesiegt, so wissen wir heute. Aber was ist Kapitalismus? Ein Prinzip? Ein Gesetzbuch? Ein Dogma? Kapitalismus, das heißt: viele Wege der gesellschaftlichen Reichtumsvermehrung, des Ausgleichs wirtschaftlicher und sozialer Interessen. Viele Varianten gesetzlicher und gesellschaftlicher Konstruktionen – vom harmonisch-kleinbürgerlichen Kooperatismus der skandinavischen Länder bis zum Obrigkeits-Kapitalismus à la Singapur. Vom großfamiliären Wirtschaftswunder Norditaliens bis zum Rentner-Kapitalismus Floridas.

Kapitalismus: Das hieß im Industrialismus zuallererst die, wie MARX es zu Recht nannte, »Entfesselung der Produktivkräfte«. Ein Prozeß, der über weite Strecken auch von rohen Kräften geprägt war, von gesellschaftlichen Spaltungen, von Gewinnern und Verlierern. Im 21. Jahrhundert wird Kapitalismus hingegen vor allem »Entfesselung des Geistes« heißen. Kapitalismus wird einen eigenen, inneren Wettbewerb erleben: Welche Variante wird die gesellschaftlichen Synergien am meisten fördern? Welches Modell erzeugt die dynamischsten »Win-win-Modelle« für seine Bürger – und zwar für alle Bürger?

Der Kapitalismus des 20. Jahrhunderts war immer noch ein Klassen-Kapitalismus. In der Unternehmenskultur des 21. Jahrhunderts werden hingegen alte Trennungen aufgehoben und neue Symbiosen hergestellt. Angestellte werden zu Unternehmern, die Produktion zum Ideenprozeß, der Geist zum neuen zentralen Produktionsort. Auf diesem absehbaren Wandel müssen wir unsere Organisationsformen aufbauen, unsere Marketing- und Management-Maßnahmen. ROBERT B. REICH: *Die Organisation der Zukunft basiert auf einer neuen Synthese von Zusammenarbeit und geteilten Vorteilen. Sie kann*

Flexibilität produzieren, Geschwindigkeit, Widerstandsfähigkeit, Schnelligkeit und Kreativität – die fundamentalen Qualitäten des Unternehmens der Zukunft.

- *Money makes it mutual.*
- *Fun makes it fresh.*
- *Mission makes a difference.*
- *Learning makes it grow*
- *Pride makes it special.*
- *Balance makes it sustainable.*

»Links« und »Rechts« waren die ideologischen Lagerbegriffe des industriellen Zeitalters. Noch heute prägen sie unsere politischen Horizonte, unsere Vorstellungen von Politik und Gemeinwesen. Doch das 21. Jahrhundert bringt eine neue, ungewohnte Perspektive des Politischen mit sich. Die alten Klassen, die einst »Oben«, »Unten«, »Links« und »Rechts« definierten, läsen sich auf. Am Horizont erscheint eine Politik, die auf der Kultur des Individuums basierend marktwirtschaftliche Politik neu definieren muß. Diese neue Politik setzt ein selbstverantwortliches Ich als Prototypus der modernen Gesellschaft voraus. Sie lenkt nicht mehr, sondern moderiert. Sie erzeugt neue Integrationen und Synergien zwischen Bildung, Sozial- und Wirtschaftspolitik. Allen Unkenrufen zum Trotz wird die Sphäre des Politischen im 21. Jahrhundert nicht unwichtig werden, im Gegenteil: Wie virtuos sie mit den neuen Komplexitäten umgeht, entscheidet mehr denn je über unsere Zukunftschancen.

Vom kranken Sozialstaat zur Systemischen Politik

Die Zeit der Schachtelwesen, die Kulturen der ideologischen Schubladen ist nun vorbei.

HANS MAGNUS ENZENSBERGER, SPIEGEL, HERBST 1998

So, wie die fixe Idee des »Arbeitsplatzes« unsere Lebenswelten geschmiedet hat, so sind unsere politischen Weltbilder den Kategorien »Rechts« und »Links« verhaftet. »Links« und »Rechts«: Kaum jemand, der sich dieser betörenden Ortsangabe entziehen könnte. Geschäfte und Animositäten, Feuilleton-Debatten und Freundschaften werden immer noch von diesen beiden großen Parametern sortiert. Doch der Lärm der politischen Gebetsmühle kann kaum darüber hinwegtäuschen: Es ist längst kein Pfeffer mehr drin!

Worum geht es eigentlich? Lassen wir die Extreme, den nostalgischen Sozialismus und die rassistische Dumpfheit, einstweilen außen vor. Die christdemokratischen, also eher »rechten« Parteien, transportieren bis heute das große, agrarische und handwerkliche Erbe in die Neuzeit. Ihr politischer Kanon handelt von Bindungen: an den Nationalstaat, die Familie, die Ordnung, den Moralcodex, die Traditionsreligion, die Milieus. Auf Grundlage dieser unveräußerlichen Verhältnisse soll sich die Wirtschaft dynamisch entfalten können – so das politisch »rechte« Versprechen.

Im Gegenzug gelangen der Sozialdemokratie weltweit in den 60er Jahren große Erfolge, weil ihr historisches Projekt – die Einbindung des Proletariats in den Wohlstandsprozeß – in der heißen Phase des Industrialismus gute Karten hatte. In der gewaltigen Nachfrage nach Industriearbeitern während des

Wirtschaftswunders konnten die Gewerkschaften ihre Macht steigern. Die Produktivität stieg synchron mit Siebenmeilenstiefeln, die Löhne und das Bruttosozialprodukt verdoppelten sich alle 10 Jahre. Auf dieser Grundlage feierte die Idee der Umverteilung Triumphe.

Seit etwa Mitte der 80er Jahre sind beide Strategien in sich selbst gebrochen – wir alle spüren es. Die Mission der »Linken«, die Herstellung von Klassengleichheit, hat sich mit dem Sog in die Mittelschicht, die die Bildungsreform erzeugte, das Wasser abgegraben. Die konservativen Parteien gerieten in das Paradox, daß die neuen Treibmittel der Wirtschaft – Individualisierung, Globalisierung und Digitalisierung – die alten Bindungen, auf denen konservative Politik beruhte, unaufhörlich in Frage stellten: Der Boom der 80er Jahre zerstörte Familien, ersetzte Pflichtkultur durch Hedonismus und schuf einen gänzlich unfrommen Konsumentenrausch. Wenn das konservative Lager nicht zerbrechen wollte, mußte es eine sozialdemokratische, letztlich *bremsende* Wirtschaftspolitik machen. Und das tat es dann auch.

Heute ähnelt die politische Sprache einem Kauderwelsch ohne Sinn und Verstand: Was bedeutet »liberal« noch in einer permissiven Medien-Gesellschaft, in der jede Perversion zu einem netten Trend deklariert wird? Was bedeutet »konservativ« in einer Wirtschaft, die auf Innovation, Selbständigkeit und Geschwindigkeit setzen muß? Wie legitimiert sich »grüne« Politik, wenn Ökologie längst zur Ökonomie geworden ist? Mit Ausnahme der CSU, die einstweilen (durch eine historisch-regionale Singularität) die Höhen des Modernisierungs-Paradoxes halten kann, scheinen alle Parteien und Programme mit dem Übergang in die Wissensökonomie rettungslos überfordert. Gleichzeitig setzen sich im Zuge dessen, was wir »Politikverdrossenheit« nennen, Fatalismen durch:

- Politik spielt im 21. Jahrhundert überhaupt keine Rolle mehr. Nationalstaaten lösen sich auf, Märkte regeln den gesellschaftlichen Verkehr.

- Alle politischen Parteien sind sowieso gleich, korrupt und machtgeil. Was soll also das ganze Theater?

Von der Parteienlogik zu den Modernisierungs-Allianzen

Abgesehen davon, daß auch »Theater« eine wichtige menschliche Funktion erfüllt: Denken wir uns eine politische Landschaft, in der nicht Parteien den Job des Politischen erfüllen, sondern *Bewegungen, Allianzen und Initiativen*. Wie Ehen auf Zeit findet man sich zu einer bestimmten historischen Aufgabe zusammen. Sagen wir: auf 10 Jahre – um sich dann wieder zu trennen.

Unmöglich? Parteien benötigen Traditionen, Programme, Prinzipien? Es kommt auf den Blickwinkel an. Jede »Volkspartei« ist ja immer eine Allianz unterschiedlicher Interessen, die eine Zeitlang funktioniert und dann im politischen Konkurrenzkampf neu konfiguriert wird. Die Grünen sind ein typisches »politisches Projekt« – ein Generationsprojekt, das sich heute überlebt hat und von Talenten lebt, die sich durch nacktes Überleben zu politischen Diamanten geformt haben. Die Grünen werden auseinandergehen – oder sich als »Partei der Kreativen Klasse« neu erfinden. Aber dann werden es eben keine Grünen mehr sein.

Das Olivio-(Ölzweig)-Bündnis in Italien, die Modernisierer-Allianz um Wim Kok in Holland – »Allianzenpolitik« macht längst einen wichtigen Mechanismus der Politik in Europa aus. Vorbei sind die Zeiten, in denen die Parteien auf ein stabiles Klientel von Stammwählern – auf das »Lager« – zurückgreifen konnten; Die »Volatilität«, die Sprunghaftigkeit und Ungebundenheit der Wähler, steigt überall beträchtlich. Wähler geben immer weniger einer Weltanschauung oder einer bestimmten politischen Partei dauerhaft ihre Stimme. Was sich abzeichnet, ist deshalb die Suche nach einer neuen Modernisierungs-Politik, mit der die alten Lager-Zwänge überwunden werden. Ein solches Projekt muß nicht immer die Rhetorik der *Neuen Mitte* voraussetzen. Die kommunistische Partei in Italien verficht plötzlich hervorragende Programme für *Neue Selbständige*. Als paradoxe Grundregel gelungener Modernisierung gilt immer mehr: Konservative vollenden die Transformation der Werte und Lebensverhältnisse. Und »Linke« zerschlagen kompetent den alten Sozialstaat.

Vom Etatismus zur staatlichen Service-Politik

Gerade in einer unruhigen transnationalen Welt wird das politische Handwerk zum Fundament einer zivilen Gesellschaft. Aber wie jedes Handwerk muß es sich verfeinern und weiterentwickeln. Politiker, die die Grenzlinien der Lager und Ideologien durchbrechen, gewinnen derzeit überall in Europa die Wahlen. Das ist ein erstes Anzeichen für einen Komplexitätssprung. Sie sind – von den Sachzwängen und bei Strafe des Scheiterns – gezwungen, nicht links, nichts rechts, sondern nach vorne zu denken. Nur wer glaubhaft machen kann, nicht alten Denkmustern und Dogmen seiner politischen Traditionsrichtung verschrieben zu sein, gewinnt in der Neuen Mitte. Dabei drehen sich die Rollen um: In Deutschland versuchte die SPD marktwirtschaftliche Positionen zu besetzen, die CDU Umweltkompetenz und soziale Wärme zu demonstrieren, während die Grünen nüchterne Ökonomie in den Vordergrund stellten. Ähnliche Prozesse kennzeichneten auch in den Niederlanden, in Schweden, in Frankreich und Italien die Wahlkämpfe. Die Auseinandersetzung zwischen »Modernisierern« auf der einen Seite und »Blockadeuren« spielt sich nicht mehr zwischen den »Lagern« ab , sondern findet quer durch die Parteien hindurch statt. »Systemische« Politik löst sich von den Lagern auch insofern, als sie keine Antworten mehr formuliert, sondern – durch trial und error – nach neuen Lösungen für die veränderten Realitäten der individualisierten, globalen, digitalisierten Gesellschaft sucht. Das politische System öffnet sich dabei nach außen – zu den Intellektuellen und Parteilosen, zu den innovativen »Think Tanks« im Stile von DEMOS in Großbritannien, die auch für die Wirtschaft arbeiten könnten. Politik wird pragmatisch, indem sie ausprobiert und mit Zielvorgaben operiert: Welche Maßnahme ist welchem Problem gegenüber realitätstauglich? Welche Methoden des Sozialstaates reduzieren *tatsächlich* die Arbeitslosigkeit? Kurz: Politische Grammatik verändert sich von programmatischen Vorgaben zu Marktmethoden.

Damit ist schon viel beschrieben: Die Politik des 21. Jahrhunderts löst sich von ihren ideologischen Wurzeln und wird pragmatisch, praktisch, »benchmark-fähig«. Um nicht in die alten ideologischen Gräben zu stolpern, wollen wir diese Politik einstweilen nicht den »Dritten Weg« nennen. Nennen wir sie deshalb »Systemische Politik«. Folgende Punkte sind vor allem festzuhalten:

Primat der Wirtschaft

Nur islamistische oder durch und durch korrupte Staaten können es sich im Zeitalter der Globalisierung leisten, eine Politik zu machen, die gegen die dynamischen Kräfte der Wirtschaft arbeitet. In diesem Sinne haben die Globalisierungs-Alarmisten recht: Globalisierung gestaltet ein »level playing field« zwischen den Nationen, die nun um Arbeitskräfte, Kapital und Standorte ringen – und die Gewinner sind diejenigen mit der starken Marktdynamik. Aber anders als von den Urlinken behauptet, geht es im globalen Standortwettbewerb nicht nur um Geld – Kapital ist in der Wissensökonomie an jeder Straßenecke zu erhalten. »Primat der Wirtschaft« heißt eben nicht nur die simple Abschaffung von Steuern und Auflagen. Es geht um Bildung. Um Lebensqualität, also auch um ökologische Fragen. Um »soziales Kapital«. Um Ideen. Und, ja doch: Kultur.

»Holistic Government«: Ganzheitliche Politik

Nach Perri 3, einem der führenden Denker des Blairschen Think-Tanks, sind 7 Eigenschaften herkömmlicher Staatsintervention zu überwinden:

- Hohe Kosten.
- Zentralisierung der falschen Funktionen.
- Mangel an Verständnis dafür, wie man das Verhalten von Bürgern ändern kann.
- Kurzzeitiges Denken.
- Zuviel Gewicht auf Reparatur, zu wenig auf Prävention.
- Mangel an Koordination staatlicher Aktivitäten.
- Falsche Meß-Maßstäbe.

Hier wird deutlich, daß die Politik mit denselben Krankheiten zu kämpfen hat wie die Wirtschaft: die ungenügende Integration ihrer Maßnahmen. Dagegen entwickeln posttraditionale Konzepte ein projektorientiertes Regierungsmanagement, das die alten Ressortteilungen überwindet und projektorientiert arbeitet. Nehmen wir als Beispiel die Arbeitslosigkeit. Sie wird normalerweise im Wirtschafts- und Arbeitsministerium »behandelt«. Zielvorgabe wäre hier: Die Zahl der langfristigen Arbeitslosen soll in 5 Jahren um die Hälfte reduziert werden. Ein solches Projekt ließe sich nur durch konsequente übergreifende Zusammenarbeit der zuständigen Ressorts lösen.

- Arbeitslose sind ein Fall für das Bildungsministerium: Mehr als 3 Viertel aller Langzeitarbeitslosen haben ein klassisches Bildungs- und Qualifikationsproblem. Und die Nachfrage nach ungelernten Arbeitern sinkt weiter.
- Arbeitslose sind ein Fall für das Gesundheitsministerium. Viele Langzeitarbeitslose haben ein Gesundheitsproblem. Entweder mit Suchtverhalten oder als »kleines Handicap«, das durch die medizinischen Raster gefallen ist und um das sich niemand kümmert.
- Arbeitslose sind ein Fall für das Kulturministerium. Die »Kultur der Arbeit« hat ihre Wurzeln im Herzen der Gesellschaft. Den Diskurs über die Arbeit und ihre Veränderung zu

organisieren heißt auch: ihrer Veränderung mit Bewußtsein begegnen.

Bildungsoffensive: Der zentrale Rohstoff der Umverteilung
Wenn es *irgend etwas gibt*, das in der Wissensökonomie von allen steuerlichen Belastungen befreit werden sollte, dann ist es jede Investition in Bildung. Ohne eine neue Stufe der Bildungsreform, ohne neue Zielsetzungen in der Triade von Teamworkfähigkeit, Informationskompetenz und Selbstmanagement als neue zentrale Lernziele, wird jede politische Strategie scheitern. In der globalen Wirtschaft sind es in Wahrheit die Bildungssysteme, die miteinander in Konkurrenz treten: Wie geschmeidig funktioniert der Wissensprozeß? Wie hungrig sind die Bürger nach Wissen und Bewußtseinserweiterung? (siehe KnowledgeSphere).

»Positive Welfare«: Sozialpolitik als aktivierendes Element
Die Sozialpolitik des ausklingenden Industrialismus orientierte sich am Erhalt und der Wiederherstellung industrieller Arbeitsplätze. Subventionen, Simulationen (industrielle Betriebe wurden im Rahmen von ABM-Maßnahmen als Themenparks simuliert) organisierten soziale Niemandsländer als Parkplätze zwischen Vollarbeitsplätzen. Mit solchen Methoden gerät die Sozialpolitik nicht nur auf die abschüssige Kante des untergehenden Industrialismus, sie erzeugt auch in verstärktem Maße das, was in der Dritten-Weg-Debatte als das »Sozialstaats-Dilemma« bezeichnet wird: Soziale Transfers erzeugen Suchtproblematiken im allegorischen Sinn. Eine Gesellschaft, eine Kultur kann am Tropf von Transferzahlungen hängen – und sich darin einrichten. Ganze Branchen tun das in Deutschland. Aber auch Individuen reagieren passiv auf den Anreiz Geld. In England etwa stiegen die Ausgaben für Sozialhilfe ausgerechnet unter der konservativen Regierung von unter 20 (1979) auf über 90 Milliarden Pfund (1996) – also eine Verfünffachung. Das Ergebnis war dennoch deprimierend. Das englische Hooligan-

Phänomen entstand in den 80er Jahren und reicht in seinen Wurzeln tief in die soziale Problematik hinein.

Das Problem ist nicht, daß der Sozialstaat Geld kostet, sondern daß seine Implikationen in den *Lebenswelten* nicht berücksichtigt werden. Ein vieldiskutiertes Beispiel ist die Zahlung von Lebensunterhalt an alleinerziehende Mütter. Niemand kann bestreiten, daß Alleinerziehende in besonderem Maße verletzlich und schutzwürdig sind. Aber eine große Zahl von Studien weist nach, daß hohe Transferzahlungen an Single-Mütter die Anzahl der Alleinerziehenden sofort massiv in die Höhe schrauben. Frauen verlagern in unsicheren Situationen ihre soziale Existenz auf das »Kinderbein«, wenn sich das ökonomisch halbwegs rechnet. Mit anderen Worten: Transferzahlungen verstärken das soziale Problem, das sie lösen wollen. Ein Problem, das zudem in *kulturellen Mustern* wurzelt: in Sprachlosigkeit zwischen den Geschlechtern, in illusionären Lebenskonzepten, in mangelnden sozialen Techniken. Geldzahlungen verlagern Probleme der Partnerschaft, zerstören gesellschaftlichen Konsens.

Man kann diese Diskussionen jetzt in der alten ideologischen Links-rechts-Attitüde vom Tisch wischen: Arme Menschen brauchen Geld! Das ist eben die patriarchale Gesellschaft, die die Frauen zu solchen Lebensformen zwingt! Aber man bekommt das Problem dadurch nicht vom Tisch! In der globalisierten Gesellschaft der Zukunft wird es mehr arme Menschen geben (als Zuwanderer zum Beispiel) als in unseren homogenen Nationalstaaten der letzten 50 Jahre. Und viele kulturelle Dilemmata. Jeder Staat, der versucht, diese komplexen sozialen Probleme über simple Transferzahlungen zu regeln, wird sich und seine Bürger ruinieren.

Das heißt nicht, daß man »den Sozialstaat abbauen« muß. Die amerikanischen »Welfare-to-work«-Programme etwa sind teurer als klassische Arbeitslosenprogramme. Man muß ihn in vielerlei Hinsicht *effektiver* und *nachhaltiger* machen. Moderne Sozialpolitik muß die Menschen aktivieren statt sie vor dem

Fernseher ruhigzustellen. Sie muß dabei helfen, ihnen ihre Autonomie und Selbstverantwortung zurückzugeben. Soziale Transfers in der Zukunft müssen Opferkonstruktionen zerstören: *Ich bin ein hilfloses Opfer des Arbeitsmarktes*. Sie werden deshalb mehr und mehr *psychologische* Transfers: Umverteilt werden »skills«, Kulturtechniken. TONY BLAIR hat dies einmal »Mitleid mit starken Schultern« genannt, sein »Neuer Kontrakt mit der Jugend« etwa garantiert jedem britischen Jugendlichen entweder einen Ausbildungsplatz, einen Platz bei gemeinnütziger Bürgerarbeit oder einen Platz beim Militär – aber keinen Freibrief zum öffentlich geförderten Rumhängen mehr.

Der neue Sozialstaat wird in vielem der neuen Erziehung ähneln, die sich jenseits der alten Sackgassen von »autoritär« und vernachlässigend-antiautoritär entwickelt hat: Man könnte sie »autoritativ« nennen: *klar im Kopf, konsequent in der Sache und liebevoll-unterstützend im Detail*. Bei solchen Konzepten geht es nicht um den Rückzug des Staates! Das »Inclusivity-Prinzip« mißt die sozialen Leistungen aber nicht mehr am Resultat der Gleichheit, sondern daran, ob sie den »Kunden« dauerhaft dazu befähigen, ein Individuum zu sein.

»Flexicurity«:
Kontrollierte, aber konsequente Deregulierung von Arbeit

In der Gesellschaft des nächsten Jahrhunderts werden alle Arbeitszeiten – ob 4 oder 60 Stunden wöchentlich – frei wähl- und verhandelbar sein. Das gewerkschaftliche Zeitprivileg zerbricht. Nicht nur die neuen Firmenkulturen, auch der größere Eigen-Sinn der Bürger und Mitarbeiter, vor allem die Nachfrage der Frauen, verlangt dies. Aber: Diese Deregulierung muß nicht zum Sicherheitsverlust des einzelnen führen. Man kann, wie nicht nur das Beispiel Holland zeigt, neue Sicherheiten jenseits des Vollzeiterwerbs aufbauen. Man kann die »Beine der Sicherheit« von staatlichen Systemen auf neue Pfeiler verlagern.

Vor allem die Deutschen und Österreicher, mit ihrer fanatischen Sicherheitsbetonung, haben mit diesem sanften Prozeß ein Problem. Das mag verständlich sein, schließlich erfuhren 2 Kriegsgenerationen, daß das einzig sichere Einkommen, von Krieg und Vertreibung unversehrt, die staatliche Rente blieb. Aber diese Paranoia kann keine Ausrede sein, einen neuen *Security Mix* zu verweigern, in dem der einzelne seine Lebensplanungen mehr reflektieren kann und muß: Will er im Alter schlemmen und prassen? Will er seine Konsumpotenz jetzt oder später beweisen? Oder allmählich *Downshifting* betreiben?

Polykulturelle Politik: Diversität als Gesellschaftsprinzip

Die alten staatlichen Konstruktionen Europas waren auf die Erzielung von höchstmöglicher Gleichheit ausgerichtet. In Zukunft wird es aber darum gehen, *Unterschiede* zu organisieren. Denn Globalisierung bringt notwendigerweise Fremde ins Land, andere Ökonomien und Kulturen.

Die Zukunft ist nicht multikulturell im Sinne einer fröhlichen, von Rotwein und Sake getränkten Durcheinander-Vielfalt, sondern eher *polykulturell* im Sinne einer Patchwork-Kultur. Zuwanderer werden nicht mehr assimiliert, sie können, durch Satellitenfernsehen, Telekommunikation und moderne Elektronik, auch im Ausland in ihren »Dörfern« bleiben. Türken in Deutschland hatten, als sie in der 60er Jahren in großer Zahl ins Land kamen, zum Kommunizieren mit der Umwelt allenfalls ein Radio, auf dem sie nur deutsche Sender empfangen konnten. Heute haben sie türkische Moscheen, türkisches Satelliten- und Kabelfernsehen, türkische Videos; ein Telefongespräch in die Türkei kostet ein Zehntel dessen, was es damals kostete; währenddessen hat sich die türkische Mittelschicht zur agilsten Aufsteiger-Schicht entwickelt. Aber sie bleibt unter sich. Heute versuchen »linke« Politiker, ihre sinkenden Wahlchancen mit »rechten« Methoden, mit Abgrenzung gegen die transnationale Konkurrenz auf den Arbeitsmärkten, zu steigern. Mit dem neuen Rechtspopulismus bilden sie eine »Grenzen-dicht«-Allianz, in die auch die Konservativen fröhlich einstimmen. Das Ergebnis ist ein massiver Standortnachteil: Internationales Kapital achtet auf liberale und weltoffene Kultur. Nicht nur arme Flüchtlinge, sondern auch Manager oder Künstler mit anderer Hautfarbe, die womöglich sogar noch auf die Idee kommen, sich in Europa *niederlassen* zu wollen. In der Arbeitswelt der Zukunft entwickelt sich auch eine weltweite Arbeitskonkurrenz um hochqualifizierte Arbeitskräfte, die über Wohl und Wehe einer Volkswirtschaft entscheiden können. Informatiker, Techniker, qualifizierte Ingenieure werden längst über Ländergrenzen hinweg gesucht und abgeworben. In der »Systemischen Politik« wird man illegale Einwanderung deshalb energisch bekämpfen, aber legale und gewollte gezielt ermöglichen!

In einer Kultur, die auf mehr Diversität aufgebaut ist, orientiert sich das friedliche Miteinander sehr viel mehr an Grund- und Freiheitsrechten als in einer Gesellschaft, deren Primat die Gleichheit (auch die ethnische Gleichheit), also die *Gemeinschaft* ihrer Mitglieder ist. Die Gesellschaft des 21. Jahrhunderts wird deshalb eine *verfassungspatriotische* Gesellschaft sein. Nicht Rasse, Blut, Meinung, Parteibuch bestimmen über die Privilegien und Zugangsmöglichkeiten, sondern allein die Grundrechte, auf deren Einhaltung umso penibler und konsequenter geachtet werden muß.

Familienpolitik jenseits von Ideologien

Das Dilemma zwischen Karriere und Beruf ist ein tiefgreifender biographischer Konflikt in unserer Gesellschaft – und erzeugt enorme Folgekosten (Scheidung, steigende Anzahl von Alleinerziehenden, Einsamkeit etc J auch für die Unternehmen. Im Unterschied zur spätindustriellen Ära wird dieser Konflikt in Zukunft aber auch die Männer betreffen. Alle Studien und Umfragen zeigen deutlich: Die Erwerbstätigkeit der Frauen ist nicht aufzuhalten, und auch die (jungen) Männer

verabschieden sich allmählich von den klassischen Karriere-Entwürfen. Deshalb ist Familienpolitik gerade im Individual-Zeitalter von allerhöchster Priorität. Sie kann sich nicht mehr auf alte Rollenbilder und -muster, auf Ideale oder Romantizismen beziehen, sie wird auch nicht mehr mit dem Scheck wedeln können. Die neuen familiären Biographien werden Puzzle-Biographien sein, in denen das »Entweder-Oder« zwischen Beruf und Familie nach Möglichkeit vermieden wird. Das Kunststück ist eine Politik, die die Erziehungsarbeit unbhängig vom Beziehungsstatus ökonomisch fördert, gleichzeitig aber nicht dazu beiträgt, daß *kinship*, also die gemeinsame Fürsorge für Kinder oder auch Ältere, weiter abgebaut wird.
Die steuerliche Absetzbarkeit von Babysittern und Haushaltshilfen würde einen riesigen Arbeitsmarkt, der heute im Verborgenen (und Unterbezahltem blüht, öffnen. Es würde den Markt der Humandienstleistungen nach vorne bringen, Familien entlasten und Immigranten integrieren – mehr Fliegen kann man mit einer politischen Klappe kaum schlagen!

Neue Bürgerrechte, neue Bürgerpflichten
Schließlich muß eine neue Politik auch Antworten auf das moralische Vakuum finden, das die Individualisierung im Inneren der Gesellschaft hinterläßt. Modernität bedeutet auch Reaktivierung einer ethischen Kultur. Gemeindenahe Bürgerarbeit wird unabdingbarer Teil des Sozialsystems. Hier kann moderne Politik nahtlos an soziale Basisstrukturen anknüpfen, die in den katholischen Ländern immer noch intakt sind. Sie kann aber auch die moralische Frage neu in die Gesellschaft hineintragen, indem sie an den Bürger eine »Rückkoppelungsschleife« adressiert: *Wir können dir, lieber Bürger, nicht die Aufgaben abnehmen, die eine Gesellschaft in ein lebenswertes Miteinander verwandeln.*
Diesen »New Deal« zu formulieren, das ist Aufgabe der rhetorischen Politik-Talente unserer Tage. Die Sache hat auch eine andere Seite, die der »neuen unveräußerbaren Bürgerrechte«.

In der Individualgesellschaft reichen die Instrumente, die dem einzelnen zur Wahrung gegenüber den komplexen Institutionen seiner Umwelt zur Verfügung stehen, nicht mehr aus. So werden sich neue »zivile Verfassungen« bilden, denen Politik Ausdruck und Lobbyarbeit verleihen muß. 2 Beispiele:

- **Patientenrechte:** Das Recht auf einen selbstbestimmten Tod gegenüber der modernen Medizinmaschine, das Recht auf wahrhaftige Diagnose-Aufklärung durch den Arzt, das Recht auf die persönlichen medizinischen Daten, auf das »letzte Wort« bei allen Therapiemethoden. Das Recht auf Schutz vor mutwilliger oder fahrlässiger Fehlbehandlung.
- **Konsumentenrechte:** Man muß nicht die amerikanische Zivilrechtsprechung mit ihren absurden Milliarden-Dollar-Klagen wegen einer abgebrochenen Bleistiftspitze im Sinn haben, wenn man das Verhältnis zwischen Konsument und »Prosument« neu regeln möchte. In den Märkten der Zukunft werden die Konsumenten neue Instrumente der Verteidigung benötigen, um gegen die Scharlatane des Marktes zu bestehen. CLAIRE-MARIE KARAT etwa, eine Psychologin im Dienste von IBM, schlägt allen Ernstes eine »Charta für den Computerkunden« vor: *Der Benutzer hat immer recht. Wenn es ein Problem mit der Nutzung, Speicherung und Weiterverbreitung von Daten gibt, ist dies das Problem der Herstellers.* Man benötigt nicht viel Phantasie, um in solchen neuen ketzerischen Gesetzen den Anfang einer – wahrscheinlich blutigen, aber fröhlichen! – Revolution zu sehen!

Das Comeback der Gemeinde

Schließlich gehört zu diesem Paradigmenwechsel die Transformation staatlicher Administration zur bürgerorientierten Dienstleistung: Behörden müssen »Ermöglicher« statt Verhinderer werden, sie dürfen nicht mehr »von oben herab« den Zentralstaat exekutieren, sondern müssen in den örtlichen Strukturen verankert Standortpolitik betreiben. Das neue Regionen-Marketing verlangt Marketing-Leute in den Schreib-

stuben. Jeder »Kundenkontakt« mit Bürgern, Gästen, Zugewanderten entscheidet über das Schicksal von Regionen. Denn die Visitenkarte eines Landes, einer Stadt, einer Gemeinde sind ihre Behörden.
Innerhalb der lokalen und regionalen Einheiten bedeutet dieser Prozeß eine Machtverschiebung zugunsten der Bürger und Unternehmen. Kommunen, die ihr »Humankapital« halten wollen, müssen ihren Bürgern und Unternehmen im Bildungsbereich, in der Kultur, auch im Sozialwesen etwas bieten. Insbesondere Städte und Regionen mit moderner, effektiver Administration können mit dem Zuzug neuer Firmen und Steuerbürger rechnen. Deshalb steht die »Kundenorientierung« obenan, und diese bedeutet den unumgänglichen Umbau der rein hoheitlich orientierten zu einer serviceorientierten Verwaltung. Alle notwendigen Formulare sind im Front-Office elektronisch verfügbar und können als Gesamtpaket ausgedruckt werden. Administrative Vorgänge werden verständlicher gestaltet durch Hilfedateien, Bildmaterial und eventuell Übersetzung in andere Sprachen. Zugang zum Front-Office hat der Bürger durch persönlichen Besuch, zunehmend aber über seinen eigenen PC oder über Terminals, die in den Eingangshallen der Rathäuser, in Stadtbüchereien, Volkshochschulen oder anderen öffentlichen Gebäuden aufgestellt werden. Das Back-Office wird von Kompetenz-Centern unterstützt, die von mehreren Verwaltungen gleichzeitig nutzbar sind. Bilanzierung, Buchhaltung etc. muß nicht in jedem einzelnen Rathaus abgearbeitet werden. Hier einige Beispiele:

- Die 1,2 Millionen Einwohner-Stadt Phoenix in den USA gab in einem 2jährigen »Bürgerprogramm« einen großen Anteil ihrer Dienste an Bürger und Unternehmen ab.
- In der 100 000-Einwohner-Stadt Braintree in Großbritannien wurden flächendeckend One-stop-Shops eingerichtet, in denen Investoren alle Amtsgänge an einer Stelle verrichten können.
- In Neuchâtel in der Schweiz ersetzte man über Nacht das

althergebrachte Finanzsystem durch ein hochökonomisches Rechnungswesen.

- In Tilburg in den Niederlanden, 200 000 Einwohner, wurden die Ämter in Fachbereiche mit Budgetverantwortung dezentralisiert – Beratungsfirmen prüfen regelmäßig die Leistung.

Daß auf diesem Wege das Berufsbeamtentum ein Anachronismus ist, liegt auf der Hand. Aber auch hier sollten wir die Form nicht überbewerten. So wie manche nichteheliche Partnerschaft über stärkere Bindungskräfte verfügt als der Status Ehe, können umgekehrt selbst Beamte zu kreativen, innovativen, bürgerfreundlichen Elementen mutieren! Bürgermeister können begnadete Manager sein und Behörden stille Motoren einer Transformation. Gelungene Modernisierungen vollziehen sich meistens im stillen, als unterschwellige Strömungen, die ohne Plakatierungen auskommen. Plötzlich, über Nacht scheinbar, hat sich die Welt verändert. Auch im 21. Jahrhundert werden viele evolutionäre Prozesse nach diesem blinden, tastenden, aber äußerst effektiven Muster verlaufen, das die Evolution in Millionen Jahren immer wieder einen kleinen Schritt vorangebracht hat.

Rechts	Links	Posttraditionale Politik
Bosse/Bürger	Arbeiter/Kleine Leute	Konsumenten
Urteile	Analysen	Recherchen
Kriminalität	Die Ursachen der Kriminalität	beides
Niederbayern	Ruhrgebiet	Toscana
Markt	Staat	Nachbarschaft
Kollege	Genosse	Netzwerk
Starker Staat	Guter Staat	Schlauer Staat
Konkurrenz	Planung	Teamwork
Champagner	Bier	Trockener Riesling
Mehrheiten	Minderheiten	Allianzen

Abb. 45: Posttraditionale Politik in der Übersicht

Epilog: Vor uns das Gute Zeitalter?

Der Horizont öffnet sich. Das Bild fügt sich zusammen: Vor uns liegt keine Erlösung in ein technologisches Paradies, aber auch kein finaler Untergang des Menschlichen. Vor uns liegt *offene Zukunft*: Die Menschheit tritt in ein Jahrhundert ein, das ihren numerischen Zenit bringen wird. Und den Übergang in eine Produktionsform, in der die Kräfte des Geistes eine größere Rolle spielen werden als die Gesetze der Mechanik.

Diese Wandlung erfolgt nicht, wie es die Utopisten vergangener Tage suggerierten, mit dem ehernen Atem der Geschichte und des Fortschritts. Schichten von Neuem und Überkommenem überlagern sich, um auf dem Wege der Synthese das Neue hervorzubringen. Rückschritte sind möglich: in Phasen der Vor-Demokratie, der Barbarei, des schleichenden Niedergangs. Technische Erfindungen und wirtschaftliche Megatrends sind kein Urteil, das über die Menschheit gesprochen wird. Wir können sie ablehnen. Wir können ihre Chancen vertun. Wir können sie dämonisieren. Vor allem entheben sie uns nicht der Frage, in welches »Kapital« wir investieren sollen. Wollen wir gewaltige Summen für die Entwicklung von medizinischer High-Tech-Medizin ausgeben, damit wir mit ungeheurem Aufwand einzelnen das Leben verlängern können? Oder wäre es nicht ungleich sinnvoller, einen Bruchteil des Geldes dafür auszugeben, neue »Soziotechniken« zu fördern, mit deren Hilfe die Menschen lernen, ihre Gesundheit zu *erhalten* – mehr Sport, bessere Ernährung, mehr psychosoziale Balance? High-Tech oder High-Touch? – um mit JOHN NAISBITT zu sprechen.

Die meisten Wandlungsprozesse, die ich in diesem Buch als

»Trends« beschreibe, sind nichts anderes als evolutionäre Kräfte, die uns zu höherer Komplexität zwingen. Unser politisches System, unsere Kindererziehung, unsere Partnerschaften, unsere Firmenkulturen – all dies benötigt im 21. Jahrhundert eine *intelligentere Grammatik*. Höhere Komplexität heißt: mehr Differenzierung, die Integration scheinbarer Paradoxa auf einer höheren Ebene. Die Gesellschaft des 21. Jahrhunderts sucht nach einer neuen Mixtur aus Individualismus, Freiheit und Verantwortlichkeit. Überall dort, wo evolutionäre Prozesse gelingen – und das gilt für die Natur ebenso wie für die Wirtschaft – entstehen Win-win-Situationen, die den Keim der höheren Komplexität in sich tragen. So ist der erste Einzeller entstanden, die Säugetiere und schließlich der menschliche Geist. So funktionieren florierende Märkte, lebendige Kulturen, menschliche Gemeinschaften – und gelungene Übergänge in neue Epochen. Gelungene Modernisierung bedeutet damit nicht: Hinwegfegen alles Gewohnten. Sondern: Eine Gesellschaft lernt, die höheren Grade von Tempo, Informationsdurchdringung, Produktivität in neue Institutionen, Werte, Lebensstile, Denkweisen umzusetzen. Sie lernt, die Kräfte des Fortschritts zu *kultivieren*.

Das grundlegende psychologische Problem, das wir Zentraleuropäer mit uns herumtragen, lautet: Wir können selten auf die Kräfte vertrauen, mit der die Evolution uns in die Zukunft trägt. In unsere Mentalität ist mit feinen Linien eine allumfassende *Nostalgie* eingraviert. Wir *sehnen* uns nach ewiger Kultur, Heimat, Nicht-Wandel, einer vergangenen Welt, in der es – scheinbar – gerechter und authentischer zuging. Das Wort »Nostalgie« stammt vom griechischen *nostro* (Heimkehr) und dem Wort *algos* (Schmerz). Doch wohin sollen wir diesen Schmerz richten? In die Antike, in der 20 Prozent der griechischen Stadtbewohner ein Leben in Luxus und Kontemplation führten – die restlichen 80 Prozent als Sklaven? Ins Biedermeier? In die Gründerzeit mit ihrem aufkommenden Nationalismus? In die goldenen 50er mit ihren einbetonierten Kleinfamilien? Ach ja, natürlich, in den glorreichen Zeiten von 1968ff., Jugendrebellion, Woodstock und Aufbruch. Aber auch damals war nicht alles Gold, was glänzte.

Die schlechte Angewohnheit, die Gegenwart zu beklagen und die Vergangenheit zu verherrlichen, ist tief in der menschlichen Natur verankert und beeinflußt erstaunlicherweise sogar Menschen mit dem profundesten Urteilsvermögen und großer Lebenserfahrung. – So schrieb DAVID HUME 1777, und RICHARD J. ZECKHAUSER fügte in »The State of Humanity« hinzu: *Die Fähigkeit der Gesellschaft, Risiken zu erkennen und zu bekämpfen, ist tief gestört. Wir überreagieren auf manche Risiken, während wir andere nachgerade sträflich ignorieren. Fast immer werden Risiken mit geringer Eintrittswahrscheinlichkeit grotesk überschätzt – vor allem im Zusammenhang mit Auswirkungen der Technologie –, während alltägliche Dinge, für die wir die persönliche Verantwortung und Kontrolle haben – Ernährung, Verhalten wie Rauchen, Auto fahren etc. –, tunlichst ignoriert, wenn nicht gar verschwiegen werden.*

»How to design a life that works?« »Wieviel ist genug?« »Life, Work, Family-Balance« – diese drängenden Themen, die heute in amerikanischen Journalen wie FAST COMPANY auf der Titelseite stattfinden, weisen auf die kommenden Schlüsselfragen hin: Wie erzeugen wir eine Kultur der personellen Transformation? Der authentischen Selbstverantwortung? Arbeit, Reise, Geld, Familie, Schlaf, Vergnügen – die individualisierte, von Traditionen entkernte Welt stellt uns vor die permanente Herausforderung, all diese Bereiche miteinander zu synchronisieren und zu balancieren. Persönlichkeitsentwicklung, Ich-Integration werden deshalb die Kultur des 21. Jahrhunderts prägen.

Der Übergang von der Welt der Lohnabhängigkeit zum Lebens-Unternehmertum, zur ICH-AG – hier schwingt etwas vom Übergang von der »unmündigen Gesellschaft zur Gesellschaft der freien Produzenten« mit, von der KARL MARX einmal sprach. *Die Technologie von Morgen verlangt nicht Mil-*

lionen von Leuten, die bereit sind, monoton-mechanische Tätigkeiten auszuführen, sondern solche, die in der Lage sind, ihren Weg in einer neuartigen Umwelt zu finden, denen »die Zukunft in den Knochen steckt«, schrieb ALVIN TOFFLER in »Der Zukunftsschock«. Der Soziologe MAX WEBER hat die Hallen der großen Fabriken und Büros nicht umsonst einmal als *eherne Gehäuse der Hörigkeit* bezeichnet. Die Kultur des Wissens erfordert einen anderen Menschentypus als den des industriellen Angestellten oder Arbeiters. Einen kreativen, selbstbewußten Menschen in sozialer Selbstverantwortung. Deshalb schlagen Menschen, zum erstenmal seit Beginn der industriellen Revolution, wieder Maschinen.

Auf diesen neuen Rohstoffgesetzen können wir einen realistischen Optimismus begründen. Erze, Mineralien, Arbeiter, Energieträger, Kapital – im industriellen Prozeß ist alles ausbeutbar und austauschbar, es unterliegt den Gesetzen der Maximierung und der Verminderung bei Gebrauch. Der menschliche Geist hingegen »funktioniert« nach scheinbar paradoxen Regeln: Wenn man Wissen teilt, vermehrt es sich. Wenn viele an einem Wissensprozeß arbeiten, werden die einzelnen kostbar. Ausbeutung ist deshalb in der mechanischen Welt möglich, in der Wissensökonomie ist dem ein unsichtbarer, aber umso wirksamerer Riegel vorgeschoben. Ähnliches gilt auch in Sachen Ökologie, dem großen Angstthema unserer Jugend. Eine entwickelte Individualgesellschaft schätzt nicht nur die materiellen Güter, sondern nutzt auch die immateriellen Dinge wie Schönheit, Natur und Landschaft. Die Natur ist ein Wirtschaftsfaktor, deshalb zerstören wir sie nicht – in dieser Feststellung liegt unendlich viel mehr Vernunft als in der idealisierten Verteidigung eines romantischen Naturbegriffs gegen eine dämonisierte Ökonomie.

Auch um die generelle Zukunft des Planeten sieht es nicht so aus, wie viele von uns es in den letzten 20 Jahren verinnerlicht haben. Die Bevölkerungszahl des Planeten »explodiert« nicht – auch wenn das im Feuilleton und im Fernsehen immer so schön schrecklich klingt. Sie wird gegen Mitte des kommenden Jahrhunderts ihren Zenit erreichen – nach den neuesten Prognosen der UNO bei etwa 9 Milliarden Menschen. Weitere Anzeichen für das Überleben der Menschheit, wie sie der HUMAN DEVELOPMENT INDEX 1999 der UNDP bereithält:

- 76 Prozent der Erwachsenen der Erde können heute lesen, 1990 waren es erst 64. Immer mehr Kinder weltweit gehen in die Schule, vor allem Mädchen: Deren Einschulungsquote auf der Sekundärstufe stieg von 36 auf 61 Prozent.
- Drei Fünftel der Weltbevölkerung leben heute in Demokratien – vor 10 Jahren war es noch weniger als ein Drittel.
- In 84 von den inzwischen 193 Ländern des Planeten erreichten die Menschen ein Durchschnittsalter von mehr als 77 Jahren, 1990 nur in 55 Ländern.
- Der »lange Atem« der fossilen Energien läßt uns Zeit für die Entwicklung neuer Übergangstechnologien. Solar, Wasserstoff, Brennstoffzelle – solchen »smarten« Technologien gehört die Zukunft. Die »Faktor 4«-Utopien unserer ökologischen Wissenschaftler sind nicht mehr weit von der Wirklichkeit entfernt. Selbst wenn die großen Schwellenländer der Erde demnächst in den Lebensstandard der »ersten Welt« eintreten, wird dies nicht mehr zum globalen Öko-Gau führen.

All dies kann nicht darüber hinwegtäuschen, daß Armut, Ungleichheit, Tyrannei und Krieg, ganz zu schweigen von den verheerenden Kräften der Natur, auch jenseits der Jahrtausendwende unsere planetare Wirklichkeit heimsuchen werden. Aber es geht nicht darum, die Zukunft als einen idyllischen Ort zu beschreiben, an dem wir Schalmeien blasen dürfen. Es geht darum, ob und wie wir lernen können. Lernen, im gewaltigen Komplexitäts-Experiment aller Sphären mitzuhalten. Die Evolution des Menschen ist nicht garantiert. Sie erfordert Engagement, Mut, Klugheit, Hoffnung. Sie erfordert den immerwährenden Einsatz von konstruktiver Intelligenz. Kulturen können sich aufgeben, indem sie sich mit Pessimismus durch-

tränken – dann werden sie auf dem Wege einer »self-fulfilling-prophecy« ins Unglück reiten. Oder im blauäugigen Optimismus, der alles auf technoide Prozesse reduzieren will.
Hier zeichnet sich ein ganz anderer »Kampf der Kulturen« ab als der zwischen MOHAMMED und WALLSTREET. Im Wettlauf der Zukunft werden am Ende diejenigen Nationen gewinnen, die in beides entschlossen und klug investieren: High-Tech und Sozio-Tech, Hardware und Brainware, Venture-Kapital und soziales Kapital. Auf dieser Ebene ist der Kampf zwischen Amerika und Europa noch nicht entschieden. Amerika mit seinen großen Ressourcen von Optimismus, Europa mit seiner Tradition des Zweifels, aber auch seiner Beharrung auf sozialer Konsistenz – vielleicht steht die transatlantische Kulturfusion erst noch bevor.
Ist das Jahr 2000, das uns all diese Fragen mit neuer Intensität betrachten läßt, nur eine beliebige Zahl, entstanden im Zufallsgenerator der Weltgeschichte? Mag sein. Aber auch, wenn man 20, 40 oder 100 Jahre alt wird, ist es nur ein Dienstag oder Freitag wie jeder andere. Nutzen wir also die Chance! Lassen wir unserem Heimweh nach der Zukunft freien Lauf! Trainieren wir unseren Zukunftssinn, so, wie ihn der amerikanische Publizist H. B. GELATT definierte: *»Future sense« beinhaltet die paradoxe Fähigkeit, nicht genau zu wissen wie die Zukunft sein wird, das Chaos der Gegenwart nicht völlig zu verstehen, aber dennoch fest daran zu glauben, daß wir daran arbeiten können, die Zukunft zu schaffen, die wir uns wünschen. Es ist eine Lebensphilosophie, die ich* positive *Unsicherheit nennen möchte: akzeptieren, daß das Morgen Grautöne besitzt, aber dennoch liebevoll daran zu arbeiten.*

Teil 3
Ressourcen

Teil 1: Tools für die Zukunft

Diamond, Jared; Arm und Reich – Die Schicksale menschlicher Gemeinschaften; S. Fischer 1997.
Fukuyama, Francis; Trust – The social virtues and the creation of prosperity; Hamish Hamilton 1995.
Huntington, Samuel P.; Kampf der Kulturen; Europaverlag, München-Wien 1996.
Kennedy, Paul; In Vorbereitung auf das 21. Jahrhundert; S. Fischer-Verlag 1993.
Naisbitt, John; Megatrends – 10 Perspektiven, die unser Leben verändern werden; Hestia 1982.
Nefiodow, Leo A.; Der sechste Kondratieff; Rhein-Sieg-Verlag 1999.
Swoboda, Helmut; Propheten und Prognosen – Hellseher und Schwarzseher von Delphi bis zum Club of Rome; Droemersche Verlagsanstalt München/Zürich 1997.
Thurow, Lester C.; Die Zukunft des Kapitalismus; Metropolitan 1997.
Toffler, Alvin; The Third Wave; Bantam, New York 1980.
Toffler, Alvin; Der Zukunftsschock; Deutscher Bücherbund, Stuttgart 1970.

SozioSphere

Allensbach, Elisabeth Noelle-Neumann; Die zwei Gesichter der Selbstverwirklichung. Nach dem Wertewandel der Versuch, wieder festen Boden zu finden; Rheinischer Merkur, 9. 7. 1993.
Allensbach, Piel Edgar; Jugend gestern – Jugend heute. Ein demoskopisches Röntgenbild; Zentralblatt für Jugendrecht, Heft 8/1995.
Allensbach, Renate Köcher; Wertewandel in Deutschland. Auf dem Weg in die Ellenbogengesellschaft?; Forum FN, 1995.
Andrea, Guido/Marcello, Robert; Der letzte Mann. Machismus + Feminismus: Die Krise der Rolle des Mannes. 4 Bekenntnisse; Rowohlt, Reinbek 1978.
Beck, Ulrich; Risikogesellschaft. Auf dem Weg in eine andere Moderne; Suhrkamp, Frankfurt/M. 1986.
Beck, Ulrich; Riskante Freiheiten. Individualisierung in modernen Gesellschaften; 1995.
Beck, Ulrich/Beck-Gernsheim, Elisabeth; Das ganz normale Chaos der Liebe; Suhrkamp, Frankfurt/Main 1990.
Beck, Ulrich/Ziegler, Ulf; Eigenes Leben. Ausflüge in die unbekannte Gesellschaft, in der wir leben; C. H. Beck, München 1997.
Beck, Ulrich (Hrsg.); Kinder der Freiheit; Suhrkamp, Edition Zweite Moderne, Frankfurt/Main 1997.
Beck-Gernsheim, Elisabeth; Was kommt nach der Familie?; C. H. Beck, München 1998.
Bertram, Hans; Familien leben; Verlag Bertelsmann Stiftung, Gütersloh 1997.

Bertram, Hans (Hrsg.); Die Familie in Westdeutschland; Leske + Budrich, Opladen 1991.
Bertram, Hans u. a.; Familien-Atlas; Leske + Budrich, Opladen 1993.
Beuys, Barbara; Familienleben in Deutschland; Rowohlt, Reinbek 1980.
Bien, Walter (Hrsg.); Eigeninteressen oder Solidarität. Beziehungen in modernen Mehrgenerationenfamilien; Leske + Budrich 1994.
Bly, Robert; Iron John; A book about men; Addison-Wesley Publishing Co., USA 1990.
Bonorden, Heinz (Hrsg.); Was ist los mit den Männern? Stichworte zu einem neuen Selbstverständnis; Biederstein Verlag, München 1985.
Bonß, Wolfgang; Vom Risiko. Unsicherheit und Ungewißheit in der Moderne; Hamburger Edition 1995.
Bopp, Jörg; Wir wollen keine neuen Herren Streitschriften zur Jugend- und Psycho-Szene; Eichborn Verlag, Frankfurt 1982.
Copray, Norbert; Jung und trotzdem erwachsen. Band 1: Zur Situation junger Erwachsener in der Zukunftskrise; Patmos Verlag, Diisseldorf 1987.
Crichton, Michael; Disclosure; Alfred A. Knopf, New York 1994.
Curtin, Sharon R.; Niemand stirbt am Alter Trikont, München 1976.
Czikszentmihalyi, Mihaly; Lebe Gut – Wie Sie das Beste aus Ihrem Leben machen; Klett Cotta 1999.
Deutsches Jugendinstitut (Hrsg.); Wie geht's der Familie?; Kösel-Verlag, München 1988. Deutsches Jugendinstitut; Gille, Matina; Wertorientierungen und Wertewandel bei Jugendlichen und jungen Erwachsenen; Politische Studien, Heft 336, Juli/Aug. 1994.
Ebers, Nicola; Semmel/Elias/Beck; Individualisierung; Würzburg 1995.
Erler, Gisela Anna; Frauenzimmer. Für eine Politik des Unterschieds; Wagenbach, Berlin 1985.
Findlen, Barbara (Hrsg.); Listen up. Voices from the next feminist generation; Seal Press, USA 1995.
Förster, Peter u. a.; Jugendliche in den neuen Bundesländern. Ergebnisse einer empirischen Studie in Sachsen 1990–1994; Beilage Parlament, Juni 1993.
Franck, Barbara; Der UnGeliebte. Gespräche mit frustrierten Männern; Rasch und Röhring, Hamburg 1985.
Freely, Maureen; What about us? An open letter to the mothers feminism forgot; Bloomsbury, London 1995.
Friday, Nancy; The Power of Beauty; Hutchinson, London 1996.
Fukuyama, Francis; The great Disruption: Human nature and the Reconstruction of Social Order; Atlantic monthly.
Ghazi, Polly; Superwoman-Downshifter-fortfolio Patent; Guardian, 26. Mai 1999, S. 9.
Gillis, John R.; Mythos Familie. Auf der Suche nach der eigenen Lebensform; Beltz Quadriga Verlag, Weinheim u. Berlin 1997.
Goebel, Johannes/Clermont, Christoph; Die Tugend der Orientierungslosigkeit; Volk&Welt, Berlin 1997.
Gronemeyer, Reimer; Alle Menschen bleiben Kinder; Metropolitan, Düsseldorf, München, 1996.

Hardyment, Christina; The Future of the Family; Phoenix (Orion Publishing Group), London 1998.
Hill, Dave; The Future of Men; Phoenix, London 1997.
Hradil, Stefan; Die »Single-Gesellschaft«; C. H. Beck, München 1995.
Deutsches Jugendinstitut (Hrsg.); Immer diese Jugend! Ein zeitgeschichtliches Mosaik 1945 bis heute; Kösel-Verlag, München 1985.
Deutsches Jugendinstitut (Hrsg.); DJI Bulletin, Heft 8; München, Sommer 1988.
Jugendwerk der Deutschen Shell (Hrsg.), Redaktion: Arthur Fischer, Margot Lang; Näherungsversuche Jugend '81. Eine Studie. Eine Tagung. Reaktionen; Leske Verlag + Budrich Gmbh, Opladen 1983.
Jugendwerk der Deutschen Shell (Hrsg.); Gesamtkonzeption u. Koordination: Arthur Fischer und Richard Münchmeier; Jugend '97. Zukunftsperspektiven. Gesellschaftliches Engagement, Politische Orientierungen; Leske + Budrich, Opladen 1997.
IBM-Jugendstudie; Die selbstbewußte Jugend. Orientierung und Perspektiven 2 Jahre n. d. Wiedervereinigung; Institut f. empirische Psychologie, Köln 1992.
Inglehart, Ronald; Kultureller Umbruch. Wertewandel in der westlichen Welt; Campus, Frankfurt/New York 1989.
Inglehart, Ronald; Modernisierung und Postmodernisierung. Kultureller, wirtschaftlicher und politischer Wandel in 43 Gesellschaften; Campus, Frankfurt 1998.
Inglehart, Ronald; Culture Shift in advanced Industrial Society; Princeton University Press 1992.
Ingrams, Richard (Hrsg.); The Oldie Annual II; Bloomsbury, London 1994.
Janke, Klaus/Niehues, Stefan; Echt abgedreht. Die Jugend der 90er Jahre; Beck'sche Reihe, München 1995.
Joas, Hans u. a.; Eure Armut kotzt uns an. Solidarität in der Krise; 1995.
Keen, Sam; Feuer im Bauch. Über das Mann-Sein; Kabel Verlag, Hamburg 1992.
Klages, Helmut; Idealist, Realist und Hedomat in Konkurrenz. Plädoyer f. d. den faktenorientierten Blick; Das Parlament, 16. 12. 94.
Klages, Helmut; Der Wertewandel in der Bundesrepublik Deutschland. Eine problemorientierte Hinführung zu Fakten und Deutungen; Gesellschaften im Umbruch? Hrsg. Edzard Janssen, 1996.
Leggewie, Claus; Die 89er. Porträt einer Generation; Hoffmann und Campe, Hamburg 1995. Liebau, Eckart/Wulf, Christoph (Hrsg.); Generation. Versuche über eine pädagogisch-anthropologische Grundbedingung; Deutscher Studien Verlag, Weinheim 1996.
Lind, Hera; Das Superweib; Fischer Taschenbuch Verlag, Frankfurt/Main 1994.
Lind, Hera; Ein Mann für jede Tonart; Fischer Taschenbuch Verlag, Frankfurt/Main 1989. McCorduck, Pamela/ Ramsey, Nancy; The Futures of Women. Scenarios for the 21st Century; Warner Books Edition, USA 1997.

McCorduck, Pamela/Ramsey, Nacey; The Futures of Women; Warner Books 1996.
Meyer, Sibylle u. a.; Balancen des Glücks. Neue Lebensformen: Paare ohne Trauschein, Alleinerziehende und Singles; C. H. Beck, München 1989.
Miegel, Meinhard u. a.; Das Ende des Individualismus. Die Kultur des Westens zerstört sich selbst; Bonn Aktuell 1993.
Nave-Herz, Rosemarie; Familie Heute. Wandel der Familienstrukturen und Folgen für die Erziehung; Wissenschaftliche Buchgesellschaft, Darmstadt 1994.
Noelle-Neumann, Elisabeth u. a.; Die verletzte Nation. Über den Versuch der Deutschen, ihren Charakter zu ändern; DVA Stuttgart 1987.
Paglia, Camille; Vamps & Tramps; Vintage, USA 1994.
Paglia, Camille; Sex, Art, and American Culture; Vintage, USA 1992.
Paglia, Camille; Sex and Violence, or Nature and Art; Penguin 60s 1995.
Peterson, Peter; Grey Dawn – How the coming age wave will transform america – and the world; Times Books 1999.
Pinl, Claudia; Das faule Geschlecht. Wie Männer es schaffen, Frauen für sich arbeiten zu lassen; Eichborn, Frankfurt 1994.
Porsche Informationsdienst; Best Age Report. Letter über Trends und Perspektiven im Markt der konsumerfahrenen Erwachsenen; Postfach 3000, 20097 Hamburg.
Rauh, Susanne; Wertewandel in der Familie ... die Entwicklung der Intimität; Verlag Peter Lang 1990.
Ringen, Stein; The familiy in question; Demos, London 1998.
Rushkoff, Douglas; The GenX Reader. An underground look at the 20something generation; Ballantine Books, New York 1994.
Scheller, Gitta; Wertewandel und Anstieg des Ehescheidungsrisikos?; Centaurus Verlagsgesellschaft 1992.
Sheehy, Gail; Die neuen Lebensphasen. Wie man aus jedem Alter das Beste machen kann; List Verlag, München, Leipzig 1996.
Sichtermann, Barbara; Weiblichkeit. Zur Politik des Privaten; Wagenbach, Berlin 1993.
Spellerberg, Annette; Freizeitverhalten – Werte-Orientierungen; Wissenschaftszentrum Berlin 1992.
SPIEGEL/Emnid; Jugend der Jahrtausendwende: Die 99er; SPIEGEL 28/99.
Statistisches Bundesamt; Datenreport 1994; Bundeszentrale für politische Bildung, 1994.
Statistisches Bundesamt; Haushalte und Familien; In: Bevölkerung und Erwerbstätigkeit, Fachserie 1, Reihe 3, 1994.
Statistisches Bundesamt; Haushalte und Familien; In: Bevölkerung und Erwerbstätigkeit, Fachserie 1, Reihe 3, 1994.
Strauss, William/Howe, Neil; Generations. The history of America's future, 1584 to 2069; Quill William Morrow, New York 1991.
Trendbüro Hamburg; »Millenniums-Frauen« – Leitbilder für das nächste Jahrtausend; Hamburg 1998.

Walker, Barbara G.; Das geheime Wissen der Frauen. Ein Lexikon; Zweitausendeins, Frankfurt 1993.
Wallace, Paul; »Agequake«; Nicolas Breley Publishing. 1999. Walter, Natasha; The new feminism; Little, Brown, London 1998.
Wolf, Namomi; The Beauty Myth. How Images of Beauty Are Used Against Women; Vintage, London 1991.
Wolf, Namomi; Fire with Fire. The New female power and how it will change the 21st century; Vintage, London 1993.
Zapf, Wolfgang u. a.; Individualisierung und Sicherheit. Untersuchung zur Lebensqualität in der BRD; C. H. Beck'sche Verlagsbuchhandlung, München 1987.
Zapf, Wolfgang u. a.; Individualisierung und Sicherheit. Untersuchung zur Lebensqualität in der BRD; C. H. Beck'sche Verlagsbuchhandlung, München 1987.

BodySphere

Bordo, Susan; The Male Body: a new Look at men in public and private; Farra, Strauss & Giroux 1999.
D. Chipps, Genie/Henderson, Bill (Hrsg.); Love Stories for the rest of us; Pushcart Press, New York 1994/95.
Dörrie, Doris/Wach, Volker; Love in Germany. Deutsche Paare im Gespräch mit Doris Dörrie; Diogenes, Zürich 1992.
Finkielkraut, Alain; Die Weisheit der Liebe; Carl Hanser, München, Wien 1987.
Forsyth, Adrean; Die Sexualität in der Natur. Vom Egoismus der Gene und ihren unfeinen Strategien; Kindler, München 1987.
Gehrke, Claudia/Schmidt, Uve; Mein heimliches Auge. Das Jahrbuch der Erotik Il; konkursbuch Verlag Claudia Gehrke, Tübingen 1985.
Gehrke, Claudia/Schmidt, Uve; Mein heimliches Auge. Das Jahrbuch der Erotik VI; konkursbuch Verlag Claudia Gehrke, Tübingen 1991.
Gerber, Frank + Interview mit Gunter Schmidt; Sex: die neue Gelassenheit; Focus. Nr. 7/99.
Getty, Gisela/Winkelmann, Jutta/Horx, Matthias (Hrsg.); Future Sex. Leben im 21sten Jahrhundert. Die ZukunftsBibliothek; Metropolitan Verlag, Düsseldorf, München 1996. Grant, Linda; Sexing the millennium. Women and the sexual revolution; Grove Press, New York 1994.
Heimel, Cynthia; Sex Tips für Girls; Sympathie-Verlag, Berlin 1985.
Hollander, Anne; Sex and Suits. The Evolution of Modern Dress; Alfred A. Knopf, New York 1994.
Nefiodow, Leo A.; Der sechste Kondratieff; Rhein-Sieg-Verlag 1999.
Ott, Ursula (inkl. Forsa-Umfrage); Spaß an ganz normalem Sex; Die Woche, 22.1.99.
Paglia, Camille; Sexual Personae. Art and Decadence from Nefertiti to Emily Dickinson; Yale University Press London & New Haven 1990.
Schmidt, Gunther; Die reine Beziehung; SPIEGEL Special 1/99.
SPIEGEL, Emnid; Das Verschwinden der Pubertät, Sexualität der Jugendlichen; SPIEGEL 50/98.

Tisdale, Sallie; Talk dirty to me. An intimate philosophy of sex; Doubleday, New York 1994. Vincent, Jean-Didier; Biologie des Begehrens. Wie Gefühle entstehen; Rowohlt, Reinbek 1990.

MindSphere

Aanderud, Catharina; Machen Sie sich frei! Der neue Trend: weniger ist besser als mehr; Yoyo 7/97.

Becker, Gary S.; Ökonomische Erklärung menschlichen Verhaltens; J. C. B. Mohr (Paul Siebeck, Tübingen 1982.

Bellah, Robert; Gewohnheiten des Herzens. Individualismus und Gemeinsinn der amerikanischen Gesellschaft; Köln 1987.

Christie, Ian/Nash, Lindsay (Hrsg.); The good life; Demos, London 1998. Csikszentmihalyi, Mihaly; Dem Sinn des Lebens eine Zukunft geben. Eine Psychologie für das 3. Jahrtausend; Klett-Cotta, Stuttgart 1995.

Dominguez, Joc/Robin, Vicki; Your money or your life. Transforming your relationship with money and achieving financial independence; Penguin Books, New York 1992.

Grayling, A.C.; The Future of Moral Values; Phoenix Paperback, London 1997.

Greiner, Ulrich; Kleiner Versuch über den Genuß; Die Zeit 4.7.97.

Gronemeyer, Reimer; Die neue Lust an der Askese; Rowohlt, Berlin 1998.

Jones, Judy/Ghazi, Polly; Get a Life Now; The Daily Telegraph, Weekend, 25.1.1997.

Jones, Judy/Ghazi, Polly; Getting a Life: The Downshifter's guide to happier simpler living; Hodder & Stoughton, GB 1997.

Naisbitt, John; Global Paradox. Warum in einer Welt der Riesen die Kleinen überleben werden; Econ, Düsseldorf 1994.

Schenk, Herrad (Hrsg.); Vom einfachen Leben. Glücksuche zwischen Überfluß und Askese; C. H. Beck, München 1997.

Schenz, Viola; Die Totalverweigerer; Süddeutsche Zeitung 16.2.99.

Schneider, Regine; Entdecken, was wirklich zählt. Das Konzept der Neuen Bescheidenheit; Wolfgang Krüger Verlag, Frankfurt/M. 1998.

Schor, Juliet B.; The overspent American. Upscaling, Downshifting, and the New Consumer; BasicBooks, USA 1992.

Schor, Juliet B.; The overworked American. The unexpected decline of leisure; Basic-Books, USA 1992.

Schulze, Gerhard; Die Erlebnis-Gesellschaft. Kultursoziologie der Gegenwart; Campus, Frankfurt/M. 1992.

Sennett, Richard; Der flexible Mensch. Die Kultur des neuen Kapitalismus; Berlin Verlag, Berlin 1998.

Statistisches Bundesamt Wiesbaden; Die Zeitverwendung der Bevölkerung; 1991/92.

Tomka, Miklos/Zulehner, Paul M.; Religion in den Reformländern OstMitteleuropas; Schwabenverlag Ostfildern 1999 .

Tredre, Roger; From late shift to downshift; Oberserver Life; 12.5.1996.

KnowledgeSphere

Davenport, Thomas H.; Information ecology. Mastering the information and knowledge environment; Oxford University Press, New York/Oxford 1997.

Dieckmann, Heinrich/Schachtsiek, Bernd (Hrsg.); Lernkonzepte im Wandel – Die Zukunft der Bildung; Klett-Cotta, Stuttgart 1998.

Döbertin, Winfried; Bildungs-Notstand. Warum Eltern, Lehrer und Schüler gefordert sind; Ullstein, Frankfurt-Berlin 1996.

Gottwald, Franz Theo/Sprinkart, Peter K.; Multi-Media-Campus. Die Zukunft der Bildung; Metropolitan, Düsseldorf 1998.

Hentig, Hartmut von/Becker, Gerold/Becker, Hellmut/Huber, Ludwig (Hrsg.); Ordnung und Unordnung. Hartmut von Hentig zum 23. September 1985; Beltz, Weinheim, 1985.

Kahl, Reinhard; Die stille Revolution. Das Durham Board of Education, Ontario, Kanada; Verlag Bertelsmann Stiftung, Gütersloh 1996.

Struck, Peter; Erziehung von gestern, Schüler von heute, Schule von morgen; Hanser, München 1997.

TechnoSphere

Bass, Thomas A.; Reinventing the Future. Conversations with the worlds's leading scientists.; Addison-Wesley Publishing Comp., USA 1994.

Brauner, Josef/Bickmann, Roand; Cyber Society. Das Realszenario der Informationsges.: Die Kommunikationsgesellschaft; Metropolitan Verlag, Düsseldorf, München 1996.

Burrus, Daniel/Gittines, Roger; Technotrends. 24 Technologien, die unser Leben revolutionieren werden; Ueberreuter, Wien 1994.

Coyle, Diane; The Weightless World. Strategies for managing the digital economy; The MIT Press, USA 1997.

Diebold, John; Exploring Your Future; World Future Society 1996.

Dyson, Esther; Release 2.0 Die Internet-Gesellschaft. Spielregeln für unsere digitale Zukunft; Droemer Knaur, München 1997.

Gershenfeld, Neil; When things start to think; Henry Holt and Company 1999.

Kidder, Tracy; Die Seele einer neuen Maschine; Birkhäuser Verlag, Basel 1982.

Moore, Dinty W.; Des Kaisers virtuelle Kleider. Die nackte Wahrheit über die Internet-Kultur; Claassen Verlag, Hildesheim 1996.

Mulgan, Geoff; Connexity: Responsibility, Freedom, Business and Power in the new Century; Vintage, London 1997.

Norman, Donald A.; The Computer. Why good products can fail, the personal computer is so complex, and information appliances are the solution; The MIT Press, Cambridge, USA 1998.

Norman, Donald A.; Things that make us smart. Defending human attributes in the age of the machine; Perseus Books, USA 1993.

Rose, Frank; Ins Herz des Verstandes. Auf dem Weg zur künstlichen Intelligenz; Roitman Verlag, München 1985.
Stoll, Clifford; Silicon Snake Oil. Second thoughts an the information highway; Doubleday, New York 1995.
Talbott, Stephen L.; The future does not compute. Transcending the machines in our midst; O'Reilly & Associates, Sebastopol CA 1995.
Turkle, Sherry; Die Wunschmaschine. Vom Entstehen der Computerkultur; Rowohlt, Reinbek 1984.

ConsumerSphere

Bau, Axel; Wertewandel – Werbewandel? Zum Verhältnis von Zeitgeist und Werbung; Haag und Herchen Verlag, 1995.
Bosshart, David; Die Zukunft des Konsums. Wie leben wir morgen?; Econ, Düsseldorf/München 1997.
Eggert, Ulrich; Mega Trends im Verkauf. Was sich in Gesellschaft, Handel u. Vertrieb ändert; Metroplitan Verlag, Düsseldorf/München 1995.
Eggert, Ulrich; Konsumenten Trends. Worauf Sie sich einstellen müssen, um Erfolg zu haben; Metroplitan Verlag, Düsseldorf/München 1997.
Gerken, Gerd; Magische Masse. Die Rückkehr der großen Mengen; Metropolitan, Düsseldorf, München 1996.
Karmasin, Helene/Karmasin, Matthias; Cultural Theory. Ein neuer Ansatz für Kommunikation, Marketing und Management; Linde Verlag, Wien 1997.
Pine II, Joseph/Gilmore, Jame H.; The Experience Economy; HBS Press; Boston 1999.
Popcorn, Faith; Clicking. Der neue Popcorn Report. Trends für unsere Zukunft; Heyne, München 1996.
Popcorn, Faith; Popcorn Report. Trends für die Zukunft; Heyne, München 1992.
Priddat, Birger P.; Moralischer Konsum. 13 Lektionen über die Käuflichkeit Hirzel Verlag, Stuttgart 1998.

EconoSphere

Bate, Paul; Cultural Change. Strategien zu Änderung der Unternehmenskultur; Gerling Akademie Verlag, München 1997.
Bertelsmann Stiftung (Hrsg.); Schröder, Jörg/Suntum, Ulrich van; Internationales Beschäftigungs-Ranking 1998; Verlag Bertelsmann Stiftung, Gütersloh 1998.
Berth, Rolf; Der große Innovations-Test. Das Arbeitsbuch für Entscheider: Chancen erkennen, Flops vermeiden; Econ, Düsseldorf 1997.
Blanchard, Ken/Waghorn, Terry; Das Sandburg-Prinzip. Das Naturgesetz dynamischen Unternehmenswandels; Econ, Düsseldorf 1996.
Bono, Edward de; Serious Creativity. Using the power of lateral thinking to create new ideas; Harper Collins Business, London 1992.

Breidenbach, Joanna/Zukrigl, Ina; Tanz der Kulturen; Verlag Antje Kunstmann 1998.
Carter, Stephen; Renaissance Management. The rebirth of energy and innovation in the people and organizations; Kogan Page, London 1999.
Chopra, Deepak; The Seven Spiritual Laws of Success. A practical guide to the fulfillment of your dreams; Amber-Allen Publishing, USA 1994.
Davenport, Thomas O.; Human Capital; Jossey-Bass 1999.
Davenport, Thomas O.; Information ecology – Mastering the information and knowledge environment; Oxford University Press 1999.
Davenport, Thomas/Prusak, Laurence; Das Praxisbuch zum Wissensmanagement; Verlag Moderne Industrie, Landsberg 1998.
Drucker, Peter F.; Umbruch im Management. Was kommt nach dem Reengineering?; Econ, Düsseldorf 1996.
Drucker Foundation (Hrsg.); Hesselbein, Frances/Goldsmith, Marshall/Beckhard, Richard, Organisation der Zukunft. Neue Orientierung für Verwaltung, Wirtschaft und Gesellschaft; Econ, Düsseldorf 1998.
Faltin, G./Ripsas, S./Zimmer, J. (Hrsg.); Entrepreneurship. Wie aus Ideen Unternimm werden; C.H. Beck, München 1998.
Gibson, Rowan (Hrsg.); Rethinking the Future. So sehen Vordenker die Zukunft von Unternehmen; verlag moderne industrie, Landsberg/Lech 1997.
Handy, Charles; Ohne Gewähr. Mit dem Risiko leben; Gabler, Wiesbaden 1996.
Handy, Charles; Die Fortschrittsfalle. Der Zukunft neuen Sinn geben; Gabler, Wiesbaden 1995.
Hartz, Peter; Das atmende Unternehmen. Jeder Arbeitsplatz hat einen Kunden; Opus Verlag, Frankfurt 1996.
Hawken, Paul; The Ecology of Commerce. A declaration of sustainability; HarperBusiness, USA 1993.
Hörning, Karl H. u. a.; Zeitpioniere. Flexible Arbeitszeiten – neuer Lebensstil; Suhrkamp TB Wissenschaft, Frankfurt 1990.
Kentner, Michael; Fetisch Fehlzeitenquote; Institut f. Arbeits- u. Sozialhygiene Karlsuhe 1999.
Kotter, John P.; Chaos-Wandel-Führung. Leading Change; Econ, Düsseldorf 1997.
Lambertz, Michael/Geckeler, Hermann/Weyh, Helmut (Hrsg.); Total Innovation Management. In 7 Schritten zum Erfolg; Econ, Düsseldorf 1996.
Laszlo, Ervin/Laszlo, Christopher/Liechtenstein, Alfred von; Evolutionäres Management. Globale Handlungskonzepte; Paida Verlag, Fulda 1992.
Luks, Allan; Der Mehrwert des Guten, Wenn Helfen zur heilenden Kraft wird; Herder 1999.
Manz, Charles C./Sims, Henry P. jr.; Business without Bosses. How self-managing teams are building high-performing companies; John Wiley & Sons, New York 1993.
McCarthy, Dennis G.; The Loyality link. How loyal Employers Create Loyal Customers; Wiley&Sons, New York 1997.

McIntosh, Leipziger, Jones&Coleman; Corporate Citizenship, Sucessful Strategies for responsible companies, financial times management; Pitman Publishing 1998.

Mester, Frauke/Suntum, Ulrich van; Weichenstellungen für eine stabilitätsorientierte Beschäftigungspolitik. Die Beispiele Neuseeland, Österreich und USA; Verlag Bertelsmann Stiftung, Gütersloh 1998.

Modis, Theodore; Conquering uncertainty. Understanding Corporate Cycles and positioning your company to survive the changing environment; BusinessWeek Books, USA 1998.

Peters, Tom; Der Wow!Effekt. 200 Ideen für herausragende Erfolge; Campus Verlag, Frankfurt/M. 1995.

Peters, Tom; The Circlc of innovation. You can't shrink your way to greatness; Alfred A. Knopf, New York 1997.

Ries, Al; Die Strategie der Stärke; Econ, Düsseldorf 1996.

Schärf Gmbh., (Hrsg.); Über neue Arbeitsweisen und Büroformen; das schärf bürobuch 2.

Schmidtchen, Gerhard; Lebenssinn und Arbeitswelt. Orientierung im Unternehmen; Verlag Bertelsmann Stiftung, Gütersloh 1996.

Seidl, Conrad/Beutelmeyer, Werner; Die Marke Ich. So entwickeln Sie Ihre persönliche Erfolgsstrategie; Ueberreuter, Wien 1999.

Shaw, Robert Bruce; Trust in the Balance; Jossey-Bass 1997.

SPIEGEL; Nach oben offen, Expertenstreit in Deutschland: Die Reichen werden reicher – aber werden die Armen auch ärmer?; SPIEGEL 31/98.

Weissman, Arnold/Feige, Joachim; Sinnergie. Wendezeit für das Management; Orell Füssli Verlag, Zürich 1997.

Will, Kathleen; Rituale für das Leben; Hugendubel. München 1999.

PolitoSphere

Cuperus, Rend/Kandel, Johannes (Hrsg.); European Social Democracy: Transformation in Progress.; Friedrich-Ebert-Stiftung/Wiardi-Beckmann-Stichting 1998.

Dahrendorf, Ralf; Der moderne soziale Konflikt. Essay zur Politik der Freiheit; Deutsche Verlags-Anstalt, Stuttgart 1992.

Dettling, Warnfried; Politik und Lebenswelt. Vom Wohlfahrtsstaat zur Wohlfahrtsgesellschaft; Bertelsmann Stiftung, Gütersloh 1995.

Dettling, Warnfried; Wirtschaftskummerland? Wege aus der Globalisierungsfalle; Kindler, München 1998.

Fukuyama, Francis; Trust: The social virtues and the creation of prosperity; Hamish Hamilton Ltd., GB 1995.

Giddens, Anthony; The third way. The renewal of Social Democracy; Polity Press, Oxford 1998.

Giddens, Anthony; Der Dritte Weg; Edition 2. Moderne, Suhrkamp 1998.

Giddens, Anthony (Hrsg. /Beck, Ulrich; Jenseits von Links und Rechts; Edition 2. Moderne, Suhrkamp/Frankfurt 1997.

Hampden-Turner, Charles/Trompenaars, Alfons; The Seven Cultures of Capitalism. Value Systems for Creating Wealth in the US, Japan, Germany, France, Britain, Sweden, and the Netherlands; Doubleday, New York 1993.

Hargreaves, Ian/Christie, Ian (Hrsg.); Tomorrow's politics. The third way and beyond; Demos, London 1998.

Heuser, Uwe Lan/Randow, Gero von/Watermann, Ute; Reform findet Stadt; Dossier in der ZEIT vom 16.7.98.

Hobsbawn, Eric/Hall, Stuart u. a.; Wrong; Marxism Today, 1998 (PO Box 10684, London N15 6XA).

Hombach, Bodo; Aufbruch. Die Politik der Neuen Mitte; Econ 1998.

Honneth, Axel (Hrsg.); Kommunitarismus. Eine Debatte über die moralischen Grundlagen moderner Gesellschaften; Campus Verlag, Frankfurt/M. 1993.

Kleinert, Hubert/Mosdorf, Siegmar; Die Renaissance der Politik; Siedler 1998.

Lafontaine, Oskar/Müller, Christa; Keine Angst vor der Globalisierung; Dietz 1998.

Mulgan, Geoff (Hrsg.); Life after politics. New thinking for the Tweny-First Century; Fontana Press, London 1997.

Selbourne, David; The principle of duty. An essay an the foundations of the Civic Order; Sinclair-Stevenson, London 1994.

Späth, Lothar; Die zweite Wende. Wie Deutschland es schaffen wird; Beltz Quadriga Verlag, Weinheim und Berlin 1990.

Späth, Lothar; Blühende Phantasien und harte Realitäten. Wie der Umschwung Ost die ganze Republik verändert; Econ, Düsseldorf u. München 1997.

Streeck, Wolfgang (Hrsg.); Internationale Wirtschaft, nationale Demokratie; Campus 1998. Zukunftskommission der Friedrich-Ebert-Stiftung; Drei Ziele – Ein Weg; Dietz 1998.

Beck, Ulrich/Giddens, Anthony/Lash, Scott; Reflexive Modernisierung. Ein Kontroverse; edition suhrkamp, Frankfurt/M. 1996.

Becker, Joachim; Der erschöpfte Sozialstaat. Neue Wege zur sozialen Gerechtigkeit; Eichborn, Frankfurt/M. 1994.

Berger, Peter L. (Hrsg.); Die Grenzen der Gemeinschaft. Konflikt und Vermittlung in pluralistischen Gesellschaften; Verlag Bertelsmann Stiftung, Gütersloh 1997.

Blair, Tony; The Third Way. New Politics for the New Century; Fabian Society 1998.